Feldmann · Kriminalistik für die Bundespolizei

# KRIMINALISTIK FÜR DIE BUNDESPOLIZEI

**Grundlagen der Kriminalistik für die Laufbahnausbildung in der Bundespolizei**

von

**Jörg Feldmann**
Polizeidirektor
Fachhochschule für öffentliche Verwaltung des Bundes
Fachbereich Bundespolizei

Eigenverlag
Ammersbek / Lübeck 2005

Der Autor:

Jörg Feldmann, geb. 1957 in Hamburg, Polizeidirektor. 1975 Einstieg in den mittleren Dienst der Schutzpolizei Hamburg. 1980 Wechsel in den mittleren Kriminaldienst der Kriminalpolizei, danach Tätigkeit als kriminalpolizeilicher Sachbearbeiter. 1983 Fachhochschulstudium FHÖV / FB Polizei. 1986 Tätigkeit beim Kriminaldauerdienst und Sachbearbeiter in einer Sonderkommission. 1987 Zugführer im Mobilen Einsatzkommando (MEK). 1989 Führungsgehilfe / Referent beim Leiter des LKA Hamburg, im Anschluss Tätigkeit in einer Sonderkommission und Fachlehrer für Strafrecht und Strafprozessrecht an der Landespolizeischule. 1992 Ratslehrgang Münster-Hiltrup, 1994 Leiter Einsatzabteilung Kriminalpolizei in einer Polizeidirektion. 1995 Leiter Grundsatzangelegenheiten / Prävention in der Polizeidirektion Ost, Aufbau der EG und des Projekt Graffiti, 1997 Polizeiführer vom Dienst, 1998 Leiter eines Polizeikommissariats, 1995 – 2001 Lehrbeauftragter für Kriminalistik an der FHÖV / FB Polizei Hamburg. 2001 Wechsel zum Bundesgrenzschutz / Bundespolizei, dort seit 2001 Hochschuldozent für Kriminalistik und Kriminologie an der FH Bund / FB Bundespolizei. Seit 2004 zugleich tätig als Fachkoordinator Polizeiführungswissenschaften.


Umschlaggestaltung: Judith Schweitzer, Ammersbek
Lektorat: Doris Schweitzer, Grünstadt
Druck und Verarbeitung: Druckerei Lehmann Offsetdruck GmbH, 22850 Norderstedt
ISBN 3-00-016976-8

**Vorwort**

Handbuch für Kriminalistik in der Bundespolizei – nur ein weiteres Kriminalistiklehrbuch oder das Auffüllen einer Lücke? In meiner Praxis als Dozent für Kriminalistik und Kriminologie an der Fachhochschule des Bundes, Fachbereich Bundespolizei erlebte ich immer wieder, dass grundlegende Kenntnisse zur Kriminalistik bei den Studenten nicht vorhanden waren. War dies für die Berufseinsteiger als normal zu bezeichnen, überraschte dies doch bei den Aufsteigern aus dem mittleren in den gehobenen Dienst. Regelmäßig war zu hören, dass Kriminalistik in der bisherigen Ausbildung entweder keine, oder nur eine sehr geringe Rolle gespielt hätte. Auch in der Praxis, so die Aussage zahlreicher Studenten, wären die Möglichkeiten der Kriminalistik nur vereinzelt bekannt, würden die Möglichkeiten mangels vorhandener Kenntnisse nicht ausgenutzt. Bei Gesprächen mit Praktikern in oder aus Dienststellen der Bundespolizei, konnte ein hohes Interesse an den Inhalten der Kriminalistik und ein hohes Engagement in der Kriminalitätsbekämpfung festgestellt werden.

Die Idee ein Handbuch für Kriminalistik in der Bundespolizei zu entwickeln, ergab sich nach Studium der vorhandenen Kriminalistiklehrbücher. Einem Teil dieser Lehrbücher war deutlich die Herkunft des Autoren aus einem bestimmten Bundesland anzumerken, da sich die Eigenheiten des jeweiligen Bundeslandes wiederfanden. Wichtiger aber war, das immer wieder von Studenten nachgefragt wurde, was diese Inhalte bezogen auf die Zuständigkeit der Bundespolizei bedeuten würden.

Das vorliegende Werk wendet sich daher in erster Linie an Auszubildende und Studenten in der Bundespolizei, soll aber auch dem interessierten Praktiker der Bundespolizei die Möglichkeit der Vervollständigung seines Wissens geben. Bei der Darstellung der theoretischen Inhalte habe ich mich immer wieder bemüht, konkrete Anwendungsbeispiele für die Bundespolizei einzuflechten.

An dieser Stelle ein ausdrücklicher Dank für die gewährte Unterstützung bei der Erstellung dieses Lehrbuch an die Dozenten des Fachbereichs Bundespolizei an der FH Bund, an die Mitarbeiter der Aus- und Fortbildungszentren der Bundespolizeipräsidien und die vielen Hilfen durch Vertreter anderer Polizeibehörden und Einrichtungen.

Die wichtigsten Ideen, die bemerkenswertesten Vorschläge kommen immer wieder aus der Praxis und von den Anwendern. Verbesserungsvorschläge für dieses Handbuch sind deshalb stets willkommen und werden an die Adresse des Verfassers erbeten.

September 2005 — Jörg Feldmann

# Abkürzungsverzeichnis

## Abkürzungen

| | |
|---|---|
| AFIS | Automatisiertes Fingerabdruck-Identifizierungssystem |
| AG | Arbeitsgemeinschaft |
| AK | Arbeitskreis |
| AQ | Aufklärungsquote |
| BAN | Bundespolizeiaktennachweis |
| BBG | Bundesbeamtengesetz |
| BRRG | Beamtenrechtsrahmengesetz |
| BGB | Bürgerliches Gesetzbuch |
| BKA | Bundeskriminalamt |
| BKAG | Bundeskriminalamtsgesetz |
| BPOLDIR | Bundespolizeidirektion |
| BpolG | Bundespolizeigesetz |
| BPOLI | Bundespolizeiinspektion |
| BPOLIKB | Bundespolizeiinspektion Kriminalitätsbekämpfung |
| BPOLP | Bundespolizeipräsidium |
| DB AG | Deutsche Bundesbahn Aktiengesellschaft |
| DNA | Desoxyribonucleinacid |
| DNS | Desoxyribonucleinsäure |
| EGA | Europäische Grenzschutzagentur |
| GASS | Gemeinsames Analyse- und Strategiezentrum Schleusungskriminalität |
| GER | Gemeinsame Ermittlungsgruppen Rauschgift |
| GES | Gemeinsame Ermittlungsgruppen Schleusungskriminalität |
| GG | Grundgesetz |
| ggf. | gegebenenfalls |
| GGFB | Geschützer Grenzfahndungsbestand |
| GVG | Grichtsverfassungsgesetz |
| IKPO | Internationale Kriminalpolizeiliche Organisation |
| INPOL | Informationssystem Polizei |
| IMK | Innenministerkonferenz |
| JVEG | Justizvergütungs- und -entschädigungsgesetz |
| KA | Kriminalakte |
| KANN | Kriminalaktennachweis |
| KLB | Kriminalitätslagebild |
| KpS | Kriminalpolizeiliche personenbezogene Sammlung |
| KTU | Kriminaltechnische Untersuchungsstelle |
| MDVB | Meldedienst Verbrechensbekämpfung |
| Mio. | Millionen |
| NZB | Nationale Zentralbüros |
| OFA | Operative Fallanalyse |
| OK | Organisierte Kriminalität |
| OWiG | Ordnungswidrigkeitengesetz |
| PDV | Polizeidienstvorschrift |
| PKS | Polizeiliche Kriminalstatistik |
| pp. | perge perge (und so weiter) |
| ProPK | Programm Polizeiliche Kriminalprävention |
| PSB | Periodischer Sicherheitsbericht |
| RiStBV | Richtlinien für das Straf- und Bußgeldverfahren |
| RZ | Randziffer |
| S. | Seite |
| SIS | Schengener Informationssystem |
| STAR | Ständige Arbeitsgruppe Rauschgift |
| StASt | Staatsanwaltschaftsstatistik |
| StGB | Strafgesetzbuch |
| StPO | Strafprozessordnung |
| StVollzSt | Strafvollzugsstatistik |
| StVStat | Strafverfolgungsstatistik |
| TVBZ | Tatverdächtigenbelastungszahl |
| UA | Unterausschüsse |
| u.a. | unter anderem |
| UAFEK | Unterausschuss Führung, Einsatz, Kriminalitätsbekämpfung |
| UAIUK | Unterausschuss Führungs- und Einsatzmittel |
| UARV | Unterausschuss Recht und Verwaltung |
| z.B. | zum Beispiel |
| ZD | Zentraldirektion |
| Ziff. | Ziffer |

**Inhaltsverzeichnis**

## 1. Einführung in den Themenbereich Kriminalistik und Kriminologie

Straftaten gelten als soziales Phänomen. Verbrechensbekämpfung, oder moderner: Kriminalitätskontrolle, wird deshalb folgerichtig nicht als alleinige Aufgabe der Polizei, sondern als gesamtgesellschaftliche Aufgabe verstanden. Kriminalitätskontrolle ist folglich Aufgabe verschiedenster Instanzen der sogenannten informellen und formellen Sozialkontrolle. Innerhalb der Bundespolizei haben sich nicht nur alle Ebenen mit der Kriminalitätskontrolle auseinander zu setzen, es gehört geradezu zum täglichen Dienstgeschäft. Dies bedeutet, dass die wesentlichen Inhalte und Methoden der Kriminalistik und der Kriminologie zum Handwerkszeug, also zum **Grundwissen von Polizeibeamten** in der Bundespolizei gehören. Dieses Grundwissen ist gleichzeitig Maßstab für die sogenannte **Führungsgrundbefähigung**. Nur derjenige kann seine Mitarbeiter sachgerecht führen und in ihren Leistungen beurteilen, die Organisationsziele in der Kriminalitätskontrolle erreichen, der um die Möglichkeiten der Kriminalistik und Kriminologie weiß.

Die **Geschichte der Kriminalistik** ist eng mit der Entwicklung des Straf- oder Kriminalrechts verbunden. Entsprechend wurde und wird Kriminalistik vielfach als Umsetzungsinstrumentarium von Strafrecht und Strafverfahrensrecht begriffen. Trotz dieser engen Verflechtung hat sich die Kriminalistik im Laufe der Zeit zu einer eigenständigen Fachdisziplin entwickelt, der auch in der Aufgabenwahrnehmung der Bundespolizei eine vermehrte Bedeutung zukommt.[1]

### 1.1. Die Inhalte der Kriminalistik und Kriminologie und ihre Einordnung im wissenschaftlichen System

Bei der **Kriminalistik** geht es um die Vorgehensweise gegen ein Delikt oder einen Verbrecher durch repressive und präventive Maßnahmen. Bei der **Kriminologie** geht es dagegen nicht um die Vorgehensweise im Einzelfall, sondern um die Klärung der Ursachen dieses Einzelfalls.

**Beispiel:** Die Kriminalistik kümmert sich bei einem Fahrkartenaufbruch um das Erkennen des Fahrkartenaufbruchs als Delikt und die Ermittlung des Täters. Die Kriminologie versucht zu erklären, warum es zu diesem Fahrkartenaufbruch kam und weshalb der ermittelte Täter straffällig wurde.

Bei der Einordnung der Kriminalistik und Kriminologie im wissenschaftlichen System geht es in erster Linie um die Einordnung im System der Kriminalwissenschaften. Kriminalwissenschaften sind alle die Wissenschaftsdisziplinen, die sich in erster Linie mit dem kriminellen Verhalten von Menschen befassen.[2]

Die **Kriminalwissenschaften**[3] werden unterschieden in die juristischen und nichtjuristischen Kriminalwissenschaften. Zu den juristischen Kriminalwissenschaften gehört das Strafrecht und das Strafprozessrecht. Bei den nichtjuristischen Kriminalwissenschaften handelt es sich um die Kriminalistik und die Kriminologie.

Die **Kriminalistik** wird überwiegend unterschieden in Kriminaltechnik, Kriminaltaktik und Kriminalstrategie. Vereinzelt findet sich als weiterer gesondert ausgewiesener Inhalt die Kriminalpsychologie und die Kriminaldienstkunde[4], oder auch die Kriminalprävention.[5]

---

[1] Zur Geschichte der Kriminalistik siehe auch Weihmann: Kriminalistik S. 20 ff.; Forker: Einführung in die Kriminalistik, in: Beleke (Hrsg.): Kriminalistische Kompetenz

[2] Kaiser: Kriminologie S. 1

[3] Anmerkung: Auf die Diskussion zur Kriminalistik im System der Kriminalwissenschaften wird hier aus Kapazitätsgründen nicht eingegangen. Siehe hierzu jedoch die Fortsetzungsartikel von Ackermann u.a.: Zum Stellenwert der Kriminalistik, in: Kriminalistik 2000, Heft 9 - 12

[4] Meyer / Wolf: Kriminalistisches Lehrbuch der Polizei, S. 2

Der **Kriminologie** zugeordnet werden wiederum die Phänomenologie, die Viktimologie, die Ätiologie, die Poenologie, die Kriminalgeografie, die Kriminalstatistik, die Kriminalprävention, die Gerichtsmedizin, sowie die forensische Psychiatrie und Psychologie.

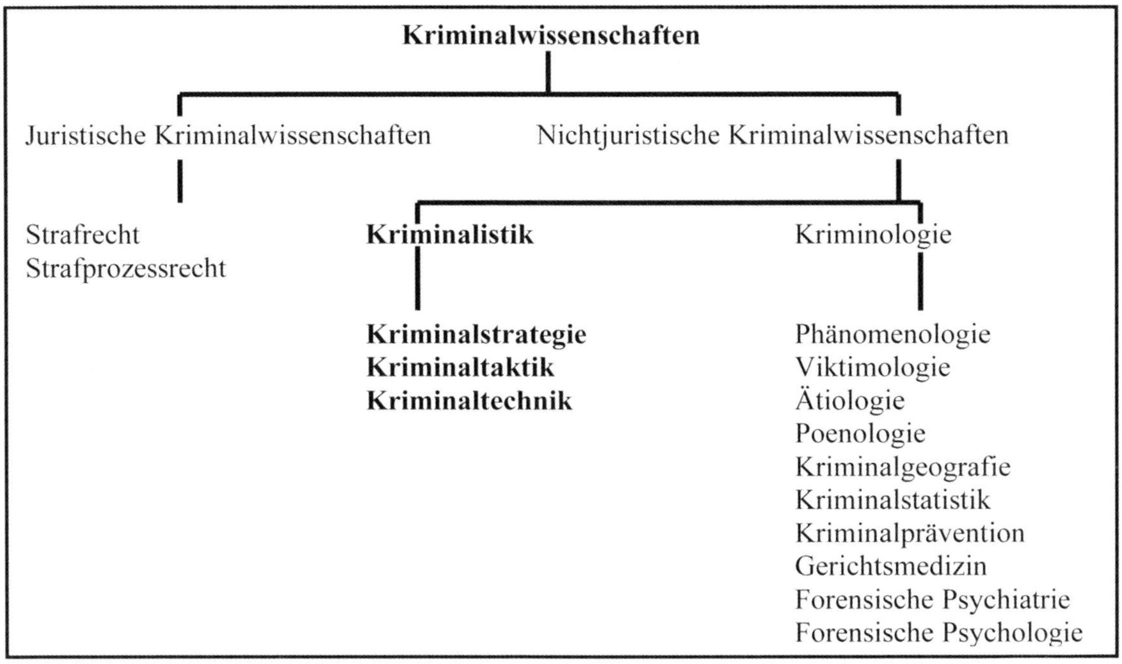


Abb. 1: Kriminalistik im wissenschaftlichen System

## 1.2. Klärung von grundlegenden Begriffen

**Kriminalistik** ist die Lehre von der Strategie und vom richtigen operativen, taktischen und technischen Vorgehen bei der Verbrechensverhütung und Verbrechensaufklärung.[6] Es geht also nicht nur um Repression, sondern auch um Prävention.

**Beispiel:** Die Kriminalistik befasst sich nicht nur mit dem Beweis eines Graffiti-Delikts und seiner Aufklärung, sondern auch damit, wie man dieses Delikt ggf. verhindern kann.

**Kriminologie** ist die Lehre vom Verbrechen. Es handelt sich um die geordnete Gesamtheit des Erfahrungswissens über das Verbrechen, den Rechtsbrecher, die negativ soziale Auffälligkeit und über die Kontrolle des Verhaltens.[7] Anzumerken ist, dass es eine einheitliche oder vorherrschende Definition der Kriminologie nicht gibt. Das Wissensgebiet der Kriminologie lässt sich mit den Begriffen Verbrechen, Verbrecher und Verbrechenskontrolle jedoch treffend kennzeichnen.

**Beispiel:** Die Kriminologie befasst sich mit den Gründen, warum es zu Graffiti-Straftaten kommt, warum bestimmte Personen zum Graffiti-Sprayer werden und wie es um die Sanktionierung dieser Straftat bestellt ist.

**Kriminaltaktik** befasst sich mit den Methoden und Grundsätzen zur Aufdeckung, Aufklärung (Repression) von Straftaten und deren Verhinderung (Prävention). Dabei ist auf rechtmäßiges, psychologisch sinnvolles und ökonomisches Handeln zu achten. Die Kriminaltaktik ist grundsätzlich auf den Einzelfall bzw. eine Tatserie angelegt.

[5] Clages: Der rote Faden, S. 6
[6] Burghard / Hamacher: Kriminalistik Lexikon, S. 171
[7] Kaiser: Kriminologie, S. 1

**Beispiel:** Das Vorgehen in der polizeilichen Vernehmung, um zu einer verwertbaren, wahrheitsgemäßen Aussage zu gelangen.

Die **Kriminalstrategie** befasst sich mit den Methoden, die kriminelles Verhalten gezielt beeinflussen sollen. Die Kriminalstrategie ist nicht auf den Einzelfall angelegt, sondern bezieht sich auf den Gesamtkomplex von Kriminalität oder auf bestimmte Kriminalitätsbereiche. Grundlage von Kriminalstrategien sind Hypothesen über die Beeinflussbarkeit kriminellen Verhaltens und über Ziele anzustrebender Veränderungen der physischen und sozialen Umwelt.[8]

**Beispiel:** Konzeption zur Bekämpfung der Schleusungskriminalität

Die **Kriminaltechnik** ist der Teil der Kriminalistik, der sich mit der Anwendung von naturwissenschaftlichen Methoden und Erkenntnissen, sowie der Ausnutzung technischer Hilfsmittel zu Ermittlungszwecken befasst. Dabei geht es um die Anwendung dieser Methoden zur Suche, Sicherung und Auswertung von Sachbeweisen. Die Kriminaltechnik wird auch naturwissenschaftlich-technische Kriminalistik genannt.

**Beispiel:** Vergleichende Untersuchung einer am Tatort gesicherten Werkzeugspur mit einem bei einem Tatverdächtigen gefundenen Werkzeug.

Der **Kriminalprävention** dienen alle Maßnahmen privater und staatlicher Art, die Straftaten verhüten, mindern oder deren Folgen minimieren sollen. Kriminalprävention wird als gesamtgesellschaftliche Aufgabe verstanden.

**Beispiel:** Beratung potentieller Opfer zum Schutz vor Taschendiebstählen bei Reisen mit der Bahn.

Die **Kriminalpsychologie** befasst sich u.a. mit den Motiven, Einstellungen, Willensinhalten und der Reue des Täters zu seinen Straftaten. Sie beschäftigt sich mit der Persönlichkeit von Straftätern, aber auch mit Aspekten der Vernehmung von Zeugen, Opfern und Beschuldigten. Es wird versucht, Erklärungsansätze in Problemsituationen zu geben. Eigentlich handelt es sich weniger um einen Teilbereich der Kriminalistik, sondern um einen Teilbereich der Psychologie.

**Beispiel:** Beratung von Polizeiführern bei Erpressungslagen hinsichtlich möglicher Reaktionen des Täters bei Einleitung bestimmter polizeilicher Maßnahmen.

Bei der **Kriminaldienstkunde** geht es um die Vermittlung von Kenntnissen über die büromäßige Abarbeitung von Ermittlungsvorgängen, sowie die Beachtung von Richtlinien, Dienstanweisungen und Erlassen. Man spricht hier auch von der reglementierten Taktik.[9]

**Beispiel:** Vermittlung von Kenntnissen zur Fertigung einer Strafanzeige oder zum Aufbau einer Ermittlungsakte. Hierher gehören auch Kenntnisse über die Aufbau und Ablauforganisation.

Als **Kriminalphänomenologie** bezeichnet man die Lehre von den Erscheinungsformen der Straftaten. Es handelt sich um eine anwendungsbezogene Teildisziplin der Kriminologie, die sich um eine beschreibende Analyse von einzelnen Delikten und Deliktsbereichen bemüht.[10] Es geht der Phänomenologie darum, das typischerweise Wiederkehrende zu beschreiben und zu kategorisieren, das für eine mehr oder minder große Zahl von kriminellen Verhaltensweisen als charakteristisch angesehen werden kann. Die Kategorisierung lässt sich üblicherweise mit den „sieben goldenen W" sinnvoll beschreiben: Wer hat was, wann, wo, wie, womit und warum getan?

---

[8] Burghard / Hamacher: Kriminalistik Lexikon S. 187
[9] Meyer / Wolf: Kriminalistisches Lehrbuch der Polizei S. 2
[10] Burghard / Hamacher: Kriminalistik Lexikon S. 175

Die **Pönologie** ist ebenfalls eine Teildisziplin der Kriminologie und befasst sich mit der Strafvollstreckung (sogenannte Sanktionsforschung). Ziel der Pönologie ist die Entwicklung geeigneter Sanktionen als Reaktion auf strafbares Verhalten.

**Beispiel:** Untersuchung zur Wirksamkeit von verschiedenen Sanktionen bei jugendlichen Ersttätern.

Der **Kriminalätiologie** geht es um die wissenschaftliche Erforschung der Ursachen für kriminelles Verhalten. Betrachtet werden die Persönlichkeit des Täters (Kriminalanthropologie), sowie die gesellschaftlichen Bedingungen (Kriminalsoziologie), denen ein Rechtsbrecher ausgesetzt ist oder war.[11] Zur Kriminalätiologie gehören auch die sogenannten Kriminalitätstheorien, heute spricht man jedoch auch oft von Ursachenzusammenhängen.

**Beispiel:** Untersuchung der Wirkung von gewaltverherrlichenden Filmen auf Jugendliche im Hinblick auf das spätere Begehen von Gewalttaten.

Bei der **Viktimologie** handelt es sich um die Lehre vom Opfer. Es handelt sich um eine Teildisziplin der Kriminologie, die sich mit den Aspekten des Opfers im Verbrechen befasst.

**Beispiel:** Untersuchung warum bestimmte Menschen immer wieder Opfer von Gewalttaten werden, andere in vergleichbaren Situationen jedoch nicht.

Die **Kriminalgeografie** ist ein kriminologischer Forschungsansatz, der die Daten über die Raum- und Bevölkerungsstruktur eines ausgewählten Gebietes zu den entsprechenden Kriminalitätszahlen in Bezug setzt.[12] Die Kriminalgeografie will über die Beziehung von Lebensraum und Kriminalität Komponenten des sozialen Phänomens Kriminalität erschließen.

**Beispiel:** Untersuchung ob bestimmte Formen des Städtebaus zu höheren Kriminalitätszahlen führen.

Die **Kriminalstatistik** ist die zahlenmäßige Erfassung zur Beschreibung der erkannten Kriminalität. Hierzu zählt nicht nur die „Polizeiliche Kriminalstatistik“ (hier handelt es sich um sogenannte Hellfelddaten, also nur die Straftaten, die der Polizei tatsächlich bekannt geworden sind), sondern auch die Strafverfolgungsstatistik (alle vom Gericht abgeurteilten Täter), die Strafvollzugsstatistik (Nachweis über den tatsächlichen Strafvollzug) und die Bewährungshilfestatistik (Übersicht über die Arbeit im Bereich der Bewährungshilfe).[13]

Unter **forensischen Wissenschaften** werden Teilbereiche verschiedener wissenschaftlicher Disziplinen der Natur- und Geisteswissenschaften, sowie der Technik verstanden, die zur Gefahrenabwehr beitragen und für die Strafverfolgung unentbehrlich sind[14]. Die bekannteste forensische Wissenschaft ist die Rechts- oder Gerichtsmedizin, die mit ihren Untersuchungsergebnissen zur Wahrheitsfindung beiträgt.[15]

In der **Kriminalpolitik** geht es um alle präventiven und repressiven staatlichen Maßnahmen, die auf Schutz der Gesellschaft und des einzelnen Bürgers vor Kriminalität ausgerichtet sind. Dabei bilden die Erkenntnisse aus der Kriminalistik, aus der Kriminologie und aus den Strafrechtswissenschaften oft das wesentliche Fundament, aus denen diese Maßnahmen erwachsen.

---

[11] Burghard / Hamacher: Kriminalistik Lexikon S. 335
[12] Burghard / Hamacher: Kriminalist Lexikon S. 171
[13] Schwind: Kriminologie § 2 RZ 2
[14] Möllers: Wörterbuch der Polizei S. 587
[15] Anmerkung: Derzeit scheint die Gründung eines „Interdisziplinären Netzwerks Forensische Wissenschaften“ in Vorbereitung zu sein. Siehe hierzu: Der Kriminalist 2005, 214

**Beispiel:** Gesetzesänderungen, deren Bedarf sich aus einem neuen Kriminalitätsphänomen ergibt, z.B. verschiedene Formen der Internetkriminalität.

## 1.3. Das Verbrechen als Gegenstand der Kriminalistik

Die Kriminalistik befasst sich mit dem Verbrechen. Dieser Begriff erscheint jedoch nur auf den ersten Blick unkompliziert. Tatsächlich wird der Verbrechensbegriff uneinheitlich verwandt

Im Strafrecht wird unterschieden nach dem **materiellen und dem formellen Verbrechensbegriff.** Unter dem materiellen Verbrechensbegriff (Verbrechen im weiteren Sinne) versteht man jedes menschliche Verhalten, welches den Tatbestand eines Strafgesetzes in rechtswidriger Weise verwirklicht und dem Täter als schuldhaft vorgeworfen werden kann. Demgegenüber ergibt sich der formelle Verbrechensbegriff (Verbrechen im engeren Sinne) aus § 12 StGB und versteht darunter die Straftaten, die im Mindestmaß mit einer Freiheitsstrafe von 1 Jahr oder darüber bedroht sind.[16]

Die Kriminalistik ermöglicht mit ihrem „Handwerkszeug" den Beweis strafbaren Verhaltens. Strafbar im Sinne der Kriminalistik ist jedoch jedes Verhalten, das mit einer Sanktion bedroht ist. Daher taugt der formelle Verbrechensbegriff für die Bestimmung des Befassungsgegenstandes der Kriminalistik nicht. Doch auch der materielle Verbrechensbegriff führt zu Missverständnissen. Da unter Tatbeständen eines Strafgesetzes in der Mehrheit nur Verbrechen und Vergehen verstanden werden, würden Ordnungswidrigkeiten nicht erfasst. Tatsächlich befassen sich die polizeilichen Ermittler jedoch nicht nur mit Verbrechen und Vergehen, sondern auch mit Ordnungswidrigkeiten. Für die Kriminalistik ist die rechtspolitische Unterscheidung in diese Kategorien unbeachtlich, da alle drei Bereiche mit demselben Instrumentarium bearbeitet werden. Demnach sind **Verbrechen im kriminalistischen Sinne alle tatbestandsmäßigen, rechtswidrigen und schuldhaften Handlungen, die sich als Straftat oder Ordnungswidrigkeit darstellen.**

Ein weiterer Verbrechensbegriff hat sich in der Kriminologie entwickelt. In der Kriminologie konnte man sich mit den bereits angeführten Verbrechensbegriffen nicht zufrieden geben. Der Grund liegt in der möglichen oder tatsächlichen Abhängigkeit vom Gesetzgeber. Während der polizeiliche Ermittler die ausschließliche Aufgabe hat, sich mit sanktionsbedrohten Verhaltensweisen auseinander zu setzen, interessiert den Kriminologen weniger das sanktionsbedrohte Verhalten, sondern das **abweichende Verhalten** insgesamt. In der Kriminologie spricht man bei diesem abweichenden Verhalten von **Devianz**. Dieser Befassungsgegenstand ist nachvollziehbarer Weise weiter. Damit sind die Kriminologen in ihrem Forschungsgegenstand weniger politisch bedingten Veränderungen unterworfen.

## 1.4. Die Wahrheitserforschung als Ziel kriminalistischer Arbeit

Das Ziel der kriminalistischen Arbeit ist die Aufklärung der Tat durch Erforschung der materiellen Wahrheit und Ermittlung und Überführung des Täters . Dazu bedarf es einer Subsumtion des festgestellten Sachverhaltes unter den Tatbestand des normierten Rechts. Zu dieser Aufgabe gehört auch unschuldig Verdächtige von ihrem Tatverdacht zu befreien. Gegenstand der kriminalistischen Aufklärungsarbeit ist auch eine kriminologisch-analysierende Durchleuchtung des Täters und der Tat unter dem Aspekt der Motivsuche, eventuelle psychische Feststellungen und dem Ermöglichen einer kriminologischen Prognose.

[16] Möllers: Wörterbuch der Polizei S. 1717

Die **kriminalistische Fragestellung** die es zu beantworten gilt lautet:

Wer (Täter) hat was (Tat) wo (Tatort) wann (Tatzeit) wie (modus operandi) womit (Tatwerkzeug) warum (Motiv) getan?

Es geht also um:

- ein deliktisches Verhalten
- an einem bestimmten Ort
- zu einer bestimmten Zeit
- in einer bestimmten Art und Weise
- mit einem bestimmten Mittel
- aus einem bestimmten Grund
- von einer bestimmten Person.

**<u>Die kriminalistische Fragestellung</u>**

| | | |
|---|---|---|
| **Ein deliktisches Verhalten** | **= Tat** | **= was ?** |
| **an einem bestimmten Ort** | **= Tatort** | **= wo ?** |
| **zu einer bestimmten Zeit** | **= Tatzeit** | **= wann ?** |
| **in einer bestimmten Art und Weise** | **= modus operandi** | **= wie ?** |
| **mit einem bestimmten Mittel** | **= Tatwerkzeug** | **= womit ?** |
| **aus einem bestimmten Grund** | **= Tatmotiv** | **= warum ?** |
| **von einer bestimmten Person** | **= Täter** | **= wer ?** |

Abb.2: Kriminalistische Fragestellung in der Fallbearbeitung

Die **Bedeutung der kriminalistischen Arbeit** ist fundamental. Die Strafprozessordnung sieht zwar formal die Staatsanwaltschaft als „Herrin des Ermittlungsverfahrens". In der täglichen Ermittlungspraxis zeigt sich jedoch, dass nach Abschluss der polizeilichen Ermittlungen tatsächlich kaum noch weitere Ermittlungen stattfinden, eine grundsätzliche Umorientierung in der Ermittlungsstruktur faktisch kaum möglich ist. Staatsanwaltschaftliche Rückverfügungen (Requisitionen) zur Neu- oder Nachermittlungen bilden die Ausnahme. Wegen der dadurch bestehenden Gefahr der Fortsetzung von polizeilichen Ermittlungsfehlern bis ins Hauptverfahren hinein, kommt der qualitativen kriminalistischen Arbeit eine solch überragende Bedeutung zu.

**Qualitative kriminalistische Arbeit** ist gekennzeichnet durch Exaktheit, Gründlichkeit, Verantwortungsbewusstsein und Gewissenhaftigkeit.

Die **Grenzen der Kriminalistik** werden durch den Gesetzgeber klar gezogen. Sie ergeben sich aus dem formellen Recht, der Verfassungskonformität und dem Ergebnis von Entscheidungen in der Kriminalpolitik.

## 1.5. Die kriminalistische Arbeit

Kriminalistische Arbeit ist Wahrheitserforschung. So leicht sich dieser Satz formuliert, das Entdecken der Wahrheit und die Beweisführung zu dieser Wahrheit stellen oft einen langwierigen, schwierigen und verantwortungsvollen Prozess dar, der zudem nicht immer gelingt. Unverzichtbare Grundlage einer solchen Beweisführung ist die klare und eindeutige Selektion von Fakten.

Die Kriminalistik bedient sich zur Erfüllung dieser Aufgabe u.a. der heuristischen und syllogistischen Kriminalistik.

Bei der **Heuristik** handelt es sich um die Kunst der planmäßigen Suche nach der Wahrheit. Hierbei werden kriminalistisch bedeutsame Fakten gesucht, gesichert, untersucht, ausgewertet und überprüft.

Die **Syllogistik** ist die Lehre vom logischen Schließen und Beweisen. Nach der Auswertung und Überprüfung gesammelter Daten werden diese in eine logische Reihenfolge gebracht, um den Tathergang systematisch zu rekonstruieren und den Nachweis der Richtigkeit der Rekonstruktion zu erbringen.

## 1.6. Kriminalistik und Kriminalitätsbekämpfung

Die Verfolgung von Straftaten unterliegt nach § 163 StPO dem Legalitätsprinzip. Erhält ein Polizeibeamter vom Verdacht einer Straftat Kenntnis, hat er kein Auswahlermessen ob er einschreitet, sondern ist gezwungen alle erforderlichen Maßnahmen zu treffen, um eine Aufklärung des Sachverhalts zu gewährleisten und der Staatsanwaltschaft ein weiteres Vorgehen zu ermöglichen.

Trotz des Legalitätsprinzips ist die Reduzierung von Kriminalität auf Null nach heutigem Verständnis kein polizeiliches und gesellschaftliches Ziel mehr. Ursächlich ist das Verständnis, nach dem ein gewisses Maß an **Kriminalität als normale Erscheinung** in der Gesellschaft gilt. Nach diesem Verständnis kommt es nur darauf an, dass die Kriminalität ein tolerierbares Ausmaß nicht übersteigt. Insofern wird heute vielfach nicht mehr von Kriminalitätsbekämpfung, sondern von **Kriminalitätskontrolle** gesprochen. Dieser Begriffswandel steht auch für ein verändertes Aufgabenverständnis der Polizei.[17]

[17] Brisach / Ullmann u.a.: Planung der Kriminalitätskontrolle Kapitel 1 RZ 11 / 12

## 2. Organisation der Kriminalitätsbekämpfung

Die Organisation der Kriminalitätsbekämpfung ist komplex, erscheint manchem Lernenden abstrakt und praxisfern. Bedenkt man jedoch den Umfang der national und international begangenen Straftaten, betrachtet man nicht nur deren Vielschichtigkeit, sondern auch die hohe Flexibilität und Kreativität von Straftätern, wird schnell deutlich, dass es hier einer entsprechenden polizeilichen Organisation bedarf, damit die Kriminalitätsbekämpfung möglichst effektiv und effizient und damit professionell organisiert ist. Die Organisation der Kriminalitätsbekämpfung stellt ein wesentliches Qualitätskriterium polizeilicher Arbeit dar.

Polizei ist nach der Verfassung der Bundesrepublik Deutschland grundsätzlich Ländersache (Art. 30 GG). Der Bund ist nur für die Bundespolizei, das Bundeskriminalamt und die Polizeivollzugsbeamten bei der Verwaltung des Deutschen Bundestages zuständig. Kriminalität orientiert sich jedoch nicht an Zuständigkeitsgrenzen. Die föderalistische Gliederung der Bundesrepublik Deutschland erfordert daher Einrichtungen und Abläufe in der Kriminalitätsbekämpfung, die ein weitgehend gleiches Vorgehen auf allen Ebenen und in allen Regionen gewährleistet. Auch Grenzen bildeten und bilden für Straftäter keine Barrieren ihrer Aktivitäten. Daraus ergibt sich das Erfordernis von internationaler Kooperation und Koordination, so dass ein zunehmender Bedarf an bilateraler und multinationaler Zusammenarbeit besteht.

### 2.1. Die Planung der Kriminalitätskontrolle in den verschiedenen Ebenen

Wie bereits in der Einführung dargestellt, ist Kriminalitätskontrolle nicht alleinige Aufgabe der Polizei, sondern wird als gesamtgesellschaftliche Aufgabe begriffen. Wirksamkeit in der Kriminalitätskontrolle ist daher regelmäßig nur dann zu erreichen, wenn das gleichzeitige Vorgehen verschiedener gesellschaftlicher Einrichtungen sichergestellt ist. Bei der Planung von Kriminalitätskontrolle sind deshalb bereits Überlegungen anzustellen, wie formelle und informelle Sozialkontrolle sinnvoll zusammenwirken können, um ein gemeinsames Ziel zu erreichen. Bezogen auf derartige Planungen werden strategische (politische) und taktische Ebenen voneinander unterschieden.

#### 2.1.1. Die strategische / politische Ebene der Kriminalitätskontrolle

Die strategische Planung in allen Fachinhalten, so auch der Kriminalitätskontrolle, erfolgt durch die Politik und Gremien der Behörden der Länder und des Bundes. Die Entwicklung von Strategien und Konzeptionen erfolgt auf nationaler Ebene im Rahmen von ständigen Fachministerkonferenzen. Für die Kriminalitätskontrolle ist dies die **Innenministerkonferenz (IMK).** Der Vorsitz der Innenministerkonferenz wechselt jährlich zwischen den Bundesländern. Die IMK regelt polizeiliche Grundsatzfragen, unterbreitet Gesetzesvorschläge, trifft Vereinbarungen zwischen den Bundesländern und entwickelt Gesamtkonzeptionen für die Innere Sicherheit, so z.B. das **„Programm für die Innere Sicherheit in der Bundesrepublik Deutschland"** von 1974 mit einer Fortschreibung 1994. Aktuelle Arbeitsschwerpunkte sind Kriminalitäts- und Terrorismusbekämpfung, Gewährleistung der Grenzsicherheit, Asylfragen und Fragen der nationalen und internationalen Zusammenarbeit .

Beschlüsse der IMK sind für die jeweiligen Bundesländer nicht verbindlich. Weisungscharakter erhalten IMK-Beschlüsse erst durch nachfolgende **Erlasse** des jeweilig zuständigen Innenministers.

Die IMK verfügt zur Bearbeitung ihrer Inhalte über eine Organisation von **Arbeitskreisen und Unterausschüssen**.

Bei den Arbeitskreisen (AK) handelt es sich um den:

- AK I: Staatsrecht und Verwaltung,
- **AK II: Innere Sicherheit,**
- AK III: Kommunale Angelegenheiten,
- AK IV: Verfassungsschutz,
- AK V: Feuerwehrangelegenheiten, Rettungswesen, Katastrophen- und Zivilschutz,
- AK VI: Verwaltungsorganisation, Aus- und Fortbildung, Öffentliches Dienstrecht.

In der Diskussion ist derzeit ein zusätzlicher Unterausschuss „Information und Kommunikation". [18]

Für die Kriminalitätskontrolle von Bedeutung ist der **AK II – Innere Sicherheit**. In diesem Arbeitskreis sitzen die Leiter der Polizeiabteilungen der Ministerien der Länder. Das Bundesinnenministerium, das Bundeskriminalamt und die Polizeiführungsakademie nehmen ohne Stimmrecht als Gäste an den Sitzungen teil.

Der **AK II** verfügt wiederum über folgende **Unterausschüsse** (UA):

- Arbeitsgemeinschaft der Landeskriminalämter mit dem Bundeskriminalamt –**AG Kripo**,
- Unterausschuss Führung, Einsatz, Kriminalitätsbekämpfung –UAFEK-,
- Unterausschuss Führungs- und Einsatzmittel –UAIUK-,
- Unterausschuss Recht und Verwaltung –UARV-,
- Programm polizeiliche Kriminalprävention des Bundes und der Länder –ProPK-.

Den Unterausschüssen des AK II sind **Kommissionen und Projektgruppen** nachgeordnet, so z.B. die Vorschriftenkommission, die Kommission Organisierte Kriminalität u.a..

[18] Polizeispiegel Mai 2003 S. 43

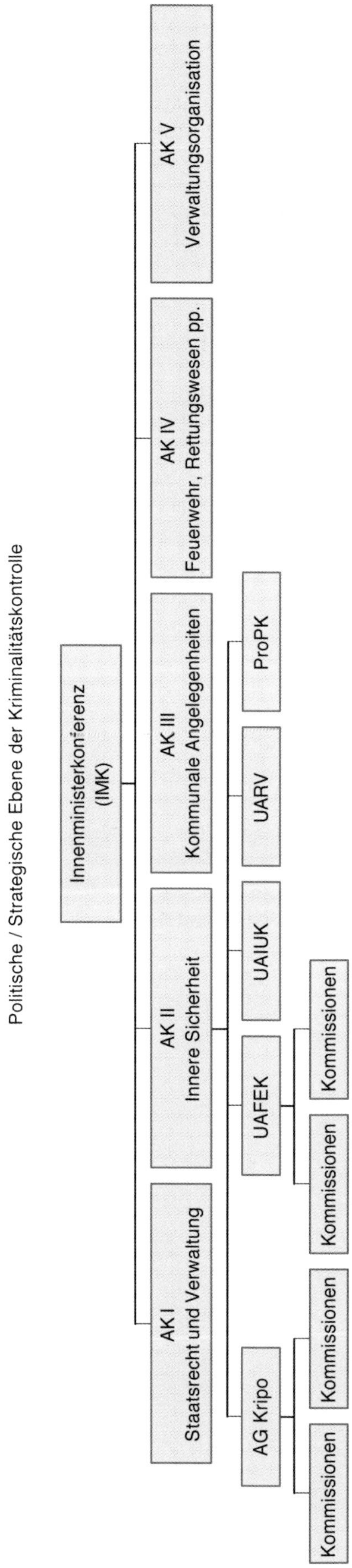


Abb.3: Politische / Strategische Ebenen der Kriminalitätskontrolle

### 2.1.2. Die taktische Ebene der Kriminalitätskontrolle

Die Umsetzung kriminalpolitischer Vorgaben erfolgt durch die weitere Planung in den nachgeordneten **Behörden des Bundes und der Länder**. Hier werden ebenenspezifisch strategische Konzepte erarbeitet, mit deren Hilfe die kriminalpolitischen Zielsetzungen erreicht werden sollen. Aufbauend auf diesen strategischen Konzepten kommt es zu taktischen Einsatzkonzepten, die im Gegensatz zu den strategischen Konzepten einen wesentlich höheren Detailierungsgrad aufweisen und sich überwiegend nur auf Teilaspekte der Kriminalität beziehen.

**Beispiel:** Strategie zur Bekämpfung der Schleusungskriminalität, darauf aufbauend ein Einsatzkonzept zur Bekämpfung der unerlaubten Einreise über die Landgrenze im Bereich...

## 2.2. Nationale Polizeiorganisationen

Polizeiliche Kompetenzen und damit Aufgaben der Kriminalitätsbekämpfung sind in der Bundesrepublik Deutschland sowohl beim Bund, als auch bei den Ländern vorhanden. Nachfolgend sollen daher die wesentlichen Grundzüge dieser Organisation dargestellt werden.

### 2.2.1. Polizeien der Länder

Die Organisationshoheit für die Polizeien liegt, soweit keine Bundeszuständigkeit besteht, bei den jeweiligen Bundesländern. Sie verfügen über die alleinige Verwaltungskompetenz. Aufgrund der föderalen Struktur weicht der Aufbau der Polizeibehörden in den Ländern mehr oder weniger stark voneinander ab. Der unterschiedliche Organisationsaufbau spiegelt teils sehr differentielle Vorstellungen von der „richtigen Polizeiorganisation" wieder. Ggf. werden aus der Polizeiorganisation auch unterschiedliche Schwerpunktsetzungen deutlich. Ein möglicher Aufbau soll hier anhand der Gliederung der Landespolizei Hamburg dargestellt werden. Die Kriminalitätsbekämpfung in Hamburg ist auf den ersten Blick zweistufig, bei genauer Betrachtung jedoch dreistufig angelegt.

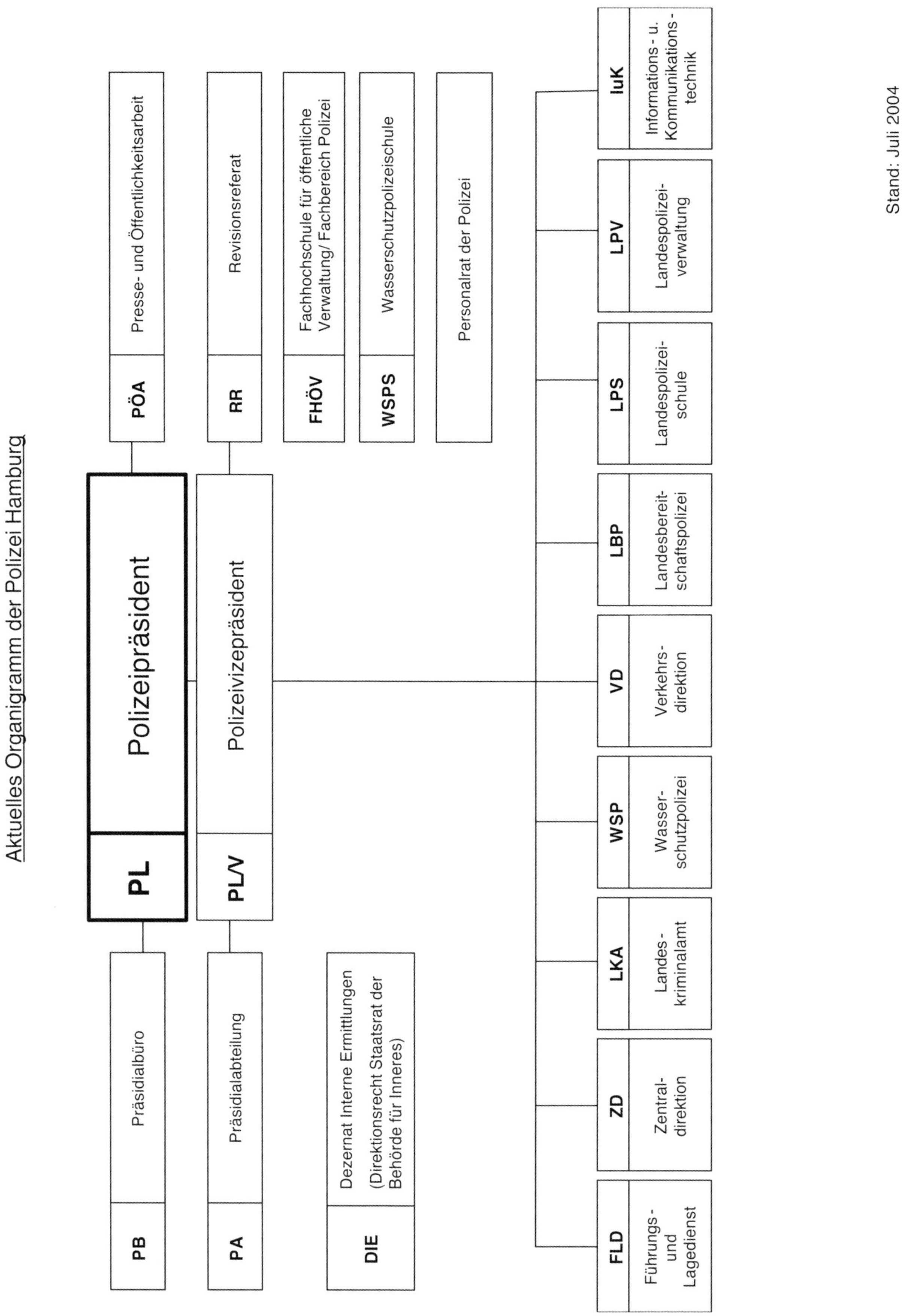


Abb. 4: Organigramm Polizei Hamburg

### 2.2.1.1. Die Ebene der Polizeikommissariate

Bei den Polizeikommissariaten handelt es sich um die örtliche Ebene der Kriminalitätsbekämpfung in Hamburg. Hamburg verfügt über insgesamt 28 Polizeikommissariate. Diese Polizeikommissariate gewährleisten den uniformierten Streifendienst, sind Straßenverkehrsbehörde in ihrem Zuständigkeitsbereich und verfügen jeweils über einen eigenen Kriminalermittlungsdienst. Im Kriminalermittlungsdienst arbeiten ausgebildete Kriminalbeamte, Ermittlungsbeamte der Schutzpolizei und Zivilfahnder im Bereich der Verbrechensbekämpfung. Nach der Hamburger Philosophie ist der Kriminalermittlungsdienst eines Polizeikommissariats grundsätzlich für die Verbrechensbekämpfung zuständig (grundsätzliche Zuständigkeitsvermutung), soweit nicht ausdrücklich eine andere Zuständigkeit bestimmt wurde. Diese Kriminalermittlungsdienste verrichten sogenannte Schiebedienste, so dass kriminalpolizeiliche Ermittlungen nicht nur während der normalen Bürozeiten, sondern orientiert an den Bedarfen der Praxis gewährleistet werden.

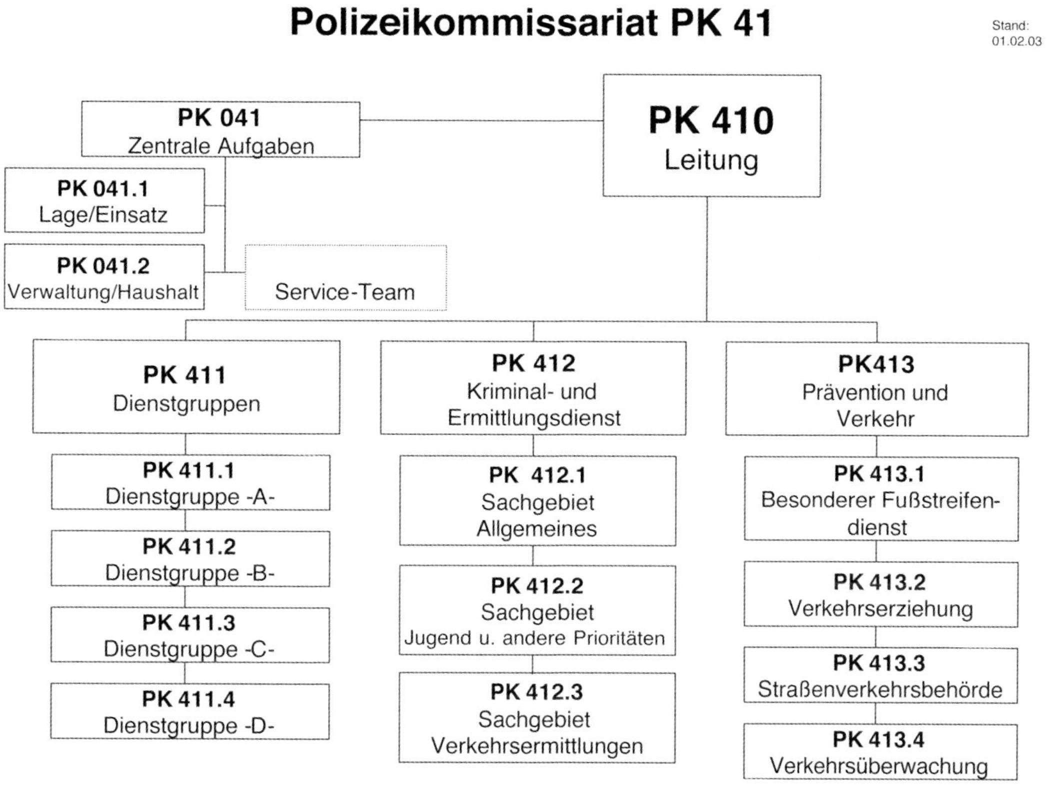


Abb. 5: Organigramm Polizei Hamburg, Polizeikommissariat 41

### 2.2.1.2. Die Ebene der Zentraldirektion

Organisationstheoretisch sind die Polizeikommissariate Bestandteile der Zentraldirektion, die wiederum hierarchisch dem Landeskriminalamt gleichgesetzt ist. Innerhalb der Zentraldirektion gibt es neben den Polizeikommissariaten eine Abteilung Zentrale Ermittlungen -ZD 6-. Die Zuständigkeit der ZD 6 liegt zwischen der von Polizeikommissariat und Landeskriminalamt. In der Zentraldirektion werden die Delikte bearbeitet, die entweder ein gewisses Maß an Spezialisierung erfordern (z.B. Branddelikte) oder zentrale Ermittlungen notwendig machen (Intensivtäterbekämpfung, Betäubungsmittelkriminalität), ohne dass schon eine Zuständigkeit des Landeskriminalamtes erforderlich scheint. Darüber hinaus ist hier der Kriminaldauerdienst für kriminalpolizeiliche Sofortmaßnahmen angegliedert. Dieser wird tätig, wenn Sofortmaßnahmen in Ermittlungssachen erforderlich sind, Personal des Polizeikommissariats jedoch nicht zur Verfügung steht.

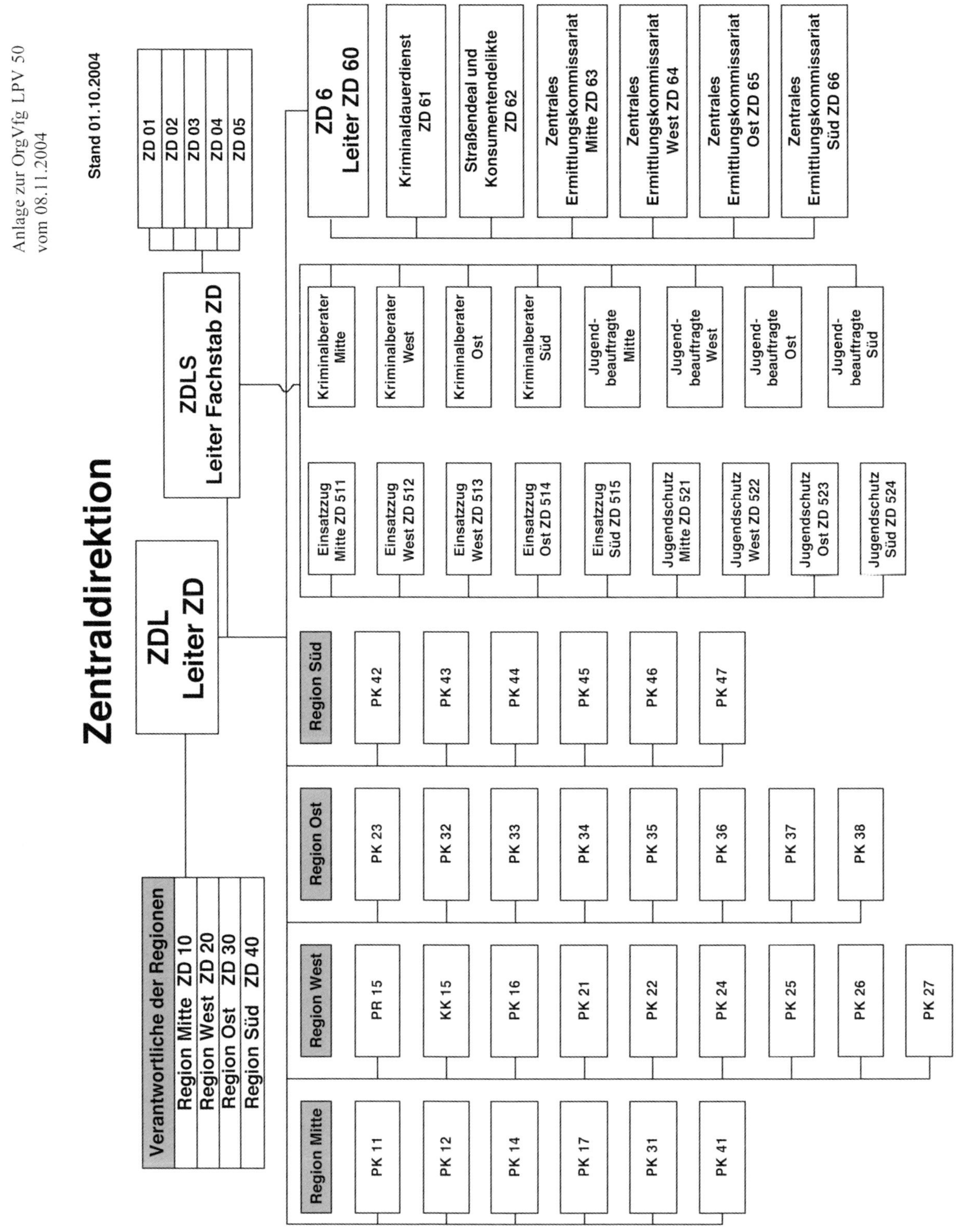


Abb. 6: Organigramm Polizei Hamburg, Zentraldirektion

### 2.2.1.3. Das Landeskriminalamt

Das Landeskriminalamt Hamburg hat wie die anderen Landeskriminalämter in den Ländern der Bundesrepublik Deutschland eine Zentralstellenfunktion. Die Verpflichtung hierzu ergibt sich aus §3 BKAG. Es ist zum einen Bindeglied zum BKA, übt aber auch die Fachaufsicht in Sachen der Kriminalitätsbekämpfung über die Zentraldirektion und die Polizeikommissariate aus.

Im Landeskriminalamt sind neben der Zentralstellenfunktion spezielle Ermittlungsabteilungen angesiedelt, aber auch Service-Bereiche für andere mit der Kriminalitätsbekämpfung beschäftigte Dienststellen, wie kriminaltechnische Untersuchungsstellen (KTU) oder der Erkennungsdienst.

In die Zuständigkeit des Landeskriminalamtes fällt die Sachbearbeitung für Delikte der Organisierten Kriminalität, der Staatsschutzkriminalität, Deliktsfelder mit hohen OK-Bezügen, Delikte mit deutlich überregionalen Bezügen, sowie Delikte mit nationalen und internationalen Bezügen.

### 2.2.2. Bundeskriminalamt (BKA)

Hauptaufgabe des BKA ist die Zusammenarbeit des Bundes und der Länder in kriminalpolizeilichen Angelegenheiten sicherzustellen (§ 1 BKAG). Weitere Aufgaben ergeben sich für das BKA aus seiner Funktion als Zentralstelle für das polizeiliche Auskunfts- und Nachrichtenwesen, sowie aus seiner Zentralstelle für die Kriminalpolizei. Hier hat das BKA u.a. koordinierende, im Sinne des Datenverbundes federführende, Funktion, so z.B. bei der Erstellung und Betrieb des Nationalen (INPOL) und internationalen Fahndungssystems (SIS) für die Polizei.

Das BKA vertritt, abgeleitet aus seiner **Zentralstellenfunktion**, die deutsche Polizei in vielen internationalen Gremien und Einrichtungen und unterhält ein Netz von Verbindungsbeamten in zahlreichen Ländern der Erde.

Aufgaben der Strafverfolgung werden vom BKA in bestimmten Fällen mit internationalen Bezügen (§ 4 BKAG) wahrgenommen. Auch kommt eine Übertragung von Ermittlungsverfahren auf das BKA in Betracht, sofern eine zuständige Behörde hierum ersucht und das Bundesministerium des Innern (BMI) zustimmt (§ 4 I, II BKAG).

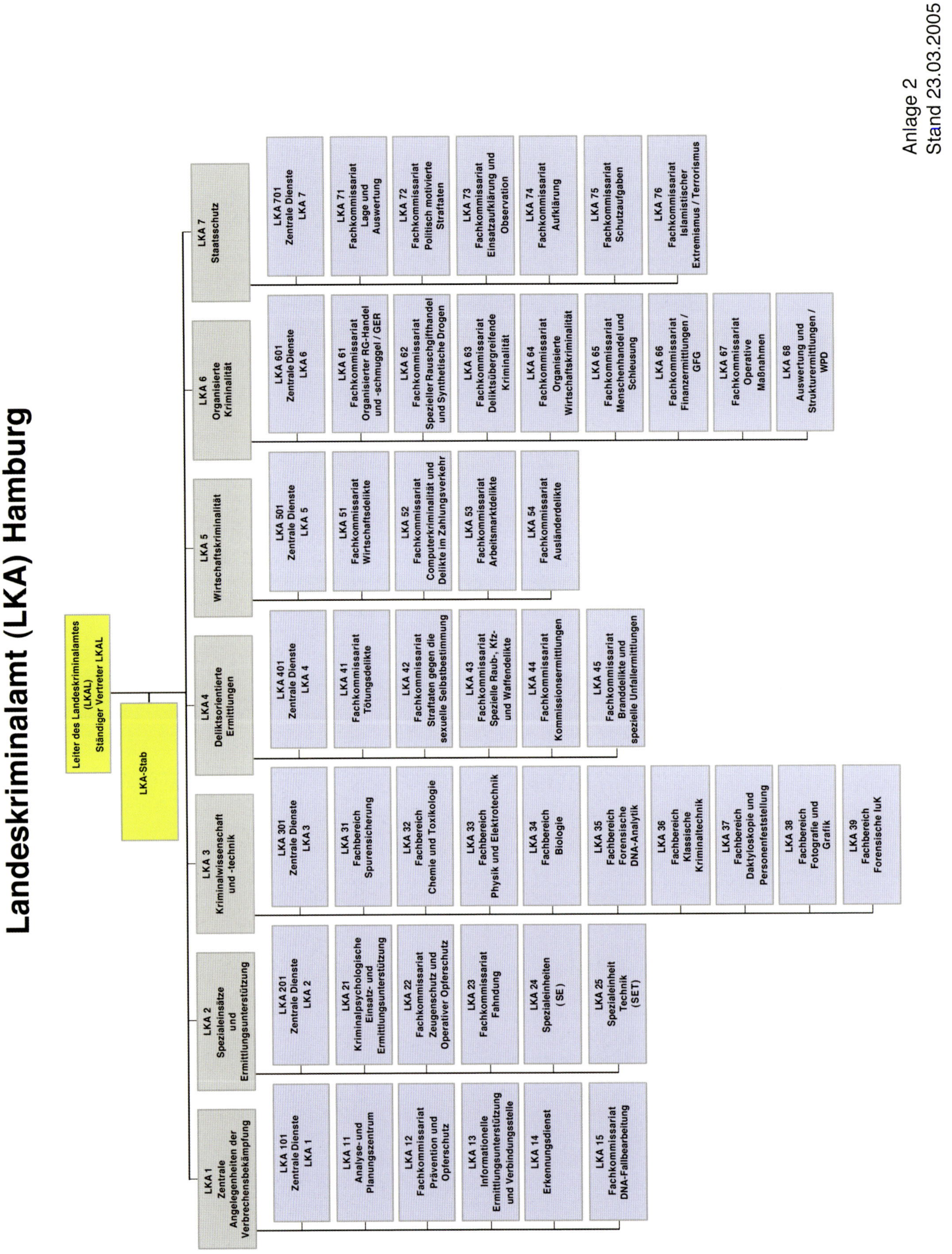


Abb. 7: Organigramm Landeskriminalamt

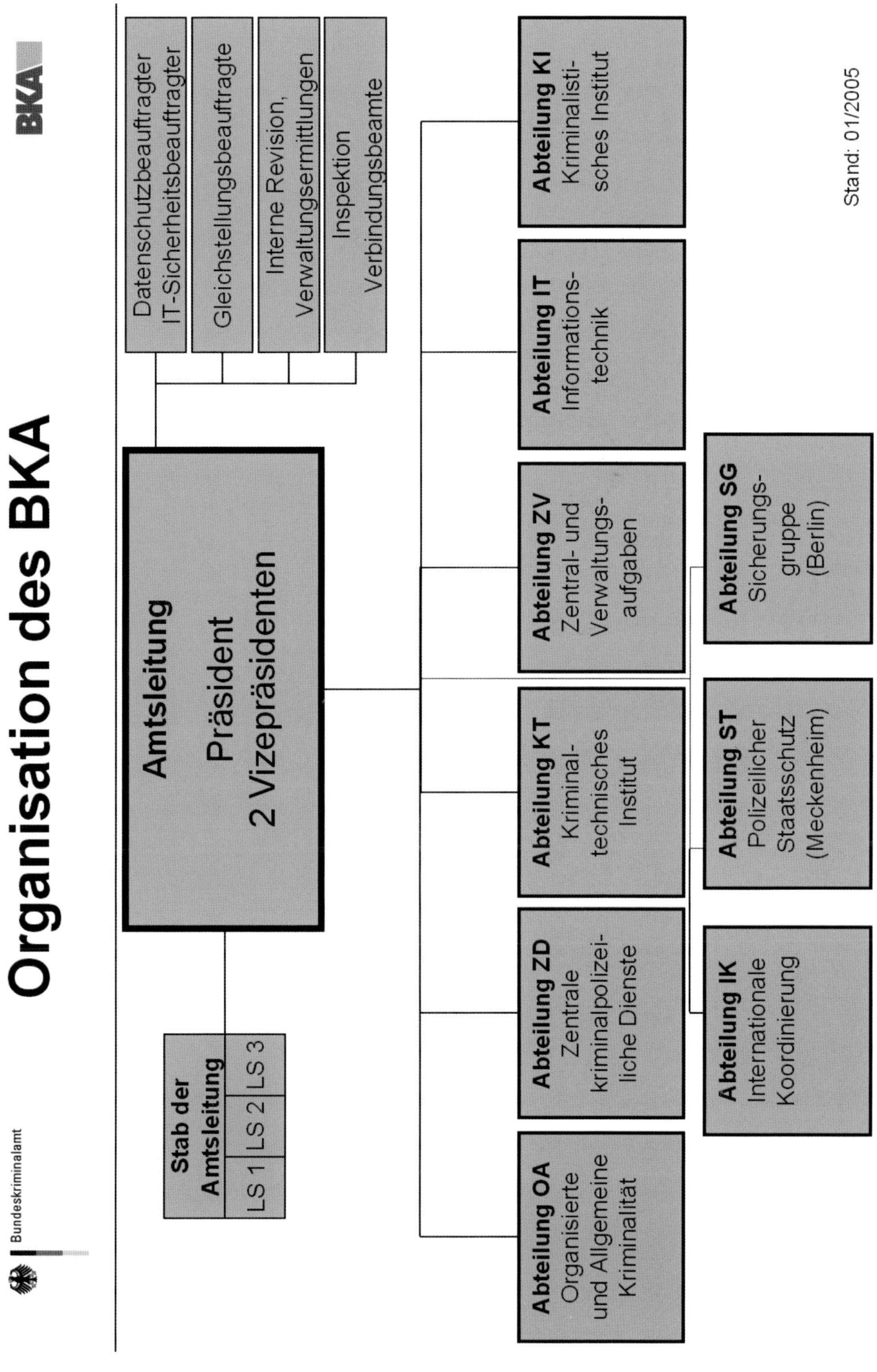


Abb. 8: Organigramm Bundeskriminalamt

## 2.2.3. Bundespolizei

Die Zuständigkeit der Bundespolizei für die Verfolgung von Straftaten ist in § 12 BPolG geregelt.

In der Bundespolizei ist die Aufgabe der Kriminalitätskontrolle im Rahmen der integrativen Aufgabenwahrnehmung von allen Behörden und Dienststellen wahrzunehmen. Bei der Aufteilung der unterschiedlichen Aufgaben werden die nachfolgenden Ebenen unterschieden, denen die entsprechenden Organisationseinheiten zugeordnet werden.

**Organisation der Kriminalitätskontrolle in der Bundespolizei:**

- **Zentrale Ebene:**
  Koordinierung von Ermittlungen und Auswertungen auf nationaler Ebene durch die Bundespolizeidirektion (BPOLDIR).
- **Regionale Ebene:**
  Koordinierung von Ermittlungen und Auswertungen auf Ebene der Bundespolizeipräsidien (BPOLP).
- **Überörtliche Ebene:**
  Ermittlungen auf Ebene des Bundespolizeiamtes durch die Bundespolizeiinspektionen Kriminalitätsbekämpfung (BPOLIKB).
- **Örtliche Ebene**:
  Durchführung von Ermittlungen durch Kontroll- und Streifenbeamte und Ermittlungsbeamte einer Bundespolizeiinspektion (BPOLI).

### 2.2.3.1. Bundespolizeiinspektionen

Die Masse der Ermittlungsvorgänge fallen auf der örtlichen Ebene an und werden **durch die im Ermittlungsdienst eingesetzten Kontroll- und Streifenbeamten** bearbeitet. Sie bearbeiten die einfach gelagerten Fälle der Massen- und Kleinkriminalität, die im Rahmen der Zuständigkeit nach § 12 BPolG anfallen, abschließend. Bei darüber hinausgehenden Fällen erfolgt die Bearbeitung im Rahmen des ersten Angriffs bis zur Abgabe des Vorganges an die zuständige Behörde.

Sind in dem anfallenden Verfahren umfangreichere Ermittlungen erforderlich, so werden die Ermittlungen vom **Ermittlungsdienst** der BPOLI übernommen und fortgesetzt. Dem Ermittlungsdienst obliegt neben den Ermittlungsaufgaben die operative und strategische Auswertung der Vorgänge und Ereignisse auf Ebene der Flächeninspektion. Auch die Fahndung nach Personen und Sachen ist dem Ermittlungsdienst der BPOLI zugewiesen.

Neben dem Ermittlungsauftrag ist auch die Aufgabe der **Kriminalprävention auf örtlicher Ebene** wahrzunehmen. Hierzu werden **Bürgerkontaktbeamte** eingesetzt, die bestimmte präventive Aufgaben wahrnehmen. Umfangreichere Präventionsaktionen werden auf Ebene der BPOLI unter Einbindung weiterer Sachgebiete geplant und mit Beamten aus den Dienstgruppen und dem Ermittlungsdienst durchgeführt.

### 2.2.3.2. Bundespolizeiinspektionen Kriminalitätsbekämpfung

Die Bundespolizeiämter verfügen grundsätzlich (Ausnahme Bundespolizeiamt See) über eine Organisationseinheit Bundespolizeiinspektion Kriminalitätsbekämpfung (BPOLIKB). Aufgabe dieser BPOLI ist die Kriminalitätsbekämpfung auf überörtlicher Ebene.

Kommt es bei mehreren Dienststellen der Bundespolizei zu Ermittlungsansätzen, die auf denselben Täter oder Täterkreis hindeuten, werden diese überörtlich in einem Ermittlungsverfahren zusammengeführt und bei der BPOLIKB bearbeitet. Dazu ist bei diesen Dienststellen besonders ausgebildetes Personal und eine besondere Sachausstattung (z.B. Möglichkeiten zur Überwachung der Telekommunikation) vorhanden. Die BPOLIKB sind deshalb zur Durchführung sowohl komplexer, als auch zeitintensiver Ermittlungen in der Lage. Auch Maßnahmen zur Gewinnabschöpfung werden auf dieser Ebene durch besonders ausgebildete Beamte durchgeführt.

Die Übernahme eines Verfahrens durch die BPOLI geschieht auf Antrag einer betroffenen Flächeninspektion oder nach erfolgter Auswertung auf Weisung der BPOLIKB. Hierzu ist ein besonderes **Weisungsrecht** durch den Leiter BPOLIKB vorhanden.

Zur Durchführung verdeckter Maßnahmen verfügt die BPOLI Krim B über eine besondere Einsatzeinheit. Sie ist sowohl personell, als auch sachlich in der Lage kurz- und langfristige Observationen sowie andere verdeckte Maßnahmen durchzuführen.

Außer Ermittlungen werden in der BPOLIKB operative Auswertungen zu den geführten Ermittlungsverfahren durchgeführt. Für den Amtsbereich erstellt die BPOLIKB strategische Auswertungen.[19]

Fahndungsausschreibungen, die nach drei Monaten noch nicht zum Erfolg geführt haben, werden der BPOLIKB zur Prüfung vorgelegt. Hier wird dann über eine mögliche Fortführung der Fahndung als sogenannte Intensivfahndung[20] entschieden.

Durch die BPOLKB wird auch der Bundespolizeiaktennachweis für das zugehörige Bundespolizeiamt geführt. Bei diesem Aktennachweis handelt es sich um die Aktengrundlage zu den im Zuständigkeitsbereich bearbeiteten Vorgängen, die an dieser Stelle zentral verwaltet und gelagert werden.

Der Leiter der BPOLIKB ist gleichzeitig Sachgebietsleiter Kriminalitätsbekämpfung des Bundespolizeiamtes (Zugleichfunktion). In dieser Eigenschaft übt er die Fachaufsicht gegenüber den Ermittlungsdiensten der dem Bundespolizeiamt nachgeordneten Flächeninspektionen im Auftrage der Amtsleitung aus.

#### 2.2.3.3. Bundespolizeipräsidien[21]

Das Vorgehen gegen überörtlich agierende Straftäter erfordert eine aufgabenübergreifende Koordinierung der Fahndung, Ermittlung, Auswertung und Prävention auf der regionalen Ebene des Bundespolizeipräsidiums. Auf der Grundlage eines ständig fortzuschreibenden Kriminalitätslagebildes sind amtsübergreifende Entwicklungen festzustellen und Bekämpfungsmaßnahmen im engen Zusammenwirken mit anderen Sicherheitsbehörden des Inlandes und angrenzenden Auslandes zu planen und deren Umsetzung zu koordinieren.

Auf Vorschlag der BPOLIKB werden von den Bundespolizeipräsidien zeitlich befristet **gemeinsame Ermittlungsgruppen** gebildet, die eine zuständigkeitsübergreifende effiziente Ermittlungsführung durch Nutzung der in den unterschiedlichen Organisationen vorhandenen Ressourcen und Informationen ermöglicht.

[19] Siehe hierzu auch Abschnitt 4
[20] Siehe hierzu auch Abschnitt 13
[21] Organigramm siehe Ziff. 2.2.3

### 2.2.3.4. Bundespolizeidirektion

Das Agieren international organisierter Tätergruppierungen oder aber bundesweit tätiger Straftäter macht eine ganzheitliche Betrachtung, Auswertung und Koordinierung der Aktivitäten der anderen Ebenen erforderlich. Diese Aufgabe wird zentral von der Bundespolizeidirektion (BPOLDIR) wahrgenommen.

Die Bundespolizeidirektion wird in Zukunft ein **zentrales polizeiliches Auswertezentrum** einrichten. Aufgabe dieses zentralen Auswertezentrums ist es, alle polizeilichen Informationen aus dem Aufgabenbereich der Bundespolizei zu sammeln, zu bewerten, Hinweise auf Ermittlungsansätze zu geben und konkrete Handlungsempfehlungen zu erarbeiten, die den Bundespolizeipräsidien und den ihnen zugehörigen Dienststellen bei der operativen Arbeit helfen.

Die Bundespolizeidirektion hat die Aufgabe, unter den o.a. Gesichtpunkten bundesweit bzw. international agierende Straftäter zu bekämpfen. Dabei werden von der Bundespolizeidirektion selbst keine Ermittlungsverfahren durchgeführt. Vielmehr besteht die Aufgabe in der Erstellung aussagekräftiger Auswertungen als Grundlage zu entwickelnder strategischer und / oder taktischer Bekämpfungskonzeptionen.

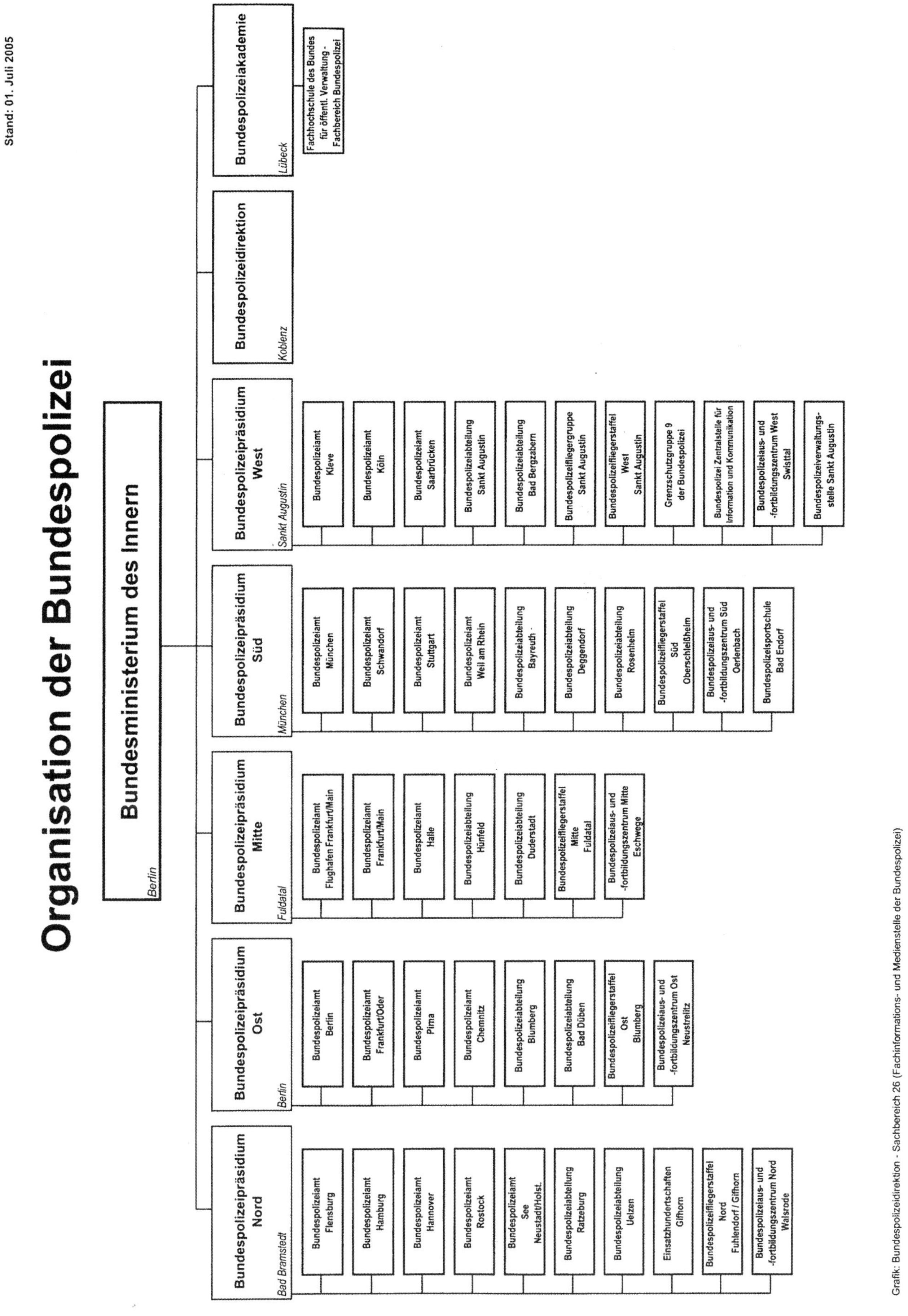


Abb. 9: Organigramm der Bundespolizei

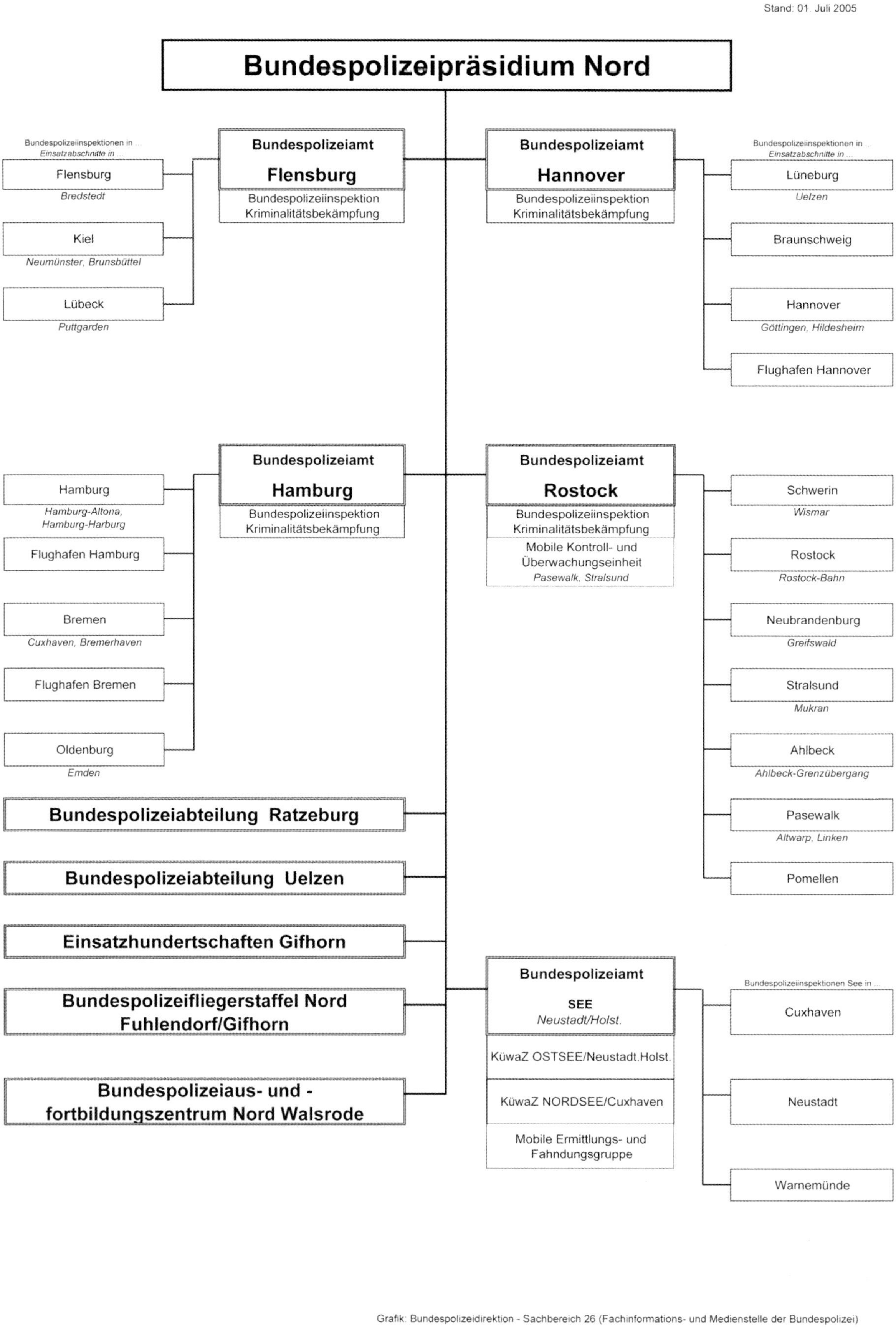


Abb. 10: Organigramm Bundespolizeipräsidium

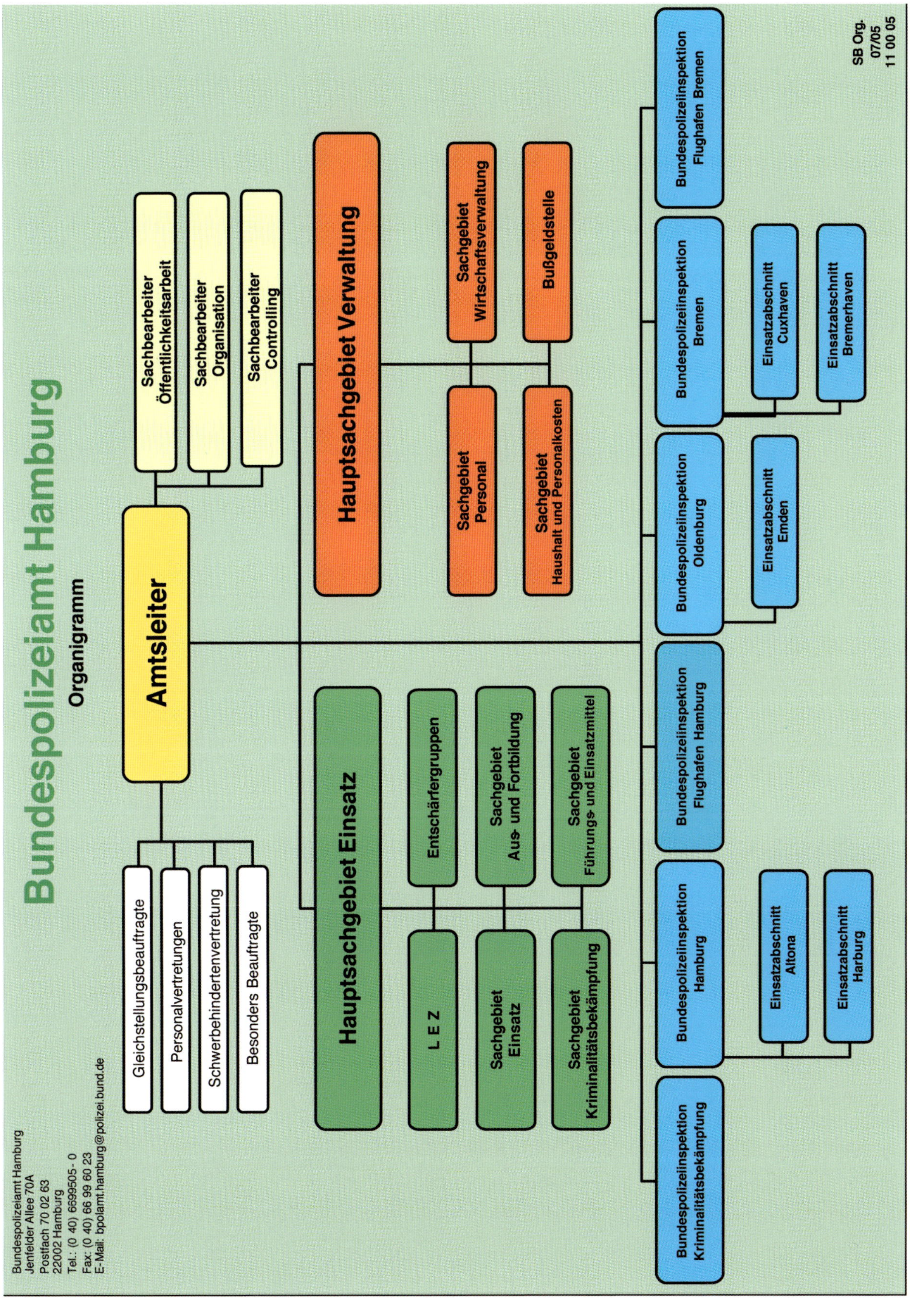


Abb. 11: Organigramm Bundespolizeiamt

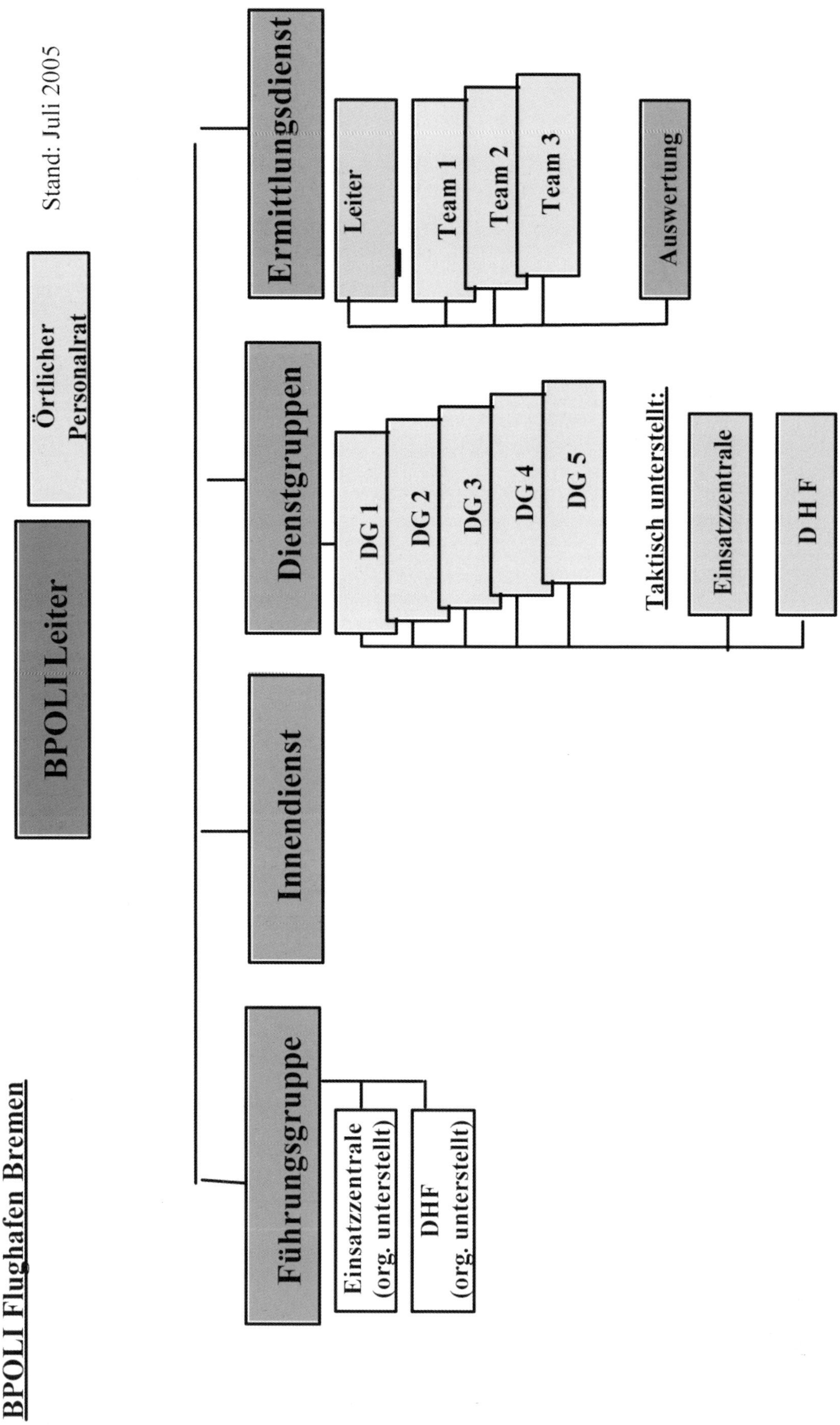


Abb. 12: Organigramm Bundespolizeiinspektion

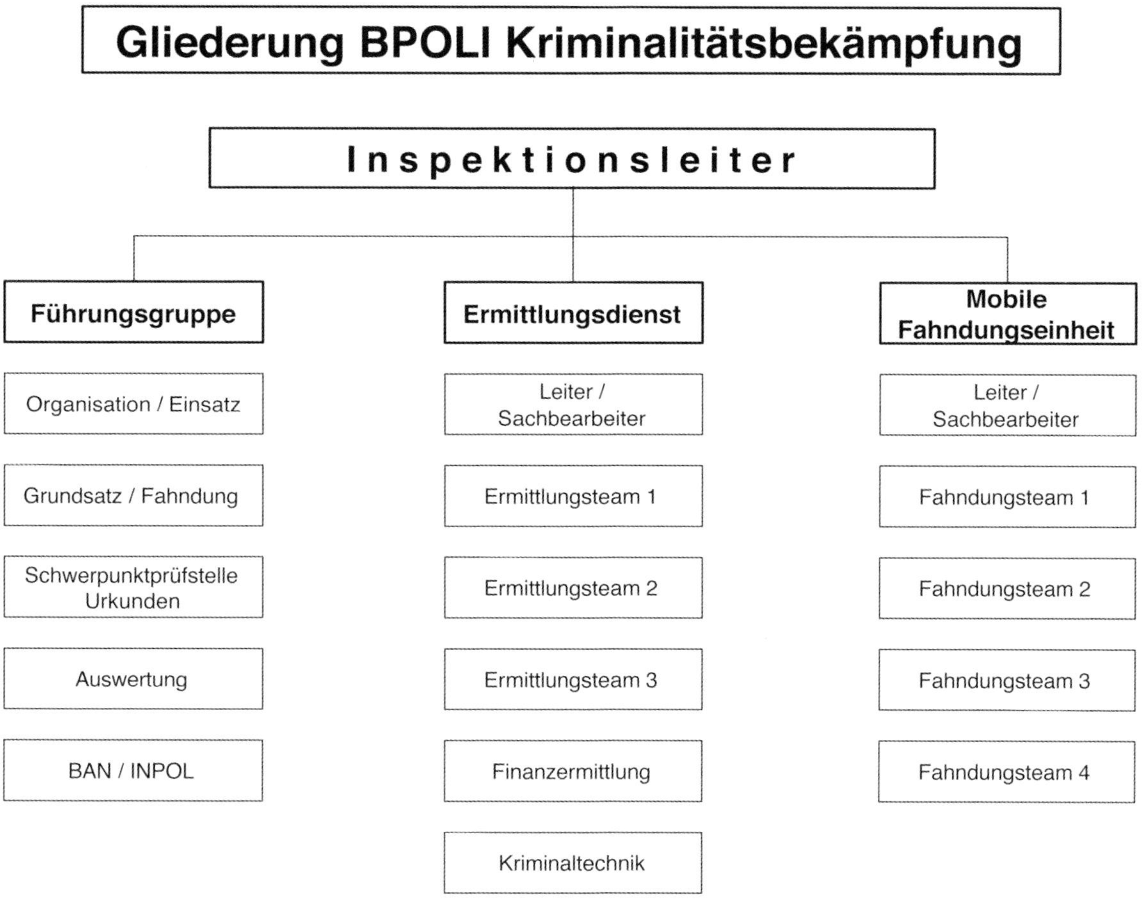


Abb. 13: Organigramm Bundespolizeiinspektion Kriminalitätsbekämpfung

### 2.2.4. Bundesfinanzverwaltung (Zoll)

Eine Besonderheit in der Organisation der Kriminalitätsbekämpfung bildet der deutsche Zoll als Teil der Bundesfinanzverwaltung.

Der Behördenaufbau ist dreistufig. Als Mittelbehörden fungieren die **Oberfinanzdirektionen**, wo die Aufgaben des Zolls durch die Zoll- und Verbrauchssteuerabteilungen wahrgenommen werden. Den Oberfinanzdirektionen nachgeordnet sind die **Hauptzollämter**, die als Unterbehörden die Zollaufgaben in einem räumlichen Zuständigkeitsbereich wahrnehmen. Innerhalb der Hauptzollämter gibt es wiederum verschiedene **Zollämter und Zollkommissariate**, die unselbständige Verwaltungseinheiten bilden und Aufgaben vor Ort wahrnehmen, so z.B. am Grenzübergang.

Als Bundesmittelbehörde eingerichtet und für die Kriminalitätsbekämpfung von besonderer Bedeutung ist das **Zollkriminalamt** in Köln. Das Zollkriminalamt nimmt Aufgaben der Strafverfolgung, z.B. beim Rauschgift- und Waffenschmuggel, wahr. Dem Zollkriminalamt sind nachgeordnet die Zollfahndungsämter.

Der Zoll verfügt über eigene Zuständigkeiten im Bereich der Strafverfolgung, z.B. im Zusammenhang mit Verstößen gegen das Außenwirtschaftsgesetz, der Abgabenordnung oder dem Betäubungsmittelgesetz. Weiter bestehen Aufgaben im Zusammenhang mit der „Schwarzarbeit", z.B. in Form von Verstößen gegen das Sozialgesetzbuch.

Abb. 14: Organigramm Zoll

## 2.3. Ermittlungsgruppen und Sonderkommissionen

Sonderkommissionen und Ermittlungsgruppen sind Sonderformen der Polizeiorganisationen, die in der Regel dann eingerichtet werden, wenn Strafverfahren in der Regelorganisation nicht bewältigt werden können. Auch wenn beide Begriffe nicht eindeutig definiert sind, hat sich doch die nachfolgende Unterscheidung teilweise durchgesetzt.

**Sonderkommissionen** sind Organisationseinheiten auf Zeit, die im Rahmen der Kriminalitätsbekämpfung zur Bearbeitung einer herausragenden Straftat oder Straftatenserie gebildet werden.

**Beispiel:** Sonderkommission zur Bearbeitung einer Mordserie oder eines Entführungsfalles.

**Ermittlungsgruppen** sind Organisationsformen auf Zeit, die im Rahmen der Kriminalitätsbekämpfung zur Bearbeitung von bestimmten Kriminalitätsphänomenen gebildet werden.

**Beispiel:** Bildung einer Ermittlungsgruppe Graffiti, oder Bilden von „Gemeinsamen Ermittlungsgruppen zur Bekämpfung von...“(siehe hierzu auch nachfolgenden Abschnitt).

Interessant ist eine neue Organisationsform im Landeskriminalamt Hamburg. Dort wird es künftig eine **Dienststelle Kommissionsermittlungen** geben, die sich mit Fällen verschiedenster Art aus aktuellem Anlass beschäftigen soll, die eine hohe Professionalität erfordern und in der Regelorganisation nicht abgearbeitet werden können. Eine Art kriminalpolizeilicher Task-Force oder Sonderkommission auf Dauer.

## 2.4. Sonstige Organisationsformen auf nationaler Ebene

Auf nationaler Ebene gibt es noch weitere Zusammenarbeitsformen, von denen an dieser Stelle nur einige wesentliche angesprochen werden.

Beim Bundeskriminalamt organisatorisch angebunden und für die Bundespolizei von wesentlicher Bedeutung ist das von der Bundespolizei und Bundeskriminalamt seit dem 1. November 2004 betriebene **„Gemeinsame Analyse- und Strategiezentrum Schleusungskriminalität“ (GASS)** in Wiesbaden. Das GASS soll die kriminalpolizeilichen und grenzpolizeilichen Zentralstellenfunktionen von Bundeskriminalamt und Bundespolizeidirektion für den Bereich der Schleusungskriminalität zusammenfassen. Hierzu werden Informationen aus Bund, Ländern und Ausland gesammelt, analysiert und ganzheitlich und behördenübergreifend umgesetzt. Das GASS wird gemeinsam von Bundespolizei und

Bundeskriminalamt mit einer Doppelspitze geführt.

Weiterhin sind zu erwähnen die an verschiedenen Stellen eingerichteten **„Gemeinsamen Ermittlungsgruppen Schleusungskriminalität“ (GES)**, bestehend aus Beamten der Bundespolizei und der betreffenden Landeskriminalämter der Landespolizei.

Berührungspunkte zur Bundespolizei haben auch die **„Gemeinsamen Ermittlungsgruppen Rauschgift“ (GER)**, die in der Regel aus Beamten des Zolls und der Landeskriminalämter der Länder zusammengesetzt sind.

Der Vollständigkeit halber erwähnt sei auch die **Zusammenarbeit von Polizeiorganisationen mit privaten Formen der Sicherheitsarbeit**. Hier hat sich in der Bundesrepublik Deutschland zwischenzeitlich ein breites Feld ergeben: Zusammenarbeitsvereinbarungen verschiedener Art und Ordnungspartnerschaften seien hier nur beispielhaft angeführt.[22]

Allen diesen Zusammenschlüssen ist gemeinsam, dass versucht wird, die vorhandenen Schnittstellen in der Aufgabenwahrnehmung zu minimieren, ohne an der grundsätzlichen Aufgabenteilung zu rütteln. Aus den unterschiedlichen Möglichkeiten und Kompetenzen der beteiligten Organisationen ergeben sich Synergieeffekte und verbesserte Möglichkeiten im präventiven und repressiven Vorgehen in der Kriminalitätskontrolle.

## 2.5. Die internationalen Polizeiorganisationen

Kriminalität machte und macht nicht an Länder- oder Staatsgrenzen halt. Die Zuständigkeitsgrenzen der jeweiligen Polizeibehörden bilden insofern eine Gefahr des Informationsverlustes, taktische Strafverfolgungsarbeit stößt im wahrsten Sinne des Wortes an „ihre Grenzen“. Grund genug sich mit diesem Problem auseinander zu setzen und vorhandene Lösungen darzustellen. Die Strafverfolgungsbehörden haben in der Vergangenheit verschiedene Organisationsformen zur Bewältigung der bestehenden Probleme geschaffen.

### 2.5.1. Internationale Kriminalpolizeiliche Organisation (IKPO)

Die wohl bekannteste und umfassendste internationale Organisation im Bereich der Strafverfolgung ist die „Internationale Kriminalpolizeiliche Organisation (IKPO), vielen besser bekannt als **„Interpol“**. Die Geschichte der IKPO reicht bis 1923 zurück, wo sie ale „Internationale Kriminalpolizeiliche Kommission“(IKPK) von sieben Staaten gegründet wurde. 1956 fand die Umbenennung zur heutigen IKPO statt.[23] Die IKPO umfasst heute 182 Mitgliedsstaaten weltweit.[24]Beitrittsberechtigt ist jedes Land, welches sich den Statuten der IKPO unterwerfen will, wobei die nationale Souveränität eines Landes durch die Regelungen grundsätzlich nicht tangiert wird.

Die IKPO verfügt weder über Weisungs- noch über Exekutivbefugnisse. Rechtlich handelt es sich bei der IKPO um einen Verein, der über folgende Führungsorgane verfügt: die Generalversammlung, das Exekutivkomitee und Generalsekretariat. Die Zusammenarbeit erfolgt über die **Nationalen Zentralbüros** (NZB).

---

[22] Siehe hierzu auch: Die neue Polizei, 4/2002, S. 54 (Hamburg / Sicherheitsdienste),
Jaeger: Privates Sicherheitsgewerbe als Partner in Sachen Kriminalitätsbekämpfung, in: Der Kriminalist 2002, 474,
Peilert: Police Private Partnership, in: DVBL 1999, 282

[23] Zur Entwicklung der IKPO siehe auch: Internationale Kriminalpolizeiliche Organisation – Interpol-: 50 Jahre Interpol 1923 – 1973;

[24] Stand Oktober 2004

Die **Generalversammlung** ist das höchste Beschlussgremium der IKPO. Bei einer jährlichen Delegiertentagung werden durch Mehrheitsbeschluss die für die IKPO wesentlichen Grundsatzbeschlüsse gefasst.

**Beispiel:** Beschlüsse zum Haushalt, zu Aufgabeninhalten, Arbeitsprogramm pp.

Das **Exekutivkomitee**, bestehend aus dem Präsidenten der IKPO, seinen drei Vizepräsidenten und neun Delegierten, obliegt die Überwachung der Durchführung der von der Generalversammlungen getroffenen Entscheidungen. Weiter hat das Exekutivkomitee neben der Aufsicht über die Geschäftsführung des Generalsekretärs sicherzustellen, dass die Aktivitäten der IKPO im Einklang mit den Beschlüssen der Generalversammlung stehen.

Das **Generalsekretariat** hat seinen Sitz in Lyon / Frankreich und wird von einem Generalsekretär geführt. Das Generalsekretariat bildet die Administration und ist Kommunikations-, Informations- und Nachrichtenzentrale. Es bildet mit ca. 350 Mitarbeitern das Herzstück der IKPO.

Die **Nationalen Zentralbüros** (NZB) sind die von den Mitgliedsstaaten benannten Zentralstellen für die internationale Zusammenarbeit dieser Länder. Für die Bundesrepublik Deutschland bildet das Bundeskriminalamt das NZB. Die NZB unterliegen keinen Weisungen durch das Generalsekretariat, sondern sind wegen der nationalen Souveränität ihrem Heimatstaat verpflichtet.

Die **Hauptaufgaben** der IKPO sind:[25]

- Bereitstellung eines weltumfassenden, modernen Kommunikationsnetzes,
- Führung von Kriminalakten, Sammlungen, Dateien,
- Herausgabe von Fahndungsnotierungen,
- Durchführung von Arbeitstagungen und Konferenzen,
- Durchführung von Auswerteprojekten und Erstellen von Lagebildern.

### 2.5.2. Das Europäische Polizeiamt Europol

Die Einrichtung des Europäischen Polizeiamtes (Europol) geht auf eine Initiative der Bundesrepublik Deutschland durch den damaligen Bundeskanzler Dr. Helmut Kohl zurück. 1991 kam es auf dem Gipfeltreffen der Staats- und Regierungschefs der Europäischen Union in Maastricht zu dem Beschluss Europol einzurichten.

1998 trat das sogenannte Europol-Übereinkommen in Kraft, nachdem eine Ratifizierung durch alle EU-Mitgliedstaaten erfolgt war. Die Tätigkeit wurde durch Europol am 1. Juli 1999 mit Sitz in Den Haag (Niederlande) aufgenommen. Es handelt sich also um eine sehr junge polizeiliche Einrichtung.

Mit der Einrichtung von Europol verbindet sich die Vorstellung, den Mitgliedstaaten der Europäischen Union in Fragen der Inneren Sicherheit ein wirkungsvolles Instrument zur Kriminalitätsbekämpfung in die Hand zu geben.

---

[25] Wiske / Nickel: Aufgaben und Möglichkeiten der IKPO – Interpol, in: Deutsches Polizeiblatt (DpolBl) 5 / 98, S. 21 ff.
Kersten: IKPO-Interpol, in: Die neue Polizei 4/2002, S. 3

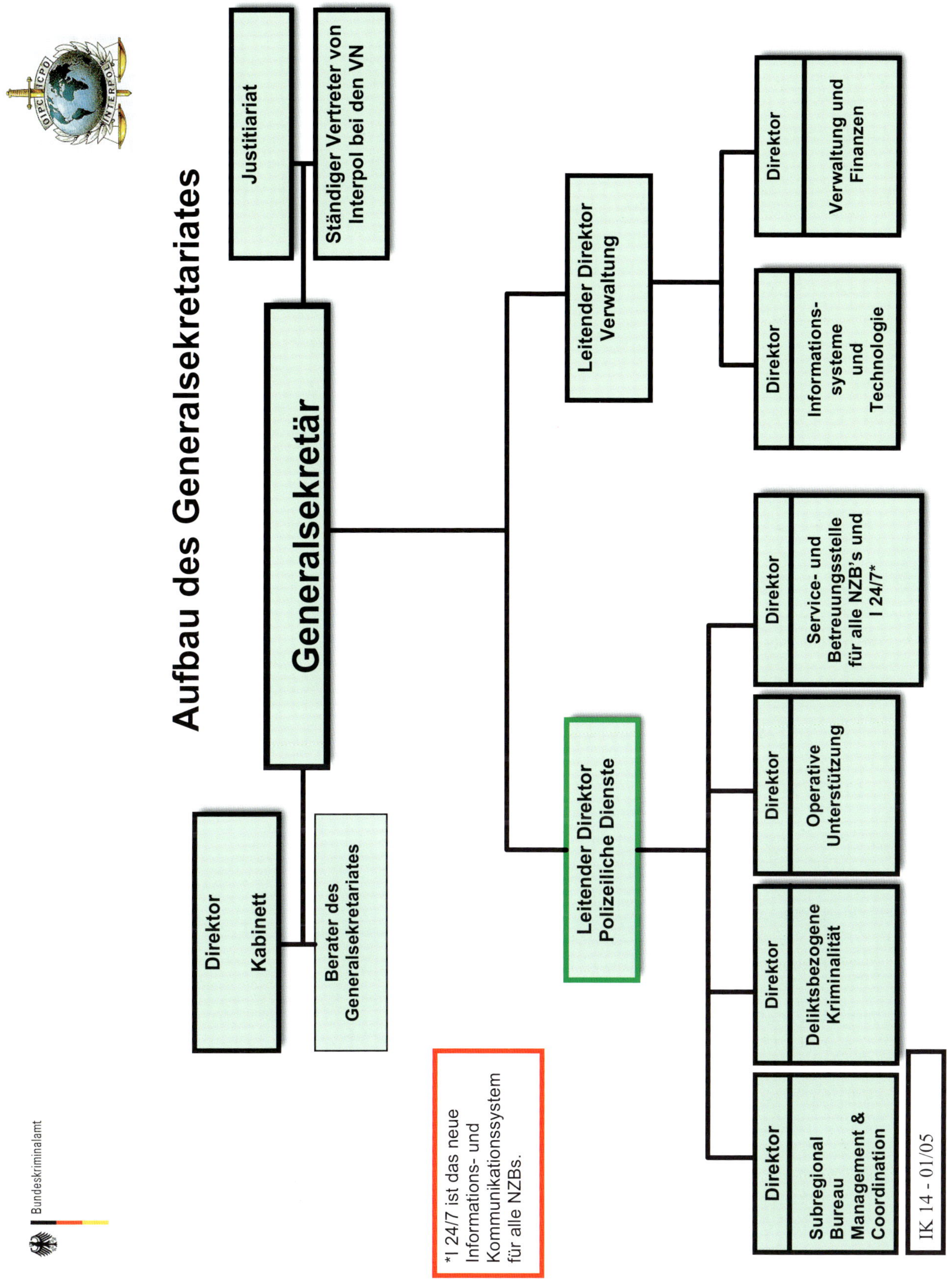


Abb. 15: Interpol (IKPO) Generalsekretariat

### 2.5.2.1. Die Zielsetzung von Europol

Europol soll die Leistungsfähigkeit und Zusammenarbeit der für die Verhütung und Bekämpfung von schwerwiegenden Formen der internationalen Kriminalität in den Mitgliedstaaten zuständigen Behörden unterstützen.

Dazu müssen:
- tatsächliche Anhaltspunkte für eine kriminelle Organisationsstruktur vorliegen
- zwei oder mehr Mitgliedstaaten von den weiter aufgeführten Kriminalitätsformen betroffen sein und
- wegen des Umfangs, der Bedeutung und der Folgen der Straftaten ein gemeinsames Vorgehen der Mitgliedstaaten erforderlich sein.

### 2.5.2.2. Die Zuständigkeit von Europol

Die Zuständigkeit von Europol besteht seit Januar 2002 für folgende Kriminalitätsbereiche:

- Illegaler Drogenhandel,
- Schleuserkriminalität,
- Kraftfahrzeugverschiebung,
- Menschenhandel einschließlich Kinderpornografie,
- Geldfälschung und Fälschung anderer Zahlungsmittel,
- Illegaler Handel mit radi0aktiven Stoffen und nuklearen Substanzen,
- Terrorismus,
- Geldwäsche im Zusammenhang mit den genannten Straftaten,
- Straftaten gegen Leben, körperliche Unversehrtheit und Freiheit,
  - vorsätzliche Tötung, schwere Körperverletzung,
  - illegaler Handel mit Organen und menschlichem Gewebe,
  - Entführung, Freiheitsberaubung und Geiselnahme,
  - Rassismus und Fremdenfeindlichkeit,
- Straftaten gegen fremdes Vermögen und staatliches Eigentum sowie Betrug,
  - Organisierter Diebstahl ,
  - Illegaler Handel mit Kulturgütern, einschließlich Antiquitäten und Kunstgegenständen,
  - Betrugsdelikte,
  - Erpressung und Schutzgelderpressung,
  - Nachahmung und Produktpiraterie,
  - Fälschung von amtlichen Dokumenten und Handel damit,
  - Computerkriminalität,
  - Korruption,
- Illegaler Handel und Straftaten gegen die Umwelt,
  - Illegaler Handel mit Waffen, Munition und Sprengstoffen,
  - Illegaler Handel mit bedrohten Tierarten,
  - Illegaler Handel mit bedrohten Pflanzen- und Baumarten,
  - Umweltkriminalität,
  - Illegaler Handel mit Hormonen und Wachstumsförderern.

Wegen der Fülle der Zuständigkeiten und der nur knappen personellen und finanziellen Ressourcen hat der Rat die Möglichkeit Entscheidungen zu Prioritäten zu fällen.

### 2.5.2.3. Die Aufgaben von Europol

Zur Erreichung der Zielsetzung von Europol sind folgende Aufgaben wahrzunehmen:
- Erleichterung des Informationsaustausches zwischen den Mitgliedstaaten,

- Sammlung und Analyse von Informationen und Erkenntnissen,
- Unterrichtung der zuständigen Behörden der Mitgliedstaaten über die sie betreffenden Informationen und die in Erfahrung gebrachten Zusammenhänge von Straftaten über die Nationalen Stellen (für Deutschland das BKA),
- Unterstützung von Ermittlungen in den Mitgliedstaaten durch die Übermittlung aller sachdienlichen Informationen an die nationalen Stellen,
- Unterhaltung automatisierter Informationssammlungen,
- Vertiefung von Spezialkenntnissen, die im Rahmen der Ermittlungstätigkeit von den zuständigen Behörden der Mitgliedstaaten verwendet werden, und das Anbieten von Beratung bei den Ermittlungen,
- Übermittlung von strategischen Erkenntnissen, um einen wirksamen und rationellen Einsatz der auf nationaler Ebene für operative Aufgaben vorhandenen Ressourcen zu erleichtern und zu fördern.

Europol verfügt zur Zeit über keine eigenständigen operativen supranationalen Kompetenzen. Vielmehr leistet Europol Informationstransfer, Analyse von Kriminalitätsphänomenen und Auswertungen.

### 2.5.3. Die Europäische Grenzschutzagentur

Die Europäische Grenzschutzagentur (EGA) soll nach derzeitigem Stand ihre Arbeit im Sommer 2005 in Warschau aufnehmen. Die EGA soll die Arbeit der nationalen Grenzschutzbehörden nicht nur begleiten, sondern auch evaluieren. Bei den Aufgaben geht es um die Koordinierung der operativen Zusammenarbeit, Harmonisierung der Aus- und Fortbildung, Erstellung von Risikoanalysen, Koordinierung gemeinsamer Rückführungsmaßnahmen und eine gemeinsame Entwicklung der Detektionstechnologie.

### 2.5.4. Sonstige Organisationsformen auf internationaler Ebene

Zur weltweiten Bekämpfung der Rauschgiftkriminalität hat sich die **„Ständige Arbeitsgruppe Rauschgift" (STAR)** etabliert, der auch das BKA angehört. Neben einem umfassenden Informationsaustausch werden auch Verbindungsbeamte in Rauschgiftherstellerländer entsandt, um Verteilerringe und Verteilerrouten besser zu kennen.

Eine grenzüberschreitende polizeiliche Kooperation findet durch das **„Gemeinsame Zentrum für Zoll- und Polizeiarbeit"** in Kehl statt. Das Kooperationszentrum beruht auf dem Mondorfer Abkommen, welches im Jahre 1997 unterzeichnet wurde und am 1. April 2000 in Kraft trat. Nach diesem Abkommen dürfen deutsche und französische Beamte über die Grenze „nacheilen" und dabei nicht nur Zwangsmittel mitführen, sondern diese auch nutzen. Neben gemeinsamer Streifentätigkeiten gibt es ein gemeinsames Lagezentrum und einen jeweiligen Zugriff auf die entsprechenden landeseigenen Dateien.[26] Wesentliche Aufgaben sind die Informationssammlung, -analyse und -steuerung.

Am gemeinsamen Zentrum sind beteiligt die Länderpolizeien der Länder Baden-Württemberg, Rheinland-Pfalz und des Saarlandes, der deutsche Zoll, die Bundespolizei (Bundespolizeiamt Weil am Rhein), die französische Polizei und Gendarmerie sowie der französische Zoll.[27]

Zwischenzeitlich gibt es ähnliche Formen der Zusammenarbeit zwischen Deutschland / Niederlanden, Deutschland / Polen und Deutschland Tschechien.

---

[26] Wagner: In der Rheinfalle, in: Rheinischer Merkur 13/2005, S. 36
[27] Fuchs: Deutsch-Französisches Polizeizentrum, in: Beleke (Hrsg.): Kriminalistische Kompetenz Ziff. 2.2.2.6.2

## 3. Kriminalstatistiken

Die Registrierung von Kriminalität findet in Deutschland in Kriminalstatistiken statt. Es handelt sich hierbei um alle amtlichen Statistiken, in denen Ergebnisse staatlicher Ermittlungen und Strafverfolgungstätigkeiten registriert werden.[28] Sie sollen über Stand, Bewegung und Struktur von Kriminalität Auskunft geben.[29]

### 3.1. Sinn von Kriminalstatistiken

Kriminalstatistiken und Kriminalitätslagebilder[30] sollen kriminalitätsrelevante Daten für die Beurteilung der aktuellen Situation zur Planung der Kriminalitätskontrolle schaffen. Fraglich ist dabei, inwieweit solche Statistiken die wirkliche Situation erfassen und somit ein Abbild der Kriminalitätswirklichkeit leisten. Grundsätzlich wird ein wirklichkeitsgetreues Bild nur dann gelingen, wenn möglichst alle vorhandenen Bezugsgrößen und Wirkungszusammenhänge in die Betrachtung mit einbezogen werden. Häufig ist jedoch gerade dies nicht möglich, so dass die Aussagekraft der statistischen Erhebungen mehr oder minder begrenzt ist. Da diese Mängel prinzipiell kaum zu beheben sind und andererseits echte Alternativen fehlen, ist ein Rückgriff auf diese mit unterschiedlichem Aussagewert behafteten Daten unausweichlich. Für Bundespolizeibeamte ist es auf jeden Fall angezeigt, sich mit den Möglichkeiten und Grenzen dieser Statistiken zu befassen. Dadurch wird einerseits ein professioneller Umgang mit diesem Datenmaterial ermöglicht, anderseits ein möglicher manipulativer Umgang mit den statistischen Angaben minimiert. Letztlich ermöglicht ein Wissen über die Umstände einer Kriminalstatistik eine sinnvolle Interpretation.[31]

### 3.2. Unterscheidung von objektiver und subjektiver Sicherheit

Spielte in der Vergangenheit für die polizeiliche Beurteilung der Lage nur das objektive Kriminalitätsgeschehen eine entscheidende Rolle, ist seit Mitte der achtziger Jahre eine andere Sichtweise eingetreten, die auch der subjektiven Sicherheit zwingend Raum verschafft.

Die Bewertung der **objektiven Sicherheitslage** erfolgt in der Regel mit Hilfe von Daten aus den Kriminalstatistiken. Für die Planung der Kriminalitätskontrolle sind als wesentliche Kriminalstatistiken die Polizeiliche Kriminalstatistik (PKS) und die Strafverfolgungsstatistik anzusehen.

Aussagen zur **subjektiven Sicherheit** werden mit Methoden der Sozialforschung, z.B. mittels Bürgerbefragungen, erhoben. Hierzu gibt es in Deutschland mittlerweile Standards, so dass die Daten zunehmend vergleichbar sind. Gesamtdeutsche Opferbefragungen hat es 1991, 1993 und 1995 gegeben.[32]

---

[28] Schwind: Kriminologie, S. 20, RZ 2
[29] Möllers: Wörterbuch der Polizei, S. 934
[30] Zu den Kriminalitätslagebilder siehe Abschnitt 4. Polizeiliche Auswertung
[31] Siehe hierzu auch: Dörmann: Zahlen sprechen nicht für sich, in: BKA: Polizei und Forschung Bd. 28; Scholzen: Möglichkeiten und Grenzen des Aussagewerts Polizeilicher Kriminalstatistiken, in: Die Polizei 2003, 16
Quambusch: Kriminalitätsbekämpfung durch die Statistik, in: Der Kriminalist 2005, 209
[32] Schwind: Kriminologie, S. 45, RZ 55

## 3.3. Die verschiedenen Kriminalstatistiken

Die für die Kriminalitätsbekämpfung wesentlichste Kriminalstatistik ist die **„Polizeiliche Kriminalstatistik (PKS).** Diese seit 1953 mit verschiedenen Änderungen vom Bundeskriminalamt herausgegebene Statistik enthält grundsätzlich alle der Polizei bekannt gewordenen Straftaten und alle ermittelten Tatverdächtigen.

Die **„Staatsanwaltschaftsstatistik“ (StASt)** ist verfahrensbezogen und gibt keine Auskünfte zu Straftaten oder Tätergruppen.

Bei der **„Strafverfolgungsstatistik“ (StVStat)** handelt es sich um eine Erfassung der von den Gerichten abgeurteilten Tatverdächtigen (Verurteiltenstatistik). Sie wird seit 1950 vom Statistischen Bundesamt herausgegeben. In dieser Statistik sind keine Zahlen zu Straftaten vorhanden, vielmehr finden sich Daten über die Rechtsfolgen zu den überführten Straftätern. Es handelt sich im wesentlichen um eine Tätigkeitsstatistik der Gerichte.

Die **Strafvollzugsstatistik (StVollzSt)** wird ebenfalls vom Statistischen Bundesamt herausgegeben (seit 1961). Diese Statistik ist polizeilich weitgehend irrelevant. Es geht um Zahl und Art der Justizvollzugsanstalten, sowie deren mögliche und tatsächliche Belegung.

In Fachkreisen vermisst wird eine sogenannte **„Verlaufsstatistik“**, die es ermöglichen würde einen Fall von der Registrierung bis zur Aburteilung des Beschuldigten zu verfolgen.[33]

Tatsächlich ist vom Kriminalitätsgeschehen mit Dunkel- und Hellfeld bis zum Vollzug von Strafen ein stetiger Schwund zu verzeichnen.

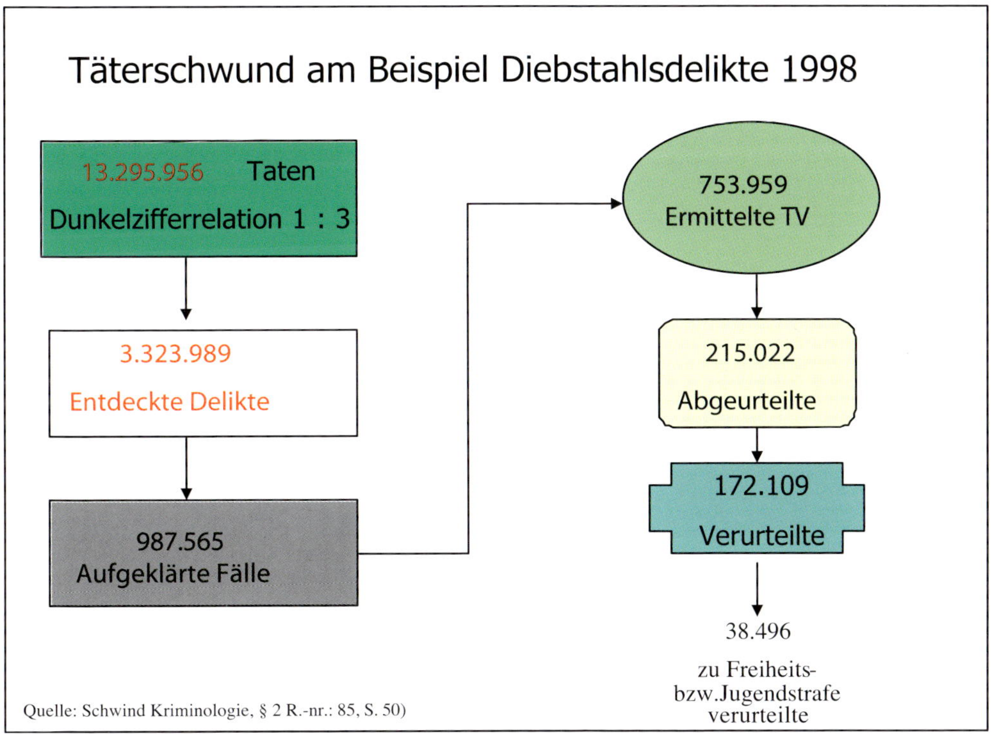


Abb. 16: Täterschwund bei Diebstahlsdelikten

[33] Schwind: Kriminologie, S. 20, RZ 3a mit Verweis auf die Forderungen der (Anti-)Gewaltkommission der Bundesregierung

## 3.4. Polizeiliche Kriminalstatistik (PKS)

Als Basis für die Planung der Kriminalitätskontrolle hat für die Polizeien des Bundes und der Länder vor allem die „Polizeiliche Kriminalstatistik" eine grundlegende Bedeutung. Die umfassendste Darstellung ist die vom Bundeskriminalamt herausgegebene **bundesweite Polizeiliche Kriminalstatistik**, die sich in ihrer Tiefe jedoch auf die bedeutendsten Fakten beschränkt. Die hierin enthaltenen Daten werden von den Zentralstellen der Polizeien des Bundes und der Länder zugeliefert.

Daneben führt jedes Bundesland eine eigene **landesbezogene polizeiliche Kriminalstatistik**, die wegen des abweichenden Adressatenkreises einen anderen Detailierungsgrad aufweist. Entsprechendes gilt für die polizeilichen Kriminalstatistiken auf den nachfolgenden Ebenen.

Die in der Zuständigkeit der **Bundespolizei** bearbeiteten Straftaten und ermittelten Tatverdächtigen werden über die Bundesgrenzschutzämter an das betreffende Landes-kriminalamt übermittelt und fließen in die jeweilige Landesstatistik und darüber in die bundesweite Polizeiliche Kriminalstatistik ein. Konkret ausgewiesen sind die Zahlen der Bundespolizei in der Polizeilichen Kriminalstatistik im Tabellenanhang, Tabelle 03.[34] Diese Tabelle ist in der Schriftfassung nicht enthalten und steht nur auf Anforderung zur Verfügung. Die Zahlen sind auch verfügbar über die Seiten der Bundespolizeidirektion im polizeilichen Intranet.

## 3.5. Inhalt und Bedeutung der PKS

In der PKS werden grundsätzlich alle von der Polizei bearbeiteten Straftaten einschließlich der mit Strafe bedrohten Versuche gezählt. Nicht erfasst werden Staatsschutz- und Verkehrsdelikte, mit Ausnahme der §§ 315, 315b StGB sowie § 22a StVG.

Im Aufbau orientiert sich die Polizeiliche Kriminalstatistik an einem nach kriminologischen Aspekten gegliederten Straftatenkatalog und enthält Angaben zu

- den bekannt gewordenen Straftaten, die teilweise zu Oberbegriffen (z.B. Gewaltkriminalität) zusammengefasst und gesondert dargestellt werden,
- den ermittelten Tatverdächtigen.

Die PKS ermöglicht Aussagen über die prozentuale Verteilung von leichter und schwerer Kriminalität, den Beziehungen zwischen Tätern und Opfern, der Altersstruktur und dem Geschlecht der Täter, dem Täterwohnsitz, Beteiligungsformen sowie zum Anteil nichtdeutscher Tatverdächtiger. Ferner sind Tatverdächtigenmerkmale (z.B. Konsument harter Drogen) enthalten.

Die PKS dient der Beobachtung der Gesamtkriminalität und einzelner Deliktsarten, des Umfangs und der Zusammensetzung des Tatverdächtigenkreises sowie der Veränderung der Kriminalitätsquotienten.[35] Weiter geht es um die Erlangung von Erkenntnissen für die vorbeugende und verfolgende Kriminalitätsbekämpfung, die organisatorischen Planung und Entscheidungen sowie für die kriminologisch-soziologische Forschung und für kriminalpolitische Maßnahmen.[36]

Die PKS wird als eine polizeiliche **„Ausgangsstatistik"**[37] geführt, das heißt die bekannt gewordenen Straftaten werden bei Abschluss der polizeilichen Ermittlungen vor Abgabe an die Staatsanwaltschaft bewertet und erfasst.

---

[34] BKA (Hrsg.): PKS 2003, S. 10
[35] Zu den Kriminalitätsquotienten siehe im weiteren Ziff. 3.7
[36] BKA (Hrsg.): Polizeiliche Kriminalstatistik 2003, Vorbemerkungen
[37] Demgegenüber erfasst die Eingangsstatistik die Bewertung der Tat zum Zeitpunkt der Anzeigenerstattung.

## 3.6. Aussagewert der PKS

Zunächst ist festzuhalten, dass die PKS lediglich eine Vergangenheitsbetrachtung ermöglicht. Es handelt sich um eine Betrachtung des Ist-Zustandes, nicht aber eines Soll-Zustandes. In Fachkreisen wird deshalb zunehmend die Notwendigkeit von **Risikoanalysen** als zusätzliches Instrumentarium über die Auswerteprodukte hinaus eingefordert.

Die Erhebung der Daten zur Erstellung der PKS wird durch verschiedene gesellschaftliche und statistische Faktoren beeinflusst. Im Gesamtergebnis vermittelt die PKS je nach Deliktsfeld deshalb eine mehr oder weniger starke Annäherung an die Realität. Dabei unterliegt die PKS folgenden **Einflussfaktoren.**[38]

- Anzeigeverhalten der Bevölkerung,
- Intensität polizeilicher Maßnahmen,
- Art und Weise der statistischen Erfassung,
- Änderungen des Strafrechts,
- Tatsächliche Veränderungen der Kriminalität.

Nachfolgend werden die wesentlichen **Statistikprobleme** erläutert, die den Aussagewert der PKS begrenzen.

### 3.6.1. Kriminalität im Hell- und Dunkelfeld

Straftaten die polizeilich bekannt und damit in der PKS erfasst werden bezeichnet man als registrierte Kriminalität. Die registrierte Kriminalität bildet damit das Hellfeld der in einem bestimmten Zeitraum begangenen Straftaten. Betrachtet man, auf welche Weise Straftaten der Polizei zur Kenntnis kommen, so stellt man fest, dass Anzeigen und Hinweise der Bevölkerung die wesentliche Erkenntnisquelle der Polizei sind. Lediglich 6 % der Straftaten werden der Polizei aufgrund eigener Wahrnehmung bekannt und führen zu einer Strafanzeige. Die Festnahme eines Täters auf frischer Tat bildet die Ausnahme.[39] Vor diesem Hintergrund kann man die Behauptung wagen, das es im Wesentlichen vom Bürger abhängt, ob Straftaten der Polizei überhaupt bekannt werden und damit die Chance einer strafrechtlichen Sanktion besteht.

Dies gilt in diesem Umfang nicht für das **Aufgabenspektrum der Bundespolizei**. Gerade im Bereich der Verstöße gegen das Aufenthaltsgesetz pp. handelt es sich um sogenannte **Kontrollkriminalität**. Das heißt, das Bekanntwerden der Straftat kommt in der Regel nicht durch eine Anzeige des Bürgers zustande, sondern ist Folge des Kontrollverhaltens der Polizei. In der Regel ist mit der Feststellung des Verstoßes gleichzeitig die Feststellung des Tatverdächtigen verbunden.

Naturgemäß werden der Polizei nicht alle strafbaren Handlungen bekannt, so dass eine nicht unerhebliche Zahl von Straftaten polizeilich nicht erfasst wird. Diese Straftaten werden dem **Dunkelfeld** (auch Dunkelziffer, latente Kriminalität) zugeordnet. Das Dunkelfeld ist die Summe der Delikte, die den Strafverfolgungsbehörden nicht bekannt wird und deshalb in der Kriminalstatistik nicht erscheint.[40]

Unterschieden wird das Dunkelfeld in das relative und absolute Dunkelfeld. Das **relative Dunkelfeld** kann mit Hilfe der Dunkelfeldforschung grundsätzlich aufgehellt werden. Beim **absoluten Dunkelfeld** handelt es sich um Straftaten, die weder polizeilich bekannt werden, noch mit Methoden der Dunkelfeldforschung bekannt gemacht werden können.

---

[38] BKA (Hrsg.): Polizeiliche Kriminalstatistik 2003, S. 7
[39] Steffen, Mühseliges Geschäft, in: Kriminalist 1986, 177
[40] Schwind: Kriminologie S. 33, RZ 34

**Methoden der Dunkelfeldforschung** sind:[41]

- Experimente
  **Beispiel:** Durchführung von „kontrollierten Ladendiebstählen" zur Erfassung der „gelungenen", nicht erkannten / bekannt gemachten Diebstähle.
- Teilnehmende Beobachtung
  **Beispiel:** Heranführen / Einschleusen von Beobachtern in bestimmte Tätergruppierungen, um deren Verhalten in Relation zum registrierten Verhalten festzustellen.
- Befragungen (Bürger, Opfer, Täter)
  **Beispiel:** Durchführung von Interviews oder Fragebogenaktionen bei bestimmten Zielgruppen mit dem Ziel des Abgleichs mit der tatsächlich registrierten Kriminalität.

Das Verhältnis der Zahl der Delikte zwischen Hell- und Dunkelfeld, die Dunkelzifferrelation, ist nicht eindeutig zu bestimmen. In der Wissenschaft[42] wird hierzu vertreten, das sich Hell- und Dunkelfeld

- konstant entwickeln
  (steigende PKS-Zahlen wiesen auf ein in gleichem Maße steigendes Dunkelfeld hin),
- sich additiv zueinander verhalten
  (bei unterdurchschnittlichen Fallzahlen in einem Bereich ist davon auszugehen, dass das Dunkelfeld entsprechend größer sein kann),
- in keiner Beziehung zueinander stehen
  (Hell- und Dunkelfeld stehen in keiner bestimmten Beziehung zueinander, entwickeln sich jeweils unabhängig).

Aus der bisherigen Dunkelfeldforschung lassen sich grundsätzlich folgende **Aussagen** ableiten:[43]

- Das Dunkelfeld ist grundsätzlich höher als das Hellfeld.
- Der Umfang des Dunkelfeldes variiert je nach Delikt.
- Das Dunkelfeld im Bereich der Kinder- und Jugendkriminalität ist besonders groß.
- Das Dunkelfeld ist um so größer, je leichter das Delikt.
- Versuchsstraftaten bleiben eher im Dunkelfeld als vollendete Delikte.
- Je höher die Delinquenzhäufigkeit eines Straftäters, desto höher die Wahrscheinlichkeit nicht im Dunkelfeld zu bleiben.
- Die geringere Kriminalitätsbelastung weiblicher Personen zeichnet sich auch im Dunkelfeld ab.
- Bei geographische Kriminalitätsschwerpunkten im städtischen Bereich decken sich Hell- und Dunkelfelderkenntnisse.

Der Vollständigkeit halber sei an dieser Stelle darauf hingewiesen, dass Polizeibehörden auch durch „organisatorisches Nichtwissen" zur Vergrößerung des Dunkelfeldes beitragen können. So kann das Nichteinrichten von Dienststellen zur Bearbeitung von Kontrollkriminalität entsprechende Straftaten aus dem Blick des Hellfeldes verschwinden lassen.[44]

### 3.6.2. PKS als Ausgangsstatistik

Die Daten der PKS werden, wie bereits erwähnt, nach Abschluss der polizeilichen Ermittlungen erfasst. Der Zeitpunkt der Erfassung entwickelt dadurch Auswirkungen zur Aktualität der PKS. So werden nicht nur zum Jahreswechsel, sondern auch durch langandauernde Verfahren Daten

[41] Schwind: Kriminologie, S. 34 ff.
[42] Schwind: Kriminologie, S. 50, RZ 68
[43] Schwind: Kriminologie S. 49, RZ 66a
[44] Schäfer: Das gesteuerte Dunkelfeld, in: Kriminalistik 1999, 806

in das Folgejahr oder in die Folgejahre verschleppt (man denke an die Dauer von Verfahren in der Wirtschaftskriminalität und in der OK). Es kommt also zu Verfälschungen des jeweils laufenden Jahres. Gleicht sich dies bei hohen Deliktszahlen vielleicht noch von Jahr zu Jahr aus, wird bei geringen Fallzahlen doch eine Verzerrung eintreten.

**Beispiel:** Die PKS weist für einzelne Deliktsbereiche Aufklärungen von mehr als einhundert Prozent aus. Hier werden Fälle aus den Vorjahren aufgeklärt, die Aufklärung jedoch nicht dem betreffenden „Unbekanntdelikt", sondern dem Aufklärungsjahr zugeordnet. Sind die Fallzahlen gering, kommt es zu diesen Auffälligkeiten.

Da der jeweilige Verfahrensausgang nicht erfasst wird, bleiben abweichende Anklagen, Freisprüche und Einstellungen des Verfahrens durch die Staatsanwaltschaften und Gerichte unbeachtet.[45]

### 3.6.3. Fehlerfassungen

Im Zusammenhang mit der Erfassung der Straftaten muss davon ausgegangen werden, dass es zu fehlerhaften Verschlüsselungen der Sachverhalte durch die Sachbearbeitung kommt. Bei einer dezentralen Erfassung ist durch eine unterschiedliche Auslegung der Erfassungsrichtlinien mit Fehleingaben zu rechnen. Die Vielzahl der Erfassungsvorgänge (2003: 6,57 Mio. Vorgänge) lässt eine hohe Zahl von Fehlern vermuten.

**Beispiel:** Der versuchte Fahrkartenautomatenaufbruch lässt sich auch als vollendete Sachbeschädigung erfassen, der räuberische Diebstahl kann auch als Diebstahl mit anschließender Körperverletzung erfasst werden, bei mehreren Automatenaufbrüchen in einer Bahnhofshalle stellt sich die Frage ob es sich um eine fortgesetzte Handlung oder mehrere Einzeltaten handelt.

Bereits im Vorfeld muss mit mangelnden Grundlagen gerechnet werden. So ist davon auszugehen, dass strafrechtlich relevante Sachverhalte, die der Bürger der Polizei meldet, aufgrund bestimmter Umstände nicht immer zur Registrierung führen. Dies kann je nach Delikt verschiedene Ursachen haben. Es steht der Vorwurf im Raum, dass die Polizei vor allem Eigentumsdelikte verfolgt, bei Straftaten gegen Personen jedoch nicht dieselbe Intensität erkennen lässt.[46] Auch eine derartige Selektion verfälscht die PKS.

Als weitere Reduzierung des Aussagewertes der PKS kommt aus der schlichten Nichtregistrierung strafbarer Handlungen. Durch das sogenannte **„Abwimmeln"** wird in teils subtiler Weise auf den Entschluss des Bürgers Einfluss genommen, um ihn von der Anzeigenerstattung abzubringen.[47] Durch dieses Verhalten wird nicht nur die PKS verfälscht, es wird auch gleichzeitig der Tatbestand der Strafvereitelung im Amt erfüllt. Der Umfang dieser Nichtregistrierung kann nicht konkret angeführt, sondern höchstens geschätzt werden.

**Beispiel 1:** Der an der Dienststelle erscheinende Bürger wird an die „zuständige" örtliche Dienststelle weiterverwiesen, obwohl jede Polizeidienststelle zur Aufnahme von Strafanzeigen verpflichtet ist.

**Beispiel 2:** Eine Anzeige wegen Diebstahls wird nicht aufgenommen, weil die notwendigen numerischen Daten für die Sachfahndung nicht mitgeführt werden. Der Bürger wird wieder fortgeschickt, mit dem Bemerken, das sowieso keine Aussicht auf Aufklärung besteht.

Die fehlerhafte Registrierung einer Straftat kann auch aus mangelnder Sachaufklärung des

[45] Siehe hierzu auch die Forderung nach einer Verlaufsstatistik in Abschnitt 3.3
[46] Kury: Das Dunkelfeld der Kriminalität, in: Kriminalistik 2001, 74 ff.
[47] Schäfer: Das gesteuerte Dunkelfeld, in: Kriminalistik 1999, 805 ff.

Einzelfalles resultieren. Dies kann an den mangelnden tatsächlichen Möglichkeiten der Aufklärung, aber auch an mangelndem Fachwissen der ermittelnden Polizeibeamten liegen. Mit Blick auf Vorgesetzte, die hier einen bestehenden Fortbildungsbedarf ggf. ignorieren, wird hier auch von einem **„gewillkürten Dunkelfeld"** gesprochen.[48]

**Beispiel:** Beim Hellfeld der Kraftfahrzeugdiebstähle ist sicherlich eine gewisse Zahl von Straftaten zu vermuten, die tatsächlich nur vorgetäuscht wurden um eine Versicherungsleistung zu beziehen, als solche jedoch nicht erkannt wurden.

### 3.6.4. Zeitverzüge

Da Straftaten nicht immer im selben Jahr begangen, angezeigt und aufgeklärt werden, ergeben sich bedingt durch die zeitversetzte statistische Erfassung teilweise erhebliche Verschiebungen in bestimmten Kriminalitätsfeldern. Delikte mit geringen Fallzahlen sind hier eher erheblichen Schwankungen unterworfen, wenn es plötzlich zu Straftatenserien, ggf. auch mit Tataufklärung kommt. Soweit bekannt wird auf diese Umstände in der PKS hingewiesen.

### 3.6.5. Einfluss von Rechtsänderungen

Verschiedene Reformen des Strafrechts oder auch eine von der bisherigen Linie abweichende obergerichtliche Rechtsprechung können ebenfalls zu einer veränderten Erfassung von Handlungen führen, die nun entweder erst, oder auch nicht mehr unter Strafe gestellt sind. Hierdurch werden Betrachtungen von Zeitreihen mittels der PKS zur Entwicklung bestimmter Deliktsfelder ggf. erschwert.

**Beispiel:** Die Verschärfungen im Waffengesetz haben dazu geführt, dass bisher nicht sanktioniertes Verhalten sich nunmehr als Straftat darstellt und als solche erfasst wird. Am tatsächlichen Geschehen hat sich jedoch nichts verändert, auch wenn die PKS nunmehr erhöhte Fallzahlen aufweist.

## 3.7. Kriminalitätsquotienten in der PKS

Zur Vergleichbarkeit der absoluten Kriminalitätszahlen werden Verhältniszahlen, sogenannte Kriminalitätsquotienten errechnet. Mit Hilfe dieser Kriminalitätsquotienten kann die jeweilige **Belastung durch Kriminalität** dargestellt werden. Aufgrund der vielfach unterschiedlichen regionalen und gesellschaftlichen Rahmenbedingungen sind die dargestellten Werte interpretationsfähig. Dies führt dazu, dass gerade Kriminalitätsquotienten zum Zwecke der Darstellung polizeilicher Arbeit in der einen oder anderen Weise verwendet werden, ohne immer zu hinterfragen, ob der Quotient eine entsprechende Aussage oder Bewertung überhaupt zulässt.

**Beispiel:** Bei der Darstellung der hohen Häufigkeitszahlen von Großstädten wie Hamburg, Berlin und Frankfurt bleibt meist außer Acht, dass hier ganz andere gesellschaftliche Rahmenbedingungen herrschen, als in Flächenländern. Hamburg als Stadtstaat muss sich zudem häufig im Vergleich mit Flächenbundesländern darstellen lassen, wobei eine ebenfalls hohe Kriminalität in Städten dieser Flächenländer durch die Fläche relativiert wird. So haben die Städte Schwerin und Kiel eine höhere Häufigkeitsziffer als die lange als Verbrechenshauptstadt bezeichnete Freie und Hansestadt Hamburg.[49]

---

[48] Schäfer: Das gesteuerte Dunkelfeld, in: Kriminalistik 1999, 806
[49] BKA (Hrsg.): PKS 2003, S. 52 / 53

### 3.7.1. Erfolgsmesser Aufklärungsquote

Die Aufklärungsquote (AQ) kennzeichnet das prozentuale Verhältnis von aufgeklärten zu den bekannt gewordenen Fällen. Eine AQ über 100 kann dadurch zustande kommen, wenn im Berichtszeitraum noch Fälle aus den Vorjahren aufgeklärt werden.[50] Dies geschieht oft gerade dann, wenn es sich auch noch um geringe absolute Zahlen handelt.

**Die AQ wird folgendermaßen berechnet:**

$$AQ = \frac{\text{Aufgeklärte Fälle} \times 100}{\text{bekannt gewordene Fälle}}$$

Eine Straftat gilt als aufgeklärt, wenn nach dem polizeilichen Ermittlungsergebnis mindestens ein namentlich bekannter oder auf frischer Tat ergriffener Tatverdächtiger festgestellt worden ist.[51]

Aus der nachfolgenden Tabelle wird ersichtlich, dass die AQ je nach Delikt stark voneinander abweicht.

| **Delikt** | **AQ 2002** | **AQ 2003** |
|---|---|---|
| Mord / Totschlag | 95,9 % | 95,6 % |
| Taschendiebstahl | 5,1 % | 5,3 % |
| Straftaten AuslG/AsylVfG | 99,3 % | 98,6 % |
| **Straftaten gesamt** | **52,6 %** | **53,1 %** |

Abb. 17: Aufklärungsquoten[52]

Die Abweichungen resultieren weitgehend aus der Art und Weise, wie die Polizei Kenntnis von Straftaten erlangt. Straftaten gegen das AuslG / AsyVfG, nunmehr Aufenthaltsgesetz, werden in der Regel während einer Kontrolle nichtdeutscher Personen durch die Polizei / die Bundespolizei festgestellt. In solchen Fällen werden die Tathandlungen sofort aufgeklärt, da im Zuge der Kontrolle der Täter unmittelbar festgestellt wird. Nicht geklärte Fälle gibt es quasi nicht (Ausnahme: Tätern gelingt nach der Feststellung die Flucht, falsche Personalienangabe pp). Bei derartigen Delikten, die auch als **Kontrolldelikte** bezeichnet werden, ist die AQ naturgemäß sehr hoch. Eine niedrigere AQ ergibt sich im Umkehrschluss bei Straftaten, bei denen ein Tatverdächtiger zunächst nicht bekannt ist und nur mit erheblichem Aufwand zu ermitteln ist (z.B. Taschendiebstahl und Sachbeschädigung durch Graffiti).

Der Aussagewert der AQ ist aufgrund der bereits angeführten Hell- und Dunkelfeldproblematik (Ziff. 3.6.1) begrenzt. So gibt die Betrachtung von Delikten mit einem hohen Dunkelfeld und einer hohen AQ ein verzerrtes Bild der Sicherheit wieder.

**Beispiel:** Betäubungsmitteldelikte weisen ein hohes Dunkelfeld auf, werden tatsächlich wohl nur in 1 % der Fälle bekannt. Bei diesem Hellfeld verzeichnet die PKS eine AQ von ca. 95 %. Diese bezieht sich aber nur auf die entdeckten 1 % der Straftaten. Bezöge man die AQ auf die tatsächlich vorhandenen Straftaten, ergäbe sich ein völlig anderes Bild. Dies Phänomen wird als „Aufklärungsparadox" bezeichnet.[53]

Weiter ist zu berücksichtigen, dass bei den sogenannten Kontrolldelikten die Zahl der Feststellungen und damit auch die Aufklärung wesentlich von den zur Verfügung stehenden

[50] BKA (Hrsg.): PKS 2003, S. 13
[51] BKA (Hrsg.): PKS 2003, S. 13
[52] (Quelle: BKA (Hrsg.): Polizeiliche Kriminalstatistik 2003

[53] Schwind: Kriminologie S. 54, RZ 82

polizeilichen Ressourcen abhängt. Insofern führt ein Schwerpunkteinsatz gegen den unerlaubten Aufenthalt von Personen zu einer deutlichen Steigerung der Fallzahlen durch Aufhellung des bestehenden Dunkelfeldes und in der Folge zu einer hohen AQ.

Die Ausführungen zeigen, das Qualitätsaussagen zur polizeilichen Arbeit, die sich nur auf die AQ stützen, nur eingeschränkt möglich sind.

### 3.7.2. Häufigkeitszahlen als Gradmesser der Kriminalitätsbelastung

Bei der Häufigkeitszahl (HZ) handelt es sich um die Zahl der bekannt gewordenen Fälle insgesamt oder innerhalb einzelner Deliktsarten, bezogen auf 100.000 Einwohner.[54] Die Aussagekraft der HZ wird dadurch beeinträchtigt, dass nur ein Teil der begangenen Straftaten der Polizei bekannt wird und das Stationierungskräfte, ausländische Durchreisende, Touristen, Besucher, Berufspendler und Nichtdeutsche, die sich illegal in der Bundesrepublik Deutschland aufhalten, in der Einwohnerzahl nicht enthalten sind. Straftaten die diese Personen begehen, werden aber dennoch in der PKS erfasst und auf die Einwohnerzahl bezogen. Dieser Faktor ist in Ballungsräumen naturgemäß stärker ausgeprägt als in der Fläche und führt deshalb zu Verzerrungen der PKS.

### 3.7.3. Tatverdächtigenbelastungszahl als Sicherheitsindikator

Tatverdächtig im Sinne der PKS ist jeder, der nach dem polizeilichen Ermittlungsergebnis aufgrund zureichender tatsächlicher Anhaltspunkte verdächtig ist eine Straftat begangen zu haben. Hierzu werden auch Mittäter, Anstifter und Gehilfen gerechnet. Genauso werden auch strafunmündige Kinder und schuldunfähige Personen erfasst.

Der Aussagewert der Tatverdächtigenbelastungszahl (TVBZ) ist durch das sogenannte **„doppelte Dunkelfeld“** begrenzt, welches sich aus der PKS und der Bevölkerungsstatistik ergibt. Die beschränkte Aussagekraft ergibt sich aus der Tatsache, dass unerlaubt aufhältige Personen, Personen die Asyl beantragt haben, geduldete Ausländer, Stationierungsstreitkräfte, Touristen, Durchreisende und Pendler nicht in der Bevölkerungsstatistik erfasst werden. Da dieser Personenkreis aber gleichwohl Straftaten begeht, die bei der Berechnung der TVBZ auf die Einwohner einer Gemeinde oder Stadt bezogen werden, ergeben sich Verzerrungen.

## 3.8. Periodische Sicherheitsberichte

Periodische Sicherheitsberichte (PSB) gibt es seit 2001. Beginnend mit dem vom Bundesministerium des Innern und der Justiz herausgegebenen **Periodischen Sicherheitsbericht der Bundesregierung** begann eine entsprechende Entwicklung in einigen Bundesländern.

Durch den PSB sollen die in verschiedenen statistischen Erhebungen vorhandenen Daten über Kriminalität mit wissenschaftlichen Erkenntnissen zu Erscheinungsformen und Ursachen der Kriminalität verknüpft werden, um so befriedigendere Antworten auf Fragen der Inneren Sicherheit zu erhalten.

Der PSB versucht sowohl eine **täter- als auch eine opferorientierte Beschreibung der Kriminalität** zu geben, wobei jeweils langfristige Entwicklungen betrachtet und bewertet werden sollen.

Für die Erstellung des PSB wurde ein Gremium aus anerkannten Praktikern der Polizei und Wissenschaftlern gebildet.

---

[54] BKA (Hrsg.) PKS 2003, S. 14

Der PSB enthält in seinem ersten Teil Angaben und Bewertungen zu einzelnen Deliktsfeldern, wobei sich die Berichte einem speziellen, als besonders dringlich empfundenen Schwerpunktthema widmen, Im Jahre 2001 wurde vor dem Hintergrund aktueller Entwicklungen die Kinder- und Jugenddelinquenz besonders betrachtet.

Neben Ergebnissen und Bewertungen folgen **kriminal- und rechtspolitische Schlussfolgerungen der Bundesregierung**, so dass der Bericht auch politische Aussagen enthält.

Die Bedeutung des Berichts für die Planung der Kriminalitätskontrolle kann noch nicht eingeschätzt werden. Einzelne Äußerungen hierzu sind durchaus kritisch.[55]

[55] Hetzer / von der Heide: Erster periodischer Bericht der Bundesregierung, in Kriminalistik 2001, 762 ff

## 4. Polizeiliche Auswertung

Die Darstellungen zur Organisation der Kriminalitätsbekämpfung lassen es schon vermuten: Eine Vielzahl von Dienststellen hat eine noch größere Vielzahl von Ermittlungsverfahren und damit verbunden jeweils eine Unmenge von Informationen. Aufgrund der technischen Entwicklungen hat die Menge an Informationen ständig zugenommen. Daten, die früher mühsam in Einzelarbeit zusammengetragen werden mussten, stehen heute vielfach auf Knopfdruck zur Verfügung. Insofern stellt sich auch für die polizeilichen Ermittlungen vielfach nicht das Problem des Vorhandenseins von Informationen, sondern die Relevanz und Möglichkeiten einer Information zu erkennen. Das Überangebot an Informationen führt in allen Bereichen zur Gefahr eines **Informationsinfarkts**. Die Vielzahl von Informationen wird vereinzelt schon als belastend empfunden.

Im Rahmen von Informationsverarbeitungsprozessen kommt es deshalb besonders darauf an, den zur Lösung einer Aufgabe erforderlichen Informationsbedarf frühzeitig und genau zu beschreiben, um in der Folge zielgerichtet nur die betreffenden Daten zu gewinnen, die zur Lösung des Problems beitragen können.

### 4.1. Grundlagen und Ziele polizeilicher Auswertung

Als polizeiliche Auswertung versteht man den Prozess der zielgerichteten Erhebung, Sammlung, Ordnung, Speicherung, Analyse und Bewertung von Informationen, Daten und polizeilichen Erkenntnissen. Zum Auswerteprozess gehört auch deren Ergebnisdarstellung und die Weitergabe des Auswerteergebnisses an die zuständigen Stellen.

Das **Ziel der polizeilichen Auswertung** in der Bundespolizei liegt in der Gewährleistung einer qualitativen Informationsarbeit zur Erreichung eines informationellen Mehrwertes. Weiter geht es um eine problemorientierte Vorbereitung von sachgerechten Entscheidungen und der Beachtung eines effizienten Ressourceneinsatzes. Damit wird der **Zweck** verfolgt operative, taktische und strategische Maßnahmen in der Kriminalitätsbekämpfung zu initiieren und zu optimieren. Es sollen auch kriminalpolitische Entscheidungen vorbereitet und die kriminalistisch-kriminologische Forschung unterstützt werden.

Grundsätzlich gehört die Auswertung relevanter Sachverhalte zu den Aufgaben jedes Polizeibeamten der Bundespolizei. Diese allgemeine Form der Auswertung ist jedoch nicht ausreichend, um den Informationsbedarf für alle Aufgabenformen zu decken. Hier bedarf es vielfach einer professionelleren Auswertung, welche die Methoden und Verfahren für einen solchen professionellen Informationsverarbeitungsprozess bereitstellt und damit der Aufgabenstellung gerecht wird.

### 4.2. Auswerteverständnis

Die zielorientierte Suche nach Informationen einer bestimmten Qualität setzt ein aktives Handeln voraus. Um einen informationellen Mehrwert zu erzielen, muss der Auswerter im Sinne des Zieles **aktiv recherchieren** und hierbei alle ihm zugänglichen Quellen ausschöpfen.

Dieses Auswerteverständnis ist Bestandteil einer **neueren Auswertephilosophie**, die sich in der Phase der Informationserhebung zum einen durch eine ziel- und bedarforientierte Datenbeschaffung polizeiinterner Quellen auf nationaler und internationaler Ebene auszeichnet, andererseits auch die Nutzung allgemein zugänglicher Quellen wie das Internet nicht außer Acht lässt.

Das neue Auswerteverständnis entwickelte sich in den letzten Jahren, da die traditionelle Auswertung, die sich überwiegend in der **Bewertung bereits vorhandener Informationen** erschöpfte, die aktuellen Informationsbedürfnisse nicht zu befriedigen vermochte.

Nach **traditionellem Auswerteverständnis** stand die Frage im Mittelpunkt, welche Erkenntnisse sich aus dem bereits vorliegenden Material ziehen lassen. Die moderne Auswertung orientiert sich daran, welche Auswerteziele zu erreichen sind und welche Informationen hierzu in welcher Qualität und Form bei welchen Quellen zu erheben sind.[56]

## 4.3. Arten polizeilicher Auswertung

Die vielfältigen Aufgabenstellungen der Bundespolizei macht eine Unterscheidung der Auswertung nach dem Ziel und den Adressaten der zu leistenden Auswertung in die strategische und operative Auswertung erforderlich.

### 4.3.1. Strategische Auswertung

Bei der strategischen Auswertung handelt es sich um die Analyse und Bewertung von Vorgängen oder Vorgangskomplexen mit dem Ziel, polizeiliche Führungsinformationen und andere Entscheidungsgrundlagen zu erarbeiten.

Grundlage von Führungsentscheidungen ist die **Kriminalitätslage**, die als Gesamtheit aller Erkenntnisse über den Stand und die Entwicklung von Kriminalität bezeichnet wird. Zur Darstellung dieser Kriminalitätslage werden Kriminalitätslagebilder, kriminalphänomenologische Ausarbeitungen, Gefährdungsaussagen und Strukturanalysen als **strategische Auswerteprodukte** gefertigt.[57]

Mit **Kriminalitätslagebildern (KLB)** -oder Kriminalitätslageberichten- wird der Polizei kurzfristig die Entwicklung von Taktiken, mittelfristig die Entwicklung von Konzeptionen, von Strategien und langfristig die Planung und Entwicklung von Konzepten und Schwerpunktsetzungen ermöglicht.

Kriminalitätslagebilder sollen die Gesamtheit der Erkenntnisse zur Kriminalität oder zu bestimmten Bereichen der Kriminalität darstellen. Bei den Daten geht es um Angaben zu den bekannt gewordenen Straftaten (Steigerungsraten, Versuchsanteile), ggf. Erkenntnisse über das Dunkelfeld, Zahl und Zusammensetzung der bekannt gewordenen Straftäter, Daten zu den Opfern, zum verursachten Schaden und zur Phänomenologie der Tatbegehung. Es findet eine komplexe, umfassende und bewertende Betrachtung von Kriminalität oder ihren Teilen statt. Lagebilder /-berichte werden auch dienststellenbezogen gefertigt.

**Beispiel**: In der Bundespolizei werden durch die Bundespolizeiinspektionen Kriminalitätsbekämpfung jedes Bundespolizeiamtes monatlich Kriminalitätslagebilder bezogen auf den Zuständigkeitsbereich des jeweiligen Amtes gefertigt. Das KLB enthält Angaben zum aktuellen Kriminalitätsgeschehen sowie der sich hierbei abzeichnenden Veränderungen und Tendenzen. Sofern möglich sind auch Analysen und Prognosen enthalten.

Analysen zu bestimmten deliktischen Phänomenen in einem räumlichen Gebiet oder innerhalb eines bestimmten Zeitraumes werden als **kriminalphänomenologische Ausarbeitungen** bezeichnet. Ziel ist das Erkennen bestimmter Muster in der Vorgehensweise der Täter (modus operandi) sowie zeitlicher oder örtlicher Brennpunkte als Ausgangsbasis der Entwicklung eines Bekämpfungskonzeptes.

---

[56] Brisach / Ullmann: Planung der Kriminalitätskontrolle S. 102

[57] Burghard / Hamacher: Kriminalistik Lexikon S. 174

Zur Identifizierung und Analysen von Schwachstellen, die für kriminelle Aktivitäten genutzt werden könnten, werden **Gefährdungsaussagen** gefertigt. Aus Gefährdungsaussagen ergeben sich je nach Lage Vorschläge für präventive Maßnahmen.

Bei **Strukturanalysen** handelt es sich um die Analyse von Vorgangsdaten zur Erkennung von regelmäßigen Beziehungen innerhalb einer Straftätergruppe (Täterstruktur) oder regelmäßigen Organisationsabläufen bei der Begehung von Straftaten (Tatstruktur).

Die Ergebnisse der strategischen Auswertung beinhalten entscheidungsrelevante Informationen und dienen als Grundlage für Zielvereinbarungen, personal- und materialwirtschaftliche Begründungen sowie für aufbau- und ablauforganisatorische Planungen. Typisches Beispiel für die Einbindung strategischer Auswertungen sind die Bekämpfungskonzeptionen, in denen auf Basis von Lagebildern konkrete Handlungsempfehlungen gegeben werden.

**Beispiel:** Konzeption zur Verhinderung von Hakenkrallenanschlägen auf Einrichtungen und Anlagen der DB AG.

### 4.3.2. Operative Auswertung

Die operative Auswertung dient der Analyse und Bewertung konkreter Vorgangsdaten und polizeilicher Erkenntnisse. Sie wird mit dem Ziel geführt, eine polizeiliche Vorgangsbearbeitung zu begleiten, zu unterstützen oder auch zu initiieren. Die operative Auswertung ist im Gegensatz zur strategischen Auswertung strikt auf polizeiliche Ermittlungen bezogen.

Die **ermittlungsbegleitende (vorgangsbegleitende) Auswertung** verarbeitet Informationen aus laufenden Ermittlungsverfahren zu anderen Zwecken , ohne dass hierdurch die aktuelle Vorgangsbearbeitung beeinflusst wird.

**Beispiel:** Vernehmungen aus Ermittlungsverfahren gegen Schleuser werden mit dem Ziel der Überprüfung der bestehenden Vorgehensweise in vergleichbaren Verfahren ausgewertet.

Die **ermittlungsunterstützende Auswertung** soll eine Hilfestellung eines laufenden Ermittlungsverfahrens dienen. Dazu werden Informationen aus dem aktuellen Verfahren aufbereitet.

**Beispiel:** Die sich aus Observationen ergebenden Personenkontakte werden in einer graphischen Darstellung aufbereitet.

Bei der **ermittlungsinitiierenden Auswertung** geht es um die Einleitung eines neuen Ermittlungsvorganges durch Verdichtung und Bewertung von Informationen aus laufenden bzw. abgeschlossenen Vorgängen.

**Beispiel:** Ein abgeschlossenes Verfahren wegen Schleusung wird aufgrund bestimmter Anhaltspunkte mit dem Ziel überprüft, ob die verwendete Logistik auch für andere Formen der Kriminalität (Rauschgift- oder Waffenschmuggel) verwendet wird.

## 4.4. Auswertungsprozess

Mit dem Auswerteprozess soll strukturiert ein praxisorientiertes Auswerteergebnis erbracht werden. Dieser Auswerteprozess besteht im **Rahmen eines Regelkreises** aus der Zielbildung, dem Sammeln und Bewerten von Informationen, dem Ergebnis und einer Evaluation.

In der **Zielbildung** wird das zu untersuchende Problem formuliert und der Adressat und sein genauer Informationsbedarf festgelegt.

Im Rahmen des **Sammelns und der Bewertung von Informationen** geht es im ersten Schritt um die Informationssuche und deren Sammlung. Dazu werden Art und Umfang der Informationsquellen orientiert an den Zielen und Fragestellungen des Auswertethemas festgelegt. Darauf folgt eine möglichst rationelle und strukturierte Informationsaufnahme. Die nunmehr erhobenen Informationen werden am Untersuchungszweck ausgerichtet strukturiert und nach Festlegung ihrer Relevanz gespeichert. Im Rahmen einer Informationsanalyse findet dann eine zielgerichtete Aufbereitung und Untersuchung der Informationen im Sinne der Ausgangsfragestellung statt, die **Auswertung im engeren Sinne**. Abschließend kommt es im Rahmen einer Bewertung zu Schlussfolgerungen, um aufgestellte Hypothesen zu bestätigen oder zu verwerfen. Diese Schlussfolgerungen bilden im weiteren Führungs- und Entscheidungsgrundlagen .

Die **Ergebnisse** werden adressatengerecht aufbereitet und dem Adressaten mündlich oder in Form eines schriftlichen Berichtes präsentiert.

Abschließend werden die Ergebnisse der Auswertung und deren Umsetzung mit dem Ziel einer **Effektivitäts- und Effizienzkontrolle** einer Überprüfung unterzogen. Ggf. ergibt sich hieraus ein Neueinstieg in den Auswertungskreislauf.

## 4.5. Informations- und Quellenbewertung

Informationen sind oft zur Genüge vorhanden. Die Qualität des Ergebnisses des Auswerteprozesses ist jedoch nicht nur von den richtigen Schlussfolgerungen abhängig, sondern zunächst von der **Qualität der vorhandenen Informationen**. Deshalb kommt der Bewertung einer Quelle und der von ihr stammenden Informationen eine besondere Bedeutung zu.

In der Praxis hat sich hierzu die sogenannte **4x4-Methode** durchgesetzt. Dazu wird in einem ersten Schritt eine Quellenbewertung, in einem zweiten Schritt die Informationsbewertung vorgenommen:[58]

### Quellenbewertung

| | |
|---|---|
| **A** | Es bestehen keine Zweifel an der Authentizität, Verlässlichkeit und Eignung der Quelle, oder die Informationen stammen aus einer Quelle, die sich in allen bisherigen Fällen als zuverlässig erwiesen hat. |
| **B** | Eine Quelle, deren Informationen sich in der Mehrzahl der Fälle als zuverlässig erwiesen haben. |
| **C** | Quelle, deren gelieferte Informationen sich überwiegend als unzuverlässig erwiesen haben. |
| **X** | Die Verlässlichkeit der Quelle kann nicht beurteilt werden. |

[58] Spang: Kriminaltaktik, kriminalistisches Denken und kriminalistische Methode, in: Clages / Neidhardt / Weihmann (Hrsg.): Lehr- und Studienbriefe Kriminalistik / Kriminologie Bd.1, S. 66

**Informationsbewertung**

| | |
|---|---|
| 1 | Informationen, die aus eigner Erkenntnis oder aus unzweifelhafter Herkunft stammen. |
| 2 | Informationen, die sich aus einem direkten Informationszugang der Quelle ergeben. |
| 3 | Informationen vom Hörensagen, die sich mit bereits vorliegenden Informationen decken. |
| 4 | Informationen vom Hörensagen, die so bisher nicht bekannt sind. |

Als **bestätigte Informationen** gelten folgende Einordnungen: **A1, A2, B1 und B2**. Alle anderen Informationen gelten als nicht bestätigte Informationen.

Diese Verfahrensweise ermöglicht einen einheitlichen Sprachgebrauch und gewährleistet eine zuverlässige Bewertungsgrundlage für die Auswertung.

## 4.6. Aufbauorganisation der Auswertung

Polizeiliche Auswertung findet auf allen Ebenen der Bundespolizei statt.

Den **Bundespolizeiinspektionen** obliegt die **örtliche** operative und strategische **Auswertung**. Schwerpunkt ist die eigene Vorgangsbearbeitung.

Das **Bundespolizeiamt** ist **überörtliche Auswertungsebene** für operative und strategische Auswertung mit Schwerpunkt der eigenen Vorgangsbearbeitung und von Vorgängen der zugehörigen Bundespolizeiinspektionen bzw. von Vorgängen die gemeinsam mit anderen Stellen bearbeitet werden.

Die **regionale Auswertungsebene** wird durch das **Bundespolizeipräsidium** dargestellt. Hier geht es neben der strategischen Auswertung um die Bewertung von Auswertungsergebnissen im Hinblick auf die Einhaltung einheitlicher Standards.

Die **Bundespolizeidirektion** bildet die **überregionale Ebene**. Neben einer strategischen Auswertung findet eine operative Auswertung in ausgewählten Fällen statt. Des Weiteren geht es bei der Bundespolizeidirektion um die Entwicklung und Abstimmung gemeinsamer Handlungskonzepte auf nationaler und internationaler Ebene, die Koordinierung und Fortentwicklung der polizeilichen Auswertung in der Bundespolizei. Gleichzeitig ist die Bundespolizeidirektion Service- und Beratungsstelle für den Bereich polizeilicher Auswertung.

## 5. Meldedienste

Polizeiliche Ermittlungsarbeit ist schon immer mit sogenannten Meldediensten als besondere Kommunikationsform für die Verbrechensbekämpfung verbunden. Seit 1927 existiert hierzu der bekannteste, der **Kriminalpolizeiliche Meldedienst (KPMD).**[59] Auf Basis dieses KPMD werden Meldungen der Polizeidienststellen des Bundes und der Länder in den jeweiligen Zentralstellen (BKA, LKÄ und BPOLDIR) zusammengeführt und ausgewertet und den Ermittlungsdienststellen für die Ermittlungsarbeit zur Verfügung gestellt. Insofern handelt es sich um eine spezielle Form der Auswertung.

### 5.1. Zielrichtung von Meldediensten

Meldedienste führen im Ergebnis zu zentralen Informationssammlungen bestimmter, in einem Katalog aufgeführter, geklärter und ungeklärter Straftaten.

Mit der zentralen Sammlungen dieser Daten sollen

- Tatzusammenhänge insbesondere überörtlicher Art erkannt,
- ungeklärte Straftaten bekannten Tätern zugeordnet,
- allgemeine oder gezielte Informationen für die Kriminalitätskontrolle bereitgestellt

werden.

### 5.2. Meldedienstformen

Neben dem bereits erwähnten allgemeinen **Kriminalpolizeilichen Meldedienst**, bestehen spezialisierte Meldedienste, die als **Sondermeldedienste** bezeichnet werden. Sondermeldedienste wurden zur Abdeckung bestimmter Informationsbedarfe und weitergehenderer Auswertungserfordernisse in den Zentralstellen für bestimmte Deliktsformen eingerichtet.

Sondermeldedienste bestehen für Delikte mit besonderer Bedeutung wie Rauschgift, Waffen- und Sprengstoffdelikte, Falschgeld, Umweltstraftaten, Wirtschaftsdelikte, Staatschutzdelikte, Computerkriminalität, Spreng- und Brandvorrichtungen, vermisste und unbekannte Tote sowie hilflose Personen, Tageswohnungseinbruch.

Neben diesen dauerhaft eingerichteten Sondermeldediensten können weitere Sondermeldedienste aus aktuellem Anlass zeitlich befristet eingerichtet werden.
**Beispiel:** Im Zusammenhang mit den Anschlägen vom 11.09.2001 in den USA wurde ein Sondermeldedienst „Afghanistan“ eingerichtet.

Für die Dienststellen der Bundespolizei wurde in der Vergangenheit neben dem KPMD und den Sondermelddiensten ein **Meldedienst Verbrechensbekämpfung (MDVB)** eingerichtet, der vergleichbare Inhalte speziell für die Bundespolizei leistet.

### 5.3. Grundlagen des Meldedienstes

Der Meldedienst fußt auf der Grundlage, dass über den Austausch bestimmter Merkmale von Straftaten sich Erkenntnisse zusammenführen und damit diese Straftaten in ihrer Struktur besser erkennen und aufklären lassen. Grundlage ist der Katalog meldepflichtiger Straftaten, der fünf

[59] Krüger: Melde- und Auswertungsdienst, in: Burghard / Hamacher (Hrsg.):Lehr- und Studienbriefe Kriminalistik Nr. 6, S. 54

Klassen von Straftaten und innerhalb der Klassen eine weitere Differenzierung enthält und damit eine Klassifizierung der Straftaten vornimmt. Es handelt sich um die sogenannte **Grundeinteilung der Straftaten**.

### 5.3.1. Die Perseveranzhypothese

Die theoretische Grundlage des Meldedienstes wird durch die Perseveranzhypothese gebildet. Dabei wird unterschieden in die Begehungs- und Deliktsperseveranz.

In der **Begehungsperseveranz** geht es um das Beibehalten einer bestimmten „Machart" der Straftat, dem sogenannten modus operandi oder auch der „Handschrift" des Täters bei Begehung der Tat. Hierbei geht man davon aus, dass ein Straftäter grundsätzlich bestrebt ist, mit möglichst wenig Aufwand zu einem möglichst optimalen Erfolg zu gelangen. Der Straftäter wählt also eine Vorgehensweise, die er besonders gut beherrscht, um den angestrebten Erfolg der Straftat zu erreichen. Dabei wird er seine persönlichen Kenntnisse und Fertigkeiten, z.B. durch Berufsausübung gelerntes Verhalten, mit einbringen. Das Beibehalten dieser Form der Begehensweise wird als Perseveranz bezeichnet.

**Beispiel:** Besondere Aufbruchart an Fahrkartenautomaten, um an die darin befindlichen Geldbehältnisse zu gelangen, Vorgehensarten in der Fälschung von Dokumenten, um diese möglichst echt aussehen zu lassen.

Bei der **Deliktsperseveranz** geht es darum, dass ein Straftäter eine Beharrlichkeit in der Art der begangenen Straftaten zeigt. Auch hier geht es darum, dass mit möglichst geringem Aufwand ein möglichst optimaler Erfolg angestrebt wird. Die Theorie geht also davon aus, dass ein Fahrkartenautomatenaufbrecher grundsätzlich ein solcher bleibt. Demnach bestände eine gewisse Wahrscheinlichkeit bei Straftaten mit zunächst unbekannten Tätern, diese unter den bekannten Fahrkartenautomatenaufbrechern zu suchen.

Soweit man der Perseveranzhypothese folgt, ergeben sich daraufhin im Rahmen des Meldedienstes mögliche Ermittlungsansätze.

**Beispiele:**

**Tat-Tat-Vergleiche**

Unbekannte Täter wenden beim gewaltsamen Öffnen von Fahrausweisautomaten eine besondere Hebeltechnik an, entwenden neben Bargeld auch Blanko-Fahrscheine und zeigen ein besonderes Fluchtverhalten.
Hier könnte bei gleichartiger Begehensweise auch ohne das Vorhandensein von gleichen individuell zuzuordnenden Spurenlagen ein Tatzusammenhang gegeben sein. Diese Erkenntnis bietet Ermittlungsansätze, ggf. können die Taten als erkannte Straftatenserie zusammengefasst werden.

**Täter-Tat-Vergleiche**

Aufgrund einer Festnahme auf frischer Tat wird anhand der festgestellten Tatbegehensweise untersucht, für welche bisher unaufgeklärten Straftaten der Täter noch in Betracht kommt, auch ohne das es bisher konkretere Hinweise gibt. Es handelt sich um einen Ermittlungsansatz, der eine gezielte Überprüfung, z.B. mit aufgefundenen potentiellen Tatwerkzeugen zu vorhandenen Spuren ermöglicht.

**Tat-Täter-Vergleiche**

Das Prinzip ist wie beim vorherigen Beispiel, allerdings ist Ausgang der Auswertung die unbekannte Straftat. Die Auswertung bisher ungeklärter Taten findet im Hinblick darauf statt, ob es zu dieser Vorgehensweise in früheren Fällen einen bekannten Täter gab, der für die aktuellen Straftaten in Frage kommt.

Ggf. können sich aufgrund von Meldediensterkentnissen auch Hinweise auf den künftigen Reiseweg eines überörtlichen Täters ergeben, so dass präventive oder Fahndungsmaßnahmen möglich werden.

### 5.3.2. Schwächen der Meldedienste

Die Vielzahl der anfallenden Straftaten und damit zusammenhängender Meldungen im Bereich der kleinen und mittleren Kriminalität führte zu einem **Mengenproblem** bei den Auswertedienststellen. Gleichzeitig waren in den vergangenen Jahren Mängel im Inhalt und der Aussagekraft der Meldungen festzustellen. Vor diesem Hintergrund verringerte sich die tatsächliche Möglichkeit der Auswertung der Daten.

Dieses Problem setzte eine Kettenreaktion in Gang: Da Auswerteergebnisse von der Qualität der auszuwertenden Daten (und damit der eingehenden Meldungen) abhängen, wurden die Erwartungen der Ermittlungsbeamten in Bezug auf den tatsächlichen Erkenntnisgewinn enttäuscht, was in der Folge zu Akzeptanzproblemen führte. Folge der Akzeptanzprobleme waren wiederum das Nichtmelden relevanter Sachverhalte, bzw. eine verspätete oder qualitativ schlechte Meldung solcher Ereignisse. Die Wichtigkeit dieser Ermittlungshandlung wurde zunehmend nicht mehr gesehen.

Zur Lösung des Mengenproblems sollen entsprechend organisatorische Maßnahmen getroffen werden. Neben der Straffung des Kataloges zu meldender Straftaten soll mit Hilfe datenverarbeitungsgestützter Vorgangsbearbeitungssysteme der Meldeaufwand des Sachbearbeiters deutlich verringert werden. Abzuwarten sind hier mögliche Veränderungen durch INPOL-neu.

Als Weiteres ergibt sich eine **Vertextungsproblematik**. Sollen im Auswerteprozess spezifische Handlungsweisen des oder der Täter erkannt werden, bedarf es einer präzisen und differenzierten Beschreibung des Tatherganges, sowie weiterer Umstände der Tat. Notwendig ist dazu auch das einheitliche Verwenden von Fachbegriffen, um die richtige Zusammenführung zu gewährleisten. Hier bedarf es einer hohen sprachlichen Prägnanz.

Die **Richtigkeit der Perseveranzhypothese** in der in der Vergangenheit verfolgten Form gilt in (weiten) Teilen als widerlegt bzw. ist umstritten. Die Annahme der Deliktstreue oder die Fortführung und Wiederholung einer bestimmten Tatbegehensweise konnte durch verschiedene Untersuchungen in dieser Absolutheit nicht mehr nachgewiesen werden. Für den Bereich der Intensivtäter war sogar festzustellen, dass diese Straftaten quer durch das Strafgesetzbuch begehen.[60] Vielfach gilt inzwischen für Straftäter, das die Straftaten begangen werden, deren Gelegenheit sich gerade anbietet.

**<u>Beispiel:</u>** Eine Untersuchung der Fachhochschule für Verwaltung und Rechtspflege in Berlin kam zu dem Ergebnis, dass sich lediglich 12,3 % der Taschendiebe perseverant verhielten. 27,4 % der Täter begingen vorwiegend Eigentumsdelikte, so dass gerade noch eine gewisse Deliktsperseveranz angenommen werden konnte.[61]

Die Deliktsperseveranz hat deshalb innerhalb des Meldedienstes an Bedeutung verloren. Der Abgleich der Tatbegehensweise hat jedoch auf örtlicher Ebene nach wie vor eine hohe Bedeutung zum Erkennen von Serienstraftaten. Als Beweismittel ist diese Perseveranz allerdings alleine nicht geeignet. Festzuhalten ist jedoch, dass je spezieller eine Tatbegehensweise bzw. ein Delikt ist, desto höher ist die Wahrscheinlichkeit mit dieser

[60] Schuster: Perseveranz – kriminaltechnische Methoden im Umbruch, in: Kriminalistik 1983, S. 484,
Steffen: Perseveranz und modus operandi, in: Kriminalistik 1983, S. 481
Denneburg: Die“Auswertung“ ermittlungsrelevanter Informationen, in: Kriminalistik 1999, S. 45
[61] Schuster: Perseveranz – kriminaltechnische Methoden im Umbruch, in Kriminalistik 1983, S. 486

Herangehensweise zu Ermittlungsansätzen zu kommen.

**Beispiel:** Täter verwenden zum Aufbruch von Fahrausweisautomaten spezielle Werkzeuge oder Sprengstoff.

Eine noch relativ neue Methode, die im weitesten Sinne an die Perseveranzhypothese anknüpft ist die **operative Fallanalyse (Profiling)**, auf die an dieser Stelle jedoch nicht näher eingegangen wird, da sie nach bisherigen Erkenntnissen nur für bestimmte Straftatenbereiche Anwendung finden kann und diese Straftaten nicht in die Zuständigkeit der Bundespolizei fallen.

## 5.4. Meldedienst Verbrechensbekämpfung der Bundespolizei

Der Meldedienst Verbrechensbekämpfung der Bundespolizei (MDVB) basiert auf denselben Grundannahmen und Prinzipien wir der KPMD. Die im Wege des Meldedienstes geregelte Informationserhebung und -steuerung dient in erster Linie dem Vollzug polizeilicher Maßnahmen vor Ort (Ebene der Bundespolizeiinspektionen), soll aber auch konzeptionelle und koordinierende Maßnahmen auf überörtlicher Ebene (Ebene des Bundespolizeiamtes) ermöglichen. Im Rahmen von Inpol-neu ist auch hier mit einer völlig neuen Verfahrensweise zu rechnen.

**Meldepflichtige Sachverhalte** im Rahmen des MDVB sind:

- Straftaten der unerlaubten Einreise, Schleuserkriminalität und illegale Beschäftigung,
- Kraftfahrzeugkriminalität (Kfz. Verschiebung),
- gemeingefährliche Straftaten (Anschlagsandrohungen),
- gefährliche Eingriffe in den Bahnverkehr mit Anschlagscharakter,
- Eigentumsdelikte,
- Sachbeschädigungen.

Nach Feststellung eines meldepflichtigen Sachverhaltes wird zunächst eine **Sofortmeldung** abgesetzt. Diese dient der unverzüglichen Information der anderen betroffenen oder evtl. betroffenen Dienststellen. Ist diese Sofortmeldung zur Darstellung des Sachverhaltes und ggf. stattgefundener Ermittlungen nicht ausreichend, werden **Ergänzungsmeldungen** gefertigt. Sie enthalten aktuelle Ermittlungsergebnisse zum Sachverhalt. Zum Ende eines Ermittlungsverfahrens ist ggf. eine **Abschlussmeldung** zu erstellen.

Neben diesem Meldeverfahren gibt es noch den **Erkenntnisaustausch Verbrechensbekämpfung**. Dieser dient dem Austausch allgemeiner Informationen, die für die präventive und repressive Aufgabenwahrnehmung von Bedeutung sein können.

Die Aufgaben des MDVB auf **Ebene des Bundespolizeiamtes** werden von den Bundespolizeiinspektionen Kriminalitätsbekämpfung wahrgenommen. Nach einer Erfassung der Meldung und deren Auswertung erfolgen ggf. Erkenntnisergänzungen und bei Bedarf die Unterrichtung benachbarter Dienststellen. Ggf. werden auch erforderliche Fahndungsmaßnahmen veranlasst.

Auf **Ebene des Bundespolizeipräsidiums** dienen die Meldungen in erster Linie der Lagebeurteilung. Anhand der Meldungen soll eine Schwerpunktbildung geprüft und für den eigenen Zuständigkeitsbereich vorgenommen werden.

In der **Bundespolizeidirektion** erfolgt die bundesweite Sammlung und Auswertung der eingehenden Meldungen. Die Informationen werden in Lagebilder der Bundespolizei umgesetzt. Soweit erforderlich erfolgen Fahndungsausschreibungen zur Grenzfahndung nach §§ 30, 31 BPolG.

## 6. Personenbezogene Aktenhaltung

Die Ermittlungstätigkeit der Polizeien des Bundes und der Länder besteht in weiten Teilen aus Informationsverarbeitung. Dazu gehört das Erheben, die Ordnung, das Bewerten und Zusammenfassen von Informationen. Von immenser Bedeutung für den polizeilichen Erfolg ist dabei nicht nur der sichere, sondern auch der schnelle Zugriff auf die der Organisation bekannten Daten. Insofern ergibt sich nicht nur aus der Verpflichtung zur Dokumentation jeglichen Verwaltungshandelns ein entsprechender Aktenführungsbedarf, sondern auch aus Gründen des effektiven und effizienten Verwaltungshandelns. Die Aufgabenzuweisungen von Polizeien der Länder, Bundeskriminalamt und Bundespolizei lassen den Kriminalpolizeilichen personenbezogenen Sammlungen (KpS) eine besondere Bedeutung zukommen. Diese Aktenhaltung wird auch als das „Gedächtnis der Polizei“ bezeichnet und gibt durch ihren Inhalt Einblick in ermittlungsrelevante polizeiliche Tätigkeiten. Sinn und Zweck dieser Dateien ist es, die notwendigen Unterlagen für Gefahrenabwehr und Strafverfolgung bereitzuhalten.[62]

KpS bestehen zum einen aus Kriminalakten, zum anderen aus Hinweissystemen, die sowohl in Form von schriftlichen Akten, als auch als automatisierte Dateien geführt werden. Nachfolgend wird auf den Kernbereich der KpS, die Kriminalakten, näher eingegangen.

### 6.1. Kriminalakten

Kriminalakten (KA) stellen ein Hilfsmittel für die Ermittlungen dar und dienen dem Ermittlungsbeamten dazu, die Aufklärung zukünftiger Straftaten zu erleichtern. KA sind nach kriminalistischen Gesichtpunkten angelegt und bilden kein Doppel der Ermittlungsakte (dies ist der wesentliche Unterschied zur **Handakte**), sondern sind vielmehr als **Biographie des kriminellen Lebenslaufes** eines Straftäters zu verstehen. Sie enthalten daher alle wesentlichen Informationen, die für zukünftige Strafverfahren von Bedeutung sein könnten. Die KA dient allen Auskunftsberechtigten. Aus dem Vorhandensein einer Kriminalakte und dem Wissen eines Täters über dieses Vorhandensein verspricht man sich auch **präventive Wirkungen**. Der Grad der sich entwickelnden Präventionswirkung ist allerdings nicht messbar.

Die Handakte, die eine Zweitschrift der Ermittlungsakte darstellt, soll ggf. weiteren notwendigen Ermittlungen durch die Polizei dienen und den beteiligten Beamten eine Vorbereitung bei möglichen Gerichtsterminen ermöglichen.

In der Bundespolizei werden KA bisher nicht geführt. Diese finden sich vielmehr bei den Landeskriminalämtern der Bundesländer und in Fällen überregionaler Bedeutung zusätzlich beim Bundeskriminalamt. In einigen Bundesländern wird die KA hiervon abweichend bei der zuständigen Wohnsitzpolizeibehörde geführt. Die Bundespolizei führt lediglich Handakten zu den von ihr geführten Ermittlungsverfahren.

#### 6.1.1. Inhalte von Kriminalakten

Eine Kriminalakte besteht im wesentlichen aus nachfolgend aufgeführten Inhalten:

- Blatt mit den vollständigen erweiterten Personalien, ggf. Namenänderungen, Änderungen der Staatsangehörigkeit pp.,
- erkennungsdienstliche Unterlagen, wie Lichtbilder, Fingerabdruckblätter, Schriftproben, räumliche Beschränkungen nach dem Asylverfahrensgesetz
- Auszüge aus dem Bundeszentralregister soweit diese noch nicht getilgt wurden,

[62] Ahlff: Polizeiliche Kriminalakten, S. 6 ff.

- Mitteilungen der Staatsanwaltschaften / der Gerichte über Entscheidungen zu den polizeilichen Ermittlungsverfahren, ggf. mit Begründung, Führerscheinsperren
- Straf- und Haftzeiten, ggf. Hafturlaube,
- Hinweise auf Suchtprobleme, Glaubwürdigkeitsgutachten u.ä.,
- Hinweise auf Gefährlichkeitsaspekte (z.B. Widerstandshandlungen, Mitführen und Gebrauch von Waffen),
- Merkblätter über begangene Straftaten mit Angaben über Mittätern, Aussageverhalten pp.,
- Relevante Auszüge aus Vernehmungen oder Schlussberichten,
- Auskunftsersuchen anderen Behörden und Dienststellen
- Ausschreibungs- und Fahndungsunterlagen.

### 6.1.2. Kriminalaktennachweis

Der Kriminalaktennachweis (KAN) ist ein Teildatenbestand von INPOL-Bund. Hier werden die Fundstellen zu den beim Bund bzw. den Ländern geführten KA nachgewiesen, soweit es sich um Täter für schwere oder überregionale Taten handelt (KAN-Bund). Hinweise auf Aktenbestände der Bundespolizei sind ebenfalls enthalten, auch soweit diese nicht dem KA-Begriff entsprechen. Die Einzelheiten zur Führung des KAN werden in den „Richtlinien für die Führung kriminalpolizeilicher personenbezogener Sammlungen“ (KpS-Richtlinien) geregelt. Da im KAN-Bund nur die genannten KA gespeichert sind, ist zum Vorhandensein einer KA ggf. eine zusätzliche Nachfrage bei der für den Wohnsitz zuständigen örtlichen Polizeibehörde zu führen (Bestand KAN-Land).

Als schwere Straftaten im Sinne der KpS-Richtlinien gelten alle Verbrechen. Überregionale Straftaten sind Delikte mit Verdacht auf

- Triebtäterschaft,
- planmäßig überörtliche Begehung,
- gewohnheits-, gewerbs- oder bandenmäßige Begehung,
- Begehung unter Mitführung von Schusswaffen,
- internationaler Begehung,
- extremistischen Zielen,
- Begehung fremdenfeindlicher Straftaten,
- Straffälligkeit von Personen außerhalb ihres Wohn- oder Aufenthaltsbereiches.

### 6.1.3. Bedeutung von Kriminalakten für die Bundespolizei

Wie bereits erwähnt, führt die Bundespolizei keine KA im vorgenannten Sinne. Nach dem KpS-Richtlinien erfolgt jedoch auch eine KAN-Erfassung entsprechender Sachverhalte durch die Bundespolizei. Hierbei werden die im **Bundespolizeiaktennachweis (BAN)**[63] erfassten Ermittlungsvorgänge zusätzlich im KAN-Bund erfasst. Damit ist der diesbezügliche Aktenbestand der Bundespolizei in das Fundstellenverzeichnis eingestellt, so dass andere berechtigte Sicherheits- und Strafverfolgungsbehörden von diesem Aktenbestand erfahren und ggf. weitere Auskunftsersuchen stellen können.

Für die Ermittlungsbeamten der Bundespolizei ist es wichtig, von den KA des Bundes und der Länder zu wissen, da sich hier unter Beachtung der rechtlichen Rahmenbedingungen, wesentliche Erkenntnisse für laufende Ermittlungsverfahren oder Fahndungsmaßnahmen erhalten lassen.

---

[63] Siehe hierzu näher Abschnitt 6.2

## 6.2. Bundespolizeiaktennachweis

Die Bundespolizei erstellt Akten zu den von ihr geführten Verwaltungs- und Ermittlungsvorgängen **(Bundespolizeiakte)**. Der Umfang des bundesweiten Aktenbestandes macht einen zentral geführten Index zum schnellen Auffinden dieses Aktenbestandes erforderlich. Diesen personenbezogenen Fundstellenindex bildet der **Bundespolizeiaktennachweis (BAN)**.

Mit Hilfe des BAN ist es möglich, aufgabenbezogen relevante Personen zu erkennen und vorhandene Erkenntnisse mit Hilfe der gesondert anzufordernden Akte abzugleichen. Inhalt und Qualität des Aktenbestandes sind je nach Fallgestaltung unterschiedlich. Grundsätzlich soll eine Akte

- vorhergehende Verwaltungsentscheidungen und Ermittlungen der Bundespolizei nachvollziehbar machen und
- als Grundlage für weitere Entscheidungen dienen.

### 6.2.1. Rechtliche Grundlagen

Die rechtlichen Grundlagen für die Führung des BAN ergeben sich aus dem Bundespolizeigesetz. Anzuführen sind hier die §§ 1-7, 12, 13, 24 und 29 bis 37 BPolG für die Datenverarbeitung und Datennutzung, § 68 BPolG zur Wahrnehmung von Aufgaben durch die Zollverwaltung, und die einschlägigen Vorschriften der Strafprozessordnung und des Ordnungswidrigkeitengesetzes (§§ 81 b, 161, 163 stopp, §§ 46, 53 OWiG, pp.), sowie für die Zusammenarbeit mit den beauftragten Polizeibehörden der Länder die entsprechenden Verwaltungsabkommen.[64]

Auf der Grundlage von § 36 I BPolG wurde für den Aktennachweis der Bundespolizei eine **Errichtungsanordnung (EAO BAN)** erlassen, die durch die **Richtlinien für die Führung personenbezogener Akten in der Bundespolizei (RiBAN)** ergänzt wird.

### 6.2.2. Aktenführende Stellen

Grundsätzlich werden polizeiliche Unterlagen gem. der EAO BAN nur an einer aktenführenden Stelle geführt. Aktenführende Dienststellen sind die Bundespolizeidirektion, die Bundespolizeipräsidien, die Bundespolizeiämter, die Bundespolizei-Fliegerstaffel Nord und die beauftragten Polizeibehörden in den Ländern Bayern, den Hansestädten Hamburg und Bremen.

### 6.2.3. Grundlagen der Aktenführung

Aktenführenden Dienststellen obliegt die Aufgabe der Aktenhaltung, der Dateneingabe, der Datenpflege und der Datenlöschung.

Darüber hinaus haben aktenführende Stellen dafür Sorge zu tragen, dass jeder polizeiliche Vorgang mit Bezug zu einer Person mit einer sogenannten **U-Gruppe im BAN** gespeichert wird und damit recherchierbar ist. Die Akten sind grundsätzlich dort aufzubewahren, wo sie anfallen und erfasst werden.

In Fällen überörtlicher Bedeutung ist die Bundespolizeidirektion befugt die Akten an sich zu ziehen.

---
[64] EAO BAN, Ziff. 3

Auskünfte aus den Akten dürfen nur durch die aktenführenden Stellen gegeben werden.

Die Speicherungsdauer ist solange zulässig, wie es zur rechtmäßigen Aufgabenerfüllung erforderlich ist. Vom Grundsatz gelten nachfolgende **Löschungsfristen**:

- Straftaten mit originärer Zuständigkeit der Bundespolizei 5 Jahre,
- andere Straftaten 2 Jahre,
- Erledigte Fahndungen aufgrund eigener Zuständigkeit 5 Jahre.

Sofern eine Person im KANN erfasst ist, richten sich die Löschungsfristen nach den KpS-Richtlinien.

### 6.2.4. Bedeutung der Aktenhaltung für die Bundespolizei

Der Wert der jeweiligen Akten für nachfolgende Entscheidungen oder Ermittlungshandlungen ergibt sich aus den jeweils eingestellten Informationen. Vor diesem Hintergrund liegt es an jedem einzelnen Ermittlungsbeamten den Wert der Akten durch sorgfältiges und genaues Arbeiten zu gewährleisten. Da beim Anlegen einer Akte häufig nicht bestimmbar ist, welche weitere Bedeutung der Akteninhalt im Rahmen von Ermittlungen und Auswertungen noch erhalten kann, ist stets auf **vollständige und aussagekräftige Akteninhalte** zu achten.

**Beispiele:** Für Ermittler, die wiederholt gegen dieselbe Person wegen Verdachts der Einschleusung von Personen ermitteln, ist die vorhandene Akte wesentliches Hilfsmittel der Ermittlungen, da geschleuste Personen, die als Zeugen in Betracht kommen, häufig zurückgewiesen werden und daher nicht mehr verfügbar sind. Bei vollständiger Führung der Akte vermittelt sie ein Bild der handelnden Personen und Umstände der Tat und kann hierdurch die Beweislage verbessern.

Die Inhalte der Bundespolizeiakten ermöglichen auch die sogenannte Gefährderansprache, wobei ein bereits in Erscheinung getretener Straftäter bei prognostizierter Wiederholungsgefahr im Zusammenhang mit einem aktuellen Anlass gezielt angesprochen wird, um ihn von weiteren Straftaten abzuhalten, so z.B. Gespräche mit Jugendlichen und deren Eltern nach Sachbeschädigung auf Bahngelände.

## 7. Kriminalistisches Denken

Zahlreiche kriminalistische Abhandlungen befassen sich mit dem Sach- und Personenbeweis, dem Kern der kriminalistischen Beweisführung. Weniger oft finden sich im Schrifttum Ausführungen zum methodischen Arbeitsprozess in der Kriminalistik, dem detektivischen Scharfsinn oder besser, dem kriminalistischen Denken. Dabei handelt es sich um die eigentlich wesentlichen Grundlagen der Kriminalistik. Fehler in diesem Bereich lassen sich mit noch so guter, rechtlich einwandfreier Arbeit kaum wieder reparieren. Das Wesen von erfolgreicher kriminalistischer Arbeit liegt in diesen Grundfundamenten der Kriminalistik. Defizite an dieser Stelle lassen leicht das ganze Bauwerk der Beweisführung brüchig werden und einstürzen. Das Beherrschen dieser Grundelemente ist daher sowohl für Sachbearbeiter, als auch für die damit befassten Führungskräfte unverzichtbar.[65]

Kriminalistisches Denken gehört im System der Kriminalwissenschaften in den Bereich der Kriminaltaktik. **Es befasst sich mit den Überlegungen und Denkleistungen, die derjenige anstellen bzw. erbringen muss, welcher ein wirkliches oder vermeintliches Verbrechen (eine vermutete Straftat) aufklären (oder verhüten) will.**[66] Kriminalistisches Denken ist ein auf die Verbrechensuntersuchung ausgerichtetes logisches Denken und konzentriert sich darauf, etwas abzuleiten, zu deduzieren, zu schließen, zu folgern, etwas zu bewerten.[67]

Das kriminalistische Denken beginnt mit Wahrnehmungen, mit eigenen oder zugetragenen Feststellungen über Vorgänge, die ein Verbrechen sein könnten, kurz mit einem Verdacht.[68]Der kriminalistische Denkprozess ist in der Regel erst dann beendet, wenn die im Raume stehende Tat nachgewiesen und der Täter überführt, der Justiz überantwortet ist, oder wenn sich der Verdacht als nichtig oder unlösbar herausgestellt hat.

Entgegenzutreten ist der irrigen Auffassung, das der kriminalistische Denkprozess dadurch an Bedeutung verloren hätte, das immer mehr Expertensysteme elektronisch das leisten würden, was bisher durch menschliche Denkarbeit geleistet wurde. Der Kreativität des Täters kann man keine Expertensysteme gegenüberstellen, sondern lediglich die Kreativität des Ermittlers. Für dessen Leistung sind jedoch nicht Expertensysteme entscheidend, sondern ausgebildetes Expertentum im kriminalistischen Denken.[69] Die in der Praxis anzutreffenden Expertensysteme können diese Leistung lediglich unterstützen, nicht jedoch ersetzen.

Denken tut grundsätzlich jeder Mensch. Kriminalistisches Denken jedoch setzt die Fähigkeit voraus, materielle Spuren und ideelle Widerspiegelungen zu erfassen, sie zu dechiffrieren und offen zu legen. Das geschieht, indem der Sinnzusammenhang zwischen den Daten festgestellt wird. Der Unterschied zum Täterdenken ist, dass der Kriminalist von den Wirkungen der Tat zurückverfolgend auf die Ursachen schließt. Es handelt sich um eine Denkoperation, die auf das Lösen von Problemen im kriminalistischen Erkenntnisprozess ausgerichtet ist.[70]

Die richtige Anwendung des kriminalistischen Denkprozesses stellt einen wesentlichen Baustein zur Qualität in der kriminalistischen Arbeit dar.[71]

---

[65] Grundlegend hierzu das Werk von Walder: Kriminalistisches Denken, Kriminalistik-Verlag
Getto: Kriminalistisches Denken und polizeiliche Tatsachenfeststellung, in Kriminalistik 1998, 567, 647, 707

[66] Walder: Kriminalistischen Denken, S. 1

[67] Ackermann: Kriminalistische Handlungslehre, in: Burghardt / Neidhardt: Lehr- und Studienbriefe Kriminalistik Nr. 28

[68] Walder: Kriminalistisches Denken, S. 2

[69] Reichertz: Expertensysteme in der Kriminalistik, Kriminalistik 2001, S. 53

[70] Ackermann: Kriminalistische Handlungslehre, in: Burghardt / Neidhardt (Hrsg.): Lehr- und Studienbriefe Kriminalistik Bd. 28, S. 32 ff.

[71] Feldmann: Qualität in der kriminalistischen Arbeit – eine Herausforderung auch für den Bundesgrenzschutz, Die Polizei 2003, S. 250 ff.

## 7.1. Wahrheitserforschung als kriminalistische Aufgabe

Wer sich mit dem kriminalistischen Denkprozess auseinandersetzen will, muss sich zunächst im Klaren darüber sein, welche Aufgabenstellung vorliegt und wie diese Aufgabenstellung verfolgt wird.

Das Wesen kriminalistischer Tätigkeit ist es Sachverhalte aufzuklären. Der Vorgang der Sachverhaltsklärung ist dadurch gekennzeichnet, dass die objektiv wahren Gegebenheiten festgestellt werden sollen. Es geht um die Forschung nach der Wahrheit, um die Rekonstruktion von Sachverhalten.[72]

Beim **Prozess der Wahrheitserforschung** unterscheidet man:[73]

- Wahrheitsentdeckung (Verbrechen erkennen und aufdecken),
- Beweis der Wahrheit (Beweismittel besorgen),
- Kritische Beweiswürdigung.

Insbesondere für den letzten Aspekt empfiehlt es sich, sich in die Situation der Gegenseite (der Verteidigung) zu versetzen, um einen kritischen Blick für die eigene vorgetragene Beweissituation zu erhalten. Eigentlich eine Selbstverständlichkeit, ergibt sich diese Anforderung doch schon aus dem Anspruch der Unvoreingenommenheit.[74]Eventuell sichtbar werdende Beweislücken können so erkannt und müssen nach Möglichkeit geschlossen werden.

Es geht bei der Wahrheitserforschung darum die richtigen Beweismittel zu finden. Dazu muss man zunächst einmal wissen, welche Fragen überhaupt beantwortet werden sollen. Bei der Wahrheitserforschung rund um das kriminalistische Verbrechen geht es um die Beantwortung der folgenden **Fragestellungen („Sieben goldene W")**:[75]

1. Wer hat den relevanten Sachverhalt begangen / unterlassen ?
2. Wann ist der Sachverhalt begangen worden ?
3. Wo hat sich das Geschehen abgespielt ?
4. Was hat der Täter getan oder unterlassen ?
5. Wie ist der Täter vorgegangen ?
6. Womit wurde die Tat verwirklicht ?
7. Warum ist die Tat begangen worden ?

Diese Fragen sind wegen ihrer Abstraktheit je nach Sachverhaltsgestaltung und in Frage stehendem Tatbestand unterschiedlich zu präzisieren.

**Beispiele:**

Das vollendete Begehungsdelikt (z.B. der Diebstahl im Zeitungskiosk eines Bahnhofes)
Es geht insbesondere um den Beweis, dass eine bewegliche Sache, die fremd war, aktiv weggenommen wurde. Doch auch die anderen objektiven Tatbestandsmerkmale müssen ggf. hinterfragt werden. Darüber hinaus geht es besonders um den subjektiven Aspekt der Zueignungsabsicht.

---

[72] Magulski: Fallbeurteilung, Fallbearbeitung und kriminalistisches Denken, S. 3
[73] Walder: Kriminalistisches Denken, S. 5
[74] Magulski: Fallbeurteilung, Fallbearbeitung und kriminalistisches Denken, S. 6
[75] Kriminalistik Lexikon S. 171
Walder: Kriminalistisches Denken,S. 6

Das versuchte Begehungsdelikt (z.B. der versuchte Raub mit KO-Tropfen im Reisezug)
Bewiesen werden muss das unmittelbare Ansetzen zur Tat, nicht die Verwirklichung einzelner Tatbestandsmerkmale des vollendeten Delikts.

Das fahrlässige Begehungsdelikt (z.B. die fahrlässige Körperverletzung durch Nichtbeachtung von Verfahrensregeln im Bahnbereich)
Zu beweisen sind die Voraussehbarkeit der Gefährdung (hier der Verletzung) und der Kausalverlauf (Erkennbarkeit der Gefahr). Herauszustellen sind auch zumutbare Vorsichtsmaßnahmen.

Das echte Unterlassungsdelikt ( z.B. die unterlassene Hilfeleistung durch Passanten in einem Bahnhof gegenüber einem Verletzten)
Es geht um den Beweis der Nichtvornahme einer Handlung in einer Situation, in der die Handlung mit praktischer Sicherheit den Eintritt der Verletzung (oder Gefährdung) verhindert hätte.

Das unechte vorsätzliche Unterlassungsdelikt (z.B. das Nichttätigwerden eines Fahrdienstleiters in einer zum Unfall führenden Situation wegen eigener Trunkenheit)
Zu beweisen ist die offenkundige Tatsituation und das Eintreten des deliktischen Erfolges, die Tatsache, dass der Täter eine Garantenstellung innehatte, das Unterlassen einer ernsthaften Handlung zur Abwendung des tatbestandlichen Erfolges, obwohl dies möglich gewesen wäre. Schließlich müssen für den Täter vorhersehbar gewesen sein: Der Verlauf, die Möglichkeit der Erfolgsabwendung, die Rechtspflicht des Handelns und die Zumutbarkeit des Tätigwerdens.

Das unechte fahrlässige Unterlassungsdelikt
Es führt im Prinzip zu denselben Ermittlungsschritten wie beim unechten vorsätzlichen Unterlassungsdelikt, lediglich die Vorsatzelemente sind durch die der Fahrlässigkeit zu ersetzen.

Es geht immer um **zwei zentrale Problemstellungen:**[76]

**Wie beweise ich die Täterschaft ?**
**Wie beweise ich die Tat (mit allen Teilfragen)?**

Zur Klärung dieser Fragen muss man **Beweismittel einsetzen, die Beweiskraft besitzen.** Im Einzelfall muss diese Beweiskräftigkeit bewiesen werden. Neben der Beantwortung der gestellten Fragen geht es also auch um den Beweis der Antworten. Beim Sachbeweis erfolgt dies häufig im Rahmen eines Gutachtens, beim Personenbeweis werden die am Verfahren Beteiligten in der Regel selber Bestrebungen anstellen, um die Glaubwürdigkeit einer Aussage zu untermauern oder in Zweifel zu ziehen.

Für Verbrechen im kriminalistischen Sinn und damit für die notwendigen Fragestellungen ist festzustellen: Es handelt sich beim Verbrechen um Erscheinungen im Leben des Einzelnen und im Leben der Gesellschaft. Verbrechen sind keine isolierte Erscheinung, sondern stehen immer zu einer Person und zu einer Situation in Beziehung[77]. Delikte sind **soziale Erscheinungen.** Daraus ergeben sich logische Ansatzpunkte für Fragestellungen, aber auch für die Adressaten von Fragen.

Verbrechen im kriminalistischen Sinne spiegeln ein deliktisches Verhalten zu einer bestimmten Zeit an einem bestimmten Ort wider. Sie haben im Grundsatz eine Vorgeschichte, verfügen über

[76] Siehe auch Ackermann: Kriminalistische Handlungslehre, in: Burghardt / Neidhardt (Hrsg.): Lehr- und Studienbriefe Kriminalistik Bd. 28, S. 11
[77] Interessant hierzu: Englisch: Ein (fast) perfekter Mord. In: Hamburger Abendblatt 8. Januar 2004, S. 3

eine gewisse soziale Breite, haben Nebenerscheinungen und Nebenereignisse und führen zu Nachwirkungen und Folgen.

Zusammenfassend bleibt festzustellen: Als Kriminalist, der eine mögliche Straftat herausfinden soll, Hinweise und Beweismittel suchen will, hat man sich das Verbrechen in allen seinen Zusammenhängen und in seiner ganzen Ausdehnung vorzustellen, denn irgendeine Tatsache der Vorgeschichte, irgendeine Einzelheit des Verbrechensablaufs, irgendein zeitgleiches Geschehen, irgendeine Folge der Tat kann entscheidend weiterhelfen.

## 7.2. Mittel kriminalistischen Denkens

Als Mittel zur Bewältigung der kriminalistischen Aufgabe, der Wahrheitsermittlung, stehen den Ermittlungsbeamten die Mittel der Heuristik und Syllogistik zur Verfügung.

### 7.2.1. Heuristik und Syllogistik

Wahrheitserforschung als Aufgabe zu formulieren ist eine Sache. Schwieriger zeigt es sich in der polizeilichen Praxis dieses Ziel tatsächlich zu erreichen. Insofern stellt sich dem mit der Verbrechensbekämpfung befassten Polizeibeamten die Frage, welche Mittel ihm zur Wahrheitserforschung zur Verfügung stehen, vor allem aber, wie er diese Mittel findet. Aus kriminalistischer Sicht bedarf es dazu einer professionellen Form der Suche. In diesem Zusammenhang spricht man von der heuristischen Kriminalistik.

Bei der **Heuristik** handelt es sich um die **Kunst der planmäßigen Suche** nach der Wahrheit.

Als **Mittel der Heuristik** stehen zur Verfügung:

- eigene und fremde Wahrnehmungen oder Feststellungen
- Lebens- und Berufserfahrung
- Erkenntnisse der Tatsachenwissenschaften
- Experimente und statistische Wahrheiten
- Erkenntnisse der Logik und mathematische Wahrheiten
- Verdacht, Kreativität und Intuition.[78]

Mit den Mitteln der heuristischen Kriminalistik stößt der Polizeibeamte (hoffentlich) auf die notwendigen **Instrumentarien um die Wahrheit nachzuweisen**. Der Prozess der Beweisführung ist damit aber noch nicht beschritten worden. Um einen entsprechenden Sachverhalt sicher darzulegen, dem Tatrichter eine entsprechende Überzeugungsbildung zu Tat und Täter zu ermöglichen, bedarf es der Mittel der syllogistischen Kriminalistik.

Bei der **Syllogistik** handelt es sich um die **Lehre vom logischen Schließen und Beweisen**.[79]

Es geht darum, aus zwei oder mehreren Urteilen einen Schluss zu ziehen, den Beweis von Tat und Täterschaft. Die syllogistische Beweisführung beruht auf der wissenschaftlichen Aufbereitung der durch die Heuristik gefundenen Beweismittel. Auf diese Weise kann in der späteren Gerichtverhandlung eine entsprechende Würdigung der Beweismittel stattfinden.

---

[78] Im Gegensatz zu Walder wird die Intuition dem Verdacht zugeordnet. Eine Trennung dieser beiden Begriffe ist nicht nur schwierig, sondern vielfach auch nicht sachgerecht. So ist es oft gerade die Intuition, die den Verdachtsschöpfungsprozess ausmacht. Siehe auch Störzer: Die Aufdeckung von Straftaten, in: Kube / Störzer / Timm (Hrsg.): Kriminalistik Bd. 1

[79] Walder, Kriminalistisches Denken, S. 17

Als **Mittel der Syllogistik** stehen zur Verfügung (**SAUZE**):[80]

- **S** = Sachverständiger,
- **A** = Augenschein,
- **U** = Urkunde,
- **Z** = Zeuge,
- **E** = Einlassung des Beschuldigten (Geständnis).

Die Mittel der Syllogistik sind anzuwenden vor dem Hintergrund der in Abschnitt 7.1 aufgeworfenen und dargestellten Fragestellungen.

Nachfolgend soll kurz erläutert werden, was sich hinter den einzelnen kriminalistischen Mitteln von Heuristik und Syllogistik verbirgt. Die jeweiligen Erläuterungen haben lediglich beispielhaften, nicht abschließenden Charakter.

### 7.2.2. Wahrnehmung und eigene Feststellung

Bei Wahrnehmungen und eigenen Feststellungen über ein Verbrechen oder über die Dinge, die mit einer Straftat in Zusammenhang stehen oder stehen dürften, geht es schlicht um die Daten / die Informationen des Falles.[81] Die Wahrnehmungen im Zusammenhang mit Straftaten oder anderen kriminalistisch relevanten Ereignissen sind Grundlage, Voraussetzung, aber auch Gegenstand der kriminalistischen Ermittlungs- und Untersuchungstätigkeit.[82]

Wahrnehmung bedeutet, das Aufnehmen von Reizen. Reize werden jedoch meist in ihrer Gesamtheit wahrgenommen. Erforderlich ist daher vielmehr die Beobachtung: Welche Details beinhaltet der beobachtete Teil? Das Ergebnis dieser Beobachtung bedarf dann der Registrierung, der Beschreibung. Die Beschreibung darf dabei unvollständig sein. Es genügt, wenn die Beschreibung im Hinblick auf eine bestimmte Aufgabe vollständig ist. [83] Von der Fähigkeit der Verarbeitung des Wahrgenommenen hängt die Qualität des kriminalistischen Erkenntnisprozesses entscheidend ab.

**Bertillon: „Man sieht nur das, was man betrachtet, und man betrachtet nur das, was man im Sinn hat.“**

**Beispiel:** Der Reisende sieht in einem auf dem Bahnsteig liegenden Werkzeug einen verlorenen Gegenstand, der Polizeibeamte evtl. ein vergessenes Tatwerkzeug.
Oder: Der Bürger sieht in einem Graffiti einfach eine Farbschmiererei, der Polizeibeamte erkennt ggf. „tags“, die er einem Täter oder einer Tätergruppe zuordnen kann.

Folge: Daten muss man suchen !!! Ggf. helfen hierzu Bearbeitungsschemata.[84]

Zu beachten ist auch:
Die menschlichen Sinne sind in verschiedenster Hinsicht sehr beschränkt. Deshalb sind Kenntnisse über kriminalistische Möglichkeiten (die Hilfsmittel) unabdingbar.[85]

---

[80] In einigen Lehrbüchern wird auch der Eid als Mittel der Syllogistik aufgeführt, so z.B. Meyer / Wolf: Kriminalistisches Lehrbuch der Polizei, S. 115
[81] Siehe hierzu auch Ackermann: Kriminalistische Handlungslehre, in: Burghardt / Neidhardt (Hrsg.): Lehr- und Studienbriefe Kriminalistik Bd. 28, S. 21
[82] Kriminalistik Lexikon S. 348 / 349
[83] Walder: Kriminalistisches Denken, S. 23;
Siehe hierzu auch: Haas: Kriminalistischer Erkenntnisgewinn durch „systematisches Beobachten“, Kriminalistik 2003, 93 ff.
[84] Kritisch hierzu Ackermann: Kriminalistische Handlungslehre, in: Burghardt / Neidhardt (Hrsg.): Lehr- und Studienbriefe Kriminalistik Bd. 28, S. 20
[85] Walder: Kriminalistisches Denken, S. 27

### 7.2.3. Lebens- und Berufserfahrung

Bei den Erfahrungen handelt es sich um Bereiche, die in noch keinem Wissensgebiet Aufnahme gefunden haben. Es geht um im jeweiligen Zusammenhang interessierende Erfahrungen über Verhaltensweisen und Reaktionen, die Menschen in bestimmten Situationen (mit einer mehr oder weniger großen Wahrscheinlichkeit) an den Tag legen. Derartige Verhaltensmuster ergeben sich aus einfühlbaren Motivationen, aus allgemeinmenschlichen Gewohnheiten, aus Anstandsregeln, aus bekannten Reaktionsweisen der betreffenden Einzelperson. Sie helfen gelegentlich die Glaubhaftigkeit einer Person zu bewerten.[86]

**Beispiele:**
- Typisches Verhalten von Kunden in Lebensmittelmärkten versus Verhalten von Ladendieben
- Erheben schwerwiegender Beschuldigungen versus mangelndes Widersprechen des Beschuldigten
- Urinieren vor einer Kindergruppe versus Schamgefühl
- Weit unter Ladenpreis angebotene Neuware durch sozial Randständige versus Gutgläubigkeit des Erwerbs.

### 7.2.4. Rolle der Tatsachenwissenschaften

Tatsachenwissenschaften die für die kriminalistische Arbeit von Relevanz sind z.B.

- Physik (Beispiel: Berechnung von Geschwindigkeiten aufgrund einer Bremsspur),
- Chemie (Beispiel: Feststellung von Betäubungsmitteln bei verdächtigen Substanzen),
- Biologie (Beispiel: Identifizierung im DNA-Verfahren, Feststellen bestimmter pflanzlicher Substanzen an sichergestellten Gegenständen),
- Rechtsmedizin (Beispiel: Bestimmung der Ursächlichkeit von Werkzeugen oder Waffen bei Verletzungen),
- Kriminologie / Psychologie (Beispiel: Tötungsdelikte an Frauen: Liegt kein Raub oder Sittlichkeitsdelikt vor, liegt die Täterschaft weit überwiegend im Beziehungsbereich. Für männliche Opfer gilt diese Erkenntnis nicht).[87]

Häufig wird es für den zuständigen Sachbearbeiter notwendig sein, sich in bestimmte Materien erst einzuarbeiten, den eigenen Wissensstand zu erweitern, um den Fall überhaupt beurteilen und bearbeiten zu können. Gegebenfalls können hier Fachleute oder Gutachter zu den jeweiligen Bereichen weiterhelfen.

### 7.2.5. Experimente und statistische Wahrheiten

In der kriminalistischen Praxis treten manchmal Probleme auf, die mit Hilfe von Lebenserfahrung oder von Erkenntnissen der Tatsachenwissenschaften nicht oder zumindest nicht zuverlässig gelöst werden können.

In solchen Lagen greift man zu auf den Fall zugeschnittenen Experimenten (in der Kriminalistik spricht man von **Rekonstruktionen**). Möglich ist es auch, statistische Erhebungen durchzuführen, welche die Wahrscheinlichkeit des Auftretens eines kriminalistisch relevanten Ereignisses erkennen lassen.[88]

---

[86] Walder: Kriminalistisches Denken, S. 39
Magulski: Fallbeurteilung, Fallbearbeitung und kriminalistisches Denken, S. 6
[87] Walder: Kriminalistisches Denken, S. 41
[88] Walder: Kriminalistisches Denken, S. 47

**Beispiel:** Überprüfen einer relevanten Fahrzeit durch Ausprobieren unter vergleichbaren Rahmenbedingungen.

### 7.2.6. Logik und mathematische Wahrheiten

Kriminalistisches Denken ist streckenweise logisches Denken. Gegen logische Denkgesetze darf daher keinesfalls verstoßen werden.

Bei der Logik handelt es sich um die Lehre vom folgerichtigen Denken. Dabei arbeitet die Logik nach festgelegten Regeln oder Gesetzen, die stets beachtet werden müssen. Die Logik verwendet festgelegte Begriffe und arbeitet mit Urteilen. Sie zieht aus zwei oder mehr Urteilen die entsprechenden Schlüsse.[89]

Durch Logik sollen die Erkenntnisse gewonnen werden, die es ermöglichen die Wahrheit festzustellen. Die Beweislage soll stabilisiert werden.[90]

Logisches Denken bedeutet: Ableiten, deduzieren, logisch schließen, folgern und beweisen. Es geht darum, aus einer vorausgesetzten Wahrheit irgendwelcher Ausgangssätze, und nur diesen, nach genauen Denkvorschriften die Wahrheit eines weiteren Satzes (der Schlussfolgerung) aufzutun.[91]

**Beispiele:**
Strenge logische **Deduktion** (Schluss vom Allgemeinen ausgehend hin zum Einzelfall):
a) Eine Person ist durch Einatmung von CO zu Tode gekommen.
b) Die Totenflecken der betreffenden Person sind von hellroter Farbe.
c) Immer wenn eine Person durch Einatmen von CO zu Tode gekommen ist, dann sind die auftretenden Totenflecken von hellroter Farbe (medizinische Wahrheit).
d) Wenn der Tote keine hellroten Totenflecken aufweist, dann ist er nicht durch Einatmen von CO zu Tode gekommen.

**Abduktion** (Mehr oder weniger riskanter Schluss von der Ursache auf die Wirkung):
a) 99 % aller Todesermittlungssachen auf Bahnanlagen sind Freitode.
b) Es liegt ein Todesfall in einer Bahnanlage vor.
c) Es handelt sich zu 99 % um einen Freitod.

= Nicht streng logisch, aber eine mögliche Hypothese!

**Induktion**: (Schließen von Einzelfällen auf allgemeingültige Sätze):
a) Schuhspuren können latent sein.
b) Daktyloskopische Spuren können latent sein.
c) Alle Spuren können latent sein.

Beachte: Induktion hat immer **Wahrscheinlichkeitscharakter.**

Aus dem Bereich der **Mathematik** ist für den Bereich der kriminalistischen Arbeit besonders die **Wahrscheinlichkeitslehre** hervorzuheben, der bei der Beweisführung eine immense Bedeutung zukommt. Bestimmte Arten von Beweisen lassen sich wahrscheinlichkeitstheoretisch ausrechnen und somit in ihrer Überzeugung- / Beweiskraft verifizieren.

**Beispiel:** Für den Bereich der Daktyloskopie oder des DNA-Verfahrens lässt sich sagen, unter welchen Voraussetzungen eine Fingerspur einmalig ist und damit ein Spurenverursacher eindeutig identifiziert werden kann. In anderen Spurenbereichen ist eine unterschiedliche

[89] Ackermann: Kriminalistische Handlungslehre, in: Burghardt / Neidhardt (Hrsg.): Lehr- und Studienbriefe Kriminalistik Bd. 28, S. 33
[90] Ackermann: Kriminalistische Handlungelehre, in: Burghardt / Neidhardt (Hrsg.): Lehr- und Studienbriefe Kriminalistik Bd. 28, S. 35; Bespiele siehe auch bei Getto: Kriminalistisches Denken und polizeiliche Tatsachenfeststellung, Kriminalistik 1998, 647 ff.
[91] Walder: Kriminalistisches Denken, S. 51

Wahrscheinlichkeit vorhanden, dass dieselbe Spurenlage wiederholt auftreten kann. Treten mehrere solcher Wahrscheinlichkeiten zusammen auf, lässt sich berechnen, wie hoch die Wahrscheinlichkeit des Zusammentreffens solcher Spuren- und Merkmalsysteme ist. Die Ergebnisse werden oft in Form von Verhältniszahlen, Dezimalzahlen oder Prozenten angegeben.

### 7.2.7. Intuition

Intuition wird vielfach als „Eingebung" bezeichnet. Es handelt sich um plötzliche Einfälle, eine in ihrem Mechanismus noch ungeklärte unbekannte Form des Erkenntnisgewinns, die vermutlich auf einer Wechselwirkung bewusster und unbewusster Prozesse beruht und im Ergebnis zur Lösung des Falles führen kann.[92] Intuition kann das Ergebnis entsprechender Berufserfahrung sein. Wichtig ist die Intuition für den Bereich der Hypothesenbildung.

## 7.3. Methoden kriminalistischen Denkens

In der Fachliteratur werden sehr unterschiedliche Systeme zur Bearbeitung kriminalistischer Fälle dargestellt. Im folgenden werden die wesentlichsten und aktuellsten Techniken dargestellt. Bei allen Methoden spielen die zuvor dargestellten Mittel des kriminalistischen Denkens eine unterschiedlich starke am jeweiligen kriminalistischen Einzelfall ausgerichtete Rolle.

### 7.3.1. Die Verdachtsbildung

Die bekannteste und sicherlich auch am meisten verbreitete Methode der kriminalistischen Arbeit ist der Verdacht. Der Verdacht ist Ausgangspunkt jeglicher Ermittlungstätigkeit und damit Grundbestandteil des kriminalistischen Denkprozesses. Dort wo kein Verdacht einer strafbaren Handlung besteht, wird weiteres kriminalistisches Denken und Handeln überflüssig.

**„Der Verdacht ist die Vermutung, dass sich ein Sachverhalt in bestimmter Weise ereignet hat."**[93] Zu beachten ist, das kriminalistischer und strafprozessualer Verdachtsbegriff nicht deckungsgleich sind (siehe hierzu auch § 152 II StPO ). Nicht immer ist von Anfang an klar, dass sich ein Sachverhalt nur in einer bestimmten Art und Weise abgespielt haben kann. Vielmehr ist es oft der Fall, dass, wie beispielsweise bei Leichen im Bahnbereich, eine Straftat nicht ausgeschlossen, aber eben auch nicht sicher angenommen werden kann. Von der ersten Einschätzung ausgehend müssen dann weitere Ermittlungen angestellt werden, um diesen Verdacht zu verdichten oder aufzulösen.

Der kriminalistische Tatverdacht ist Grundlage polizeilicher, staatsanwaltschaftlicher oder gerichtlicher Untersuchungen. Er braucht in Bezug auf die Person und auf die Art der Beteiligung noch nicht konkretisiert zu sein und kann sich im ersten Stadium auf bloße Vermutungen bei festgestellten Normabweichungen stützen.[94]

Die Anlässe für den Prozess der Verdachtsschöpfung sind zahllos. Verdächtig sein kann sowohl das Außergewöhnliche, wie das Normale. Die zu sehr aufgeräumt wirkende Situation kann als ebenso abweichend wahrgenommen werden, wie die blutverschmierte Kleidung einer angetroffenen oder beobachteten Person. Insofern spielen Intuition, Lebenserfahrung, und Fantasie eine ebensolche Rolle wie systematisches Vorgehen, beispielsweise über Auswertungsergebnisse, Verdachtskalender oder kriminologische Erkenntnisse.[95]

---

[92] Burghard / Hamacher (Hrsg.): Kriminalistik Lexikon, S. 153
[93] Burghard / Hamacher (Hrsg.): Kriminalistik Lexikon, S. 340
[94] Burghard / Hamacher (Hrsg. ):Kriminalistik Lexikon, S. 321
[95] Büring: Tatrekonstruktion, S. 38 ff.
Störzer: Die Aufdeckung von Straftaten, in Kube / Störzer / Timm (Hrsg.): Kriminalistik, Bd 1, S. 430 ff.

**„Verdacht hegen heißt, mehr oder anderes vermuten, als sich zeigt."**[96]

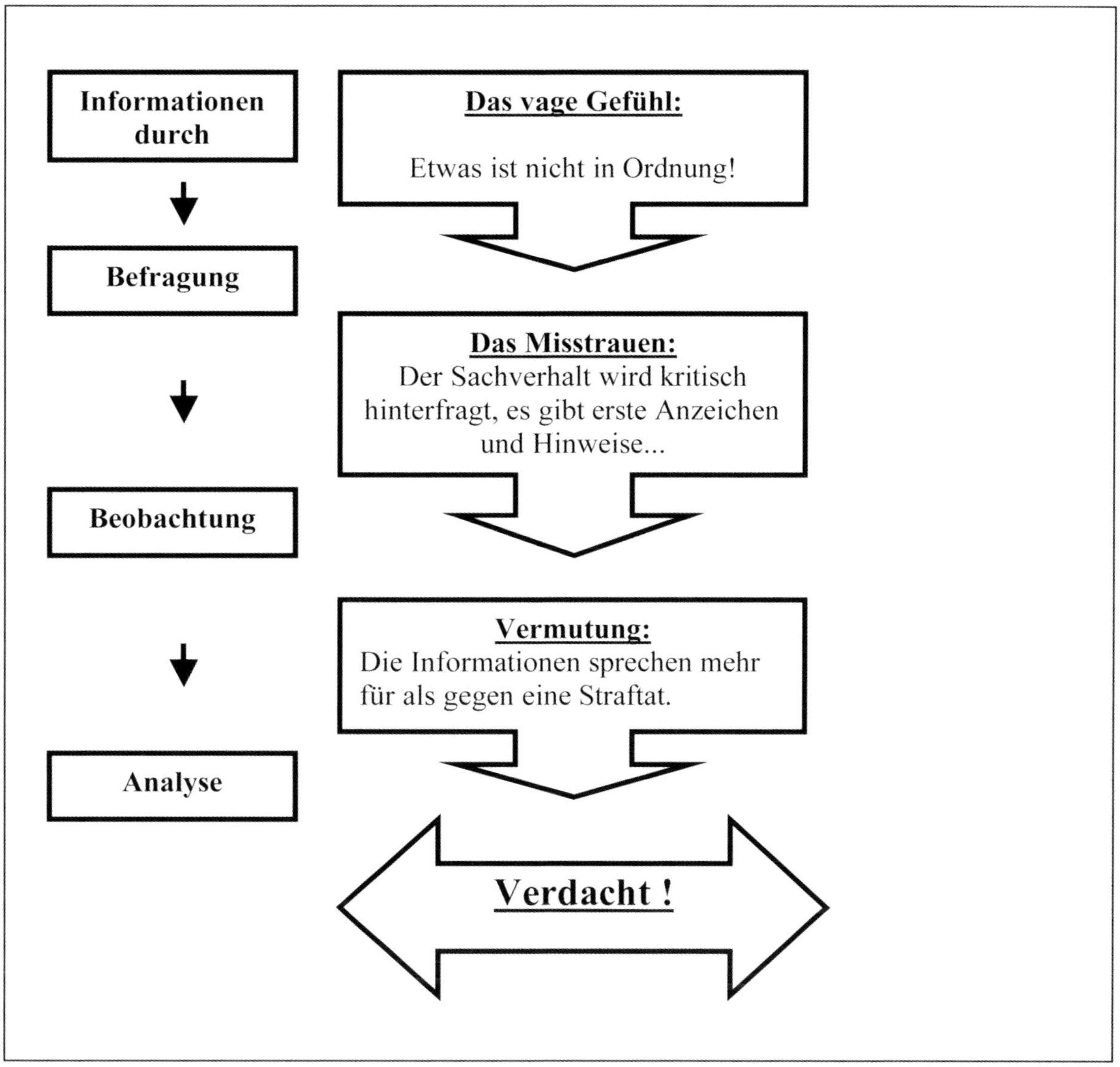


Abb. 18: Verdachtsentwicklung

### 7.3.1.1. Verdachts- und Überzeugungsgrade

Die Durchführung strafprozessualer Maßnahmen hängt neben den sonstigen gesetzlichen Voraussetzungen vom Verdachtsgrad ab. In der rechtlichen Betrachtung und der kriminalistischen Literatur werden die nachfolgenden Verdachtsgrade unterschieden.

Die Annahme einer Tatsache als wahrscheinlich wahr nennt man im Recht **Vermutung**. Dabei unterscheidet man widerlegbare und unwiderlegbare Vermutungen, je nachdem, ob der Gegenbeweis zugelassen ist (immer dann, wenn er nicht ausdrücklich ausgeschlossen ist) oder nicht.[97] Bei der Vermutung brauchen keine tatsächlichen zureichenden Anhaltspunkte vorliegen, auf denen sich die Annahme stützt.

Der **Anfangsverdacht** liegt vor, wenn zureichende tatsächliche Anhaltspunkte für das

[96] Walder: Kriminalistisches Denken S. 59
[97] Brockhaus 2001

Vorliegen einer Straftat vorhanden sind (§ 152 II StPO). Damit unterscheidet sich der Anfangsverdacht von der Vermutung, bei welchem keine zureichenden tatsächlichen Anhaltspunkte vorliegen müssen. Tatsächliche Anhaltspunkte sind z.B. eigene Beobachtungen, Zeugenaussagen pp.

Der strafprozessuale Anfangsverdacht kann sowohl tatbezogen als auch täterbezogen vorliegen. Der tatbezogene Anfangsverdacht bezieht sich auf bestimmte vorliegende Ereignisse, bei denen eine Straftat nicht ausgeschlossen werden kann (beispielsweise die „Bahnleiche"). Der täterbezogene Anfangsverdacht kann zunächst nicht mit einem bestimmten Ereignis in Verbindung gebracht werden, die Umstände in Verbindung mit einer Person lassen jedoch auf eine Straftat schließen (beispielsweise die mit blutverschmierter Kleidung angetroffene Person).

Der **hinreichende Tatverdacht** ist erforderlich zur Anklageerhebung (...genügender Anlass zur Erhebung der öffentlichen Klage... § 170 I StPO ) und zur Eröffnung des Hauptverfahrens ( § 203 StPO). Es muss nach dem gesamten Akteninhalt bei vorläufiger Tatbewertung die Verurteilung des Beschuldigten mit Wahrscheinlichkeit zu erwarten sein. Der Grundsatz „in dubio pro reo" gilt nicht. Verfahrenshindernisse dürfen nicht bestehen. [98]

Der **dringende Tatverdacht** stellt den höchsten Verdachtsgrad dar und ermöglicht die weitgehendsten Eingriffe. Er liegt vor, wenn nach vorläufigem Ermittlungsstand eine hohe Wahrscheinlichkeit vorliegt, dass Beschuldigter Täter oder Teilnehmer einer Straftat ist. Auf eine Verurteilungswahrscheinlichkeit kommt es nicht an. Dem Grade nach ist der dringende Tatverdacht stärker als der hinreichende Tatverdacht.

Die Annahme eines dringenden Tatverdachts setzt jedoch nicht zwingend den hinreichenden Tatverdacht voraus (bei hinreichendem Tatverdacht ist der Abschluss des Ermittlungsverfahrens gegeben). Der dringende Tatverdacht muss aus bestimmten Tatsachen hergeleitet werden. Er ist Voraussetzung für den Haftbefehl. Nur zum Zeitpunkt der Anklageerhebung muss der dringende Tatverdacht stärker als der hinreichende Tatverdacht sein.[99]

Die **Überzeugung** ist die jeden vernünftigen Zweifel ausschließende innere Gewissheit von der Schuld auf der Grundlage der Hauptverhandlung. Es handelt sich um die persönliche Gewissheit des erkennenden Richters, die nicht den Grad einer mathematischen Gewissheit gleichkommen muss. Der Richter darf bei seiner Überzeugungsbildung allerdings nicht gegen Gesetze der Logik, Erkenntnisse der Wissenschaft pp. verstoßen.[100]

### 7.3.1.2. Verdachtschöpfung und kriminalistische Fallbearbeitung

Die Verdachtschöpfung beginnt zunächst mit einer Form der Wahrnehmung. Diese Wahrnehmung kann kriminalistisch irrelevant sein, oder eine Straftat vermuten lassen. Besteht die Vermutung des Vorliegens einer Straftat, stellt sich die Frage, ob bereits die Schwelle des Anfangsverdachts i.S. des § 152 StPO erreicht ist. Soweit dies der Fall ist, kommt es zur Einleitung eines Ermittlungsverfahrens und dort ggf. zu einer weitergehenden **Verdachtsverdichtung** im Sinne der Verdachtsgrade. Ist die Schwelle des Anfangsverdachts noch nicht erreicht, stellt sich die Frage, ob Maßnahmen zur Verdachtsverdichtung denkbar sind. Diese müssen nicht zwingend Eingriffscharakter haben. Sind solche Maßnahmen denkbar, sind diese zu treffen um aufgrund der daraufhin erlangten Erkenntnisse wiederum zu prüfen, ob mit Hilfe dieser Ergebnisse ein Anfangsverdacht begründet werden kann, der entsprechend in einem Ermittlungsverfahren münden würde. Sind Maßnahmen der Verdachtsverdichtung nicht denkbar, ist der Verdachtschöpfungsprozess beendet.

---

[98] Meyer-Goßner, Strafprozessordnung, § 170 RZ 1, § 203 RZ 2
[99] Meyer-Goßner, Strafprozessordnung, § 112 RZ 5 ff.
[100] Meyer-Goßner, Strafprozessordnung, § 261 RZ 2 ff.

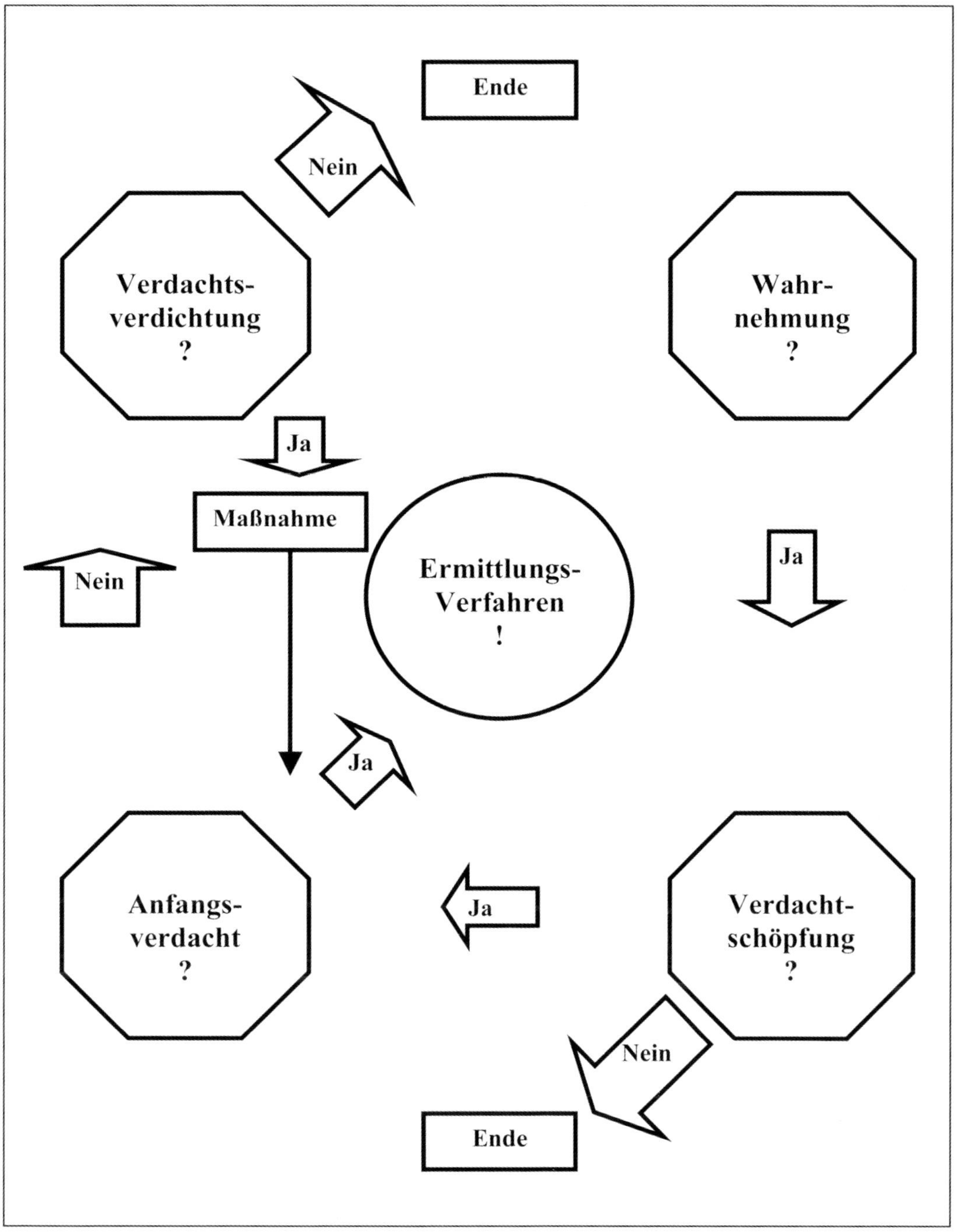


Abb. 19: Verdachtschöpfung in der kriminalistischen Fallbearbeitung

Innerhalb der **Fallbearbeitung** ist die Verarbeitung des Verdachts ständiger Prozess. Eine Überprüfung und ggf. auch Veränderung der Verdachtslage ergibt sich durch die ständig neu eintreffenden Informationen und Auswertungsergebnisse bis ein abschließendes Ermittlungsergebnis vorliegt.

Abb. 20: Kriminalistische Fallbearbeitung[101]

### 7.3.1.3. Der Zweifel an den eigenen Ermittlungsergebnissen

Handlungsleitend bei allen kriminalistischen Tätigkeiten ist der Zweifel. Auch wenn man aufgrund der bisher dargestellten Methoden zu einer „Lösung" des Falles gekommen ist, sollte abschließend eine kritische Würdigung der vorliegenden Beweismittel erfolgen. Spätestens die Verteidigung im Hauptverfahren wird in eine entsprechende Betrachtung einsteigen. Erst nach einer eigenen selbstkritischen Betrachtung kann von einer hieb- und stichfesten Beweislage gesprochen werden. Es sollte deshalb stets versucht werden, die eigene Beweislage zu widerlegen. Erst wenn dies unmöglich ist, kann von einer gesicherten Beweislage ausgegangen werden.

**Beispiele:**
- Zweifel an Vernehmungsinhalten (auch Geständnisse!)
- Zweifel an Sachverständigengutachten in Spurensachen

Aber: Sätze der einwandfrei angewandten Logik sind nicht anzweifelbar.

### 7.3.2. Kriminalistische Hypothesenbildung

Die unvollständige Datenlage ist vielfach ein Problem des ersten Einschreitens, gerade auch im Rahmen des „Ersten Angriffs". Die ersteintreffenden Kräfte werden mit einer Situation konfrontiert, die sich nicht eindeutig einordnen lässt. Vorhandene Spuren oder Zeugen führen möglicherweise zur Einschränkung der möglichen Geschehensabläufe, helfen aber auch nicht immer weiter, sind möglicherweise zunächst auch nicht vorhanden oder als solche nicht erkennbar. Wer jedoch keine Vorstellung vom stattgefundenen Geschehensablauf hat, läuft

[101] Magulski: Fallbeurteilung, Fallbearbeitung und kriminalistisches Denken, S. 50

Gefahr bei den ersten Maßnahmen schwerwiegende Fehler zu begehen. Ist keine ausreichende Vorstellung vom Ablauf einer Tat vorhanden, wird die Breite und Komplexität des Tatortes nicht erkannt. Mögliche Spuren werden übersehen und damit Erstmaßnahmen in zu geringem Umfang oder gar nicht getroffen.

Die Hypothesenbildung[102] gehört daher zu den grundlegenden kriminalistischen Arbeitsmethoden. Sie hilft handwerkliche Fehler aufgrund erster Fehleinschätzungen des Sachverhaltes zu minimieren.

Das Beherrschen der Grundlagen der Hypothesenbildung ist nicht nur Aufgabe des Sachbearbeiters, sondern gehört ebenso zum Grundlagenwissen des polizeilichen Vorgesetzten, weil nur so die notwendige kriminalistische Dienst- und Fachaufsicht auch qualitativen Gesichtspunkten gerecht werden kann.[103]

In der Hypothesenbildung unterscheidet man grundsätzlich zwei Zielrichtungen. Einerseits geht es darum das Ereignis richtig zu erfassen **(Ereignishypothesen),** andererseits die Verantwortlichkeit festzustellen **(Täterhypothesen).**[104] In beiden Fällen ist es erforderlich, sich aufgrund der vorhandenen Informationen eine erste Vorstellung vom Sachverhalt zu machen, um aufgrund dieser Vorstellungen gezielt kriminalistisch arbeiten zu können Mit den ersten Arbeitsergebnissen hat dann wiederum eine ständige Überprüfung der Erstannahmen zu erfolgen. Ggf. sind die angestellten Hypothesen zu revidieren.

Die Ereignishypothesen bildet man, indem mit den vorliegenden Informationen eine vorläufige Sachverhaltsbewertung im Sinne eines pro / contra vorgenommen wird.

Grundsätzlich sind es **vier Bereiche** die für eine erste Betrachtung in Frage kommen:

- Das Ereignis ist ohne polizeiliche Relevanz, weil es einen normalen Lebenssachverhalt darstellt.
- Das Ereignis ist von polizeilicher Relevanz, weil es einen Unfall darstellen könnte.
- Das Ereignis ist von polizeilicher Relevanz, weil es einen Freitod darstellen könnte.
- Das Ereignis ist von polizeilicher Relevanz, weil es eine Straftat / Ordnungswidrigkeit darstellen könnte.

**Beispiel:** Anwohner rufen die Polizei, weil sie von einer Straßenbrücke aus eine nicht ansprechbare männliche Person neben den Bahngleisen unterhalb einer Straßenbrücke sehen. Die Anwohner sind aus Angst bisher nicht an die Person herangetreten, zumal ca. 5 Meter neben der Person eine Schusswaffe im Gleisbett liegt.

Die erst einschreitenden Polizeibeamten können ohne weitere Informationen von folgenden Möglichkeiten ausgehen:
- Es handelt sich um einen schlafenden Obdachlosen.
- Es handelt sich um eine Person, welche von der Straßenbrücke gefallen ist oder eine aus Krankheitsgründen bewusstlose Person.
- Es handelt sich um eine Person, welche Freitod begangen hat.
- Es handelt sich um ein Tötungsdelikt, dessen nähere Umstände noch unklar sind.

---

[102] In der kriminalistischen Literatur findet sich teilweise auch der Begriff „Versionsbildung", z.B. Ackermann: Kriminalistische Handlungslehre, in: Burghardt / Neidhardt (Hrsg.): Lehr- und Studienbriefe Kriminalistik Bd. 28

[103] Feldmann: Qualität in der kriminalistischen Arbeit – eine Herausforderung auch für den Bundesgrenzschutz, in: Die Polizei 2003, S. 250 ff.

[104] In der Literatur wird teils auch nach Fahndungs- und Beweisbereich unterschieden, siehe z.B. Walder: Kriminalistisches Denken, S. 118

Je mehr Informationen vorliegen, desto klarer werden die Hypothesen ausfallen. Umso weniger Informationen vorliegen, desto breiter müssen die Annahmen ausfallen. Die dargestellten Möglichkeiten machen aber jedenfalls deutlich, dass je nach Sachlage das polizeiliche Handeln unterschiedlich ausgeprägt sein wird. Daher ist im Zweifelsfall immer von der komplexesten Situation auszugehen. Zur Überprüfung der gebildeten Hypothesen sollte eine erste Bewertung der vorhandenen Informationen stattfinden. Dabei ist es hilfreich zu bewerten, welcher Umstand für (pro) und welcher Umstand gegen (contra) eine Annahme spricht.

**Beispiel:**

**Ereignishypothese Freitod**

| Pro | Contra |
|---|---|
| Die Person liegt unmittelbar neben den Gleisen. | Es fehlt (bisher) ein Abschiedsbrief. |
| Freitodsuchende suchen oft den Gleiskörper, auch gerade bei Brücken für ihr Vorhaben aus. | Es sind keine in solchen Fällen typischen Verletzungen erkennbar. |
| pp. | Die vorhandene Schusswaffe passt nicht zu einem Freitod |
| | pp. |

Abb. 21: Ereignishypothesenbegründung

Sind auf diese Art und Weise die möglichen Geschehensabläufe bewertet worden, sollte eine **Hauptereignishypothese** gebildet werden. Es handelt sich dabei um das Geschehen, welches man bei vorsichtiger erster Bewertung für die wahrscheinlichste Variante hält, ohne dabei jedoch die anderen Möglichkeiten aus dem Auge zu verlieren. Die Annahme der Hauptereignishypothese sollte begründet werden können.

Aufgrund dieser ersten Annahmen ist es nunmehr möglich gezielt am Ereignisort (Tatort) zu arbeiten. Dazu ist die Hypothese detailliert auszuformulieren, um über die einzelnen Schritte zu möglichen Spurenlagen und damit Maßnahmen zu kommen. Mit dem Ergebnis wiederum kann der Wahrheitsgehalt oder die Wahrscheinlichkeit der Grundannahme überprüft werden.

**Beispiel:**

**Hauptereignishypothese Tötungsdelikt**

Mindestens zwei bisher unbekannte Personen haben eine Auseinandersetzung am Gleiskörper gehabt. Eine der beteiligten Personen war die leblos neben den Gleisen liegende Person. Dabei ist die neben den Gleisen liegende Person zu Tode gekommen. Die neben den Gleisen liegende Waffe ist bei der Auseinandersetzung benutzt worden....

| Lfd. Nr. | Annahme | Folge | Maßnahme |
|---|---|---|---|
| 1 | Mindestens zwei beteiligte Personen am Gleiskörper. | Schuhspuren im Gleisbereich von mindestens zwei Personen könnten vorhanden sein. | Absperrmaßnahme auf neben den Gleisen vorhandenen Bereich ausdehnen, Fußspuren sichern, ggf. Fotografieren |
| 2 | Auseinandersetzung zwischen den Personen mit möglichem Kontakt. | Personen könnten wechselseitig Spuren übertragen haben. | Leblose Person insbesondere getragene Kleidung auch als Spurenträger betrachten. |
| 3 | Waffe spielte bei der Auseinandersetzung eine Rolle | Waffe ist Spurenträger | Spurensicherung an der Waffe, Waffe sicherstellen, ggf. abdecken. |
| 4 | pp. | pp. | pp. |

Abb. 22: Hauptereignishypothese mit Folgerungen und Maßnahmen

Für eine **Täterhypothese** wird wie bei der Fertigung einer Ereignishypothese, nur personenbezogen verfahren. Sind also Personen vorhanden, ist zu prüfen, welche Informationen sprechen für und welche gegen eine Täterschaft. Ist man auf diese Art und Weise zu einem Tatverdächtigen gekommen, kann entsprechend der Ereignishypothese weitergearbeitet werden. Also: Welche Spurenlage müsste vorhanden sein, wenn die Grundannahme richtig wäre? Automatisch kommt man auf die in Bezug zur Person zu treffenden Maßnahmen. Dies gilt auch bei zunächst unbekanntem Täter.

### 7.3.3. **Kriminalistische Fallanalyse**

In der kriminalistischen Literatur haben sich in der Vergangenheit zahlreiche Methoden und Schemata der Fallanalyse entwickelt, die sich mehr oder weniger stark in den Polizeien durchgesetzt haben. Am gängigsten und für die Bundespolizei gut anwendbar ist das Verfahren der kriminalistischen Fallanalyse nach Clages,[105] welches dieser über die Jahre immer wieder weiterentwickelt und aktualisiert hat.[106] Das Verfahren kann als kriminalistische Beurteilung der Lage, analog der Beurteilung der Lage in der Einsatzlehre, bezeichnet werden. Es besteht aus den **Analysefeldern** Verdachtslage, Tatsituation, Beweislage, Tat- und Täterhypothesen, Fahndungslage und Rechtslage.[107]

Bei der **Verdachtslage** wird unterschieden in die Verdachtslage im Hinblick auf eine Straftat, die Verdachtslage gegen Personen und die allgemeine augenscheinliche Beurteilung des Ereignisses.

Bei der Verdachtslage ist zu prüfen, ob die Datenlage ausreicht ein Ermittlungsverfahren einzuleiten. Es geht also um das Vorliegen tatsächlicher zureichender Anhaltspunkte für eine

[105] Clages: Der rote Faden, S. 123 ff. Die hiesige Darstellung orientiert sich an diesem Werk.
[106] Eine in Teilen etwas andere Form der Beurteilung kriminalistischer Sachverhalte wurde in den AFZ der Bundespolizeipräsidien erarbeitet. Die dort erarbeitete Checkliste befindet sich noch in der Abstimmung. Ob sie sich in der weiteren Ausbildung durchsetzt, bleibt abzuwarten. Die Checkliste ist am Schluss des Buches als Anlage beigefügt.
[107] Ein noch erweiterter Kriterienkatalog findet sich in Clages / Neidhardt / Weihmann (Hrsg.): Lehr- und Studienbriefe Kriminalistik / Kriminologie Bd. 1

Straftat bzw. Täterschaft, dem sogenannten Anfangsverdacht. An dieser Stelle ist auch eine kriminologische Deliktszuordnung vorzunehmen, also z.B. Graffiti statt Sachbeschädigung; Taschendiebstahl an Bahnreisenden statt Diebstahl. Einzugehen ist auch auf ein ggf. vorhandenes öffentliches Interesse durch Bevölkerung oder Medien (subjektive Sicherheit).

Die **Tatsituation** ist zu analysieren im Hinblick auf Tatort, Tatzeit, Modus Operandi, Tatmittel, Beute, Tatmotiv, Opfer, Tatverdächtige, Verdachtslage gegen bestimmte Personen und eine zusammenfassende Beurteilung der Tatsituation.

Die Festlegung der räumlichen Dimension eines Tatortes ist von wesentlicher Bedeutung für die kriminalistische Arbeit. Wer den Tatort in seinem Umfang nicht erkennt, wird zwangsläufig Spuren übersehen, folglich auch nicht sichern und auswerten lassen. Deshalb ist der Tatort in seinem Umfang an dieser Stelle zu beschreiben. Kriminalistisch relevant ist oft auch die Frage, ob eine Tathandlung an verschiedenen Tatorten stattfand. So muss der Fundort einer Leiche nicht gleichzeitig auch Tatort für die Tötungshandlung sein. Anzusprechen ist ferner, ob es zu möglichen Veränderungen des Tatortes gekommen sein kann, und welchen Hintergrund (Motiv) diese Veränderungen haben. Als handelnde Personen kommen hier Täter, Opfer oder Zeugen, einschließlich der Erstkräfte am Tatort in Frage. Über die Festlegung des „Wahrnehmungsbereiches" des Tatortes ist festzulegen, wer Blick auf den Tatort hat oder hatte und damit als Zeuge in Frage kommt.

Die Tatzeit oder der Tatzeitraum ist möglichst präzise zu bestimmen. Hieraus sind Schlüsse auf einen möglichen Zeitvorsprung des Täters zu ziehen. Außerdem lassen sich hier heraus mögliche Witterungseinflüsse zur Tatzeit bestimmen, lassen sich möglich Zeugen ermitteln. Auch für den Aspekt der Alibiüberprüfung hat diese Zeit enorme Bedeutung ( siehe hierzu auch Ziff. 8.8).

Über den modus operandi soll eine Schilderung des Tatherganges (Vortat-, Haupttat-Nachtatphase) dargestellt werden. Dabei sind tattypische Begehungsmerkmale herauszustellen, persönlichkeitsgebundene Merkmale (besondere Fertigkeiten und Kenntnisse des Täters) zu beschreiben. Einzugehen ist an dieser Stelle auf die Auswertungsrelevanz im Hinblick auf die Perseveranzhypothese und ob Tatzusammenhänge mit anderen gleichgelagerten Fällen möglich erscheinen.

Bei den Tatmitteln geht es um die Beurteilung, welche Werkzeuge, Waffen oder Transportmittel der Täter für seine Tat benutzt hat. Einzugehen ist auch darauf, ob die verwendeten Tatmittel Rückschlüsse auf den Täter, auf spezielle Kenntnisse und Fertigkeiten oder auf vergleichbare Straftaten zulassen. Die Beurteilung möglicher Transportmittel kann ebenfalls zu Fahndungsansätzen führen.

Die Tatbeute ist im Hinblick auf ihre weitere mögliche Verwertung und hinsichtlich ihrer Identifizierungsmöglichkeiten zu beurteilen, insbesondere weil der Besitz von Tatbeute nicht nur wichtiger Ermittlungsansatz ist, sondern auch ein Indiz für die mögliche Täterschaft darstellt.

In der Analyse des Tatmotivs liegt möglicherweise ein Ansatzpunkt zur Einengung des Tatverdächtigenkreises. Deshalb ist hier zu analysieren, wer einen Nutzen aus dem Begehen der Tat haben könnte. Einzugehen ist weiter darauf, ob das Tatziel erreicht wurde, oder ob mit einer Wiederholung gerechnet werden muss. Zu denken ist auch an eine mögliche Vortäuschung des Tatmotivs, um die Ermittlungen in eine falsche Richtung zu leiten (z.B. Hinterlegen eines Abschiedbriefes trotz Fremdtötung).

In der Beurteilung des Opfers geht es darum, ob das Opfer identifiziert wurde, wie die Opferpersönlichkeit einzuschätzen ist, wie es mit dem sozialen Umfeld aussieht. Dadurch lassen sich mögliche Ermittlungsansätze, gerade bei Beziehungsdelikten ableiten. Einzugehen ist ggf. darauf, welchen Anteil das Opfer am Entstehen der Straftaten hatte (Schaffen von

Tatgelegenheiten, Provokation pp.). In die Beurteilung mit einzubeziehen sind möglich Täuschungen durch das Opfer (Verschleierung des wahren Tatgeschehens aus verschiedensten Motiven, Vortäuschen der Straftat).

Die Beurteilung der Tatverdächtigenlage ist naturgemäß Schwerpunkt einer kriminalistischen Fallanalyse. Wichtigste Frage ist zunächst, ob der Täter bekannt oder unbekannt ist. Bei unbekannten Tätern stellt sich die Frage nach der Einengung des Tatverdächtigenkreises. Hierzu bedarf es der Überlegung nach Motiv und besonderen Kenntnissen und Fertigkeiten zur Begehung der Tat. Einzugehen ist auf mögliche Wirkungen der Tat beim Täter (z.B. Verletzungen) und auf Identifizierungsmöglichkeiten. Festzustellen ist, ob Personenbeschreibungen vorliegen und ob Zeugen den Tatverdächtigen wiedererkennen würden. Liegt eine Verdachtslage gegen bestimmte Personen vor, ist darauf einzugehen, wie sich die Beweislage darstellt und ob eine Einordnung als Tatverdächtiger oder Beschuldigter in Frage kommt.

Wegen der Komplexität der Beurteilung der Tatsituation wird in der Regel ein zusammenfassendes Zwischenergebnis formuliert. Dabei ist auf mögliche Informationslücken einzugehen, erforderliche Nachermittlungen sind herauszustellen. Einzugehen ist auch darauf, ob sich nach dem bisherigen Stand Widersprüchlichkeiten ergeben.

Bei der **Beweislage** sind die Aspekte Personen- und Sachbeweis anzusprechen und eine zusammenfassende Beurteilung der Beweislage abzugeben.

Dazu ist darauf einzugehen, welches Beweismittel welchen Tatumstand beweist, und wie sicher diese Beweislage ist. Für den Sachbeweis ist neben dem Vorhandensein der Spur auf deren kriminaltechnische Auswertungsmöglichkeit und deren Beweiskraft einzugehen. Beim Personenbeweis sind die Einlassungen von Zeugen und Beschuldigten zu analysieren. Eine Bewertung der Aussageinhalte ist durchzuführen. Da die Sicherheit der Beweislage davon abhängig ist, dass strafverfahrensrechtlich keine Fehler begangen wurden, ist auf die Zulässigkeit von Beweiserhebungen zu achten, sind mögliche Verwertungsprobleme und deren Heilungsmöglichkeiten darzustellen.

Auf **Tat- und Täterhypothesen** ist im Sinne der Darstellungen unter Ziff. 7.3.2 einzugehen.

In der **Fahndungslage** geht es um die vorliegenden Fahndungsinformationen, die Dringlichkeit der Fahndung, den Fahndungsmöglichkeiten und um Fahndungsarten und –räume.

Die Fahndungsinformationen sind nicht nur aufzulisten, sondern auch die Sicherheit der Informationen sind zu bewerten. Zu beleuchten ist, ob ein möglicher Aufenthaltsort von Tätern bekannt ist, bzw. ob Informationen darüber vorliegen, wohin und an wen sich der Täter kurz- und langfristig wenden kann. Bei bekannten Tätern ist zu klären, wie in früheren Fällen das Fluchtverhalten war, um Fahndungsansätze zu gewinnen. Soweit es bereits eingeleitete Fahndungsmaßnahmen gibt, sind diese in die Beurteilung mit einzubeziehen und zu überprüfen. Neben der Personenfahndung sind auch die Möglichkeiten der Sachfahndung zu beurteilen.

In der **Rechtslage** ist eine rechtliche Einordnung des Ereignisses vorzunehmen. Neben einer Einordnung in die Kategorien Verbrechen / Vergehen sollte eine Bestimmung der konkreten Straftat im Urteilsstil erfolgen. Bei vorliegenden Gefahren ist die Art, Schwere und zeitliche Dringlichkeit zu beurteilen.

Weiter sind die rechtlichen Schwerpunkte des polizeilichen Handelns getrennt nach Gefahrenabwehr / Strafverfolgung zu beleuchten. Auf mögliche Pflichtenkollisionen bei Gemengelagen ist einzugehen. Rechtscharakter und Befugnisnormen der Eingriffsmaßnahmen und besondere Zuständigkeiten sind im Urteilsstil anzusprechen.

| | |
|---|---|
| **Analysefelder der kriminalistischen Fallanalyse** | |
| **1.** | **Verdachtslage** |
| **2.** | **Tatsituation** |
| 2.1. | Tatort |
| 2.2. | Tatzeit |
| 2.3. | Modus operandi |
| 2.4. | Tatmittel |
| 2.5. | Tatbeute |
| 2.6. | Tatmotiv |
| 2.7. | Opfer |
| 2.8. | Tatverdächtiger |
| 2.9. | Verdachtslage gegen bestimmte Personen |
| 2.10. | Zusammenfassende Beurteilung der Tatsituation als Zwischenergebnis |
| **3.** | **Beweislage** |
| 3.1. | Personalbeweis |
| 3.2. | Sachbeweis |
| 3.3. | Zusammenfassende Beurteilung der Beweislage als Zwischenergebnis |
| **4.** | **Tat- und Täterhypothesen** |
| **5.** | **Fahndungslage** |
| **6.** | **Rechtslage** |

Abb.23: Schema Kriminalistische Fallanalyse[108]

### 7.3.4. Operative Fallanalyse

Der Begriff der Operativen Fallanalyse (OFA) wird in der Polizei nicht einheitlich gebraucht. Fälschlicherweise wird oft der aus dem amerikanischen stammende Begriff des Profiling hierfür gesetzt. In Deutschland ist die Operative Fallanalyse ein Oberbegriff für die analytische Aufarbeitung von Kriminalfällen mit dem Ziel, polizeipraktisch umsetzbare Hinweise für die ermittelnden Dienststellen zu liefern (Fallanalyse und Täterprofil). Es handelt sich aber auch um computergestützte Anwendungen, welche die Zusammenführung von Wiederholungs- und Serientätern unterstützen (VICLAS), zur Analyse des geografischen Verhaltens von Tätern beitragen (geografische Fallanalyse) und Spezialisten und Experten zur Klärung von Spezialproblemen vermitteln.[109]

Fallanalytische Methoden werden bei Tötungsdelikten, sexueller Gewaltkriminalität, Erpressungen, erpresserischen Menschenraub, Kindesentführungen und Brandstiftungen verwendet. Im Mittelpunkt der Betrachtung steht dabei die Rekonstruktion und Interpretation des Täterverhaltens. Bei ausreichender Datenbasis wird ein Täterprofil erschaffen, das die Ermittlungen wesentlich konzentrieren kann.

[108] Clages: Der rote Faden, S. 124
[109] Clages: Der rote Faden, S. 139 mit weiterer umfangreicher und lesenswerter Darstellung

Operative Fallanalysen werden in den Bundesländern von den Dienststellen für Operative Fallanalysen in den Landeskriminalämtern (OFA-Einheiten) und im Bundeskriminalamt gefertigt.

Für die Straftaten, die im Zuständigkeitsbereich der Bundespolizei bearbeitet werden, sind fallanalytische Verfahren nach dem bisherigen Kenntnisstand nicht anwendbar. Auf eine ausführlichere Darstellung wird daher an dieser Stelle verzichtet.

## 7.4. Fehlerquellen im kriminalistischen Denken

Ungern eingeräumt wird von Polizeibeamten, dass handwerkliches Ungeschick ursächlich für bestimmte Verfahrensausgänge ist. Vielfach wird auf die mit den polizeilichen Arbeitsergebnissen umgehende Justiz geschimpft. Dabei bleibt bei objektiver Betrachtung oft kein anderes Urteil als „in dubio pro reo“ aufgrund eingetretener Zweifel wegen mangelnder Qualität polizeilicher Arbeit.

Die häufigsten Fehler im Strafverfahren sind:[110]

- Unklarheit über die zu lösende Aufgabe,
- Mutmaßungen werden als sichere Informationslage dargestellt,
- Mittel zur Aufgabenlösung werden nicht ausreichend beherrscht,
- Bedeutung und Wesentlichkeit des Falles wird nicht erkannt,
- Scheinbar sichere Daten erweisen sich als fehlerhaft,
- Informationsquellen werden nicht ausgeschöpft,
- Daten (gerade zu Beginn eines klaren Falles) werden nicht umfassend genug erhoben,
- Vernehmungen sind oberflächlich, werden als Formalie bei klaren Fällen angesehen,
- Vorschnelles Handeln, ohne die Grundlagen ausreichend ausgeleuchtet zu haben (Aktionismus),
- Fehlendes Überprüfen der verschiedenen Tathypothesen,
- Eigene Erwartungshaltung über den Ausgang des Falles ist handlungsleitend,
- Fehlende Selbstkritik.

[110] Lange: Fehler im Ermittlungsverfahren

## 8. Beweislehre

Bei der kriminalistischen Arbeit geht es um den Nachweis der Wahrheit. Der Nachweis der Wahrheit gelingt in dem Umfang, wie es gelingt die relevanten Fragestellungen sachgerecht zu beantworten. Als Antwort dienen den Ermittlungsorganen und später dem erkennenden Gericht die ermittelten und vorgelegten Beweismittel. Dem richtigen Umgang mit Beweismitteln kommt daher eine zentrale Bedeutung im Strafverfahren zu.

### 8.1. Gegenstand der Beweislehre

Die überwiegenden Probleme, mit denen Polizei, Staatsanwaltschaft und Gericht im Rahmen eines Strafprozesses zu tun haben, betreffen **Fragen nach Tatsachen**. Einerseits geht es um die Würdigung von Aussagen, andererseits um die Würdigung der sonstigen Beweise und schließlich, um die Gesamtwürdigung eines Gesamtsachverhalts.[111]

Mittelpunkt der **Tatsachenwürdigung** ist immer die Frage, ob ein Indiz belastend oder entlastend bzw. ob seine Beweiskraft ausreichend ist. Vor allem geht es aber auch darum, ob die Beweise in der Gesamtbetrachtung das notwendige Beweismaß erbringen.[112]

Beim **Beweismaß** geht es um den jeweils geforderten Grad von Gewissheit, den Polizei, Staatsanwaltschaft oder Gericht zum Treffen einer strafprozessualen Entscheidung benötigen. Dieser Grad von Gewissheit wird an mehreren Stellen der Strafprozessordnung gefordert und ist Grundlage für weitere prozessuale Entscheidungen[113]. Es handelt sich um eine an der jeweiligen Stelle nach vorläufigem Ermittlungsstand vorgenommene Beweiswürdigung.

Aufgabe der Polizei ist es das Ermittlungsverfahren mit seinen Tataufklärungshandlungen so zu gestalten, dass **strafprozessuale Grundsätze** berücksichtigt werden. Es dürfen nur die rechtlich zulässigen Beweismittel benutzt werden. Die rechtlichen **Beweiserhebungsgrundsätze** sind zu beachten. Die Qualität polizeilicher Ermittlungsarbeit wird entscheidend daran gemessen, ob der Umgang mit Beweismitteln den prozessualen Erfordernissen gerecht wird oder nicht.[114]

### 8.2. Beweisbegriff

Beweisen heißt dem beurteilenden Gericht einen Sachverhalt durch jedermann überzeugende und beliebig oft reproduzierbare Fakten so darzustellen, dass ein vernünftiger Zweifel an dem von den Strafverfolgungsorganen bei vorläufiger Tatbewertung angenommenen Tatgeschehen nicht möglich ist.[115]

Im Beweisverfahren wird unterschieden nach

- Strengbeweis und
- Freibeweis

Der Strengbeweis findet Anwendung im Beweisverfahren nach den §§ 244 bis 256 StPO unter Beachtung von Öffentlichkeits- und Mündlichkeitsprinzip. Es gilt nur für Beweisfragen der Hauptverhandlung.

---

[111] Meyer-Goßner: Strafprozessordnung, Einleitung RZ 47

[112] Nack, Armin: Beweislehre, in Kube / Störzer / Timm (Hrsg.): Kriminalistik, Bd. 2, S. 190

[113] Siehe hierzu Verdachtsgrade, Ziff. 7.3.1.1

[114] Feldmann: Qualität in der kriminalistischen Arbeit – eine Herausforderung auch für den Bundesgrenzschutz, in: Die Polizei 2003, S. 250 ff.

[115] Ackermann / Clages / Roll: Handbuch der Kriminalistik, S. 90

Im **Ermittlungsverfahren** gilt demgegenüber das **Freibeweisverfahren**. Freibeweisverfahren bedeutet jedoch nicht, dass das Beweisverfahren völlig ohne Regeln ablaufen kann. Im Ermittlungsverfahren müssen vielmehr die in der Strafprozessordnung aufgestellten Beweisregeln (z.B. Aussagefreiheiten) beachtet werden.

## 8.3. Beweisgrundsätze

Das Beweisverfahren wird von den dieses Verfahren überlagernden Beweisgrundsätzen mitbestimmt. Die Kenntnis dieser Beweisgrundsätze ist daher von elementarer Bedeutung. Sie können auch als **Rahmenbedingungen der Beweisführung** betrachtet werden.

Neben den hier nachfolgend dargestellten Grundsätzen gibt es noch das **Öffentlichkeitsprinzip**. Das Öffentlichkeitsprinzip wird mancherorts den Beweisgrundsätzen zugeordnet, hier jedoch nicht weiter dargestellt, da es für das polizeiliche Ermittlungsverfahren weitgehend ohne Relevanz ist.

### 8.3.1. Grundsatz der Amtsermittlung

Beherrschendes Prinzip und damit zentrales Anliegen des deutschen Strafprozesses ist der Amtsermittlungsgrundsatz.[116] Es geht um die Erforschung des wahren Sachverhaltes von Amts wegen. Danach ist das Gericht verpflichtet eigenständig, also ohne Bindungen an Anträge oder Erklärungen der Prozessbeteiligten, den Sachverhalt umfassend zu erforschen.[117] Dieser Amtsaufklärungsgrundsatz betrifft nicht nur die Hauptverhandlung, sondern alle Verfahrensabschnitte.

Ziel ist die Erforschung der materiellen Wahrheit, um letztendlich über das Schuldprinzip den staatlichen Strafanspruch durchzusetzen. Nicht zu übersehen ist jedoch, dass es trotz dieses Grundsatzes der Amtsaufklärung wegen falscher Tatsachenfeststellungen zu falschen Beschuldigungen / Anklagen / Verurteilungen kommen kann.

Der Pflicht zur Amtsaufklärung wird nachgekommen, indem von allen tauglichen Beweismitteln Gebrauch gemacht wird, von denen vernünftigerweise eine weitere Sachaufklärung erwartet werden kann. Es geht also um alle für die Entscheidung über die betreffende Tat erheblichen Tatsachen, soweit diese eines Beweises bedürfen. Es sind alle äußeren und inneren Tatsachen festzustellen, die verfahrensrechtlich oder für die Schuldfrage bzw. die Rechtsfolgenentscheidung von Bedeutung sind. Dabei können Gegenstand der Beweisführung auch die zur Schlussfolgerung herangezogenen Erfahrungssätze sein.[118]

Der Grundsatz der Amtsaufklärung steht in enger Korrelation zum Grundsatz der Beweiswürdigung, da diese Beweiswürdigung nur sachgerecht gehandhabt werden kann, wenn alle entscheidungserheblichen Tatsachen vorliegen.

### 8.3.2. Grundsatz der Mündlichkeit und Unmittelbarkeit

Ziel der Beweisaufnahme in der Hauptverhandlung ist die Rekonstruktion des Tatgeschehens. Dabei wird von vornherein von einer Vielzahl von Fehlerquellen bei der Erkenntnisgewinnung ausgegangen. Damit ein möglichst zuverlässiges Bild und die Nachvollziehbarkeit der Überzeugungsbildung / der Urteilsfindung gegeben ist, muss das Ergebnis eine Grundlage im

[116] Der Amtsermittlungsgrundsatz findet sich in der Literatur auch als Untersuchungsgrundsatz.
[117] Rechtliche Grundlage ist § 155 II StPO
[118] Eisenberg, Beweisrecht der StPO, S. 65 ff.

**„Inbegriff der Verhandlung“** finden. In den Inhalten von § 261 StPO kommen die Grundsätze der Mündlichkeit und Unmittelbarkeit in der Hauptverhandlung zum Ausdruck.[119]

Nach dem **Prinzip der Mündlichkeit** darf nur derjenige Prozessstoff dem Urteil zugrunde gelegt werden, der in der Hauptverhandlung mündlich vorgetragen und erörtert wurde. Damit wird gleichzeitig dem Aspekt der grundsätzlichen Öffentlichkeit der Hauptverhandlung Rechnung getragen, denn eine Kontrolle der Justiz durch Öffentlichkeit ist nur dann gegeben, wenn auch alles offen und ausdrücklich erörtert wird.[120]

Beim **Prinzip der Unmittelbarkeit** geht es darum, dass das Gericht sich einen möglichst direkten und unvermittelten Eindruck von einem zu beurteilenden Sachverhalt verschaffen soll. Dies verlangt, dass der Richter selbst tätig werden muss und in der Regel die Verwendung des sachnächsten Beweismittels stattzufinden hat.[121]

Eine besondere Bedeutung hat dieser Aspekt für den Bereich der Verwendung von Sachverständigen oder von nicht direkt erreichbaren Beweismitteln (Verdeckte Ermittler, V-Leute, verstorbene oder abgeschobene Zeugen pp.).

Eine Rolle spielt in diesem Zusammenhang auch die Anwesenheit und Aufnahmefähigkeit des Richters einerseits, sowie die Beschränkung auf Erkenntnisse in der Hauptverhandlung gepaart mit vorhandenem Aktenwissen / Akteninhalten / dienstlichem und privaten Wissen pp. andererseits.

### 8.3.3. Grundsatz der freien Beweiswürdigung

Die Grundsätze der Beweiswürdigung haben sich über Jahre entwickelt. Eine enge, gebundene Beweistheorie gibt es nicht. Vielmehr hat das Gericht aus seiner eigenen, persönlichen, der richterlichen Überzeugung zu entscheiden. Ein Irrtum wäre es jedoch anzunehmen, dass Gerichte hier völlig frei wären. Vielmehr ist auch die Beweiswürdigung an bestimmte inhaltliche Voraussetzungen gebunden.

Bei der richterlichen Überzeugung nach § 261 StPO handelt es sich um eine persönliche subjektive Gewissheit von der objektiven Wahrheit der entscheidungserheblichen Tatsachen. Eine bloße objektive Wahrscheinlichkeit ggf. auch hohen Grades, eine an Sicherheit grenzende Wahrscheinlichkeit reicht nicht. Solange der entscheidende Richter nur leichte Zweifel hegt, fehlt es an der für eine Verurteilung notwendigen Überzeugung. Es bedarf jedoch keiner objektiven, absoluten oder mathematischen Gewissheit, die jede Möglichkeit eines abweichenden Geschehens ausschließt.

Um der Gefahr einer willkürlichen Entscheidung vorzubeugen, muss die Überzeugung des Richters **objektive, tragfähige Grundlagen** haben und auf einer **logischen, nachvollziehbaren Beweiswürdigung** beruhen. Die Beweiswürdigung muss einer rationalen Argumentation standhalten. Der Richter muss seine Überzeugung nachvollziehbar begründen.[122]

Im Rahmen der **Revision** wird geprüft, ob der Entscheidung eines Richters tatsächlich eine persönliche, zweifelsfreie Gewissheit des Tatrichters zu Grunde liegt, ob eine ausreichend objektive Grundlage vorhanden ist und ob das Gericht die rechtlichen Anforderungen an die Überzeugungsbildung richtig erkannt hat. Ein Revisionsgericht darf jedoch nicht die tatrichterliche Überzeugung durch eine eigene Überzeugungsbildung ersetzen. Es geht lediglich

[119] Eisenberg, Beweisrecht der StPO, S. 86
[120] Eisenberg, Beweisrecht der StPO, S. 87
[121] Eisenberg, Beweisrecht der StPO, S. 87
[122] Nack, Armin: Beweislehre, in Kube / Störzer / Timm (Hrsg.): Kriminalistik, Bd. 2, S. 191; Eisenberg, Beweisrecht der StPO, S. 96 ff.

um die rechtsfehlerfrei gewonnene Überzeugung. Je weniger konkrete Tatsachen ermittelt wurden, desto zweifelhafter, dass ein Gericht von der Tat überzeugt sein kann.[123]

### 8.3.4. Grundsatz in dubio pro reo

Gesetzlich nicht ausdrücklich festgeschriebener, nach überwiegender Meinung jedoch den gesamten Entscheidungsprozess beherrschender Grundsatz ist der rechtsstaatliche Fundamentalsatz **„im Zweifel für den Angeklagten".** Er besagt, dass Zweifel im tatsächlichen Bereich, die trotz Ausschöpfung aller Beweismittel nicht behoben werden konnten, nur zugunsten des Angeklagten ausfallen dürfen.[124]

Der in-dubio-Grundsatz ist jedoch keine Regelung zur Würdigung der Beweise, keine Beweisregel, sondern kommt **nach Abschluss der Beweiswürdigung** zur Anwendung. Nicht die Überzeugungsbildung wird geregelt, sondern die Frage wie zu entscheiden ist, wenn das Gericht keine Überzeugung gewinnen kann.[125]

Der Grundsatz „im Zweifel für den Angeklagten" gilt nur im tatsächlichen, nicht im rechtlichen Bereich.[126] Es geht also nicht um die richterliche Auslegung von Gesetzen pp. oder die Subsumtion eines Sachverhaltes unter einen bestimmten Tatbestand. Diese sind vielmehr nach den jeweiligen normspezifischen Gesichtspunkten und Auslegungskriterien zu ermitteln. Der Grundsatz gilt aber umfassend für alle Tatsachen, die materiellrechtlich für die Schuld- und Straffrage erheblich sind.[127]

**Beispiele:**

- Lässt sich nicht feststellen, ob Tateinheit oder Tatmehrheit vorliegt, ist zu Gunsten des Angeklagten von Tateinheit auszugehen.
- Feststellung des Alkoholisierungsgrades bei Trunkenheitsfahrt: Zu Gunsten des Angeklagten ist bei der Prüfung der Fahrtüchtigkeit / Geeignetheit zum Führen eines Kraftfahrzeuges ein möglichst geringer, bei der Frage der Schuldfähigkeit ein möglichst hoher Blutalkoholkonzentrationswert zu unterstellen.
- Das Nichtfeststellen der Rechtswidrigkeit einer Körperverletzung wegen behaupteter und nicht widerlegter Notwehrlage (aber: Ist der Richter nach entsprechenden Aufklärungsbemühungen überzeugt, dass der Angeklagte nicht in Notwehr gehandelt hat, hat er also keine diesbezüglichen Zweifel mehr, dann ist die Einlassung des Angeklagten ggf. „Schutzbehauptung", die er „zweifelsfrei" für unwahr hält).[128]

---

[123] Eisenberg, Beweisrecht der StPO, S. 99

[124] Eine der bedeutendsten Anwendungen dieses Grundsatzes findet sich im Freispruch von Abdelghani Mzoudi durch das OLG Hamburg im Februar 2004. M. war in Zusammenhang mit den Anschlägen vom 11. September 2001 in New York wegen Unterstützungshandlungen zu diesem Terroranschlag angeklagt. Das Gericht wertete die in Frage stehenden Handlungen als „Alltagshandlungen" und hatte Zweifel, ob M. tatsächlich in die Tätergruppe eingebunden war. Wegen dieser Zweifel erfolgte Freispruch aus diesem Grundsatz heraus; BGH 3 StR 269/04.

[125] Eisenberg, Beweisrecht der StPO, S. 106
Meyer-Goßner, Strafprozessordnung, § 261 RZ 26

[126] Meyer-Goßner, Strafprozessordnung, § 261 RZ 37

[127] Eisenberg, Beweisrecht der StPO, S. 106

[128] Fezer, Gerhard: Strafprozessrecht, in: Beuthien / Erichsen / Eser (Hrsg.):Juristischer Studienkurs, S. 233 RZ 39 ff.

## 8.4. **Beweisformen**

Die Kriminalistik unterscheidet der Form nach zwischen dem direkten (unmittelbaren) und dem indirekten (mittelbaren) Beweis. Der indirekte Beweis wird auch als Indizienbeweis bezeichnet.[129]

Beim **Direktbeweis** ergibt sich der Beweis unmittelbar aus einer beweiserheblichen Tatsache. Schlussfolgerungen um zur beweiserheblichen Tatsache zu gelangen, sind nicht erforderlich. Der Direktbeweis wird stets mit den Mitteln des Personenbeweises geführt und ist absolute Ausnahme.

**Beispiel:** Der Richter erkennt in der Hauptverhandlung durch eigene Wahrnehmung die Folge einer schweren Körperverletzung auf dem Bahnhof (das verlorene Auge). Oder: Ein Polizeibeamter sieht wie auf dem Bahnhof der X den Y mit einem Messer niedersticht. Berichtet der Polizeibeamte allerdings vor Gericht über diese Wahrnehmung, ist es für den Richter kein Direktbeweis mehr.

Muss von einer mittelbaren Tatsache, einem Indiz, erst auf eine unmittelbar entscheidungserhebliche Tatsache geschlossen werden, nennt man dies indirekten Beweis oder auch **Indizien- / Anscheinsbeweis.**[130]

Indizien sind Merkmale, die mehr oder weniger deutlich auf den Täter, die Tat, auf einzelne Tathandlungen, das Tatmotiv, Absichten und Tatwirkungen hinweisen. Indizien sind Beweisanzeichen.[131]

Der Indizienbeweises ist davon gekennzeichnet, dass die festgestellte mittelbare Tatsache unter Anwendung von Denkgesetzen und Erfahrungssätzen zu der unmittelbar entscheidungserheblichen Tatsache in einen Zusammenhang gebracht werden muss. Es müssen zunächst Schlussfolgerungen gezogen werden.

**Beispiel:** Die Fingerabdruckspur auf einer Schusswaffe, die bei einer gefährlichen Körperverletzung verwendet wurde, beweist zunächst nur, dass die betreffende Person die Schusswaffe in der Hand gehabt hat, nicht jedoch zwingend die Täterschaft für die mit der Waffe begangenen gefährlichen Körperverletzung. Es besteht nur die Möglichkeit, dass es so ist

Innerhalb des Indizienbeweises wird unterschieden nach Indizienkette und Indizienreihe.

Bei der **Indizienkette**[132] wird von einem Indiz auf ein weiteres Indiz, ggf. auch drittes, viertes pp. Indiz und am Ende auf die beweiserhebliche Tatsache geschlossen. Der Wert der Indizienkette ist abhängig von der Stärke oder der Schwäche ihrer einzelnen Glieder.

**Beispiel:** Bei einer mit einer Schusswaffe begangenen gefährlichen Körperverletzung im Bahn hof kann im Körper des Opfers das Projektil gesichert werden. Das Projektil weist auswertbare Spuren des Schusswaffenlaufes auf. In der Nähe des Tatortes wird in einem Rucksack eine Schusswaffe gefunden. Eine vergleichende Untersuchung führt zu dem Ergebnis, dass das in der Wunde des Opfers gefundene Projektil aus dieser Waffe verschossen wurde. Auf der Schusswaffe werden verwertbare Fingerspuren in tatrelevanter Lage gefunden. Diese führen zur Identifizierung des X. Hier kann folgerichtig der Schluss gezogen werden, dass X der Täter für die mit der Schusswaffe begangene gefährliche Körperverletzung ist. Könnte das gesicherte Projektil allerdings nicht einwandfrei der gefundenen Schusswaffe zugeordnet werden, hätte auch die gesicherte Fingerspur des X auf der Waffe keinen Beweis der Täterschaft zur Folge.

---

[129] Kriminalistik Lexikon, S. 44
[130] Meyer-Goßner: Strafprozessordnung, § 261 RZ 25
[131] Ackermann / Clages / Roll: Handbuch der Kriminalistik, S. 100
[132] In der Fachliteratur finden sich teilweise auch die Begriffe „Indizienring“, „Beweisring“ oder „Beweiskette“

Bei der **Indizienreihe** weisen mehrere Indizien jeweils für sich auf eine entscheidungsrelevante Tatsache hin. Der Beweiswert einer Indizienreihe bestimmt sich durch den individuellen Beweiswert des Einzelindizes, sowie die Schlüssigkeit mit der die Summe der vorliegenden Indizien auf die beweiserhebliche Tatsache hinweisen.

**Beispiel:**
1. Indiz: Die Fingerspur von X. wird auf der bei der Tat verwendeten Schusswaffe gesichert

2. Indiz: Ein Zeuge hat X. zur Tatzeit in der Nähe des Tatortes gesehen.
3. Indiz: An Körper und Kleidung von X. werden Schmauchspuren gefunden.
Hier könnte jedes Einzelindiz entfallen, ohne dass dieses Auswirkungen auf die anderen Indizien hätte, da sich die entsprechenden Schlussfolgerungen nicht aufeinander aufbauen.

## 8.5. Beweismittel

Die Beweismittel dienen dem Nachweis von Fakten und Ereignissen. Sie sollen im Strafprozess die Tatsachen und Erfahrungssätze, die den Richter in seiner Überzeugungsbildung bestimmen, nachweisen[133]. Es wird bei den Beweismitteln[134] unterschieden in Sach- und Personenbeweis. In der jeweiligen Zugehörigkeit zu Sach- oder Personenbeweis stehen als Beweismittel zur Verfügung:

**S**achverständige,
**A**ugenschein,
**U**rkunden,
**Z**eugen,
**E**inlassung des Beschuldigten (Geständnis).[135]

### 8.5.1. Sachbeweis

Unter dem Sachbeweis wird die auf materielle Spuren oder auf Gegenstände gestützte Beweisführung verstanden. Grundsätzlich spricht der Sachbeweis für sich selbst. Er ermöglicht einem unbeteiligten Dritten Rückschlüsse auf den Tatsachverhalt zu ziehen. Sachbeweise stellen sich stets als Indiz, nicht als Direktbeweis dar.

Der Sachbeweis stellt jedoch kein eigenständiges Beweismittel dar, sondern ist stets in Kombination mit dem Personenbeweis zu sehen. Vielfach ist er nur unter Hinzuziehung von Sachverständigen verwertbar.

Grundsätzlich gilt der Sachbeweis sicherer als der möglicherweise subjektiv geprägte Personenbeweis. Grund ist die jederzeit objektivierbare und mit naturwissenschaftlichen Methoden nachvollziehbare Aussagekraft. Der Sachbeweis gilt deshalb auch als **objektives Beweismittel**. Trotz allem sind Urteile alleine aufgrund eines Sachbeweises sehr selten.

Der Beweiswert eines Sachbeweises kann zudem durch Fehler bei der Spurensicherung, der Untersuchung, der Auswertung verfälscht werden.

Der Begriff des Sachbeweises findet sich in der Strafprozessordnung nicht. Vielmehr finden sich als Begriffe: Gegenstände, die als Beweismittel von Bedeutung sein können (§ 94 StPO), Spuren einer Straftat ( 103 StPO ), Beweisstücke ( § 147 StPO ), Urkunden und Schriftstücke (§ 249 StPO), Augenschein ( § 86 StPO ).[136]

---

[133] Kriminalistik Lexikon, S. 45
[134] In der Literatur findet sich auch der Begriff „Beweisarten“
[135] Siehe auch Ziff. 7.2.1
[136] Weihmann: Kriminalistik, S. 63

#### 8.5.1.1. Augenschein

Der Augenschein ist jede **sinnliche Wahrnehmung** durch Sehen, Hören, Riechen, Schmecken oder Fühlen. Er umfasst alle Beweisaufnahmen, die nicht als Zeugen-, Sachverständigen- oder Urkundenbeweis besonders geregelt sind. Rechtsgrundlage ist § 86 StPO. Es geht beim Augenschein um die Beschaffenheit einer Sache oder eines Menschen im weitesten Sinne. Gegenstände des Augescheins können sein: Jegliche Art von Spuren, Fotoaufnahmen, aber auch der Mensch, wenn es z.B. um die Feststellung von Verletzungen oder deren Folgen geht.

#### 8.5.1.2. Urkunden

Beim Urkundenbeweis geht es um die Ermittlung und Verwertung des **gedanklichen Inhalts eines Schriftstücks**.

Urkunden i.S. des Urkundenbeweises sind alle Schriftstücke, deren gedanklicher Inhalt zu Beweiszwecken herangezogen und durch Verlesen in der Hauptverhandlung den Verfahrensbeteiligten zur Kenntnis gebracht werden kann. Rechtsgrundlage ist § 249 StPO.

**Beispiel:** Inhalte von Verträgen aller Art, Kassenquittungen, Fahrausweise, der Inhalt von Personaldokumenten, pp.

aber: Die verfälschte Urkunde mit den Fälschungsmerkmalen ist Gegenstand des Augenscheins und nicht Urkundsbeweis.

### 8.5.2. Personenbeweis

Beweismittel beim Personenbeweis ist der Mensch. Personenbeweise sind **subjektive Beweise**, denn Menschen zeigen sich in ihrer Beweiskraft abhängig von der individuellen Wahrnehmungsfähigkeit und Reproduzierbarkeit beweiserheblicher Wahrnehmungsinhalte. Eine Rolle spielt auch die Wahrhaftigkeit von Aussagen von Beschuldigten und Zeugen.

#### 8.5.2.1. Zeugen

Zeuge ist jeder, der in einem nicht gegen ihn selbst gerichteten Strafverfahren Auskunft über die Wahrnehmung von Tatsachen aus der Vergangenheit gibt.

Die Rechte und Pflichten von Zeugen ergeben sich aus §§ 48 ff. StPO . Siehe aber auch RiStBV Nr. 64-68.[137]

Zu beachten sind auch die verschiedenen **Zeugenarten**, welche oftmals nicht genügend differenziert betrachtet werden.

Der **Zeuge vom Hörensagen** hat tatsächlich keine eigene unmittelbare Wahrnehmung vom Tatgeschehen, verfügt allerdings über Informationen die andere ihm zugetragen haben. Insofern bezeugt er das Wissen von Dritten. Typischer Zeuge vom Hörensagen ist der Polizeibeamte, dem über ein Geschehen berichtet wird.

Der **Ohrenzeuge (Knallzeuge)** hat eigene Wahrnehmungen akustischer Art, hat das Geschehen zu diesen Geräuschen jedoch nicht gesehen. Typischerweise bei Verkehrsunfällen, wo der Zusammenprall von Fahrzeugen gehört wird, der Zeuge wendet sich allerdings dann erst dem Unfallort zu und sieht dort das Ergebnis, hat allerdings den Vorgang nicht beobachtet.

---

[137] RiStBV = Richtlinien für das Straf- und Bußgeldverfahren, abgedruckt in Meyer-Goßner, Strafprozessordnung

Der **Augenzeuge** hat eigene visuelle Wahrnehmungen vom Geschehen und kann darüber berichten.

Beim **sachverständigen Zeugen** (§ 85 StPO), ist durch Berufsausübung, Hobby oder ähnlichem eine besondere Sachkunde vorhanden, so dass er seine Wahrnehmung besonders zuverlässig einordnen kann, so z.B. der Automechaniker, der am Motorgeräusch eines Fahrzeugs Zuordnungen zum Fahrzeugtyp oder zu eventuellen Schäden machen kann. Der sachverständige Zeuge berichtet über eigene Wahrnehmungen und ist im Gegensatz zum Sachverständigen nicht austauschbar.

**Geschädigte** (siehe auch § 61 Nr. 2 StPO) sind zwar Zeugen, nehmen jedoch wegen einer möglichen eigenen Betroffenheit eine Sonderrolle ein. Ihre Objektivität könnte durch die eigene Betroffenheit beeinträchtigt sein.

Vom **guten Zeugen** geht man aus, wenn der Zeuge richtig wahrnimmt, das Wahrgenommene richtig begreift und behält, das Wahrgenommene richtig und gut wiedergibt und schließlich Standhaftigkeit zeigt.

Gerade beim Personenbeweis tun sich **Fehlerquellen** schnell auf. Als Fehlerquellen gelten Wahrnehmungsfehler, Schätz- und Beurteilungsfehler, sowie Erinnerungsfehler.
Bei der Wiedergabe sind zu unterscheiden:

- Zeugen, welche die Wahrheit sagen,
- Zeugen, die glauben die Wahrheit zu sagen, aber irren, also gutgläubig falsch aussagen,
- Zeugen, die lügen, also böswillig falsch aussagen.

### 8.5.2.2. Sachverständige

Sachverständige sind Personen, die im Strafverfahren aufgrund ihres besonderen Fachwissens auf einem speziellen Gebiet für bestimmte Beweisfragen benötigte Erfahrungssätze aufzeigen und auf bestimmte Sachverhalte anwenden, oder die beweiserhebliche Tatsache aufgrund besonderer Sachkunde feststellen. Sie berichten in der Regel nicht über eigene Wahrnehmungen (Abgrenzung zum sachverständigen Zeugen). Sachverständige übermitteln Sachkunde, wenden sie an oder tun beides. Sachverständige sind im Verfahren grundsätzlich auswechselbar.[138] Die Rechtsgrundlagen für den Sachverständigen finden sich in den §§ 72 ff. StPO, RiStBV Nr. 69-72.

Grundsätzlich handelt der Sachverständige nur im Auftrag. Die Beschaffung des für die Begutachtung notwendigen Materials und die Formulierung des Auftrags sind grundsätzlich Aufgabe des zuständigen Polizeibeamten. Soweit Sachverständige bereits bei der Tatortarbeit herangezogen werden, bleibt es bei der Verantwortung des zuständigen Polizeibeamten. Sachverständige haben Beratungs- aber keine Strafverfolgungsfunktion.

### 8.5.2.3. Beschuldigte

Beschuldigter ist nur der Tatverdächtige, gegen den das Verfahren als Verantwortlichen betrieben wird. Die Beschuldigteneigenschaft kann nur ein **Willensakt der zuständigen Strafverfolgungsbehörde** begründen. [139]

Der Beschuldigte (später Angeschuldigte, im Hauptverfahren Angeklagte) zählt nicht zu den förmlichen Beweismitteln im Rahmen der Beweisaufnahme nach § 244 StPO. Seine Aussage

[138] Kriminalistik Lexikon, S. 263
[139] Meyer-Goßner: Strafprozessordnung, Einleitung RZ 76

zur Sache, sein Geständnis oder andere Einlassungen gehen jedoch als förmliches Beweismittel in die Beweisführung und Beweiswürdigung ein. Der Beschuldigte gilt daher als Beweismittel im weiteren Sinne, soweit er eine Aussage macht.

Die Aussagen von Mitbeschuldigten werden als Beweismittel angesehen.[140]

Zu den Grundlagen siehe insbesondere §§ 136 ff, 163 a StPO; beachte besonders § 136a StPO, RiStBV Nr. 44 / 45.

Besondere Beachtung verdient die Einlassung des Beschuldigten als

- **Geständnis** oder
- **Entlastungsbeweis (Alibi).**[141]

## 8.6. Beweisverbote

Beweisverbote hindern die Erhebung und Bewertung von Beweisen. Sie schränken die Amtsaufklärungspflicht nach § 244 StPO ein und bilden die **Grenze der Wahrheitserforschung** im Strafprozess.[142] Im Interesse eines rechtsstaatlichen Verfahrens wird hingenommen, dass eine Wahrheitserforschung um jeden Preis nicht Ziel der Strafprozessordnung sein kann.[143] Grundsätzlich wird unterschieden bei den Beweisverboten in Beweiserhebungsverbote und Beweisverwertungsverbote.

### 8.6.1. Beweiserhebungsverbote

Beweiserhebungsverbote werden unterschieden nach Beweisthemaverbot, Beweismittelverbot, Beweismethodenverbot und relativen Beweisverbot. Die Verbote dienen dazu, bestimmte Beweisgewinnungsmaßnahmen auszuschließen und zwingen die Strafverfolgungsorgane zur Beachtung von Verfahrensvorschriften.

#### 8.6.1.1. Beweisthemaverbote

Das Beweisthemaverbot untersagt bestimmte Tatsachen zum Gegenstand der Beweisführung zu machen. Die Abgrenzung zu den Beweismittelverboten bereitet dabei insoweit Schwierigkeiten, als es weniger um das Thema und mehr um die Art der Informationserlangung geht.[144]

**Beispiele:**
Zu den Beweisthemaverboten gehören:[145]

- Tatsachen, die gesetzlichen Geheimhaltungspflichten unterliegen, z.B. Staats- und Amtsgeheimnisse, soweit keine Aussagegenehmigung erteilt wurde,
- Tatsachen, die dem Beratungsgeheimnis nach dem Richtergesetz unterliegen,
- Bindende Feststellungen innerhalb des Verfahrens, z.B. wenn Rechtsmittel nur im Hinblick auf die Rechtsfolgen der Verurteilung eingelegt wurden,
- Getilgte bzw. tilgungsreife Eintragungen im Bundeszentralregister.

---

[140] Kriminalistik Lexikon, S. 45
[141] Siehe hierzu Ziff. 8.8
[142] Meyer-Goßner: Strafprozessordnung, Einleitung RZ 50
[143] BGHSt 14, 358, 365
[144] Eisenberg, Beweisrecht der StPO, Spezialkommentar, S. 171
[145] Meyer-Goßner: Strafprozessordnung, Einleitung RZ 52

### 8.6.1.2. **Beweismittelverbote**

Beweismittelverbote untersagen die Benutzung bestimmter sachlicher und persönlicher Beweismittel, die ansonsten aber grundsätzlich zulässig sind.

**Beispiele:**
Zu den Beweismittelverboten gehören:[146]

- Verbot der Vernehmung von Personen, die von ihrem Zeugnis- oder Auskunftsverweigerungsrecht Gebrauch machen ( §§ 52, 55 StPO ),
- Unzulässige Untersuchungen mangels Einwilligung ( § 81 c StPO ),
- Verwenden von Urkunden für die eine Sperrerklärung vorliegt ( § 96 StPO ),
- Unzulässige Verlesung von Vernehmungsprotokollen (Fälle aus §§ 250, 252 StPO).
  Aber: Möglichkeit der Verlesung der Protokolle von **richterlichen Vernehmungen** gem. § 251 StPO!

### 8.6.1.3. **Beweismethodenverbote**

Die Beweismethodenverbote untersagen eine bestimmte Art und Weise der Wahrheitsermittlung, die aber ansonsten zulässig ist. Wesentlichste Vorschrift ist hier § 136 a StPO, der die **verbotenen Vernehmungsmethoden** behandelt.[147]

**Beispiele:** Vernehmung einer völlig übermüdeten Person, Vernehmung trotz erheblichen Alkoholeinflusses (Einzelfallbetrachtung!), Vernehmung nach unzulässiger Androhung von Zwang im Falle der Nichtaussage, pp.

### 8.6.1.4. **Relative Beweisverbote**

Relative Beweisverbote sollen die **Einhaltung bestimmter Formvorschriften** sicherstellen. Bei den relativen Beweisverboten geht es darum, dass die Gewinnung des Beweismittels nur von bestimmten Personen angeordnet oder nur von bestimmten Personen durchgeführt oder nur in bestimmter Art und Weise vorgenommen werden darf.[148]

Teilweise werden die relativen Beweisverbote überhaupt nicht den Beweisverboten, sondern den Beweisregeln zugeschlagen (Mindermeinung!).

**Beispiele:** Nichthinzuziehung von Zeugen bei Wohnungsdurchsuchungen, Blutprobenentnahme durch den Nichtarzt, Anordnung strafprozessualer Maßnahmen trotz fehlender Befugnis pp.

---

[146] Meyer-Goßner: Strafprozessordnung, Einleitung RZ 53

[147] Kreuzer: Zur Not ein bisschen Folter ? in: Die Zeit 2004, Nr. 21
Naumann: Gnade vor Recht, Die Zeit 2004, Nr. 49, S 1
Rückert: Die Legende vom Helden Daschner, in: Die Zeit 2004, Nr. 49, S. 7
Klingst: Ein bisschen Folter gibt es nicht, in: Die Zeit 2004, Nr. 49
[148] Eisenberg, Beweisrecht der StPO, Spezialkommentar, S. 175,
LG Saarbrücken: Verwertungsverbot wegen rechtswidriger Durchsuchung, in: Kriminalistik 2004, S. 331

## 8.6.2. Beweisverwertungsverbote

Beweisverwertungsverbote sind die (mögliche) Folge von Beweiserhebungen, die gegen Beweiserhebungsverbote verstoßen. Die verbotenen Handlungen sollen dadurch fruchtlos bleiben, dass die so erlangten Ergebnisse nicht zum Gegenstand der Beweiswürdigung und der Urteilsfindung gemacht werden dürfen.[149]

Das Vorliegen von Beweisverwertungsverboten ist uneinheitlich geregelt. Eine ausdrückliche und ausnahmslose Regelung findet sich bisher nur in § 136a StPO. Ansonsten sind Verwertungsverbote nur durch eine am Einzelfall orientierte Rechtsprechung entstanden, der ein Abwägungsprozess der widerstreitenden Interessen zu Grunde liegt. Daneben spricht die Strafprozessordnung an verschiedenen Stellen (siehe z.B. §§98b III S. 3, 100b V, 100d V, 110e StPO) von sogenannten Verwendungsverboten, die jedoch mit Verwertungsverboten nicht gleichgesetzt werden dürfen.[150]

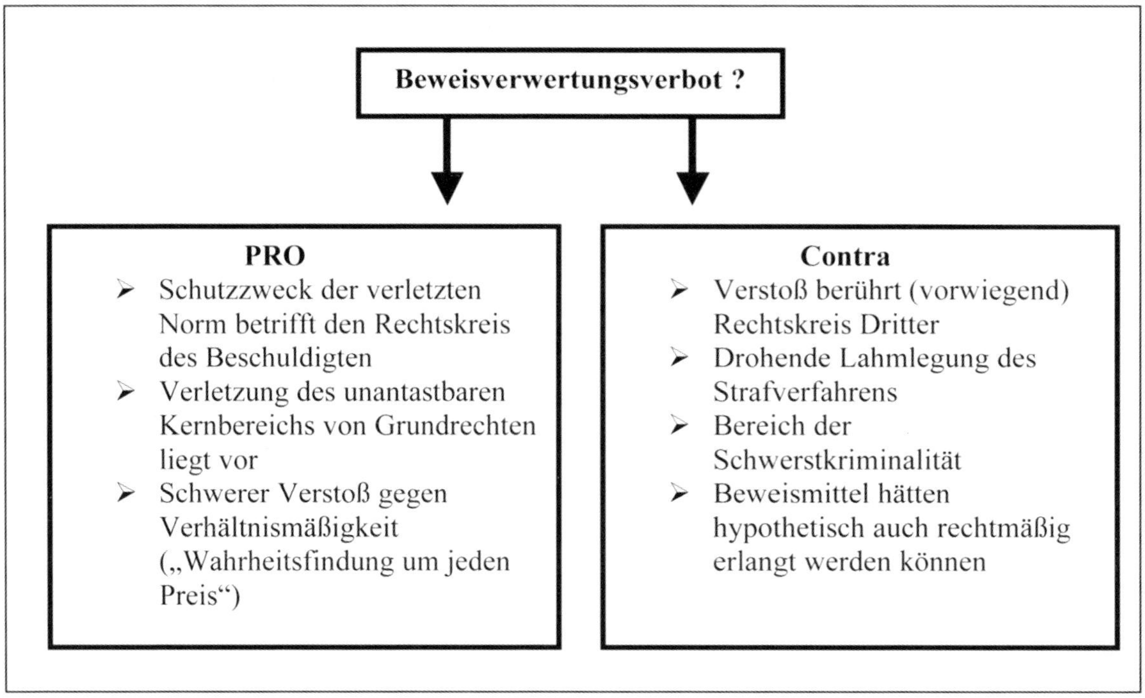


Abb. 24: Prüfungsfelder Vorliegen eines Beweisverwertungsverbot

**Beispiele:**
Ein Verwertungsverbot greift bei:

- Verstößen gegen § 136a StPO,
- Unterbliebener Beschuldigtenbelehrung,
- Unterbliebener Belehrung von Zeugen nach § 52 StPO,
- Unterbliebener Belehrung von Zeugen nach § 55 StPO bei eigener Belastung,
- Vernehmung von Polizeibeamten trotz fehlender Aussagegenehmigung,
- Bewusster Umgehung von Anordnungs- / Durchführungsvorschriften ,
- Durchführung von Maßnahmen mit Zwang, trotz befugter Verweigerung.

[149] Meyer-Goßner: Strafprozessordnung, Einleitung RZ 55
[150] Eisenberg, Beweisrecht der StPO, S. 176

### 8.6.3. Fernwirkung von Beweisverwertungsverboten

Ein besonderes Beweisverwertungsproblem stellt sich dann dar, wenn aufgrund eines unzulässig erlangten Beweismittels ein Verwertungsverbot greift, jedoch auf Grund dieses Beweismittels ein anderes Beweismittel erlangt wird, bei Erlangung dieses Beweismittels aber keine Beweiserhebungsverstöße vorliegen. Wirkt sich das ursprüngliche Verwertungsverbot auch auf diese weiteren erlangten Beweismittel aus ? Hier spricht man von der so genannten **Fernwirkungsproblematik.**

Es stellt sich also die Frage, ob die weiteren, mittelbar gewonnenen Beweise, ebenfalls unverwertbar sind. In der herrschenden Meinung von Fachliteratur und auch in der Rechtsprechung wird eine solche Fernwirkung grundsätzlich abgelehnt.

Damit steht die deutsche Rechtsauffassung im Gegensatz zu der des amerikanischen Rechts, wo eine Fernwirkung von Verwertungsverboten grundsätzlich bejaht wird („fruit of the poisonous tree-doctrine"). Begründet wird dies im wesentlichen damit, dass der im amerikanischen Recht vorhandene „Disziplinierungswille von Strafverfolgungsbehörden" nicht in das hiesige rechtsstaatliche System passe.[151] Die Einhaltung der jeweiligen Normen wird in Deutschland jedoch durch strafrechtliche Normen abgesichert, so zum Beispiel durch die §§ 336, 343 StGB.

**Beispiel:** Eine geschleuste Person wird trotz erheblicher Ermüdung vernommen und gibt im Rahmen der Vernehmung Auskünfte zu den der Polizei bisher unbekannten Schleusern und unbekannten Fahrzeugen, mit denen die geschleusten Personen transportiert wurden. Die Verwertung dieser Aussage ist gem. § 136 a III StPO ausgeschlossen. Die aufgrund der Vernehmung bekannt gewordenen Fahrzeuge werden nunmehr auf Spuren untersucht. Dabei werden Fingerspuren gefunden, die wiederum zur Identifizierung der in der Vernehmung genannten Schleuser führen. Diese Spuren sind trotz der vorherigen unverwertbaren Aussage verwertbar. Gleiches gilt für eventuelle Aussagen, welche die durch die Aussage ermittelten bzw. durch Fingerspuren identifizierten Schleuser machen, soweit hier nicht eigene relevante Beweiserhebungsverstöße vorliegen.

## 8.7. Das Geständnis

Das Geständnis ist die einem Dritten gegenüber abgegebene Erklärung, eine rechtswidrige Tat begangen zu haben.[152] Das Geständnis ist das Vernehmungsziel bei jeder Beschuldigtenvernehmung, da der Beschuldigte nicht nur das objektiv und subjektiv tatbestandsmäßige Handeln oder Unterlassen einräumt, sondern auch die am Tatgeschehen unmittelbarste Person neben dem Opfer darstellt. Der Beschuldigte ist vielfach der unmittelbarste Zeuge der Tat.

### 8.7.1. Bedeutung des Geständnisses

Das Geständnis gehört förmlich nicht zur Beweisaufnahme. Sachlich ist es aber als Personenbeweis einzuordnen. Es unterliegt der freien richterlichen Beweiswürdigung gem. § 261 StPO. Der Richter ist also nicht gezwungen, sich die Inhalte eines Geständnisses für die eigene Überzeugungsbildung zu eigen zu machen, er muss es bei seiner Urteilsfindung nur berücksichtigen.

Im Einzelfall können durch das Geständnis Umstände in Erfahrung gebracht werden, die mangels anderer Beweismittel nicht feststellbar sind. Dies stellt einen der vielen Gründe dar,

[151] Meyer-Goßner: Strafprozessordnung, Einleitung RZ 57,
[152] Kriminalistik Lexikon, S. 127

warum die Ermittlungsorgane an einem Geständnis ein hohes Interesse haben, Strafverteidiger von einer Aussage bei der Polizei jedoch zunächst abraten.

Vielfach kann der Inhalt des Geständnis Ausgangspunkt für weitere Nachforschungen und Vernehmungen sein. Oft stellt es sogar die einzige Möglichkeit zur späteren Sanktionierung einer Straftat dar. Bei der Strafzumessung ist das Geständnis deshalb auch strafmildernder Umstand, wenn sich aus dem Geständnis auf Reue und / oder innere Einsicht zur begangenen Tat schließen lässt. Im Verfahren wird es oft zum prozessökonomischen Faktor, weil vielfach andere aufwendigere Beweiserhebungen im Prozess unterbleiben können.

Die **Gefahr der Wertlosigkeit eines Geständnisses** besteht bei Widerruf, Unverwertbarkeit oder Bedenken gegen die inhaltliche Richtigkeit. Deshalb ist es zwingend erforderlich, zur Ergänzung und Absicherung andere Beweismittel heranzuziehen und die bekannten Inhalte aus dem Geständnis durch andere Beweismittel bestätigen zu lassen, die so genannte Geständnissicherung.

### 8.7.2. Geständnisarten

Das Geständnis eines Beschuldigten ist nicht gleichbedeutend mit vollständiger inhaltlicher Richtigkeit. Aus den unterschiedlichsten Gründen werden Details weggelassen oder unzutreffend ergänzt. Der Beschuldigte befindet sich zudem in der persönlichen Zwangslage, dass ein Geständnis für ihn einerseits belastend, andererseits strafmildernd gewertet werden kann.

Bei den Geständnisarten werden unterschieden das **vollständige Geständnis, das Teilgeständnis und das falsche Geständnis**. Qualitativ macht es auch einen Unterschied, ob ein Geständnis aus freien Stücken abgelegt wird oder erst unter dem Druck der Beweislage zustande kommt.

### 8.7.3. Beweiswert des Geständnisses

Der Beweiswert eines Geständnisses hängt ab von der Glaubhaftigkeit, der Glaubwürdigkeit und Verwertbarkeit.

Bei der **Glaubhaftigkeit** geht es um die inhaltliche Richtigkeit des Gesagten, also den sachlichen Aspekt. Im Rahmen der Glaubhaftigkeit ist zu klären, ob überhaupt ein Geständnis vorliegt, oder der Sachbearbeiter Äußerungen nur im Sinne eines Geständnisses interpretiert hat. Zu überprüfen ist auch die Widerspruchsfreiheit und ob es sich um Kenntnisse des Täters handelt, oder es sich um „angelesenes Wissen“ aus den Medien handeln kann. Es ist abzugleichen, ob die Inhalte der Aussage sich mit den bisherigen Ermittlungsergebnissen decken. Weiterhin ist zu prüfen, ob Anlass und Zeitpunkt des Geständnisses Anlass für Misstrauen geben.[153]

Bei der **Glaubwürdigkeit** geht es um die Person des Gestehenden. Zu überprüfen sind der Inhalt seiner Aussage, das Aussageverhalten mit seinem psychischen Begleitgeschehen (Gefühlsregungen) und Merkmale der Persönlichkeit.

**Positive Anhaltspunkte** für ein wahrhaftes Geständnis sind eine klare und korrekte Darstellungsweise. Der Täter müsste in der Lage sein, wesentliche Details des Geschehens zu nennen und auch emotionale Einlassungen machen zu können. Zu diesen Details gehören auch

[153] Interessant in diesem Zusammenhang der Fall Günther Kaufmann, der ein tatsächlich nicht begangenes Tötungsdelikt gestand und sich deshalb zunächst auch fast drei Jahre in Strafhaft befand. Siehe hierzu: Liebe, Lügen, Tod in: Der Spiegel 46/2003, S. 84 ff.

Angaben zur Vorbereitungsphase der Tat, zu Verschleierungsmaßnahmen und zu an die Tat anschließendem Verhalten. Bei Wiederholungen sind Aussagen gleich und nicht widersprüchlich.

Sind die Angaben in einem Geständnis eher allgemein gehalten, können keine Hinweise auf die Entschlussfassung, Planung und Details der Durchführung gemacht werden, ist Misstrauen angebracht. Auch mangelndes Wissen zu Kernbereichen der Tat und Widersprüche sind Anhaltspunkte für ein zumindest teilweise falsches Geständnis.

Die Art und Weise, in der ein Geständnis erzielt und gesichert wird, bestimmt seine prozessuale Verwertbarkeit und damit den ihm zukommenden Beweiswert. Es muss freiwillig, ohne Zwang oder verfängliche Beeinflussung von außen abgelegt werden. Von besonderer Bedeutung ist die Beachtung der Bestimmungen des § 136a StPO.

Die Verwertbarkeit eines Geständnisses hängt auch davon ab, in welchem Umfang es gelingt den Inhalt des Geständnisses durch andere Beweismittel abzusichern. Ein durch andere Beweismittel gut abgesichertes Geständnis macht es einem Angeklagten kaum möglich, in der späteren Hauptverhandlung das ursprüngliche Geständnis erfolgreich zu widerrufen.

## 8.8. Das Alibi

Das Alibi ist der Beweis, von einem bestimmten Ort zu einer bestimmten Zeit abwesend gewesen zu sein.[154]

Das Alibi ist unter zweierlei Gesichtpunkten von kriminalistischer Bedeutung. Durch den Alibibeweis kann ein Tatverdächtiger von den weiteren Ermittlungen ausgeschlossen werden, der Tatverdächtigenkreis verengt, möglicherweise sogar auf eine Person reduziert werden.

Der Alibibeweis beruht auf der logischen Erkenntnis, dass ein Mensch sich nicht zur gleichen Zeit an verschiedenen Orten aufhalten kann. Die kriminalistische Fragestellung beim Alibi ist daher die nach der Abwesenheit einer Person von einem bestimmten Ort. Es gibt also eine **zeitliche und eine räumliche Komponente**. Sowohl zeitliche und räumliche Komponente sind konkret, aber im Hinblick auf die Weite einer Tathandlung auch breit genug zu bestimmen. Die Konsequenz: Ohne die exakte Ermittlung von Tatort und Tatzeit kann es keine wirksame Alibiüberprüfung geben.

Wichtig zu wissen ist deshalb, wo sich der Täter oder Teilnehmer nach dem rekonstruierten Geschehensablauf in irgendeiner Phase der Tatvorbereitung, der Tatbestandsverwirklichung oder bei den Folgehandlungen notwendigerweise aufgehalten haben muss und dass dieser Aufenthalt durch Zeugen und / oder materielle Spuren zu beweisen ist.

### 8.8.1. Voraussetzungen des Alibis

Das Alibi spielt nicht in jedem Fall, sondern nur unter bestimmten Voraussetzungen in der Fallbearbeitung eine Rolle. Voraussetzung ist, dass
- eine konkrete Straftat mit noch unbekanntem Täter vorliegt,
- der betreffende Sachverhalt von einem Tatverdächtigen bestritten wird,
- nachprüfbare Angaben vorliegen.[155]

[154] Kriminalistik Lexikon, S. 9
[155] Weihmann: Kriminalistik, S. 192

### 8.8.2. Wesen des Alibis

Zum Wesen des Alibis gehört, sich die nachfolgenden Aspekte zu verdeutlichen:

Das Alibi ist **Mittel zur Erforschung der materiellen Wahrheit**. Für den Beweis der Täterschaft ist grundsätzlich Kausalität zwischen Verdächtigen und Straftat, also eigenhändiges Handeln am Tatort erforderlich. Beinhaltet eine Straftat dieses Erfordernis nicht, spielt das Alibi kriminalistisch keine Rolle.

Das Alibi ist **Mittel zur Verteidigung**. Fälschlicherweise wird von Polizeibeamten oft angenommen, das ein fehlendes Alibi für den Tatverdächtigen belastend wirke. Das Gegenteil ist der Fall: Solange ein Alibi nicht widerlegt ist, hat es entlastende Relevanz.[156] Im Alibibeweis geht es darum den Nachweis einer Täterschaft zu entkräften, nicht ein Alibi zu beweisen. Das Gericht hat dann im Rahmen der Beweiswürdigung zu prüfen, ob Zweifel an der Täterschaft bestehen.[157]

Der **Tatort im Sinne des Alibis ist breit anzulegen**. Statt des Begriffes des Tatortes benutzt man im Alibi auch den Begriff des **Tatfeldes**. Er umfasst die Vortat-, Haupttat- und Nachtatphase.

Der **Alibiort ist ebenso wie der Tatort konkret zu bestimmen**. Der Alibiort bildet das Korrelat zum Tatfeld. Der Alibiort darf normalerweise nicht im Tatfeld liegen, sonst fehlt der Faktor „Abstand zum Tatfeld".

Der **Zeitfaktor ist entscheidende Größe**. Kernproblem ist der Rückschluss auf die Tatzeit. Ziel der Ermittlungen ist die Zeitspanne, während der sich der Tatverdächtige im Tatfeld aufgehalten haben muss. Dies wird auch als **Tatfeldzeit** bezeichnet.

### 8.8.3. Alibitypen

Bei den Typen des Alibis wird unterschieden nach echtem und falschem Alibi.

Beim **echten Alibi** stellen sich die Angaben des Tatverdächtigen nach Überprüfung als wahr heraus. Die Angaben halten jeder Überprüfung stand.

Beim **falschen Alibi** ist weiter zu unterscheiden:

- Das **unbewusst falsche Alibi:** Diese Irrtümer müssen von den Strafverfolgungsbehörden abgeklärt und nachgewiesen werden.
- Das **bewusst falsche Alibi:**
  - Das falsche Alibi und wurde vor der Tatausführung sorgfältig vorbereitet und / oder verabredet. Es bildet einen Nachteil für den Täter durch das Vorhandensein von Mitwissern und bietet dadurch kriminalistische Ansatzpunkte für Ermittlungen. Es lässt auch Rückschlüsse auf die Intensität des Planungsprozesses der kriminellen Handlung zu.
  - Das im Nachhinein aufgebaute falsche Alibi beinhaltet, dass alle Alibi-Maßnahmen vom Täter während oder nach der Tat getroffen werden, um sich dieses falsche Alibi zu verschaffen. Diese Vorgehensweise beinhaltet ein hohes Risiko für den Täter, da Lücken im Alibi entstehen können. Auch muss der Täter mit plötzlichen Zeugen / unerwarteten Abläufen rechnen.
- **Mischtypen falscher Alibi**
  Hier handelt es sich um die falsche Verteidigung des Verdächtigen. In solchen Fällen ist der Verdächtige nicht der Täter, macht aber falsche Angaben über den Alibiort. Der

[156] Meyer-Goßner: Strafprozessordnung, § 261 RZ 25
[157] Eisenberg: Beweisrecht der StPO, S. 108, 354

Grund liegt oft im vorausgegangenen Tun, das den Verdächtigen hindert, eine wahrheitsgemäße Aussage über seinen Aufenthaltsort zu geben. Problem ist, dass sich der Verdächtige, obwohl nicht Täter, sich der Mittel und Methoden bedient, die gewöhnlich tatsächliche Täter anzuwenden pflegen. Hier muss das Motiv für das falsche Alibi festgestellt werden.

**Beispiel:** Ein Tatverdächtiger wird in Gegenwart seiner Ehefrau gefragt, wo er sich zur Tatzeit aufgehalten hat. Da er ein außereheliches Verhältnis pflegt, wo er sich zur Tatzeit aufhielt, wird er diesen Alibiort in Gegenwart der Ehefrau nicht nennen, sondern einen falschen Alibiort, welcher einer Überprüfung nicht standhält.

- **Geständnis als Alibi**.
  Der Täter gesteht ein anderes Delikt am anderen Ort und hat damit ein Alibi für die ursprünglich überprüfte Tat. Dies ist der Fall, wenn sich der Täter vom schwerwiegenderen Verdacht befreien will.

  Sonderfall: Der Täter gesteht ein anderes Delikt am anderen Ort, dass jedoch nicht präzise zur Tatzeit lag. In diesem Fall ist tatsächlich kein Alibi vorhanden.

### 8.8.4. Feststellung und Nachprüfung des Alibi

Auch wenn das fehlende Alibi keinen direkten Tatnachweis führen kann, ist aus den eingangs genannten Gründen der Nachweis eines Alibis kriminalistisch relevant. Nachweismittel des Alibis sind der Personen- und Sachbeweis. Beim Personenbeweis stellt sich das Problem von Irrtum und Lüge, beim Sachbeweis stellt sich das Problem, das jedes Beweismittel zunächst nur sich selbst beweist, also eine Interpretation und konkrete Verbindung zum Tatverdächtigen erst hergestellt werden muss.

**Beispiel:** Der Fahrausweis der Bahn, versehen mit Datum und Uhrzeit, belegt zunächst nur einen bestimmten Fahrkartenkauf, nicht aber wer diesen Kauf tätigte und auch nicht wer diesen Fahrausweis benutzte. Oder: Fingerspuren an einem Gegenstand am Alibiort identifizieren zunächst einmal nur eine bestimmte Person als Spurenverursacher, sagen aber noch nichts über den Zeitpunkt und die Umstände des Zustandekommens der Spur aus.

## 9. Staatsanwaltschaft, Polizei und Ermittlungsrichter im Ermittlungsverfahren

Das Ermittlungsverfahren wird vielfach als alleiniges Aufgabenfeld der Polizei begriffen, die Staatsanwaltschaft als Institution, die nur in Sonderfällen in Erscheinung tritt, aber ansonsten erst nach Abschluss der Ermittlungen tätig wird. Der Ermittlungsrichter ist in vielen Köpfen überhaupt nicht vorhanden. Ursächlich für dieses Denken ist sicherlich die davon gekennzeichnete Praxis, dass die Polizei gerade im Bereich einfacher und mittlerer Kriminalität die polizeilichen Ermittlungen quasi ohne Staatsanwaltschaft und Ermittlungsrichter betreibt. Nachfolgend sollen daher Aufgaben von Staatsanwaltschaft, Polizei und Ermittlungsrichter kurz dargestellt werden.

### 9.1. Aufgaben der Staatsanwaltschaft

Die Organisation der Staatsanwaltschaften ist genau wie die der Polizei Ländersache. Eine Ausnahme bildet bei der Staatsanwaltschaft lediglich die Bundesanwaltschaft. Die Staatsanwaltschaften bestehen am Sitz von Oberlandesgerichten (Generalstaatsanwaltschaften) und von Landgerichten (Staatsanwaltschaft beim Landgericht...). Sie sind ein weisungsgebundenes und dem Gericht gleichgeordnetes Organ der Rechtspflege.

Die Staatsanwaltschaften sind **Ermittlungs-, Anklage- und Strafvollstreckungsbehörde.** Damit werden auch gleichzeitig die Aufgaben der Staatsanwaltschaft beschrieben.

Im Rahmen ihrer **Ermittlungsfunktion** hat die Staatsanwaltschaft nicht nur eine uneingeschränkte Leitungsfunktion, sondern auch eine Leitungsverpflichtung. Dieses Recht wird auch als Weisungsrecht der Staatsanwaltschaft bezeichnet, die Staatsanwaltschaft als **„Herrin des Ermittlungsverfahrens“**. Rechtlich ergibt sich dies aus § 160, 161 StPO. Hieraus ergibt sich auch die alleinige Verantwortung der Staatsanwaltschaft für das Ermittlungsverfahren.

Erhält die Staatsanwaltschaft vom Verdacht einer Straftat Kenntnis, unterliegt sie dem Legalitätsprinzip, ist also zu Ermittlungen verpflichtet. Dabei hat sie eine objektive Strafverfolgungsrolle, das heißt es sind alle belastenden und entlastenden Beweise von Amts wegen zu erheben.

Da die Staatsanwaltschaft personell und sachlich nicht in der Lage ist, diese Aufgabe selber zu erfüllen, bedient sie sich zur Strafverfolgung der Polizei. Die Polizei wird dadurch zum „verlängerten Arm der Staatsanwaltschaft“. Aus der Sachleitungsbefugnis ergibt sich, dass sie der Polizei hierzu jederzeit Weisungen erteilen kann. Diese Weisungen werden im Regelfall durch so genannte **Requisitionen** an die Polizei herangetragen. Bei Requisitionen werden von der Polizei bereits „anermittelte“ Vorgänge an die Polizei zurückgesandt, mit dem Auftrag bestimmte Ermittlungen noch vorzunehmen. In der Praxis geschieht dies üblicherweise durch Übersenden der Akte an die jeweilige polizeiliche Organisationseinheit. Es wäre aber theoretisch auch möglich, das die Staatsanwaltschaft einzelnen Polizeibeamten Weisungen erteilt.[158]

Gerade in Fällen der kleinen und mittleren Kriminalität ist es zwischenzeitlich üblich, dass die Staatsanwaltschaft abweichend von der eigentlichen Rechtslage von den Vorgängen erst Kenntnis erhält, wenn die Polizei ihre Ermittlungen selbständig abgeschlossen hat. Widerspricht eine solche Verfahrensweise vielleicht auf den ersten Blick dem Grundgedanken der Strafverfolgungsorganisation, stellt man doch fest, dass dies eine effiziente und effektive Form der Bearbeitung von Straftaten darstellt. Die Polizei wendet sich in diesen Fällen immer dann an die Staatsanwaltschaft, wenn zentrale Entscheidungen getroffen werden müssen (z.B. Antrag

[158] Siehe hierzu auch § 152 Gerichtsverfassungsgesetz (GVG

auf Erlass eines Durchsuchungsbeschlusses). Die Sachleitungsbefugnis wird in diesen Fällen nicht berührt, da die Staatsanwaltschaft über die bereits genannten Requisitionen die Möglichkeit der Einflussnahme auf das Ermittlungsverfahren hat. Im übrigen wird die von der Staatsanwaltschaft gewünschte Qualität des Strafverfahrens auch durch die Bestimmungen der Strafprozessordnung und der „Richtlinien für das Straf- und Bußgeldverfahren“ (RiStBV)[159] gewährleistet.

In Fällen schwerer Kriminalität (Tötungsdelikte, organisierter Rauschgifthandel, organisierte Schleusungskriminalität pp.) ist die Staatsanwaltschaft in der Regel vom Beginn der Ermittlungen an eingebunden und übt ihre Sachleitungsbefugnis aus. Dadurch können frühzeitig für das spätere Hauptverfahren relevante Entscheidungen getroffen werden.

Die Staatsanwaltschaft verfügt nach Abschluss der Ermittlungen als Anklagebehörde über das **Anklagemonopol**. Stellt die Staatsanwaltschaft das Verfahren also ein, findet ein Strafverfahren grundsätzlich nicht statt. Kommt es zur Anklage, sind die ermittelnden Polizeibeamten oft Zeugen für Feststellungen im Ermittlungsverfahren und werden deshalb zur Gerichtsverhandlung geladen. Im Ergebnis findet sich hier auch eine Form der Kontrolle polizeilicher Arbeit, indem eine Bewertung der vorgelegten Beweismittel erfolgt. In der Anklage wird der angeklagte Fall vielfach nicht vom ermittelnden Staatsanwalt vertreten, sondern von einem Sitzungsvertreter, der die Anklage vertritt. Lediglich bei komplizierteren Verfahren wird versucht, das die Anklage auch von dem ermittelnden Staatsanwalt vertreten wird.

Nach Abschluss des Hauptverfahrens ist die Staatsanwaltschaft für die **Strafvollstreckung** zuständig, soweit nicht die Gerichte, Justizvollzugsanstalten oder andere Stellen für Entscheidungen bzw. Maßnahmen in der Strafvollstreckung zuständig sind. Die Staatsanwaltschaft kümmert sich also darum, dass das Verfahren seinen Abschluss durch Zahlung von Geldstrafen, Strafhaft pp. erhält. Die rechtliche Grundlage hierzu ergibt sich aus $ 451 StPO.

## 9.2. Aufgaben der Polizei

Die Polizei hat bei Kenntnisnahme von Straftaten ebenfalls die Pflicht strafverfolgend tätig zu werden. Dies ergibt sich aus dem Legalitätsprinzip nach § 163 StPO. Sie hat wie die Staatsanwaltschaft den Sachverhalt objektiv zu ermitteln und deshalb alle belastenden und entlastenden Beweise zu erheben.

Aus der Sachleitungsbefugnis der Staatsanwaltschaft ergibt sich, dass die Polizei in der Gestaltung eines Ermittlungsverfahrens nicht frei ist. Vielmehr sind die Anforderungen der Staatsanwaltschaft zu beachten. Insofern entfalten die bereits genannten **RiStBV**, die sich eigentlich an die Staatsanwaltschaft wenden, eine mittelbare Wirkung für die Polizei und auch für den Ermittlungsrichter. Zur Optimierung der Zusammenarbeit zwischen Staatsanwaltschaft und Polizei gibt es eine Vielzahl von **Verwaltungsanordnungen und Verwaltungsvereinbarungen**, die von der Polizei im Ermittlungsverfahren zu beachten sind.[160]

In Verfahren der kleinen und mittleren Kriminalität agiert die Polizei zwar weitgehend eigenständig, kann aber durch nachträgliche Anweisungen der Staatsanwaltschaft (Requisitionen) zu weiteren Ermittlungen gezwungen werden. Das Recht trägt dieser Praxis unter anderem dadurch Rechnung, dass die meisten Ermittlungshandlungen und Zwangsbefugnisse von der Polizei auch eigenständig durchgeführt werden dürfen, es besonderer Anordnungen durch die Staatsanwaltschaft nicht bedarf. Je nach Eingriffsschwere sind die Eingriffsbefugnisse dann jedoch stufig gestaltet, so dass bestimmte Anordnungen durch

[159] Die vollständigen Richtlinien mit Anhängen sind abgedruckt in: Meyer-Goßner, Strafprozessordnung
[160] Möllers: Wörterbuch der Polizei, S. 1524, 1525

Ermittlungspersonen der Staatsanwaltschaft[161] (früher Hilfsbeamte der Staatsanwaltschaft), andere nur durch die Staatsanwaltschaft oder den Richter getroffen werden können.

## 9.3. Aufgaben des Ermittlungsrichters

Ermittlungsrichter sind im Ermittlungsverfahren für die **Vornahme erster richterlicher Untersuchungshandlungen** zuständig. Da eine Vielzahl von Maßnahmen dem so genannten Richtervorbehalt unterliegen (Anordnung von Wohnungsdurchsuchungen, Erlass von Haftbefehlen pp.), diese Maßnahmen jedoch bereits im Ermittlungsverfahren anfallen, ist die Richtertätigkeit im Ermittlungsverfahren erforderlich. Rechtliche Grundlage ist § 162 StPO.

Der Ermittlungsrichter wird grundsätzlich nur auf Antrag der Staatsanwaltschaft tätig.[162] Werden entsprechende Anträge der Staatsanwaltschaft gestellt, entscheidet der Ermittlungsrichter niemals über die Zweckmäßigkeit einer ersuchten Maßnahme, sondern lediglich über deren rechtliche Zulässigkeit.

In besonderen Fällen werden vom Ermittlungsrichter auch **richterliche Vernehmungen** im Ermittlungsverfahren durchgeführt. Dieses ist dann erforderlich, wenn die Vernehmung einer besonderen Absicherung bedarf und unbedingt in das Hauptverfahren einzuführen ist. Regelmäßig ist dies der Fall bei besonders belastenden Aussagen durch Personen, die im späteren Hauptverfahren nicht mehr zur Verfügung stehen bzw. nicht zur Verfügung stehen könnten. (z.B. Personen die abgeschoben werden sollen, oder mit deren Ableben zu rechnen ist).

[161] Siehe hierzu § 152 GVG

[162] Eine Ausnahme ist der Ermittlungsrichter als Notstaatsanwalt, wenn ein Staatsanwalt nicht zur Verfügung steht und Gefahr im Verzuge besteht. Siehe hierzu § 165 StPO. In der Praxis ist dies jedoch in der Regel irrelevant, da die Staatsanwaltschaften über Bereitschaftsdienste auch außerhalb der allgemeinen Bürozeiten verfügen.

## 10. Der Tatort

Der Tatort gilt zu Recht als eine der wichtigsten Erkenntnisquellen der Kriminalistik. Bei aller technischen Weiterentwicklung hat die Bedeutung des Tatortes nicht abgenommen, sondern noch zugenommen. Am Tatort hat der Täter gehandelt, weitgehend oder vollständig seinen Erfolg erzielt, quasi seine „Handschrift“ hinterlassen. Kein anderer Ort bietet so sichere und umfangreiche zielgerichtete Informationen zur Tat und zum Täter, man muss den Tatort allerdings lesen können. Damit die Lesbarkeit erhalten bleibt, ist eine sorgfältige Behandlung aller seiner Facetten erforderlich. Zerstörte oder gelöschte Informationen sind meist unwiederbringlich verloren.

### 10.1. Begriffsklärungen zum Tatort

Bei der Definition des Tatortes unterscheidet man den Tatort im strafrechtlichen und kriminalistischen Sinne.

Die **strafrechtliche Tatortdefinition** ergibt sich aus **§ 9 StGB**. Es handelt sich um die so genannte Legaldefinition. Danach ist eine Tat an jedem Ort begangen, an dem der Täter gehandelt hat oder im Falle des Unterlassens hätte handeln müssen oder an dem der zum Tatbestand gehörende Erfolg eingetreten ist oder nach der Vorstellung des Täters eintreten sollte.

Der strafrechtliche Tatortbegriff enthält also drei Prinzipien: Zum Einen die so genannte **Tätigkeitstheorie**, nach der ein Tatort immer dort ist, wo der Täter oder Teilnehmer gehandelt hat oder hätte handeln müssen. Zum Zweiten handelt es sich um die **Erfolgstheorie**, wonach ein Tatort auch dort gesehen wird, wo der strafrechtliche Erfolg einer Handlung oder Unterlassung eingetreten ist. Zum Dritten gilt das Prinzip der **Distanztheorie**, wonach als Tatort auch gilt, wo der strafrechtliche Erfolg nach der Vorstellung des Täters hätte eintreten sollen.

**Beispiel:** Im IC-Zug-Restaurant mischt A. seiner Bekannten B. Gift in ein Getränk. Er plant, dass B. nach ca. 180 Minuten, nachdem B. den Zug verlassen und die eigene Wohnung erreicht hat, stirbt. Tatsächlich wirkt das Gift schneller, so dass B. bereits im Bahnhof nach Verlassen des Zuges stirbt.

Jedes der im Beispiel genannten Orte ist Tatort i.S. von § 9 StGB.

Die **kriminalistische Tatortdefinition** geht weiter als der strafrechtliche Tatortbegriff. Kriminalistischer Tatort ist jeder Ort, an dem sich kriminalistisch und strafrechtlich relevante Sachverhalte ereignet haben. Es geht also um alle die Orte, an denen sich der Täter vor, während oder nach der Tat aufgehalten hat, wo er gehandelt hat oder hätte handeln müssen, an denen Spuren hinterlassen wurden oder hätten hinterlassen werden müssen. Der kriminalistische Tatort wird deshalb weiter in den Tatort im engeren und im weiteren Sinne unterschieden.

**Tatort im engeren Sinne** ist der Ort, an dem das Kerntatgeschehen, die unmittelbare Tat stattgefunden hat. Man bezeichnet dies auch als **Haupttatphase**.

**Tatort im weiteren Sinne** sind alle Örtlichkeiten, die mit dem Hauptereignis in einem irgendwie gearteten Zusammenhang stehen. Es geht also nicht um das Kerntatgeschehen, sondern beispielsweise auch um Orte wo Vorbereitungshandlungen stattfinden, die Annäherungswege an den engeren Tatort, die Fluchtwege, der Umgang mit Tatbeute und Tatwerkzeugen nach der Kerntat pp. Dieses wird auch als **Vortat- und Nachtatphase** bezeichnet.

In der kriminalistischen Literatur[163] findet sich teilweise eine weitere Differenzierung. Danach wird neben dem strafrechtlichen und kriminalistischen Tatort noch der **Ereignisort** aufgeführt. Als Ereignisort wird jeder Ort bezeichnet, an dem ein polizeilich bedeutsames Ereignis geschieht. Für die praktische kriminalistische Arbeit erscheint dieser zusätzliche Tatortbegriff jedoch eher entbehrlich.

## 10.2. Funktion und Bedeutung des Tatortes

Die Notwendigkeit des weiteren kriminalistischen Tatortbegriffes gegenüber dem strafrechtlichen Tatortbegriff liegt in den **unterschiedlichen Funktionen** begründet. Durch den kriminalistischen Tatortbegriff können alle die Orte erfasst werden, wo sich Sach- oder Personenbeweise zu Tat und Täterschaft finden lassen. Der kriminalistische Tatort dient der Verdachtsgewinnung und der Überprüfung gebildeter Hypothesen über Tat und Täter. Er erfüllt damit wesentliche Funktionen in der kriminalistischen Arbeit. Die Gewähr für diese Funktionalität bietet der strafrechtliche Tatortbegriff nicht. Der strafrechtliche Tatortbegriff hat die Funktion örtliche und sachliche Zuständigkeiten von Staatsanwaltschaften und Gerichten bestimmen zu können, der kriminalistische Tatort soll demgegenüber Ermittlungsansätze zur Feststellung von Tat und Täter liefern.

Die **Bedeutung des Tatortes** unterscheidet sich nach der zu erwartenden Spurenlage von Delikt zu Delikt. So gibt es typische Tatortdelikte mit einem hohen Spurenaufkommen, wie z.B. Körperverletzungen, Tötungsdelikte, Sexualstraftaten, Branddelikte, Unfälle pp. Hier lassen sich regelmäßig umfangreiche Spurenlagen finden. Andererseits gibt es spurenarme Delikte, die entweder nur eine geringe oder keine **Tatortrelevanz** besitzen, z.B. Formen der Betrugsdelikte, Formen der Unterschlagung, Beleidigungen, Verletzung der Unterhaltspflicht, Aussagedelikte.

## 10.3. Veränderungen am Tatort

Tatorte als Fundorte relevanter Spuren und Beweise unterliegen durch äußere und innere Einflüsse der sofort einsetzenden und permanent andauernden Veränderung. Man spricht hier von der **Vergänglichkeit der Tatortsituation**, welche die Tataufklärung in der Folge ernstlich in Frage stellen kann.

Bei den Einwirkungen, die einen Tatort verändern, kann es sich handeln um:

- Täter oder Tatbeteiligte die ggf. die Tat, das Tatgeschehen oder die Täterschaft verschleiern wollen,
- Verhalten unbeteiligter Dritter (Schaulustige),
- Verhalten eigener oder unterstützender Kräfte (z.B. durch Gefahrenabwehrmaßnahmen),
- Verkehrsmittel, soweit der Tatort im öffentlichen Verkehrsraum liegt (z.B. Bahnübergänge),
- Witterungseinflüsse, durch die Spuren verändert, unbrauchbar oder vernichtet werden,
- Tierfraß oder das Verschleppen von Gegenständen durch Tiere
- natürliche Veränderungen durch Zeitablauf (z.B. Leichenveränderung durch Fäulnis)

Auf Grund der Vergänglichkeit des Tatortes ist **Tatortarbeit Eilsache**. Ziel aller sofort einzuleitenden Maßnahmen muss es sein, bestmögliche Bedingungen für die Aufnahme der Beweise zu schaffen.
Sofern Veränderungen am Tatort festgestellt werden, sind diese zur Vermeidung von Beurteilungsfehlern zwingend zu dokumentieren.

[163] Siehe Clages in Ackermann / Clages / Roll: Handbuch der Kriminalistik, S. 47

## 10.4. Der Erste Angriff

Der Erste Angriff umfasst alle unaufschiebbaren Feststellungen und Maßnahmen die beim Vorliegen des Verdachts einer Straftat durch die Polizei getroffen werden, um die Straftat aufzuklären und Gefahren abzuwehren. Der Erste Angriff wird unterschieden in den **Sicherungsangriff und Auswertungsangriff**, dabei geht der Sicherungsangriff dem Auswertungsangriff voraus.

Grundsätzlich sind Sicherungsangriff und Auswertungsangriff zwei voneinander abgrenzbare kriminalistische Arbeitseinheiten, die von unterschiedlichen Kräften getrennt voneinander wahrgenommen werden. Bei einfachen Straftaten werden allerdings vielfach Sicherungs- und Auswertungsangriff von denselben Kräften wahrgenommen, so das die Trennung nur theoretischer Natur ist. Allerdings lohnt es sich auch in solchen Fällen stufig vorzugehen, um die Systematik kriminalistischen Arbeitens beizubehalten und Fehler zu vermeiden.

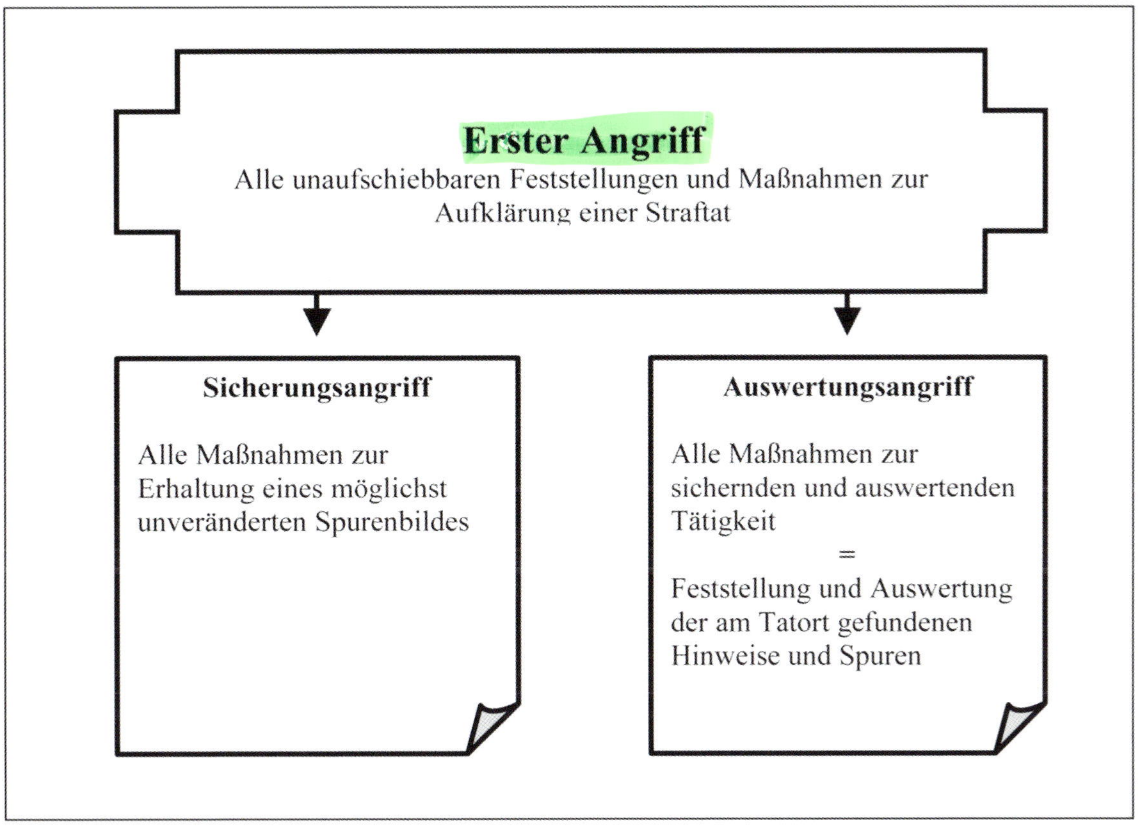


Abb. 25: Erster Angriff

### 10.4.1. Sicherungsangriff

Der Sicherungsangriff ist die **erste Phase des Ersten Angriffs** und beinhaltet die Kenntnisnahme des relevanten Sachverhaltes durch die Polizei und die Einleitung von Sofortmaßnahmen zur Sicherung des Tatortes. Der Sicherungsangriff wird in der Regel dann beendet, wenn Fachkräfte oder Spezialisten am Tatort eintreffen und diesen übernehmen.[164]

**Ziel** des Sicherungsangriffs ist die **Konservierung des Tatortes**, um für den anschließenden Auswertungsangriff ein möglichst unverändertes Spurenbild zu erhalten.

[164] Leonhardt / Roll / Schurich: Kriminalistische Tatortarbeit, S. 19

Sofern der Tatort gleichzeitig Ausgangspunkt für Gefahren ist, oder sich am Tatort verletzte Personen befinden, ergibt sich für die einschreitenden Polizeibeamten ein Zielkonflikt, der im Grundsatz zugunsten der Gefahrenabwehr aufzulösen ist. Trotzdem ist zu versuchen, offensichtlich gefährdete Beweismittel zu schützen, Zeugen und Auskunftspersonen festzustellen sowie ggf. Fahndungsmaßnahmen einzuleiten. Die durch die Gefahrenabwehr bedingten Veränderungen des Tatortes sind zu dokumentieren.

#### 10.4.1.1. Maßnahmen des Sicherungsangriffs im Detail

Die Maßnahmen des Sicherungsangriffes beginnen häufig mit dem, teils fernmündlichen, **Eingang der Ereignismeldung**.

Die hierzu **benötigten Informationen** sind vom entgegennehmenden Beamten zu erheben:

- Name, Anschrift und Erreichbarkeit des Anrufers,
- Sachverhaltsschilderung mit ggf. notwendigen Details,
- Rolle des Anrufers (Zeuge, Geschädigter, Täter),
- Genaue Zeitangaben zur Beobachtung,
- Genaue Örtlichkeit des Ereignisortes,
- Bereits veranlasste Maßnahmen (z.B. Verständigung Rettungswagen, Feuerwehr pp.).

Neben der Informationsaufnahme sind dem Anrufer orientiert am Einzelfall **Verhaltenshinweise** zu geben:

- Verbleiben des Anrufers am Ereignisort mit weiterer Beobachtung des Geschehens erbitten und dazu möglichst die Fernsprechverbindung aufrecht erhalten,
- Hinweis keine Veränderungen vorzunehmen,
- Sofern möglich Sicherung des Ereignisortes vornehmen lassen,
- Eintreffen der Polizei abwarten und diese einweisen.

Bestehen im Einzelfall Zweifel an der Ernsthaftigkeit der Mitteilung, so sollte zum Zwecke der Überprüfung des Sachverhaltes, aber auch des Anrufers ein **Rückruf** stattfinden. Dabei ist mit der notwendigen Sensibilität vorzugehen,

Nach Entgegennahme der Ereignismeldung sind **Einsatzkräfte an den Einsatzort zu entsenden**. Im Regelfall wird es sich um Einsatzkräfte der eigenen Dienstgruppe handeln, die als erstes zum Einsatzort entsandt werden.

Die eingesetzten Kräfte haben bereits auf der **Anfahrt zum Tatort auf tatbezogene Umstände zu achten**, da nicht auszuschließen ist, dass Täter oder andere Beteiligte des Vorfalls sich bereits vom Tatort entfernt haben und der Polizei entgegen kommen.

Zu prüfen ist auch, ob der **Einsatz von Sondersignalen** sinnvoll oder kontraproduktiv ist, sowie ob mit den Einsatzfahrzeugen direkt bis zum Tatort gefahren wird, oder eine verdeckte **Abstellung der Einsatzfahrzeuge** erfolgt.

Die **Grundsätze der Eigensicherung** sind nicht nur bei der unmittelbaren Arbeit am Ereignisort, sondern bereits auf der Anfahrt zu beachten.

Auf der Anfahrt sind die eingesetzten Kräfte ggf. laufend über die **Lageentwicklung zu informieren**. Dabei ist zu berücksichtigen, dass der Funkverkehr ggf. von Täterseite, aber auch von Medienvertretern mitgehört und ausgewertet wird.

Nach Eintreffen am Ereignisort ist sich als Erstes ein **Überblick zu verschaffen**. Da es darum geht zunächst keine Spuren zu vernichten, gilt der Grundsatz: „Nichts anfassen, erst überlegen, dann handeln.“ Dabei ist in jeder Hinsicht Ruhe zu bewahren, da sich Hektik und Nervosität auf andere Anwesende übertragen können.

**Gefahrenabwehrmaßnahmen** sind bevorzugt zu treffen. Verletzten ist **Erste Hilfe zu leisten** und die notwendige ärztliche Versorgung ist zu veranlassen. Gehen von einem Tatort besondere Gefahren für Leib oder Leben von Personen oder auch Sachen aus, sind die notwendigen Gefahrenabwehrmaßnahmen zu treffen (z.B. Räumen eines Gefahrenbereiches, Sperrung von Gas- oder Wasserleitungen, Abschalten von Strom pp.). Beim Zusammentreffen von Gefahrenabwehr- und Strafverfolgungslagen (so genannte Gemengelagen) hat eine Güterabwägung stattzufinden, welches Handeln Priorität genießt. Im Grundsatz gehen Gefahrenabwehrmaßnahmen, und damit die Erste Hilfe, vor Strafverfolgungsmaßnahmen. Eine besondere Problematik ergibt sich immer dann, wenn nicht eindeutig zu erkennen ist, ob Maßnahmen der Ersten Hilfe bei einer Person erforderlich sind oder nicht (z.B. Abgrenzung bei leblosen Personen: Verletzter oder Toter?). Im Zweifelsfall kann eine solche Abwägung immer nur zugunsten der Ersten Hilfe ausgehen. Spuren, die durch Ersthelfer und Ärzte gelegt werden, sind kenntlich zu machen und zu dokumentieren.

Beim Transport von Verletzten in Krankenhäuser ist an eine **polizeiliche Begleitung** des Transportes zu denken. Dies gilt besonders dann, wenn Tatverdächtige abtransportiert werden, Spurensicherungsmaßnahmen erforderlich sind, eine weitere Gefährdung des Opfers gegeben ist, oder Personen vernommen werden müssen.

Der **Tatort ist unverzüglich abzusperren**. Durch Absperrmaßnahmen soll die Veränderung bereits vorhandener Spuren und das Legen von Trugspuren verhindert werden.

Bei Tatorten im Freien sollte eine möglichst weiträumige Absperrung getroffen werden. Ist der Tatort in einem Gebäude gelegen, ergibt sich die Weite der Absperrung aus den jeweiligen räumlichen Gegebenheiten. Bei der Festlegung des Absperrbereiches sind die Annäherungs- und Fluchtwege des Täters zu berücksichtigen.

Sobald die Absperrung steht, ist der abgesperrte Bereich von Unberechtigten zu räumen und freizuhalten. Für das Betreten des abgesperrten Tatortbereiches ist ein so genannter **„Trampelpfad“ einzurichten**. Es handelt sich um einen gekennzeichneten Bereich im Tatort, der von den Einsatzkräften betreten werden kann, ohne dass mutmaßliche oder erkennbare Spuren beeinträchtigt werden. Trotz dieses Trampelpfades sollte die Zahl der Personen, die den Tatortbereich betreten weitestgehend reduziert werden. Dies gilt auch für polizeiliche Vorgesetzte. Kommt es zu Veränderungen, sind diese zu dokumentieren.

**Am Tatort sind Tatverdächtige zu identifizieren, ggf. zu verfolgen, festzunehmen und zu durchsuchen. Fahndungsmaßnahmen sind erforderlichenfalls einzuleiten.** Werden Tatbeteiligte vor Ort angetroffen, ist die Art ihrer Beteiligung zu ermitteln. Bei Identitätsfeststellungen und Personenüberprüfungen sind die polizeilichen und nichtpolizeilichen Informationssysteme zu nutzen. Tatverdächtige sind soweit möglich einer **ersten Vernehmung** zu unterziehen, insbesondere mit der Zielrichtung Ansatzpunkte für weitere Sofortmaßnahmen zu gewinnen.

Bei der Einleitung von Fahndungsmaßnahmen nach flüchtigen Personen gilt der Grundsatz, dass der Tatort grundsätzlich nicht verlassen wird, sondern gesichert sein muss. Die Tatortsicherung geht insoweit vor Festnahme flüchtiger Tatverdächtiger.

Soweit erforderlich, sind **unaufschiebbare körperliche Untersuchungen** bei Tatverdächtigen und Zeugen zu veranlassen. Hierzu gehören insbesondere Maßnahmen zur Feststellung von Alkohol- und Drogeneinflüssen.

**Gefährdete Spuren** sind vor Umwelteinflüssen und anderen Beeinträchtigungen zu **schützen bzw. zu sichern**. Neben der Absperrung sind regelmäßig Maßnahmen zum Schutz der vorhandenen Spurenlage zu treffen. Dies kann beispielsweise durch das Abdecken von Spuren geschehen, um sie vor Umwelteinflüssen zu schützen. Weiter kommt die fotografische Sicherung in Betracht. Auch die Beschreibung einer Spur ist im Einzelfall geeignete Sicherungsmethode. Bei akut gefährdeten Spuren ist ggf. eine **Notsicherung der Spur** vorzunehmen. Unter Notsicherung versteht man die fotografische und kriminaltechnische Sicherung einer Spur während des Sicherungsangriffes. Sie wird durchgeführt, wenn der Schutz der Spur nicht bis zum Eintreffen von Spezialkräften gewährleistet werden kann.

**Beispiel:**
Schuhspur im Schnee bei beginnendem Tauwetter.

Bei einer Notsicherung ist auf folgende **Dokumentationsanforderungen** zu achten:
- Wer hat die Spur gesichert ?
- Womit und mit welchem Verfahren wurde die Spur gesichert ?
- Welcher Spurenträger lag vor ?

Veränderungen am Tatort sind selten völlig auszuschließen, da schon aus gefahrenabwehrenden Gründen oft gehandelt werden muss (z.B. Absperren von Gas- oder Stromleitungen). In diesen Fällen sind **unvermeidbare Veränderungen eindeutig zu kennzeichnen**. Die Veränderungen sollten jedoch auf das absolut erforderliche Maß beschränkt werden. Die Dokumentation ist entsprechend sorgfältig zu betreiben.

Damit diesen Anforderungen möglichst weitgehend entsprochen wird gilt:
- Nichts aufräumen oder aus dem Weg räumen.
- Fenster auch bei unangenehmen Gerüchen geschlossen halten.
- Nichts unnötig anfassen
- Am Tatort vorhandene Telefone, Toiletten und Wascheinrichtungen sind nicht zu benutzen.
- Keine Entsorgung eigener Abfälle.
- Für Raucher gilt: Rauchverbot!
- Leichen unverändert lassen. Ausnahme: Wasserleichen müssen geborgen werden. Tote in öffentlichen Verkehrsmitteln oder im öffentlichen Verkehrsraum müssen ggf. schnell aus diesem Bereich entfernt werden.

Am Tatort sind vorhandene **Zeugen festzustellen, zu trennen und zu befragen**. Zeugen entfernen sich schnell vom Tatort, wenn sie glauben nicht gebraucht zu werden, selber keine Zeit haben oder für sich selbst die wesentlichen Informationsbedürfnisse gestillt sind. Deshalb ist eine Zeugensuche schnell und aktiv zu betreiben. Soweit Zeugen nicht in der Lage sind am Tatort für weitere Maßnahmen zu verbleiben, bzw. ihnen dies nicht zugemutet werden kann, ist als Mindestmaß die Personalienfeststellung sicherzustellen und die Erreichbarkeit der Zeugen zu dokumentieren.

Die Wahrnehmung von Zeugen kann durch die Äußerungen von anderen Zeugen, aber auch von Polizeibeamten beeinflusst werden. Um diese Beeinflussung zu vermeiden, möglichst unbeeinflusste Wahrnehmungen zu erhalten, sollen Zeugen voneinander getrennt werden und getrennt voneinander befragt werden. Eigene Einschätzungen und Vermutungen zum Sachverhalt sollten durch Polizeibeamte nicht gemacht werden.

Am Tatort oder in Tatortnähe befindliche **verdächtige Fahrzeuge sind festzustellen**. Grundsätzlich muss davon ausgegangen werden, dass der oder die Täter den Tatort irgendwie erreichen mussten. Im oder am Fahrzeug können ggf. Beweismittel zur Tat gefunden werden, so z.B. Unterlagen die auf Planungen hinweisen, entsorgte Tatmittel oder Tatbeute pp. Sind Täter nicht mehr vor Ort, ist nicht sicher, dass sie ihr ursprüngliches Fluchtmittel benutzen konnten. War der Zugang in der Eile des Geschehens verwehrt, sind Fluchtmittel manchmal noch vor Ort und ermöglichen eine Identifizierung der Täter.

Sind alle notwendigen Sofortmaßnahmen getroffen, ist der **Tatort bis zum Eintreffen der Auswertungskräfte nicht zu verlassen und an diese zu übergeben**. Um diesen Zeitraum möglichst kurz zu halten, sind die notwendigen Kräfte möglichst unverzüglich zu benachrichtigen. Eine genaue Beschreibung zur Lage des Tatortes und zur Anfahrt des Tatortes sollte übermittelt werden. Der Tatort muss durchgängig in der Obhut der Polizei bleiben, so dass sichergestellt ist, dass spätere Beweislagen nicht auf nachträglich entstandenen Beweislagen beruhen können.

**Beispiel:** In der späteren Gerichtsverhandlung wird vom Verteidiger gegenüber der Polizei die Frage aufgeworfen, ob das Tatwerkzeug mit den belastenden Fingerabdrücken seines Mandanten, wie von ihm vorgetragen auch nach Eintreffen der Polizei an den Tatort gelangt sein kann. Da die Polizeibeamten den Tatort nicht durchgehend in Obhut, sondern verlassen hatten, kann dies nicht ausgeschlossen werden. Das Beweismittel wird im Zweifelsfall nicht zum Beweis der Täterschaft herangezogen werden können.

**Sind die für die Tatortuntersuchung und –auswertung zuständigen Kräfte eingetroffen, sind diese umfangreich über bisher getroffene Feststellungen, Maßnahmen und Veränderungen zu informieren**. Die Übergabe des Tatortes erfolgt mündlich persönlich durch den zuständigen Leiter / der zuständigen Leiterin des Sicherungsangriffs. Dabei ist eine umfassende Einweisung der Kräfte des Auswertungsangriffes sicherzustellen. Dazu bietet es sich an, auf dem zuvor eingerichteten Trampelpfad durch den Tatort zu gehen und die Kräfte an der jeweiligen Stelle über die Details zu informieren. Dadurch soll gewährleistet werden, dass die anschließende Auswertung ohne Informationsverluste unmittelbar fortgeführt werden kann.

Die Kräfte des Sicherungsangriffs bleiben dem/der Leiter/in des Auswertungsangriffs grundsätzlich zur Durchführung weiterer Maßnahmen unterstellt. Sie verbleiben bis auf weiteres am Tatort und werden hier auf Weisung in der weiteren Tatortarbeit tätig.

#### 10.4.1.2. Fehlerquellen im Sicherungsangriff

Der Sicherungsangriff beinhaltet eine Vielzahl von möglichen Fehlerquellen. Als wesentlichste Fehlerquellen[165] gelten:

- Nicht ausreichende Absperrmaßnahmen, durch die es Unbefugten gelingt Täterwissen zu erlangen und dieses Wissen zu transportieren. Die mangelnden Absperrmaßnahmen können auch dazu führen, dass nachträglich Spuren gelegt werden, die irrigerweise dem Tatgeschehen zugerechnet werden (Trugspuren).

  **Beispiele:**
  Medienvertreter gelangen unbefugt an den Tatort und veröffentlichen Kerninhalte über Zeitungen oder Fernsehreportagen.
  Zuschauer gelangen an den Kerntatort und hinterlassen dort Zigarettenkippen, an denen entsprechendes DNA-Material festgestellt wird.

- Oberflächliche Spurenschutzmaßnahmen führen zu Witterungseinflüssen und damit zur Veränderung und Nichtauswertbarkeit von Spuren.

  **Beispiel:**
  Fußspuren im Erdreich werden bei Regenwetter nicht abgedeckt und dadurch zerstört.

- Zeugenfeststellungen werden nicht getroffen, Zeugen nicht voneinander getrennt, so dass wesentliche Informationen verloren gehen.

[165] Jaeger: Der Tatort, in: Beleke (Hrsg.): Kriminalistische Kompetenz, Ziff. 6.2.6.1

**Beispiele:**
Personalien weiterer Zeugen werden vor Ort nicht festgestellt, da es „genügend“ Zeugen gibt. Im Nachhinein zeigen diese Aussagen Wahrnehmungs- und Erinnerungsmängel pp. Oder: Die nicht getrennte Befragung von Zeugen führt zur Anpassung von Zeugenaussagen, weil die bei einer Vernehmung mithörenden Zeugen meinen sich geirrt zu haben. Tatsächlich irrt der erste vernommene Zeuge.

- Die Vornahme von Veränderungen am Tatort wird nicht dokumentiert, so dass später die Ursprungsverhältnisse nicht rekonstruiert werden können.

**Beispiel:**
Nach einer Schlägerei unter Jugendgruppen im Bahnhofsbereich werden bei verschiedenen Verletzten offensichtlich verwendete Waffen und Messer gefunden. Im Rahmen der Erste-Hilfe-Maßnahmen werden die Gegenstände abgenommen und zentral abgelegt, die Besitzverhältnisse jedoch nicht dokumentiert. Im Nachhinein können die Messer und Waffen keinen konkreten Personen mehr zugeordnet, der Sachverhalt nicht aufgeklärt werden.

- Fahndungsmaßnahmen werden zeitlich zu spät eingeleitet, so dass Fahndungsmaßnahmen keinen tatsächlichen Erfolg mehr herbeiführen können.

**Beispiel:**
Eine Tatortbereichsfahndung wird erst erlassen, nachdem der Täter bereits 30 Minuten flüchtig ist. Die Polizeikräfte hätten die Fahndung jedoch bereits nach 10 Minuten erlassen können. Hier wird dem Täter ein unnötiger Zeitvorsprung gelassen, so dass er im entsprechenden Fahndungsbereich kaum noch aufhältlich sein wird.

- Es werden unzureichende Personenbeschreibungen aufgenommen, so dass die Personenbeschreibung auf zu viele Personen zutrifft und damit Unbeteiligte in die Überprüfung mit einbezogen werden

**Beispiel:**
Polizeibeamte geben sich mit den allgemein gehaltenen Personenbeschreibungen durch Zeugen zufrieden und erlassen daraufhin eine Fahndung. Das gezielte Nachfragen nach möglichen weiteren Beschreibungsmerkmalen unterbleibt. Dadurch wird das Verdachtsraster zu groß.

### 10.4.2. Auswertungsangriff

Der Auswertungsangriff bildet den zweiten Teil des Ersten Angriffs und schließt nahtlos an den Sicherungsangriff an. Er beginnt mit der Übernahme des Tatortes durch die sachbearbeitende Dienststelle und beinhaltet die eigentliche Tatortarbeit (Tatortbefundaufnahme) durch Sicherung, Besichtigung und Untersuchung des Tatortes, Ermittlungen zu wahrnehmbaren Spuren und der Dokumentation des objektiven und subjektiven Tatortbefundes.

Je nach Delikt und zu erwartender Spurenlage werden Spezialkräfte (Kriminaltechniker, Erkennungsdienstler, Rechtsmediziner pp.) zur Tatortarbeit hinzugezogen, oder diese Arbeiten auch ohne Hinzuziehung solcher Spezialisten vorgenommen. Welche der nachfolgend aufgeführten Maßnahmen in welchem Umfang tatsächlich getroffen wird, hängt von der Ausgestaltung des jeweiligen Falles ab.

### 10.4.2.1. Auswertungsangriff im Detail

Der Auswertungsangriff beginnt mit dem **Eintreffen der Auswertungskräfte** am Einsatzort und der nachfolgenden **Übernahme des Tatortes**, indem durch den Leiter / der Leiterin des Sicherungsangriffes an den Leiter / die Leiterin des Auswertungsangriffes übergeben und eingewiesen wird. Bei der Übergabe des Tatortes werden Informationen zu den im Sicherungsangriff getroffenen und veranlassten Maßnahmen, zu eventuellen Veränderungen am Tatort und zu den zur Verfügung stehenden Einsatzkräften ausgetauscht.

Nach der Einweisung in den Sachverhalt muss auch im Rahmen des Auswertungsangriff dafür gesorgt werden, dass man sich einen **ersten Überblick verschafft**. Dazu erfolgt eine erste **Inaugenscheinnahme des Tatortes**. Es wird versucht eine erste grobe Einordnung des Geschehens vorzunehmen. Dazu gehört eine Einschätzung, um welche Straftat es sich handelt, ob tatrelevante Spuren vorhanden sind und an welcher Stelle noch Spuren in Betracht kommen können. Hilfreich hierzu ist die bereits unter Ziff. 7.3.2 genannte Kriminalistische Hypothesenbildung. Des Weiteren ist zu prüfen, ob bereits ein Täterverdacht formuliert wurde oder werden kann, und ob Sofortmaßnahmen noch zu veranlassen oder zu ergänzen sind. Im Rahmen der Zeugensuche ist zu überprüfen, wer in irgendwelcher Art und Weise Wahrnehmungen vom Tatgeschehen gemacht haben kann.

Aufgrund der nunmehr vorliegenden Informationen wird eine **erste Beurteilung des Sachverhalts** erfolgen. Hierzu bietet sich als Methode die unter Ziff. 7.3.2 dargestellte **Kriminalistische Hypothesenbildung** oder die unter Ziff. 7.3.3 dargestellte **Kriminalistische Fallanalyse** an. Im Ergebnis ist zunächst zu klären, ob ursprüngliche Einschätzungen zum Sachverhalt richtig waren oder revidiert werden müssen, des Weiteren, ob bestimmte Verdachtslagen vorliegen und wie die dazugehörige Beweislage zu bewerten ist. **Fahndungsmaßnahmen** nach flüchtigen Personen sind ggf. einzuleiten oder zu ergänzen, Maßnahmen zur **Zeugenfeststellung** zu treffen.

Nach Durchführung dieser ersten Grundüberlegungen ist festzulegen, wie die **Tatortarbeit zu organisieren** ist. Dazu sind die Absperrmaßnahmen zu überprüfen und festzustellen, ob weitere Spezialisten für die Bearbeitung vor Ort erforderlich sind.

Die nachfolgende **Tatortbefundaufnahme** soll eine vollständige, objektiv richtige Aufnahme des Tatgeschehens ermöglichen. Dazu bedarf es der notwendigen **Tatsachenfeststellungen** und deren Dokumentation vor Ort. Eine Tatortbefundaufnahme erfolgt durch:[166]

- Fotografie, Vermessung, Skizzierung und Beschreibung des Tatortes und seiner Situationen,
- Suche, Sichtbarmachung und Sicherung materieller Spuren,
- Ermittlung von Zeugen und deren Vernehmung,
- Ermittlung von Tatverdächtigen und deren Vernehmung.

Die beiden erstgenannten Punkte werden dem **objektiven Tatortbefund**, die beiden letztgenannten Punkte dem **subjektiven Tatortbefund** zugerechnet.

Der Tatortbefund wird in weiten Teilen durch eine nichtwertende **Beschreibung der festgestellten Situation** geleistet. Die Beschreibung dieser Situation orientiert sich an der Zweckmäßigkeit. Begonnen wird mit einer **Übersichtsbeschreibung** zur Tatörtlichkeit, so dass sich der Leser des Berichtes einen Eindruck von der Gesamtssituation verschaffen kann. Nach der Übersichtsbeschreibung erfolgt ein **Eingehen auf die jeweiligen Details**, wobei es sich empfiehlt eine bestimmte Systematik zu wählen. So kann man einen Tatort im Uhrzeigersinn beschreiben, in Gebäuden von oben nach unten oder umgekehrt vorgehen, oder auch einen Tatort in Sektoren einteilen (grade bei großflächigen Tatorten wie z.B. Zugunglücken pp.)

---

[166] Ackermann / Clages / Roll: Handbuch der Kriminalistik, S. 58

In der Beschreibung geht man in der Regel vom weiteren zum engeren Tatort, wobei der Weg des Täters zum engeren Tatort in die Beschreibung einfließen sollte. Es folgt eine Beschreibung der räumlichen Situation einschließlich der Situationsverhältnisse und der materiellen Spurenlage. Soweit möglich ist die Art und Weise des Vorgehens des Täters am Tatort mit zu erfassen. Abschließend erfolgt eine Beschreibung, wie der Tater den Tatort verlassen hat.

Die **Erhebung der Spurenlage** soll ebenfalls planmäßig und lückenlos erfolgen. Grundsätzlich bieten sich zur Spurenerhebung zwei Vorgehensweisen an, die heuristische (subjektive) oder die systematische (objektive) Methode.[167]

Bei der **heuristischen Methode** kommt die bereits erwähnte Kriminalistische Hypothesenbildung wieder zum Tragen. Grundlage dieser Methode ist, dass es eine hinreichend bestimmte Wahrscheinlichkeit für einen bestimmten Tatablauf gibt. Unter Zugrundelegung dieser Hypothese wird die Suche auf die sich daraus ergebenden spurentragenden Bereiche beschränkt. Die Anwendung dieser Vorgehensweise ermöglicht eine sehr **gezielte Spurensuche** mit einem relativ geringem Aufwand. Die Gefahr dieser Methode liegt in der möglicherweise fehlerhaften Hypothesenbildung, so dass durchaus vorhandene Spuren nicht erkannt und nicht gesichert werden.

Mit der **systematischen Spurensuche** erfolgt eine Totalerhebung des gesamten Tatortbereiches mit allen vorhandenen Spuren. Es findet eine **lückenlose Spurenerhebung** statt. Die Methode ist mit einem erheblichem Kräfteaufwand verbunden und führt zu einem hohen Spurenaufkommen, das oft in weiten Teilen nicht mit der Tatausführung in Verbindung steht. Wegen des damit verbundenen Gesamtaufwandes wird diese Methode nur bei Kapitaldelikten oder Straftaten mit besonderer Bedeutung angewandt.

Der **Ablauf der Spurenerhebung** stellt sich wie folgt dar: Zunächst muss es zu einer Suche der jeweiligen Spur kommen. Durch die Suche kommt es zum Erkennen von Spuren, hierbei müssen bei latenten Spuren die entsprechenden Hilfsmittel zur Sichtbarmachung eingesetzt werden. Ist die Spur erkannt, muss diese zunächst vor Beeinflussungen aller Art geschützt werden. Sie wird markiert (in der Regel durch Nummerntafeln), und im Anschluss fotografiert. Danach erfolgt eine Beschreibung der Spur für den späteren Spurensicherungsbericht. Die Lage der verschiedenen Spuren zueinander werden ggf. in einer Skizze erfasst. Dann folgt die Spurensicherung im engeren Sinne, in der Regel durch Abnahme oder Mitnahme der Spur ggf. inklusive des jeweiligen Spurenträgers. Beim Transport ist auf eine entsprechend sichere Verpackung zu achten. Über das gesamte Verfahren ist ein Spurensicherungsbericht zu fertigen, der zusammen mit der Spur an die Kriminaltechnik zur weiteren Untersuchung geht. Dort findet schließlich eine Auswertung (Untersuchung) der Spur statt. Das Ergebnis dieser Auswertung geht dann später zur Ermittlungsakte.

[167] Leonhardt / Roll / Schurich, S. 98 ff.

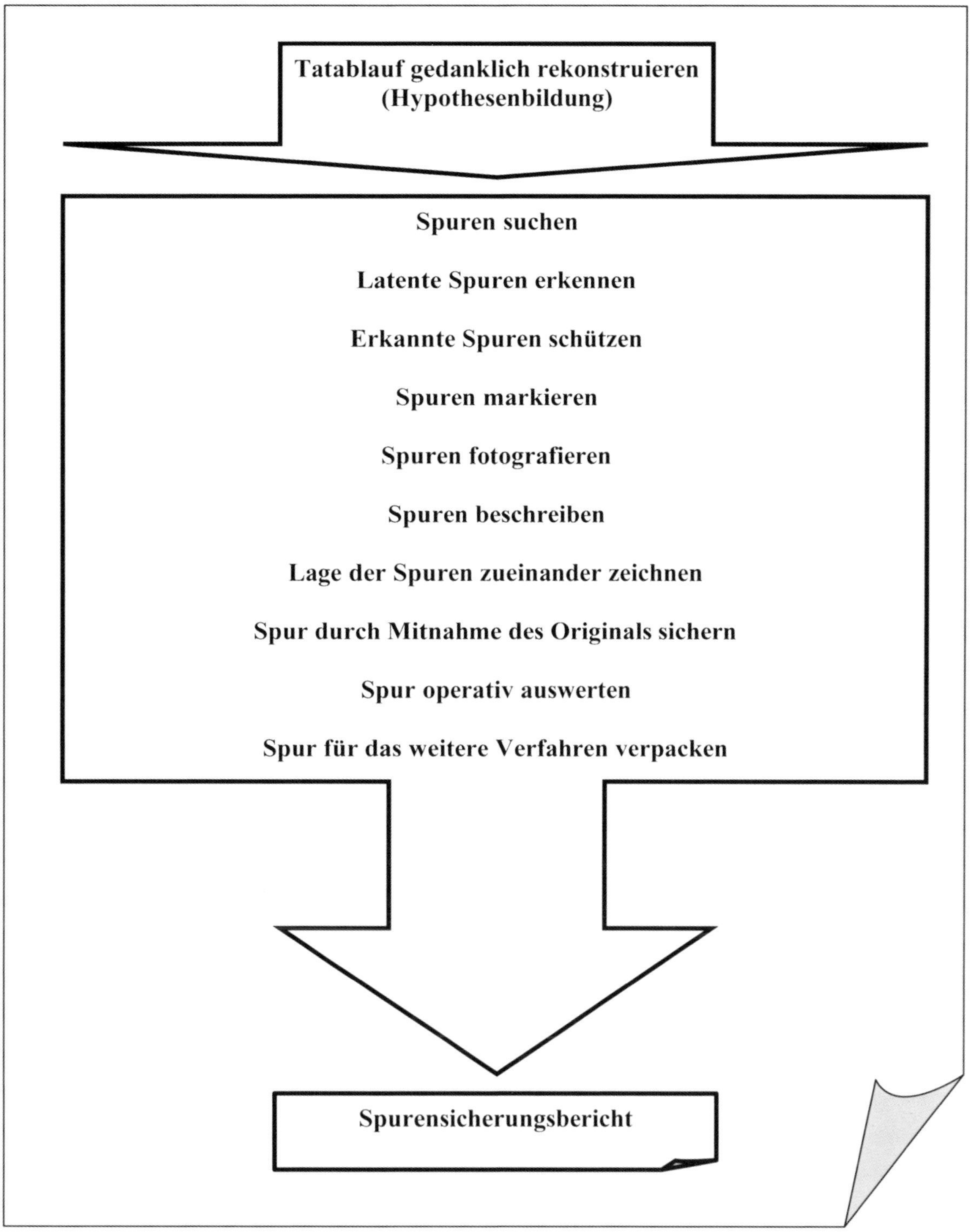


Abb. 26: Spurenerhebung

Abschließend ist ein **Tatortbefundbericht** über den Ersten Angriff zu fertigen. Der Bericht kann sich als ein Gesamtbericht, oder als einen Bericht über den Sicherungsangriff und einen Bericht über den Auswertungsangriff darstellen.

Der Bericht sollte zunächst Aussagen zu den Feststellungen beim Eintreffen am Tatort enthalten. Im Weiteren ist eine Beschreibung des objektiven Tatortbefundes vorzunehmen. Dazu gehört die Beschreibung des Tatortes, des Tatobjektes, des Opfers, der Spurensuche und der Sicherung der Spuren. In einer Beschreibung des subjektiven Tatortbefundes ist eine Darstellung des Tatherganges, eine Beschreibung von Tatumständen, der wesentlichen Zeugenaussagen und eine erste Bewertung in Form eigener Schlussfolgerungen aufzunehmen. Schließlich soll der Bericht alle getroffenen Maßnahmen beinhalten.

Der Tatortbefundbericht dient der strafprozessualen Beweisführung und ist Grundlage für die weiteren kriminaltechnischen Untersuchungen des gesicherten Spurenmaterials.

### 10.4.2.2. Fehlerquellen im Auswertungsangriff

Wie der Sicherungsangriff bietet auch der Auswertungsangriff diverse Fehlerquellen. Als wesentlichste Fehlerquellen[168] stellen sich dar:

- Die unzureichende Spurensuche und –sicherung, die dazu führen kann, dass Tathandlungen oder Täterschaften nicht bewiesen werden können.
- Das vorschnelle Ausscheiden von Spuren als nicht tatrelevant. Dadurch können spätere Entwicklungen nicht mehr überprüft werden.
- Der Verzicht auf Spezialistenhinzuziehung führt ggf. dazu, dass Spuren nicht so behandelt werden, wie es notwendig wäre und damit die Auswertung der Spur nicht mehr gewährleistet ist.
- Die unvollständige Tatortbefundaufnahme kann dazu führen, dass Rekonstruktionen des Tatgeschehens nicht mehr möglich sind. Einlassungen beteiligter Personen sind dann ggf. nicht überprüfbar.
- Die mangelhafte Dokumentation macht eine Nachvollziehen der zusammengetragenen Ergebnisse schwierig bis unmöglich und lässt schließlich einige Ermittlungsergebnisse ggf. als zweifelhaft dastehen.

## 10.5. Besonderheit mobiler Tatorte

Die Zuständigkeiten der Bundespolizei bedingen, dass man es immer wieder mit Sonderformen der Tatortgestaltung zu tun hat. Im Grenzverkehr kommt es zu Schleusungs- und Schmuggelhandlungen, teilweise mit Kraftfahrzeugen die über extra für diesen Zweck präparierte Hohlräume verfügen. Im Bereich der Flughäfen wird die Bundespolizei mit Auseinandersetzungen konfrontiert, die ihren Ursprung im jeweiligen Luftfahrzeug haben, und im Bereich der Bahn sind es eine ganze Anhäufung von Straftaten, die nicht nur im Bahnhofsbereich von im Umfeld wohnenden Tätern begangen werden, sondern zahlreiche Taten werden in den Zügen der Deutschen Bundesbahn während der Fahrt begangen oder haben hier ihre Auswirkungen. Die Beispiele ließen sich umfangreich fortsetzen. Das Phänomen um das es hier geht, ist das von mobilen Tatorten.

Die Ausführungen vom Ersten Angriff müssen in diesen Fällen entsprechend, aber mit einer **hohen Flexibilität** umgesetzt werden.

Beginnend mit dem Eingang der Meldung zeigen sich schon ganz andere Umstände. Die Mitteilung über begangene Straftaten beispielsweise im Bereich der Bahn, gehen der Bundespolizei vielfach nicht direkt zu, sondern werden von den Fahrgästen an das Personal der Bahn und von dort wiederum ggf. über weitere Stationen an die Einsatzleitstelle der Bundespolizei herangetragen. Entsprechende **Informationsverluste** sind die Folge, Steuerungsmöglichkeiten über Anweisungen an den Anrufer sind weitegehend aussichtslos.

Entsprechendes gilt für die **Entsendung von Einsatzkräften**. Es sind in der Regel die nächsten vom jeweiligen Zug anzulaufenden Bahnhöfe, wo es dann zum Polizeieinsatz kommt. In der Zwischenzeit hat der Zug erhebliche Wegstrecken zurückgelegt. Er findet sich nur mit dem **„Teiltatort“ Zug** im Zielbahnhof ein, der weitere Tatort ist zunächst weder konkretisierbar,

[168] Jaeger: Der Tatort, in: Beleke (Hrsg.): Kriminalistische Kompetenz Ziff. 6.2.6.2

noch im unmittelbaren Zugriff vorhanden. Dies gilt gerade bei Straftaten, die aus dem Zug herauswirken oder von außen auf den Zug einwirken.

**Beispiele:**
Im Rahmen einer gewalttätigen Auseinandersetzung zwischen rivalisierenden Fußballanhängern wird eine Person schwer verletzt. Tatwerkzeuge werden „zur Entlastung" aus dem fahrenden Zug geworfen.
Oder: Ein fahrender Zug wird von außen beschossen. Dabei werden Fahrgäste durch die Splitter der zerstörten Scheiben verletzt.

An den Beispielen wird deutlich, das hier die Ausführungen zum Sicherungs- und Auswertungsangriff zwar entsprechend richtig sind, in der Umsetzung aber erhebliche Schwierigkeiten auftreten werden, da zunächst der genaue Tatort bestimmt werden muss, um überhaupt im weiteren Tatortbereich tätig werden zu können.

Entsprechendes gilt für den **Umgang mit beteiligten Personen**. Egal ob Opfer, Zeugen oder Täter: alle haben im Grundsatz das Bestreben den Bahnbereich schnell zu verlassen und stehen wenn überhaupt nur kurzfristig zur Verfügung. Dies gilt insbesondere für die zunächst wichtigen Identifizierungsmaßnahmen dieser Personen. Die Identifizierung dieser Personen ist daher absolute Eilsache, da sich die betreffenden Personen später kaum noch ermitteln lassen.

Schließlich gibt es noch **Zuständigkeitsschwierigkeiten**, weil die einzelnen Tathandlungen und Feststellungen in verschiedenen Zuständigkeitsbereichen vorgenommen wurden. Auch Tatzusammenführungen bei Serientaten sind entsprechend schwierig und setzen neben einer **kompetenten Tatortaufnahme** eine Berücksichtigung des **polizeilichen Meldewesens** voraus.[169]

[169] Siehe zu dieser Thematik auch Ackermann: Mobile oder rollende Tatorte. In: Kriminalistik 2001, S. 413

## 11. Die Strafanzeige

Die Strafanzeige ist die **wesentlichste Erkenntnisquelle** der Polizei zur stattfindenden Kriminalität. Über Strafanzeigen erhält die Polizei Kenntnis vom Verdacht strafbarer Handlungen. Der vom Anzeigenerstatter mitgeteilte Sachverhalt, in welchem oft auch gleich der Tatverdächtige benannt wird, ist Ausgangspunkt der weiteren Ermittlungen und bietet die ersten Grundlagen für das Ermittlungsverfahren.

Die Anzeigenerstattung ist an eine bestimmte Form nicht gebunden. Sie kann mündlich, schriftlich oder durch in anderer Form erfolgen. Dies hat eine besondere Bedeutung auch deshalb, weil jede Polizeibeamtin und jeder Polizeibeamter verpflichtet ist, eine Anzeige aufzunehmen. Das Legalitätsprinzip verpflichtet die Polizeibeamten im Weiteren, die erforderlichen Maßnahmen einzuleiten. Kommen Polizeibeamte der Verpflichtung der Anzeigenaufnahme unzulässigerweise nicht nach, werden die erforderlichen Maßnahmen pflichtwidrig unterlassen, machen sich die Beamten ggf. der Strafvereitelung im Amt pp. strafbar. Wegen der besonderen Sensibilität dieses Themenfeldes gehört das Wissen zur Strafanzeige zum Basiswissen jedes Polizeibeamten, aber auch zur Führungsgrundbefähigung des Führungspersonals. Nur so kann sichergestellt werden, dass alle im Zusammenhang mit Anzeigen erforderlichen Informationen aufgenommen und auch bearbeitet werden. Hierdurch werden nachfolgende Ermittlungen möglich. Zugleich wird das Ziel angestrebt, das Unschuldige nicht Adressaten belastender polizeilicher Maßnahmen werden.

### 11.1. Begriff und Arten der Strafanzeige

Der Begriff der Strafanzeige ist gesetzlich nicht definiert. Die rechtliche Grundlage zur Strafanzeige findet sich in § 158 StPO. Allgemein wird die Strafanzeige verstanden als die **Mitteilung eines Sachverhaltes, der nach Meinung des Anzeigenden Anlass für eine Strafverfolgung bietet**. Sie gilt als Anregung eines Verletzten oder einer anderen Person, es möge geprüft werden, ob Anlass zur Einleitung eines Ermittlungsverfahrens besteht.[170]

Die eingehenden Anzeigen werden aufgrund unterschiedlicher kriminalistischer Verfahrensweisen bei der Aufnahme und Bearbeitung in verschiedene Arten unterschieden. Nachfolgend werden die **Sonderformen der Anzeige** kurz dargestellt.[171]

Die **Selbstanzeige** liegt vor, wenn sich der Anzeigenerstatter aus unterschiedlichsten Motiven selbst einer Straftat bezichtigt. Es handelt sich um eine spezielle Form des Geständnisses, da die Polizei vorher noch nichts von der Straftat wusste.

Bei der **fingierten Anzeige** handelt es sich um einen unwahren oder veränderten Sachverhalt, der zur Täuschung der Strafverfolgungsbehörden angezeigt wird. Durch diese Form der Anzeigenerstattung macht sich der Anzeigenerstatter ggf. strafbar nach §§ 145d, 164, 257 oder 258 StGB.

In **anonymen Anzeigen** verweigert der Anzeigenerstatter im Zusammenhang mit der Mitteilung über einen strafbaren Sachverhalt die Angaben zu seiner Person. Dadurch sind Nachfragen und Verifizierungen des Sachverhaltes oft schwierig oder unmöglich.

Die **pseudonyme Strafanzeige** ist davon gekennzeichnet, dass unrichtige Personalien des Anzeigenerstatters angegeben werden. Der Anzeigenerstatter will seine wahre Identität aus unterschiedlichen Motiven verdecken, gegenüber der Polizei jedoch zunächst als normaler Anzeigenerstatter auftreten.

---

[170] Meyer-Goßner: Strafprozessordnung, § 158 StPO, RZ 2

[171] Der Umgang mit den Sonderformen der Anzeige wird in Abschnitt 11.7 dargestellt.

In **vertraulichen Anzeigen** will der Anzeigenerstatter aus unterschiedlichen Motiven seine Personalien zwar gegenüber der Polizei angeben, insofern auch für Nachfragen zur Verfügung stehen, im weiteren Verfahren jedoch anonym bleiben. Hier ist der Anzeigenerstatter von der Zusicherung der Vertraulichkeit durch die Strafverfolgungsbehörden abhängig.

## 11.2. Form der Anzeigenaufnahme und Aufnahmepflicht

Im Grundsatz gilt: **Jedermann ist berechtigt eine Strafanzeige zu erstatten**. Eine eigene Betroffenheit braucht nicht vorzuliegen. Das Recht gilt also unabhängig davon, ob man in seinen Rechten unmittelbar oder mittelbar verletzt wurde, so dass jeder, der Kenntnis von einer Straftat hat, berechtigt ist, diese Kenntnis anzuzeigen. In bestimmten Fällen besteht sogar eine Pflicht, diese Kenntnis an die Strafverfolgungsbehörden weiterzuleiten, will man sich nicht selber strafbar machen.

**Beispiel:** Nichtanzeige geplanter Straftaten nach § 138 StGB, oder die besonderen Pflichten von Polizeibeamten bei der Kenntnisnahme von Straftaten.[172]

Auf die Geschäfts- oder Prozessfähigkeit des Anzeigenerstatters kommt es nicht an, so dass z.B. auch Kinder berechtigt sind, einen wahrgenommenen Sachverhalt anzuzeigen.

Nach § 158 Absatz 1 StPO können Anzeigen und Strafanträge bei der Staatsanwaltschaft, den Behörden und Beamten des Polizeidienstes und den Amtsgerichten erstattet werden. **Allgemein anerkannt ist, dass die Zuständigkeit zur Entgegennahme einer Anzeige auch die Verpflichtung begründet, die Anzeige aufzunehmen.**[173] Im Zusammenhang mit dem Legalitätsprinzip sind daher alle Polizeibeamten verpflichtet eine Strafanzeige zumindest entgegen- und aufzunehmen. Dies gilt auch dann, wenn sie einer sachlich und / oder örtlich unzuständigen Polizeibehörde angehören. Gerade vor dem Hintergrund der Sonderzuständigkeiten der Bundespolizei verdient dies einer besonderen Beachtung.

Aus § 158 Absatz 1 StPO ergibt sich die **grundsätzliche Formfreiheit der Strafanzeige**. Eine Anzeige kann also im Prinzip in jeder Form erstattet werden, solange genügend deutlich wird, das der Mitteiler den Verdacht einer strafbaren Handlung übermitteln will. Deshalb sind auch Notizen auf Schmierzetteln, Bierdeckeln pp. ggf. als Strafanzeige zu betrachten, wenn der entsprechende Inhalt und Wille deutlich wird. Daraus ergibt sich, dass auch fernschriftliche Anzeigen, Anzeigen per Fax und Email zugelassen sind.

Bei mündlichen Anzeigen besteht nach § 158 Absatz 1 StPO eine Beurkundungspflicht. Für die Beurkundung ist keine besondere Form vorgeschrieben. In der Praxis hat sich hierbei folgende Verfahrensweise durchgesetzt und ist auch akzeptabel: Bei **mündlich-persönlich erstatteten Anzeigen** unterschreibt der Anzeigenerstatter den von ihm geschilderten Sachverhalt. Die Beurkundung erfolgt durch Unterschrift am Endes des Schriftstücks durch den aufnehmenden Beamten. Bei **fernmündlich eingehenden Anzeigen** nimmt der entgegennehmende Beamte die Anzeige auf und zeichnet für die Richtigkeit der Mitteilung mit seiner Unterschrift. In der Folgezeit sollte versucht werden, eine Unterschrift des Anzeigenerstatters zu diesem Sachverhalt herbeizuführen (z.B. über eine Zeugenvernehmung), um Missverständnisse zwischen Mitteilung und Aufnahme weitgehend zu vermeiden. Bei schriftlich eingehenden Anzeigen ist das Schreiben als Anlage zu einem Anzeigenvordruck zu nehmen. Ggf. müssen hier Nachvernehmungen des Anzeigenerstatters erfolgen.

---

[172] Siehe hierzu auch Ziff. 11.8
[173] Meyer-Goßner: Strafprozessordnung, § 158 StPO, RZ 8

## 11.3. Umgang mit haltlosen Anzeigevorwürfen

In der polizeilichen Praxis kommt es immer wieder vor, dass Personen offenkundig haltlose Anschuldigungen gegen einen Dritten vorbringen, diese Mitteilung häufig in gleicher Art und Weise wiederholen, so dass sich die Polizei mehrfach mit unbegründeten Anzeigen auseinandersetzen muss. Solche Anzeigen werden als **Querulantenanzeigen**[174] bezeichnet und unterliegen einer besonderen Verfahrensweise durch Polizei und Staatsanwaltschaft.[175]

Für die Polizei gilt, dass auch solche Querulantenanzeigen aufzunehmen sind. Es ist jedoch ausreichend, den betreffenden Sachverhalt kurz und formlos ohne besondere Ausschweifungen aufzunehmen. Dies gilt auch für den Fall, dass der Anzeigenerstatter auf solchen Aufnahmen besteht.

Der Vorgang wird im Anschluss, in der Regel ohne weitere Ermittlungen, der Staatsanwaltschaft zur weiteren Entscheidung übersandt. Dabei wird ein kurzer Vermerk zur mangelnden Ernsthaftigkeit der Anzeige beigefügt.

Bei Querulantenanzeigen ist ggf. zu prüfen, ob sich der Anzeigenerstatter durch die falschen Behauptungen selber strafbar gemacht haben kann. Ergibt sich erst im Verlauf polizeilicher Ermittlungen, dass der Sachverhalt unwahr ist, sollte geprüft werden, ob die Kosten des Ermittlungsverfahrens nach **§ 469 StPO** beim Anzeigenerstatter erhoben werden können. Eine **Kostenpflicht** tritt dann ein, wenn ein gerichtliches oder außergerichtliches Verfahren durch eine vorsätzlich oder leichtfertig erstattete unwahre Anzeige veranlasst wurde.

## 11.4. Strafanzeige und Strafantrag

Bei Strafantragsdelikten muss als Prozessvoraussetzung der erforderliche Strafantrag bei Gericht, Staatsanwaltschaft oder Polizei schriftlich oder zu Protokoll gestellt werden. Neben diesen Formerfordernissen ist es beim Strafantrag ausreichend, dass der Wille des Antragstellers zum Ausdruck kommt, dass ein bestimmter Sachverhalt eines Antragsdeliktes verfolgt werden soll. Die Stellung des Strafantrages kann daher auch unmittelbar in den Anzeigentext mit aufgenommen werden.

Im Gegensatz zur Strafanzeige ist der Strafantrag jedoch an bestimmte **Fristen** gebunden. Außerdem ist der Kreis der **antragsberechtigen Personen** begrenzt.[176]

Ein bereits gestellter Strafantrag kann grundsätzlich jederzeit zurückgenommen werden. Ein zurückgenommener Strafantrag kann jedoch nicht neu gestellt werden. Zu beachten ist, dass lediglich ein Strafantrag zurückgezogen wird. Die Rücknahme einer Strafanzeige ist nicht möglich. Bei relativen Antragsdelikten bzw. Offizialdelikten wird ein zurückgenommener Strafantrag daher keine Wirkung entfalten können.

Nach § 470 StPO trägt der Antragsteller eines zurückgenommenen Strafantrages die entstandenen **Kosten**, wenn es wegen der Rücknahme des Antrages zur Einstellung des Verfahrens kommt. Auf diese Kostenregelung sollten Anzeigenerstatter von Strafantragsdelikten bei Anzeigenerstattung hingewiesen werden.

---

[174] Stüllenberg: Die Anzeige, in: Burghard / Hamacher (Hrsg.): Lehr- und Studienbriefe Kriminalistik, Bd. 1, S. 42

[175] Siehe auch: Kockel / Vossen-Kempgens: Sachbehandlung querulatorischer Strafanzeigen, NStZ 2004, S. 178 ff.

[176] Siehe hierzu §§ 77a ff. StGB

## 11.5. Strafanzeige und Privatklagedelikte

Bei der Behandlung von Anzeigen eines Privatklagedeliktes ist zu berücksichtigen, dass die Verfolgung von Privatklagedelikten von der **Feststellung des öffentliches Interesses** durch die Staatsanwaltschaft abhängt. Wird das öffentliche Interesse am Sachverhalt verneint, ist die weitere Verfolgung des Delikts nur durch den Betroffenen selbst möglich.

Da die Entscheidung über ein vorliegendes öffentliches Interesse der Staatsanwaltschaft obliegt, kann die Polizei einen Anzeigenerstatter nicht auf den Privatklageweg verweisen. Auch Anzeigen zu Privatklagedelikten sind daher entgegen- und aufzunehmen. Geht der die Anzeige aufnehmende Polizeibeamte vom Nichtvorliegen des öffentliches Interesses aus, ist der Vorgang ohne weitere Ermittlungen der Staatsanwaltschaft zur weiteren Entscheidung zu übersenden. Zum mangelnden öffentlichen Interesse ist ein Aktenvermerk zu fertigen und dieser dem Vorgang beizufügen. Ansonsten sind die notwendigen Ermittlungen einzuleiten.

**Beispiel für einen Aktenvermerk bei mangelndem öffentlichen Interesse durch die Bundespolizei:**
"Bei dem angezeigten Sachverhalt handelt es sich um ein Privatklagedelikt. Anhaltspunkte für ein öffentliches Interesse an der Strafverfolgung sind nicht erkennbar. Der Vorgang wird der Staatsanwaltschaft beim Landgericht... ohne weitere Ermittlungen zur Entscheidung übersandt."

Ob öffentliches Interesse angenommen wird oder nicht regelt sich nach **Nr. 86 RiStBV**. Ermittlungen können auch angestellt werden, um das Vorliegen eines öffentliches Interesses prüfen zu können.

Bei Anzeigenerstattung zu einem Privatklagedelikt sollte der Anzeigenerstatter über das Verfahren bei Privatklagedelikten aufgeklärt werden.

## 11.6. Die konkrete Anzeigenaufnahme

Die Aufnahme der Strafanzeige gliedert sich in die Phasen Kontaktaufnahme mit dem Anzeigenerstatter, Feststellung der Personalien des Anzeigenerstatters und Aufnahme des Sachverhaltes.

### 11.6.1. Kontaktaufnahme mit dem Anzeigenerstatter

Im Moment der Anzeigenerstattung tritt der Bürger in Kontakt mit der Bundespolizei. Ist der Anzeigenerstatter Opfer oder Geschädigter einer Straftat, so ist die Erstattung der Anzeige mit bestimmten Erwartungshaltungen verbunden (z.B. Verständnis für die Situation, Hilfestellung zum weiteren Vorgehen), auf die sich der die Anzeige entgegennehmende Polizeibeamte einstellen muss. Dies gilt besonders bei Delikten, die für ein Opfer als besonders belastend anzusehen sind, wie z.B. massive Körperverletzungsdelikte, Bedrohungen oder Sexualdelikte. Der Polizeibeamte sollte darum bemüht sein, dass bei dem Betroffenen die Überzeugung besteht, dass die Bundespolizei sich seiner Sache annimmt und die Angelegenheit kompetent, bürgernah und zügig bearbeiten wird, unabhängig von der sozialen Stellung und dem Ansehen des Anzeigenden. Der Polizeibeamte soll sich im wahrsten Sinne des Wortes „kümmern".

### 11.6.2. Überprüfung der Personalien des Anzeigenerstatters

Im Zusammenhang mit der Entgegennahme und Aufnahme der Anzeige werden die Personalien des Anzeigenden erfasst und in das Anzeigenformular übertragen. Hierzu sind die Personalien durch Prüfung der mitgeführten Ausweisdokumente, die auf Echtheit, Gültigkeit und

Übereinstimmung mit dem Anzeigenerstatter hin zu überprüfen sind, festzustellen. Ergeben sich ggf. Verdachtsmomente gegen den Anzeigenden, so sind fahndungsmäßige Überprüfungen durchzuführen (INPOL-Abfrage pp.).

Der **Anzeigenerstatter ist Zeuge** und damit Beweismittel für das Strafverfahren. Die Anzeigenaufnahme ist daher auch zur **Motivforschung** zur Anzeigenerstattung zu nutzen. Hierbei ist zu klären, in welcher Beziehung der Anzeigende zur Tat und zum Täter steht und welche Beweggründe für die Anzeigenerstattung bestehen. Die in diesem Zusammenhang gemachten Feststellungen sind zu dokumentieren.

### 11.6.3. Aufnahme des Sachverhaltes

Bei der Anzeigenaufnahme sind einige grundsätzliche Verfahrensweisen zu beachten und eine sachgerechte Niederschrift zu fertigen.

#### 11.6.3.1. Verfahrensweise zur Anzeigenaufnahme

Das Anzeigenformular ist sorgfältig und möglichst vollständig auszufüllen. Dazu sind die im Vordruck vorgegebenen Fragen möglichst genau zu beantworten. Bei der weiteren Anzeigenaufnahme sollten insbesondere die nachfolgenden Aspekte berücksichtigt werden:

- Sachverhalt zunächst ohne Unterbrechungen vollständig schildern lassen. Im Anschluss an die Schilderung des Sachverhalts sind Unklarheiten durch gezieltes Nachfragen aufzuklären.
- Personalien von Beschuldigten, Tatverdächtigen und Zeugen sind soweit möglich vollständig aufzunehmen. Sind die Personalien unvollständig sind sie nach Vornahme entsprechender Ermittlungen zu ergänzen.
- Abhanden gekommene oder beschädigte Gegenstände sind genau zu beschreiben, die geschätzte Schadenshöhe anzugeben. Für Fahndungszwecke sind vorhandene Individualnummern festzustellen und zu dokumentieren.
- Nach Lage des Einzelfalles sind Rahmenbedingungen des angezeigten Sachverhaltes mit festzuhalten. Hierzu gehören Angaben wie Witterungsbedingungen, Beleuchtungsverhältnisse, Zustand und Verletzungen des oder der Opfer, Wirkungen und Folgen der Straftat sowie vorgenommene Veränderungen am Tatort.

#### 11.6.3.2. Niederschrift der Strafanzeige

Die Niederschrift des Sachverhaltes soll in kurzen und klaren Sätzen erfolgen. Rechtliche Bewertungen und Stellungnahmen / Wertungen jeder Art sind zu unterlassen. Für die Aufnahme des Sachverhalts ist entweder die **Protokoll- oder Berichtsform** zu wählen. Unabhängig von der Form ist der Sachverhalt orientiert an den **„7-goldenen-W“** in chronologischer Folge aufzunehmen.

| | |
|---|---|
| **Wer?** | Tatverdächtiger |
| **Was?** | Handlung |
| **Wann?** | Tatzeit |
| **Wo?** | Tatort |
| **Wie?** | Art und Weise der Tatbegehung (modus operandi) |
| **Womit?** | Tatmittel |
| **Warum?** | Motiv |

Bei der **Protokollform** findet eine Aufnahme des Vortrages des Anzeigenden in der „Ich-Form“ statt. Formulierungen sind möglichst im Wortlaut zu übernehmen. Es folgt die Unterschrift des

Anzeigenden und die des aufnehmenden Beamten. Es handelt sich um die gebräuchlichste und rechtssicherste Form der Strafanzeige. Da die Anzeige das Ausdrucksvermögen des Anzeigenden widerspiegeln soll, ist das, was der Anzeigende sagt in der von ihm ausgedrückten Art und Weise aufzunehmen. Sollte der Anzeigende beim späteren Durchlesen der Anzeige Änderungsbedarf erkennen, so ist der Anzeigentext in der ausgedruckten Form zu belassen und der Anzeigende aufzufordern, die aus seiner Sicht erforderlichen Änderungen handschriftlich vorzunehmen. Diese Verfahrensweise dokumentiert eine Auseinandersetzung des Anzeigenden mit dem Anzeigentext und hilft bei ggf. später stattfindenden Distanzierungen.

In der **Berichtsform** beruht der Sachverhalt auf den Feststellungen des Beamten. Auch kann aus Zeitnot und / oder wegen schlechter Rahmenbedingungen die Notwendigkeit bestehen, auf eine Protokollform zu verzichten (Anzeigenaufnahme im Freien bei extrem schlechter Witterung, Abtransport des Anzeigenden als verletztes Opfer pp).

Bei Vorgängen, wo vorweg eine **Vertraulichkeitszusicherung** erfolgt ist, ist ebenfalls die Berichtsform zu wählen.

**Beispiel:** „Dienstlich wurde bekannt, das..."

Im Anschluss an eine Anzeigenaufnahme ist stets zu prüfen, inwieweit Sofortmaßnahmen insbesondere des Ersten Angriffs erforderlich sind.

### 11.6.3.3. Protokollierungsfehler

Bei der Abfassung von Berichten und Strafanzeigen kommt es, wie bei allen anderen Aufgaben auch, zu Fehlern. Fehler in der Strafanzeige liegen im wesentlichen in der Protokollierung. Da die Strafanzeige eine die Grundlage des Ermittlungsverfahrens darstellt, wirken sich hier begangene Fehler besonders fatal aus, die in ihrer Wirkung bis zur Hauptverhandlung fortwirken können. Ursache der meisten Protokollierungsfehler sind dadurch bedingt, dass Polizeibeamte die Strafanzeige möglichst professionell abfassen wollen. Dazu gehört in den Augen vieler eine kurze prägnante Abfassung des Sachverhalts in einer verständlichen Sprache. Genau dies macht bei der Strafanzeige die Professionalität jedoch oft nicht aus.

Bei der Strafanzeige verfassen die aufnehmenden Polizeibeamten den Text oft in der direkten Rede (Ich-Form). Der Text wird flüssig in klarer Sprache formuliert, obwohl sich der Anzeigende anders ausdrückt. Damit ist ein Rückschluss auf die sprachlichen und geistigen Fähigkeiten der aussagenden Person nicht mehr möglich.

Vielfach werden scheinbare Nebensächlichkeiten nicht mit in die Anzeige aufgenommen und ausgelassen. Dadurch wird der Sachverhalt zwar erheblich gestrafft, aber das Erkennen wesentlicher Nebensächlichkeiten, deren Bedeutung sich oft erst später ergibt, unmöglich gemacht.

Bei der Anzeigenaufnahme sind die Worte zu benutzen, wie der Anzeigende sie benutzt. Tatsächlich formulieren Polizeibeamte die verwendeten Begriffe des Anzeigenden oft in die Fach- und Amtssprache um. Das kann dazu führen, dass der Anzeigentext bereits eine Vorwegwertung erfahren hat und damit nicht mehr neutral ist.

**Beispiel:** Der Anzeigende berichtet der Bundespolizei davon, dass im Rahmen einer körperlichen Auseinandersetzung unter Jugendlichen, ein Jugendlicher einem anderen Jugendlichen ein mitgeführtes Messer weggenommen habe. Der Polizeibeamte formuliert: *„...sah ich, wie der Jugendliche X. dem Jugendlichen Z ein Messer in Zueignungsabsicht wegnahm."*

Weiter ist festzustellen, dass oft flüssige Texte formuliert werden, obwohl sich der jeweilige

Inhalt als Antwort auf eine gezielte Frage des Polizeibeamten ergab. Dadurch entsteht der Eindruck, als wenn der Anzeigende diese Inhalte aus freien Stücken machte. Durch das Festhalten der Fragestellung kann jedoch festgehalten werden, ob es sich um offene oder eingeschränkte Fragen handelte, welche Qualität die Antwort demnach hat.

Ein weiterer Fehler besteht darin, dass sich die aufnehmenden Beamten den Anzeigesachverhalt zunächst mündlich schildern lassen, dann jedoch den Sachverhalt mit eigenen Worten zusammenfassen und so unterschreiben lassen. Dabei wird weggelassen, was der Polizeibeamte als störend und unnötig empfindet.

Schließlich sollte aus der Anzeige / dem Bericht hervorgehen, wer genau welche Feststellungen und Maßnahmen getroffen hat. Dies gilt sowohl für den Anzeigenden und die Zeugen, als auch für die Polizeibeamten. Neutrale Formulierungen wie: *„im Anschluss an die Anzeigenaufnahme wurde der beschädigte Automat besichtigt,“* oder: *„Dabei haben wir festgestellt, dass...“* gewährleisten die notwendige Genauigkeit und Nachvollziehbarkeit nicht.

## 11.7. Der Umgang mit besonderen Formen der Anzeige

Die Strafanzeige ist Grundlage des Ermittlungsverfahrens. Neben den allgemeinen Formen der Anzeige, wie den üblichen Schadensanzeigen, gibt es eine Reihe von besonderen Formen der Strafanzeige. Abhängig von der jeweiligen Art der Anzeige sind ggf. bestimmte Maßnahmen zu veranlassen, bevor in die Rechte Dritter eingegriffen wird.

### 11.7.1. Anonyme und pseudonyme Anzeigen

Immer wieder kommt es vor, dass bei der Polizei Anzeigen eingehen, wo der Name des Anzeigenerstatters nicht genannt wird, oder wo unzutreffende Personalien verwendet werden. Meistens gehen solche Anzeigen schriftlich oder telefonisch ein. Die Motive und Gründe, warum Anzeigenerstatter ihre Identität nicht preisgeben oder durch die Angabe eines falschen Namens verschleiern, sind vielfältig.

Anonyme und pseudonyme Anzeigen sind wie alle anderen Anzeigen aufzunehmen. Zwar kommt es durch solche Anzeigen vor, dass missliebige Personen zu Unrecht beschuldigt werden, oftmals liegt diesen Anzeigen jedoch ein wahrer Sachverhalt zu Grunde, welcher der Polizei auf anderem Wege nicht bekannt würde. Die Überprüfung solcher Sachverhalte muss daher besonders sorgfältig erfolgen.

Grundsätzlich rechtfertigt das alleinige Vorliegen von anonymen und pseudonymen Anzeigen noch keinen Tatverdacht. In diesen Fällen muss durch eigene Ermittlungen versucht werden, den **Wahrheitsgehalt einer solchen Anzeige** zu klären. Auch sind Ermittlungen zur Identität des Anzeigenerstatters anzustellen, da er offensichtlich über Kenntnisse zum Sachverhalt verfügt und damit Zeuge für das Verfahren ist. Bei fernmündlich eingehenden Anzeigen dieser Art ist daher zu versuchen, den Anzeigenden zur Nennung seines Namens zu veranlassen. Bei schriftlich eingehenden Anzeigen ist daran zu denken, dass das Schreiben gleichzeitig Spurenträger (Fingerabdrücke, Schriftspuren, Speichel pp.) ist, so dass eine entsprechender Umgang mit dem Schriftstück und oder Umschlag sicherzustellen ist.

### 11.7.2. Vertrauliche Anzeigen

Im Zusammenhang mit der Entgegennahme und Aufnahme einer Strafanzeige kann es vorkommen, dass der Anzeigenerstatter seine Einlassungen von einer vorherigen Zusicherung der Vertraulichkeit abhängig macht. Der Anzeigende ist in solchen Fällen gleichzeitig so genannter **„Informant“**. Dem Anzeigenden kommt es in solchen Fällen aus den unterschiedlichsten Gründen darauf an, dass seine Identität den von der Strafanzeige Betroffenen oder auch Dritten nicht bekannt, sondern geheimgehalten wird.

Grundsätzlich gilt: Der Anzeigende ist Zeuge im Strafverfahren und damit Beweismittel. Beweismittel sind nach § 244 Abs. 2 StPO zur Wahrheitserforschung unmittelbar heranzuziehen und sollen im Verfahren offen auftreten. Insofern stellt die Zusicherung der Vertraulichkeit also ein Hindernis für das weitere Verfahren dar, dem Grundsatz von der Unmittelbarkeit der Beweisaufnahme wird nicht mehr ausreichend genüge getan. Es ist allerdings durch die Rechtssprechung anerkannt, dass in besonderen Fällen die Bekämpfung von Straftaten nur dann erfolgreich durchgeführt werden kann, wenn die Identität von Informanten durch Zusicherung der Vertraulichkeit geheimgehalten werden kann. Wegen der grundsätzlich hohen Bedeutung des Unmittelbarkeitsgrundsatzes ist die Zusicherung der Vertraulichkeit jedoch an **besondere Voraussetzungen** gebunden.

Nach den **Richtlinien für das Straf- und Bußgeldverfahren (RiStBV), Anlage D** kommt eine Zusicherung der Vertraulichkeit nur bei bestimmten Kriminalitätsbereichen in Betracht:

- **Bereiche der Schwerkriminalität**, organisierten Kriminalität, im illegalen Betäubungsmittel- und Waffenhandel, bei Falschgeldkriminalität und Staatsschutzdelikten.
- Im **Bereich der mittleren Kriminalität** ausnahmsweise dann, wenn durch die Massierung gleichartiger Straftaten ein die Erfüllung öffentlicher Aufgaben oder die Allgemeinheit ernsthaft gefährdender Schaden eintreten kann.

Für Verfahren der **Bagatellekriminalität** kommt die Zusicherung der Vertraulichkeit nicht in Frage.

An weiteren Voraussetzungen wird gefordert, dass ohne die Inanspruchnahme des Informanten die Aufklärung aussichtslos oder wesentlich erschwert wäre (**ultimo ratio Prinzip**) und das der Informant **erheblich gefährdet** wäre bzw. **unzumutbare Nachteile** zu erwarten wären, wenn sein Zusammenwirken mit der Polizei bekannt würde.

Die Entscheidung über die Zusicherung der Vertraulichkeit erfolgt in zwei Schritten. Zum einen ist eine **Entscheidung in der Bundespolizei** herbeizuführen. Die Entscheidungskompetenz zur Zusicherung der Vertraulichkeit in Fällen der Strafverfolgung liegt in der Bundespolizei bei der **Bundespolizeidirektion**[177]. Nach Vorliegen der bundespolizeilichen Entscheidung muss der Vorgang der zuständigen **Staatsanwaltschaft** zur abschließenden Entscheidung vorgelegt werden. Hier entscheidet der Behördenleiter oder ein von ihm besonders bezeichneter Staatsanwalt, bei Gefahr im Verzuge der Dezernent.[178]

Aufgrund der besonderen Geheimhaltungserfordernisse ist der Kreis, der mit dem Sachverhalt betrauten Bundespolizeibeamten, möglichst klein zu halten. Ferner ist zu prüfen, ob die mit der Sache befassten Beamten zur Verschwiegenheit zu verpflichten sind.

Grundsätzlich ist darauf hinzuwirken, eine offene Aussage zu erlangen, damit der Zeuge für das Verfahren zur Verfügung steht. Besteht der Anzeigenerstatter auf eine vertrauliche Behandlung, sind zunächst die Beweggründe dieses Verlangens festzustellen und im Hinblick auf die Voraussetzungen zur Zusicherung der Vertraulichkeit kritisch zu prüfen.

Im Hinblick auf die schutzwürdigen Interessen des Anzeigenerstatters ist daran zu denken, dass zu seinem Schutz nicht nur die Zusicherung der Vertraulichkeit in Betracht kommt, sondern die Möglichkeiten des **§ 68 StPO** einen Schutz auf niedrigerer Schwelle ermöglichen. Damit könnte

[177] Das genaue Verfahren zur Zusicherung der Vertraulichkeit in der Bundespolizei ist durch gesonderten Erlass geregelt.
[178] RiStBV, Anlage D, Ziff. 5.1

auch dem Unmittelbarkeitsgrundsatz entsprochen werden.

Wegen der besonderen Sensibilität der Thematik sollte zur Klärung möglicher Fragen und zur Einleitung weiterer Maßnahmen mit der zuständigen Bundespolizeiinspektion Kriminalitätsbekämpfung zu einem möglichst frühen Zeitpunkt Verbindung aufgenommen werden.

### 11.7.3. Selbstanzeigen

Zu Selbstanzeigen kommt es aus unterschiedlichen Motiven und Anlässen (z.B. Reue, Gewissensbisse, Opfer von Erpressungen nach vorausgegangenen Straftaten pp.). Im Zusammenhang mit einer Selbstanzeige sind die Personalien des Mitteilers sofort und genau zu erfassen und zu überprüfen. Der Sachverhalt, in dem es bei einer Selbstanzeige geht, sollte umfassend und sorgfältig aufgeklärt werden. Wert ist auch auf die Motivforschung zur Selbstanzeige zu legen. Ferner ist der Anzeigende über Zeugnis- und Aussageverweigerungsrechte zu belehren.

Im Zusammenhang mit der Selbstbezichtigung kommt den bereits erwähnten eigenen Formulierungen des Anzeigenden eine besondere und herausragende Bedeutung zu. Die gewählten Formulierungen und Ausdrucksweisen sind in der gemachten Form zu dokumentieren. Daraus ergibt sich, dass Selbstanzeigen grundsätzlich in Protokollform aufzunehmen sind.

Im Anschluss an die Anzeigenaufnahme ist zu prüfen, ob Sofortmaßnahmen des Ersten Angriffs sowie Maßnahmen gegen den Anzeigenerstatter (Durchsuchungen, Freiheitsentziehung) zu treffen sind.

## 11.8. Anzeigepflichten von Polizeibeamten

Im Zusammenhang mit dem für alle Polizeibeamten geltenden Legalitätsprinzip ergeben sich in der Praxis mitunter Sachverhalte, die die Frage aufwerfen, ob eine Anzeigeverpflichtung für Polizeibeamte auch dann besteht, wenn er / sie selbst eine Straftat begangen hat, wenn Angehörige eine Straftat begangen haben oder wenn der Polizeibeamte außerdienstlich Kenntnis von einer Straftat erhält.

Neben den **rechtlichen Aspekten**, die zur Klärung der aufgeworfenen Fragen nachfolgend im Vordergrund stehen, sei darauf hingewiesen, dass bei der Klärung der Sachverhalte auch **ethische Aspekte** zu berücksichtigen sind, die trotz Ablehnung einer rechtlichen Anzeigeverpflichtung im Ergebnis dazu führen, dass ein Polizeibeamter einen Sachverhalt aufgrund seines Berufsethos anzeigen sollte.

Polizeiliche Vorgesetzte unterliegen bei Kenntnis über Straftaten ihrer Mitarbeiter den eindeutigen Vorgaben aus dem Legalitätsprinzip, machen sich bei Nichttätigwerden entsprechend selber strafbar.

### 11.8.1. Selbstanzeige von Polizeibeamten

Im Zusammenhang mit einen Verstoß gegen die Pflicht zur Strafverfolgung ist regelmäßig zu prüfen, ob der Beamte den Straftatbestand der §§ 258, 258a StGB (Strafvereitelung / Strafvereitelung im Amt) erfüllt hat. Demgegenüber scheidet der Straftatbestand der Selbstbegünstigung nach § 258 Absatz 5 StGB auch bei Polizeibeamten regelmäßig aus.

Als Konsequenz aus dem Grundsatz, dass niemand sich selbst belasten muss, ergibt sich, dass ein **Polizeibeamter nicht verpflichtet ist, sich selbst anzuzeigen**.

Etwas anderes gilt bei **Kenntnis von Straftaten durch andere Polizeibeamte**. Hier führt ein Nichttätigwerden regelmäßig zu eigener Strafbarkeit.

### 11.8.2. Anzeige bei Straftaten durch Angehörige

Gemäß § 258 Abs. 6 StGB ist Strafvereitelung zugunsten eines Angehörigen straflos. Nach § 258a Abs. 3 StGB, gilt dies jedoch nicht bei Polizeibeamten. Daraus folgt, dass ein **Polizeibeamter grundsätzlich verpflichtet ist, auch einen Angehörigen anzuzeigen**, wenn er glaubhaft davon erfährt, dass ein Angehöriger eine strafbare Handlung begangen hat. In der Literatur wird vertreten, dass Ausnahmen dann gelten, wenn der Angehörige im Falle der Anzeigenerstattung mit Selbstmord droht oder andere schwerwiegende Gründe vorliegen.[179] Tatsächlich berührt dies die Grundpflichten jedoch nicht, da lediglich über Rechtswidrigkeits- oder Schuldelemente versucht wird einen Ausweg zu finden.

### 11.8.3. Anzeigepflichten bei außerdienstlicher Kenntnisnahme von Straftaten

Nach geltender Rechtsprechung ist ein Polizeibeamter nicht verpflichtet alle Straftaten, von denen er außerdienstlich erfährt, anzuzeigen.[180] Hiervon abweichend besteht jedoch unzweifelhaft eine **Anzeigepflicht für die im Katalog des § 138 StGB aufgeführten geplanten Straftaten.** Die Regelung des § 138 StGB verpflichtet jeden Bürger zur Anzeigenerstattung, so dass sich diese Verpflichtung selbstverständlich auch für den sich außer Dienst befindlichen Polizeibeamten ergibt.

Aufgrund der besonderen Stellung ergibt sich für Polizeibeamte außer Dienst jedoch eine weitergehendere Verpflichtung als bei anderen Personen. So ist der **Polizeibeamte bei überwiegendem öffentlichen Interesse verpflichtet Straftaten anzuzeigen**, auch wenn er hiervon lediglich außerdienstlich Kenntnis erlangt hat.[181] Danach ist ein Polizeibeamter zur Anzeige verpflichtet, wenn er außerdienstlich von einer schweren Straftat erfährt, welche die Öffentlichkeit im besonderen Maße berührt. Hierzu sind mindestens alle **Verbrechen im Sinne von § 12 StGB** zu rechnen.

Da die Bundespolizei in ihrer repressiven Zuständigkeit beschränkt ist, ist hier weiter zu differenzieren. Sofern man die Verpflichtung zur Anzeige bei außerdienstlicher Kenntnisnahme von der Zuständigkeit abhängig macht, besteht eine Verpflichtung zur Anzeige wohl nur dann, wenn die Bundespolizeibeamten außerdienstlich von einer Straftat Kenntnis erhalten, für deren Verfolgung eine Bundespolizeibehörde gemäß § 12 BPolG zuständig wäre.[182] Für eine solche Auffassung spricht, dass gemäß § 258a StGB nur der Amtsträger in Betracht kommt, der zur Mitwirkung bei dem Strafverfahren berufen ist. Für diese Form der Beziehung des Amtsträgers zur Strafsache reicht es der herrschenden Meinung zufolge aus, dass die dienstlich eröffnete tatsächliche Möglichkeit besteht, in das Strafverfahren einzugreifen.[183] Im Ergebnis dürfte daher keine Anzeigeverpflichtung bestehen, wenn Bundespolizeibeamte außerdienstlich Kenntnis von Straftaten erhalten, für deren Verfolgung die Bundespolizei nicht zuständig ist.[184]

---

[179] Stüllenberg: Die Anzeige, in Burghard / Hamacher (Hrsg.): Lehr- und Studienbriefe Kriminalistik, Bd. 1, S. 56

[180] BGHSt 5, 229; 12, 281

[181] Dreher / Tröndle: Strafgesetzbuch, § 258a RZ 4

[182] Heesen / Hönle / Peilert: Bundesgrenzschutzgesetz, S 452, § 12, RZ 2

[183] Fischer: Kommentar zum Strafgesetzbuch, § 258a, RZ 2 ff.

[184] Lesenswert: Artkämper: Außerdienstliches Wissen von Polizeibeamten und Legalitätsprinzip, in: Kriminalistik 2001, 430 ff.

Bei sich ergebenden Zweifeln über eine bestehende Anzeigeverpflichtung sollte man sich an die Staatsanwaltschaft wenden.

### 11.8.4. Strafanzeigen gegen besondere Personengruppen

Gewählte **Abgeordnete von Landtagen und des Deutschen Bundestages** können wegen einer rechtswidrigen Tat nur mit Genehmigung des jeweiligen Parlaments verfolgt werden. Eine Ausnahme besteht nur dann, wenn diese Personen als Tatverdächtige unmittelbar bei der Tatausführung betroffen oder im Laufe des Folgetages festgenommen werden. Die gesetzlichen Grundlagen hierzu finden sich in Art 46 GG, § 152a StPO und in den jeweiligen Länderverfassungen. Strafanzeigen gegen diese Personengruppe sind aber stets entgegenzunehmen und ohne weitere Ermittlungen der zuständigen Staatsanwaltschaft zur weiteren Entscheidung zu übersenden.

Bei Strafanzeigen gegen **Diplomaten und andere bevorrechtigte Personen** ist zu beachten, dass diese nach §§ 18 ff. GVG nicht der deutschen Gerichtsbarkeit unterliegen. Solche Vorgänge sind ebenfalls ohne weitere Ermittlungen an die zuständige Staatsanwaltschaft zur weiteren Veranlassung zu übersenden.

Einer besonderen Behandlung bedürfen auch Strafanzeigen gegen **Kinder**. Kinder sind gem. § 19 StGB nicht schuldfähig und können damit keine Straftaten begehen. Entsprechend sind bei Kindern keine Strafanzeigen aufzunehmen, sondern es ist ein formloser Bericht über den Sachverhalt zu fertigen. Anderes gilt nur dann, wenn der Verdacht besteht, dass die Kinder von einer anderen schuldfähigen Person als Werkzeug benutzt wurden, oder sich der Verdacht der Vernachlässigung der Aufsichtspflicht durch die Erziehungsberechtigten ergibt. In solchen Fällen richtet sich die Strafanzeige jedoch auch nicht gegen das Kind, sondern die im Hintergrund verantwortlichen Personen.

Unabhängig von einer zu fertigenden Anzeige können jedoch Maßnahmen aus polizeirechtlichen Gründen getroffen werden. Auch Maßnahmen, die lediglich eine rechtswidrige Tat voraussetzen, sind möglich, so z.B. Maßnahmen der Zurückgewinnungshilfe und Einziehung. Durch Kinder entwendete Waren können also sichergestellt bzw. beschlagnahmt werden. Entsprechendes gilt für verwendete Tatmittel.

## 12. Allgemeine Spurenlehre

Die Spurenkunde gehört zum klassischen Kernbereich der Kriminalistik. Das Wissen der Spurenkunde kann grundsätzlich erlernt werden, die Fertigkeiten jedoch sind eine Sache der Erfahrung und bedürfen der ständigen Übung in der Praxis. Qualifiziertes Spurenwissen und qualifizierter Umgang mit Spuren sind wesentlicher Bestandteil einer professionellen kriminalistischen Arbeit. Im Umgang mit Spuren begangene Fehler lassen diese „stummen Zeugen“ möglicherweise auf Dauer schweigen.

### 12.1. Definition der Spur

Eine allgemein gültige Definition für die Spur gibt es nicht. Vielmehr ist festzustellen, dass sich Autoren der kriminalistischen Fachliteratur an dieser Definition vielfach selber versuchen, oder auf die Vielzahl bestehender Definitionsversuche zurückgreifen. Der Begriff wird uneinheitlich gebraucht.

„Wir wollen stumme Zeugen der Tat zum Reden bringen!“

„Spur ist alles, was der Kriminalist wahrzunehmen und irgendwie kriminalistisch zu verwerten mag.“[185]

„Spuren sind alle durch menschliches Verhalten hervorgerufenen Veränderungen der Außenwelt, welche Rückschlüsse auf den sie verursachenden Vorgang zulassen.“[186]

„Unter Spuren verstehen wir alle materiellen Objekte und Erscheinungen des Makro- und Mikrobereichs, die durch den Tathergang entstehen, Rückschlüsse auf den Tatablauf oder die Tatumstände zulassen und / oder Hinweise auf den Täter ermöglichen.“[187]

„Spuren sind alle Veränderungen des Milieus, in dem eine Straftat stattgefunden hat, z.B. Gegenstände, Stoffe, Abdrücke und Eindrücke, die bei der Vorbereitung und Begehung der strafbaren Handlungen hervorgerufen bzw. hinterlassen wurden oder die zu ihrer Begehung benutzt wurden (z.B. Erpresserbriefe).“[188]

Auch in der Strafprozessordnung findet sich eine eindeutige Spurendefinition nicht. Sie spricht vielmehr von Gegenständen, die als Beweismittel von Bedeutung sein können, oder auch von Spuren, Merkmalen und Folgen einer strafbaren Handlung. Es geht also um die Erlangung und Behandlung des Sachbeweises.

Abschließend ist zu bemerken, dass natürlich auch das Nichtvorhandensein von Spuren im o.a. Sinne Spur im erweiterten Sinne sein kann, z. B. bei Unterlassungsdelikten, wo es gerade nicht zu Handlungen der Täterseite kommt.

---

[185] Anuschat, zitiert nach Mörbel: Spurenlehre, in: Kube / Störzer / Timm (Hrsg.): Kriminalistik Bd. 1, S. 672
[186] Geerds, zitiert nach Mörbel: Spurenlehre, in: Kube / Störzer / Timm (Hrsg.): Kriminalistik Bd. 1, S. 673
[187] Hofmann, zitiert nach Mörbel: Spurenlehre, in: Kube / Störzer / Timm (Hrsg.): Kriminalistik Bd. 1, S. 673
[188] Kriminalistik Lexikon, S. 300

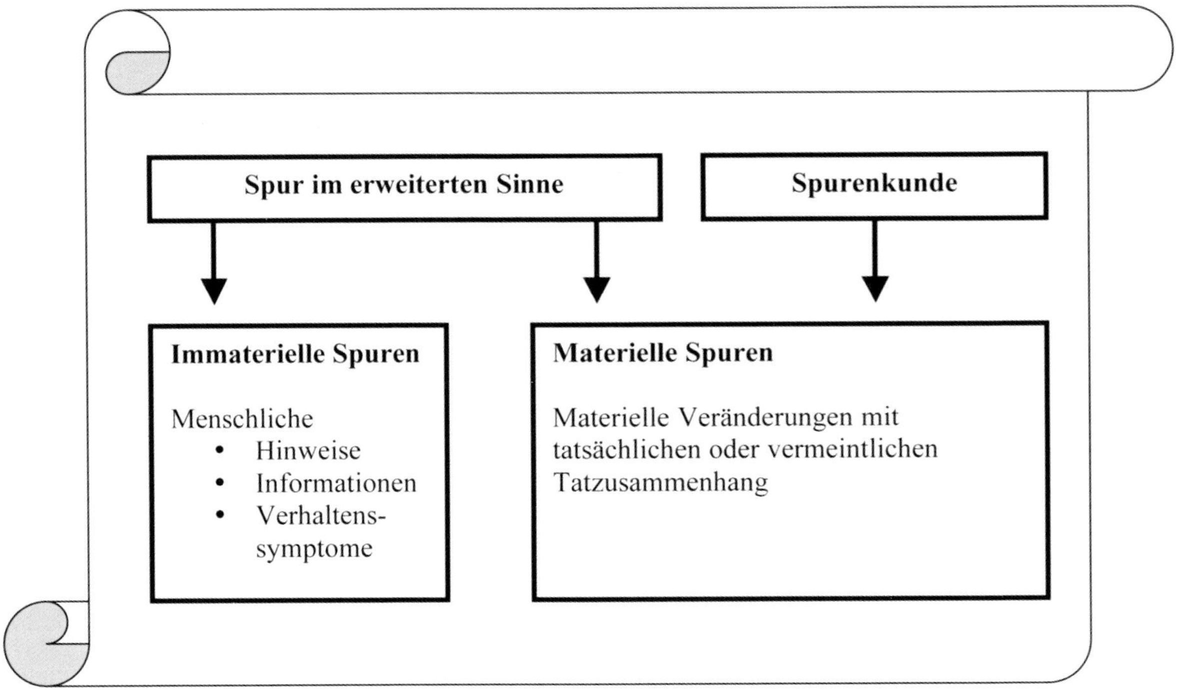


Abb. 27 Spurendefinition

## 12.2. Entstehung von Spuren

Spuren entstehen durch die **Veränderung oder die Übertragung von Materie**. Die Eigenart von kriminellen Handlungen bewirkt, dass diese Veränderungen am Tatort, am Opfer, am Täter und am Tatwerkzeug zu finden sind. Die Menge der anzutreffenden Spuren hängt weitestgehend von der Intensität der Tatausführung ab. Im Grundsatz gilt: **Je intensiver ein Täter bei der Tatausführung auf die jeweilige Materie einwirkt, desto intensiver das Spurenaufkommen**. Allerdings hängt das Spurenaufkommen auch von der Materie ab, auf welche eingewirkt wird.

Um auf möglicherweise vorhandene Spuren zu kommen, bietet sich das Bilden von **Tat- oder Ereignishypothesen** an. Im Rahmen dieser Hypothesenbildung ist zu prüfen, welche Abläufe wahrscheinlich waren, welche Veränderungen der Täter aufgrund dieser Abläufe zwangsweise herbeiführen musste und wo demnach Spuren vorhanden sein könnten oder müssten.[189]

Nicht übersehen werden darf, dass Täter auch jenseits der eigentlichen Tatausführung Spuren unabsichtlich hinterlassen können.

## 12.3. Bedeutung und Aussagewert

Die Bedeutung der kriminalistischen Spuren kann gar nicht überschätzt werden. Nicht umsonst werden die Spuren **„stumme Zeugen" der Tat** genannt. Die „Vernehmung" dieser stummen Zeugen gelingt allerdings nur, wenn Bedeutung und Informationsgehalt der jeweiligen Einzelspuren bekannt und bewusst sind. Spuren können Hinweise in alle kriminalistisch interessanten Richtungen weisen. Egal ob Täter, Opfer, Tatobjekt, verwendete Tatmittel, Vor- und Nachtatverhalten, Motivlagen usw., die Spur weist dem Kriminalisten oft den Weg. Spuren sind oft Ausgangslage der Verdachtsbildung, Grundlage mancher strafprozessualer Maßnahme

[189] Weihmann: Spurenkunde I, in: Burghard / Hamacher (Hrsg.): Lehr- und Studienbriefe Kriminalistik Bd. 22, S. 15

und damit oft wieder Grundlage für sich selbst. Wie oft werden „Gegenstände der Tat" und damit Spuren bei einer Wohnungsdurchsuchung gefunden und Grundlage für die Anordnung der Wohnungsdurchsuchung sind ebenfalls Spuren gewesen.

Aus dem Spurenbild am Tatort lässt sich oft viel ablesen: Spontanität der Tat, planvolles Vorgehen, professionelle Tatausführung pp. Oftmals spricht der Tatort Bände und erhält damit einen besonderen Aussagewert. Insbesondere wenn Personenbeweise nicht zur Verfügung stehen, ist dies oftmals die einzige Möglichkeit, sich Erkenntnisse über den stattgefundenen Sachverhalt zu verschaffen.

Professionelle Polizeiarbeit setzt auch Wissen über die den Spuren drohenden Gefahren voraus. Zu denken ist an Veränderungen oder Zerstörungen des Spurenbildes aufgrund verschiedenster Ursachen. Spurenvernichtungskommandos bestehend aus Zeugen, Neugierigen, Rettungs- und Hilfsdiensten, Polizeibeamten und sonstigen Personen richten oft Katastrophen an. Zeitablauf und Witterungseinflüsse tun weiter ein Übriges, um die polizeilichen Möglichkeiten in der Tataufklärung zu beschränken.

Spuren sind für die Strafverfolgungsorgane vielfach die einzige Möglichkeit zu überprüfen, ob die oft subjektiv beeinflussten Aussagen von Personen zutreffend sind oder nicht.

**Individualbeweiswert** haben Spuren, wenn eine eindeutige Zuordnung zu einem bestimmten Spurenverursacher möglich ist, z.B. bei Fingerspuren oder DNA-haltigem Körpermaterial. Ist dieses nicht der Fall, kann eine Spur also nur einem Bereich möglicher Spurenverursacher zugeordnet werden, hat die Spur nur **Gruppenbeweiswert**.

## 12.4. Einteilung der Spuren

Strittig in der kriminalistischen Wissenschaft ist der Sinn und damit der Nutzen der Einteilung von Spuren in verschiedene Kategorien. Von Kritikern wird gegen eine Systematisierung von Spuren eingewandt, dass die Vielfältigkeit des möglichen Spurenaufkommens eine **abschließende Systematisierung unmöglich** mache, hier eine unnötige theoretische Zwangs-jacke entstünde, die für die praktische Arbeit unnütz wäre. Zudem kann eine Spur gleichzeitig mehreren möglichen Zuordnungen unterliegen, die Einordnung also nicht eindeutig sein.

Befürworter einer systematischen Gliederung und damit Zuordnung von Spuren führen an, dass eine erfolgreiche Spurensuche nur dann möglich sei, wenn gründliche Kenntnisse über Spurenarten und –formen vorhanden wären. Nur wer einen Überblick über die Vielzahl der Spuren und ihre Erscheinungsformen besäße, könne die kriminalistischen Möglichkeiten richtig und zuverlässig einschätzen.[190]

Die Wahrheit liegt vermutlich in der Mitte. Wer in der Lage ist zutreffend mögliche Tat- und Ereignishypothesen zu bilden, wird bei genauer Handhabung auch ohne zusätzliche Systematik auf die relevanten Spuren stoßen und damit professionelles Handeln gewährleisten. Je weniger ausgeprägt allerdings die Fähigkeit zum professionellen Bilden solcher Hypothesen ist, oder je ungenauer der Sachverhalt sich im ersten Informationsaufkommen darstellt, desto wertvoller ist eine Spurensystematik zur ersten Bearbeitung des Falles.

Nachfolgend werden deshalb Systematiken angeboten, um die Erfolgswahrscheinlichkeit in der praktischen Arbeit zu erhöhen.

[190] Mörbel: Spurenlehre, in: Kube / Störzer / Timm (Hrsg.): Kriminalistik Bd. 1, Seite 679

### 12.4.1. Systematische Gliederung

Bei der systematischen Gliederung geht es um eine Einteilung der Spuren im Bezug zur Tat. Es wird ganz einfach nach **echten und unechten Spuren** differenziert.

#### 12.4.1.1. Echte Spuren

Bei echten Spuren handelt es sich um die beim Tatgeschehen oder im Zusammenhang mit dem Tatgeschehen tatsächlich angefallenen Veränderungen. Es besteht also ein **kausaler Zusammenhang mit dem Tatgeschehen**.

Zu den echten Spuren gehört deshalb auch der Bereich der **fingierten Spuren**, also um Veränderungen die von Täterseite bewusst vorgenommen wurden, um von sich, vom eigenen Tatbeitrag oder von der Tat abzulenken, irrezuführen oder auch den Sachverhalt zu verschleiern.

Fingierte Spuren sind kriminalistisch von hoher Relevanz, weil sie zum einen den Akt des Vortäuschens, ggf. auch noch die Beweisführung für die eigentliche Tat ermöglichen und meist vom Täter herstammen. Fingierte Spuren dürfen nicht mit den nachfolgend aufgeführten Trugspuren verwechselt werden, sind hiervon vielmehr scharf abzugrenzen, da diese eben keine Tatrelevanz haben.

#### 12.4.1.2. Unechte Spuren

**Trugspuren** sind tatsächliche Veränderungen der Außenwelt, die aber nicht im Zusammenhang mit dem Tatgeschehen stehen, zunächst jedoch so erscheinen. Sie können den Ermittlungsverlauf erheblich negativ beeinträchtigen, da sie die Hypothesenbildung negativ beeinträchtigen und damit die Ermittlungen in eine falsche Richtung führen können. Sie sollten daher so schnell wie möglich erkannt und ausgesondert werden.

Trugspuren können entstehen durch Rettungsmaßnahmen, Handlungen vor der Tat, Tiere, aber auch falsches Verhalten oder nicht dokumentierte Veränderungen am Tatort durch Polizeikräfte.

### 12.4.2. Dynamische Systematik

Bei der dynamischen Systematik geht es um die **Art der Entstehung und dem Ort** wo die Spur anzutreffen ist. Entsprechend wird unterschieden nach Tatspuren, Täterspuren, Spuren am Täter und Spuren an Zeugen und Opfern.

#### 12.4.2.1. Tatspuren

Bei Tatspuren handelt es sich um Veränderungen, die **durch das Tatgeschehen verursacht** werden. Tatspuren finden sich typischerweise am Tatort, am Täter, am Opfer, Tatobjekt oder an Tatmitteln. Beim Tatort ist auch der weitere Tatort, also Annäherungs- und Fluchtweg mit einzubeziehen.

Tatspuren haben eine hohe Relevanz für Rekonstruktionen zum Tatablauf und damit auch zur Überführung des Täters. Tatspuren ermöglichen die kritische Würdigung anderer Beweismittel, insbesondere von Aussagen.

### 12.4.2.2. Täterspuren

Täterspuren sind Spuren, die **vom Täter verursacht oder** an einer bestimmten Stelle **hinterlassen** wurden. Sie finden sich üblicherweise am Tatort, an Tatmitteln und am Tatobjekt.

Wegen der unmittelbaren Bezüge zum Täter stehen Täterspuren im Mittelpunkt des polizeilichen Interesses. Sie ermöglichen eventuell eine unmittelbare Täterermittlung.

### 12.4.2.3. Spuren am Täter

Spuren am Täter können sich direkt an seinem Körper, an der Kleidung oder an mitgeführten Gegenständen wie Fahrzeugen, Taschen pp. befinden. Die Spuren können vom Tatort stammen, durch das Tatgeschehen verursacht worden sein, oder auch vom Tatobjekt herstammen. Spuren am Täter können wichtige Beweismittel sein.

### 12.4.2.4. Spuren an Zeugen und Opfern

Die Aussagen zu den Spuren am Täter gelten analog auch für Spuren an Zeugen und Opfern.

Am Opfer wird es vorzugsweise um die Verletzungsspuren und Übertragungsspuren vom Täter gehen. Vielfach kommt es hier zu einer Gemengelage, da aus der Gefahrenabwehr heraus die erforderlichen Maßnahmen der Ersten Hilfe Vorzug vor der Spurensicherung haben. In diesen Fällen sollten Veränderungen zur Vermeidung späterer Missverständnisse eindeutig dokumentiert werden.

Bei den Spuren an Zeugen ist insbesondere an die Personen zu denken, die möglicherweise erste Hilfsmaßnahmen eingeleitet haben. Sie haben meist nicht nur Spurenlagen verändert, sondern sind dadurch oftmals selber zum Spurenträger und Spurenverursacher geworden.

### 12.4.3. Materielle Systematik

Bei der materiellen Systematik geht es um die tatrelevanten **Veränderungen nach Form und stofflicher Beschaffenheit** der Spur. Dabei kann es vorkommen, dass beide Spurenarten zusammenfallen, wie z.B. der blutige Fingerabdruck.

Bei der materiellen Systematik wird unterschieden nach Form- und Materialspuren.

### 12.4.3.1. Formspuren

Formspuren sind Veränderungen an einem Spurenträger, die durch eine Einwirkung des Spurenverursachers entstehen. In der Regel durch mechanische Einwirkung kommt es zur Abbildung einer äußeren Struktur des Spurenverursachers. Es geht dabei nicht um die chemische Zusammensetzung. Formspuren können je nach Beschaffenheit und Qualität Individualbeweiswert oder Gruppenbeweiswert haben.

Zu den Formspuren gehören Eindruckspuren, Abdruckspuren, Gleitriefen, Bruch- und Rissspuren, Schnitt- und Zwickspuren, Passspuren und sonstige Formspuren.

Bei **Eindruckspuren** wird das Profil bzw. der Umriss eines Spurenverursachers als Ganzes oder zum Teil in einen weicheren, verformbaren Spurenträger eingeprägt. Die charakteristischen Merkmale des Spurenverursachers spiegeln sich dadurch wieder.

**Beispiel:** Reifeneindruckspur, Schuhspur im weichen Erdreich pp.

**Abdruckspuren** entstehen dadurch, dass Form und / oder Oberflächenstruktur eines Spurenverursachers im Ganzen oder in Teilen sich durch eine anhaftende Substanz auf den Spurenträger übertragen oder eine Substanz vom Spurenträger auf den Spurenverursacher übertragen wird. Für letzteren Fall spricht man von einer negativen Abdruckspur.

**Beispiel:** Schuhsohlenabdruck auf festem Bodenbelag, Fingerspur an der Fensterscheibe, pp.

**Gleitriefen**[191] zeigen sich in der Regel als Längsrillen auf einem Spurenträger. Sie kommen dadurch zustande, dass mit einem harten Spurenverursacher mit entsprechend strukturierter Oberflächenstruktur mit Druck über den Spurenträger geglitten wird.

**Beispiel:** Werkzeugspuren an einem Aufbruchstatort.

Ein Sonderfall von Gleitriefen stellen die sogenannten Ziehspuren dar. Sie entstehen z.B. bei der Herstellung von Drähten und Kabeln beim Fertigungsprozess.

Durch mechanische Überbeanspruchung kann es bei festen Materialien zu **Bruch- oder Rissspuren** kommen. Ursache für Brüche und Risse können allerdings auch thermischer Natur oder auf chemischen Einflüssen beruhen.

**Beispiel:** Feuer und Korrosion.

**Schnittspuren** ergeben sich aus dem Gebrauch von Schnittwerkzeugen. Das Spurenbild eines auf jeder Seite durchtrennten Gegenstandes entsteht durch individuelle Besonderheiten an der Schnittkante des benutzten Schneidewerkzeugs. Das Spurenbild kann auch auf entsprechenden Abfällen, z.B. Hobelspäne vorhanden sein. Eine Besonderheit von Schnittspuren stellen Bohrspuren dar, die in Abhängigkeit von der Art des Bohrers, der Bohrgeschwindigkeit und der Art des bearbeiteten Materials ebenfalls zu auswertbaren Spuren führen können.

**Beispiel:** Schnitte mit Seitenschneider, Bolzenschneider, Scheren, pp.

**Passspuren** entstehen in der Regel durch das Auseinanderbrechen oder –reißen, beim Zerschneiden oder der sonstigen Durchtrennung von Gegenständen. Bei der Untersuchung geht es darum, dass zwei Teile ursprünglich zueinandergehört haben. Der Spurenwert liegt dabei in der oft vorhandenen individuellen Struktur des Materials.

**Beispiel:** Abgedrehter Schließzylinder, durchtrennte Klebestreifen, zerrissenes Papier pp.

Die Darstellung möglicher Formspuren ist nicht abschließend, da sich gerade die Formspur sehr vielfältig darstellt. So bildet auch die Form einer Blutspur eine Formspur ab, die Rückschlüsse auf das Tatgeschehen möglich machen kann. Zu denken ist ebenfalls an fehlende Gegenstände, die beispielsweise ihre Form durch eine unterschiedliche Lichteinwirkung auf den Spurenträger hinterlassen. Zu denken ist aber ebenfalls an die vielen Möglichkeiten der Schriftauswertung.

[191] In der Fachliteratur finden sich auch die Begriffe Gleit-, Kratz-, Schürf-, oder Ziehspuren. Andere sehen die nachfolgend genannten Ziehspuren wiederum als Spezialfall der Gleitriefen an. Die unterschiedliche Einordnung ist jedoch rein theoretischer Natur. Siehe hierzu auch Weihmann: Spurenkunde I, in: Burghard / Hamacher (Hrsg.): Lehr- und Studienbriefe Kriminalistik Bd. 22, S. 19

### 12.4.3.2. Materialspuren

Materialspuren stellen sich als feste, flüssige oder gasförmige Stoffe dar. Die Bedeutung der Materialspur liegt in der jeweiligen **chemischen Zusammensetzung**. Darüber ergibt sich die Möglichkeit nicht nur die Substanz an sich, sondern ggf. auch die Herkunft, möglicherweise sogar die Individualität festzustellen.

**Beispiel:** Bestimmung von Betäubungsmitteln, Sprengstoffen, Blut pp.

Bei den Materialspuren wird in **biologische und andere Materialspuren** unterschieden. Dabei findet sich anstatt des Begriffes der biologischen Spur auch der Begriff von **organischen Spuren**.[192] Bei biologischen Spuren geht es im wesentlich um Spuren des menschlichen Körpers, wie z.B. Körperteile, Haare, Blut und Körperausscheidungen (Sekrete, Exkrete, pp.). Bei den nichtbiologischen (oder anorganischen) Materialspuren geht es z.B. um Glasspuren, Farbspuren, Nachweis von Metallen, Kunststoffen, Fangstoffen (z.B. Silbernitrat) pp. in ihrer jeweiligen spezifischen Zusammensetzung.

### 12.4.3.3. Situations- und Gegenstandsspuren

Situations- und Gegenstandsspuren lassen Schlussfolgerungen auf sogenannte „raumbezogene Gegebenheiten" zu.[193]

**Situationsspuren** können sich aus der Lage von Gegenständen oder deren spezifischer Anordnung am Tatort oder einer sonstigen kriminalistisch relevanten Örtlichkeit ergeben.

**Beispiel:** Festgestellte Schließverhältnisse, Beschädigungen, umgeworfene Möbelstücke, Abschiedsbriefe mit dem dazugehörigen Schriftbild, pp.

Das **Vorhandensein bestimmter Gegenstände** an bestimmten Örtlichkeiten kann eine Spur darstellen. Der Beweiswert der Gegenstandsspur hängt vom Einzelfall ab. Der Gegenstand selber wird in diesem Fall nicht zum Gegenstand weiterer Untersuchungen, es sei denn in Bezug auf weitere ihm anhaftende Spuren.

**Beispiel:** Kondome in der Modellwohnung, Tatwaffe in Wohnung des Täters, verlorener Ausweis am Tatort pp.

## 12.5. Spurensuche

Unter der Spurensuche versteht man die systematische Suche nach Gegenständen und Stoffen, sowie nach Abdrücken und Eindrücken, die bei der Vorbereitung und der Begehung strafbarer Handlungen hervorgerufen bzw. hinterlassen wurden.[194] Dabei gilt: Spuren muss man suchen, selten fallen sie einem direkt ins Auge. Ziel der Spurensuche ist daher auch das Finden aller relevanten Spuren zur Tataufklärung.

Die Durchführung der **Spurensuche ist Eilsache**, da sich Spuren durch Zeitablauf, vorhandene Umwelteinflüsse pp. verändern können.

Neben den allgemeinen Verhaltenshinweisen und Maßnahmen am Tatort kommt dem Auffinden und der geeigneten Behandlung möglicher Tatspuren eine herausragende Bedeutung

[192] Weihmann: Spurenkunde I, in: Burghard / Hamacher (Hrsg.): Lehr- und Studienbriefe Kriminalistik Bd.22, S. 17
[193] Mörbel: Spurenlehre, in: Kube / Störzer / Timm (Hrsg.): Kriminalistik Bd. 1, Seite 686
[194] Kriminalistik Lexikon, S. 301

zu. Eine geeignete Methode ist hier u.a. die gedankliche **Rekonstruktion des möglichen Tatablaufs (Hypothesenbildung)**, um über diesen Weg auf mögliche Spuren bzw. Spurenträger zu stoßen. Aber auch andere Systematiken können zur Anwendung kommen, z.B. spiral- oder schleifenförmige systematische Absuche des Tatortbereiches. Allerdings fällt es hierbei schwerer, tatrelevante und tatirrelevante Spuren zu unterscheiden. Bei allen Methoden ist die nähere Tatumgebung (Annaherungs- und Fluchtweg) in die Betrachtung mit einzubeziehen. Vor Beginn einer detaillierten Suche sollte wenn irgend möglich eine **fotografische Gesamtdokumentation** erfolgen.

Neben der Selbstverständlichkeit Spuren nicht zu beschädigen, ist insbesondere darauf zu achten, dass **keine Trugspuren** verursacht werden. Wird versehentlich eine solche gelegt, ist diese zu kennzeichnen und gesondert zu dokumentieren.

Gefundene Spuren sind sofort zu kennzeichnen und gegen Beeinflussungen aller Art zu schützen.

Finden sich erwartete Spuren nicht, so kann auch dieser Umstand von Bedeutung sein. Möglicherweise hat der Täter das Entstehen bestimmter Spuren vermieden oder entstandene Spuren beseitigt. Nicht auszuschließen ist ggf. auch, dass eigentlich vorhandene Spuren bereits durch Dritte beseitigt worden sein können. Zu denken ist aber auch an eine möglicherweise falsche Ausgangshypothese. In solchen Fällen ist eine verstärkte Aufmerksamkeit auf Mikrospuren zu legen, da diese von Täterseite mangels Kenntnis meist nicht ausreichend berücksichtigt werden.

Gerade bei **latenten Spuren** ist eine erfolgreiche Suche oft nur unter Hinzuziehung von Hilfsmitteln möglich. Wesentliche Hilfsmittel in diesem Zusammenhang sind:

- Fährtenhund,
- Künstliche Lichtquellen (Schräglicht, UV-Licht, Infrarot, Röntgenstrahlen pp.),
- Optische Hilfsmittel (Lupe, Mikroskope pp.),
- Spezielle flüssige, pulvrige oder gasförmige Substanzen (Rußpulver, Jod, Luminol pp.),
- Klebefolien (Vorsicht bei gleichen chemischen Verbindungen / Löseeigenschaften),
- Sonstige Hilfsmittel (Gasspürgeräte, Metallsuchgeräte, Photoionisationsdetektoren pp.).

## 12.6. Spurensicherung

Der Begriff der Spurensicherung wird nicht immer unmissverständlich gebraucht. So werden zum einen damit die Schutzmaßnahmen des Sicherungsangriffs umschrieben, zum anderen aber auch der eigentliche Spurenerhebungsvorgang mit der entsprechenden Asservierung.

Besser wäre es eigentlich **im Rahmen des Sicherungsangriffs von Spurensicherung** zu reden und **Maßnahmen der Spurenaufnahme und Asservierung als Spurenerhebung** zu bezeichnen, um Missverständnisse zu vermeiden und damit polizeiliches Fehlverhalten im Rahmen des Sicherungsangriffes zu minimieren. Allerdings hat sich diese Betrachtung bisher nicht durchgesetzt.

### 12.6.1. Ziel der Spurensicherung

Ziel der Spurensicherung ist es, möglichst **alle tatrelevanten Spuren** zum Zwecke der Untersuchung und Auswertung zu erheben.[195] In Einzelfällen ist eine Auswahl nötig und zu

[195] Mörbel: Spurenlehre, in: Kube / Störzer / Timm (Hrsg.): Kriminalistik Bd. 1, Seite 694

treffen, z.B. bei Brandtatorten, bei einer Vielzahl vorhandener Formspuren, Materialspuren pp.

Grundsätzlich gilt, dass Spuren **im Original zu sichern** sind. Alle reproduktiven Sicherungsmethoden beinhalten mögliche Informationsverluste. Besondere Schwierigkeiten können beim Zusammenkommen verschiedener Spurenarten entstehen, z.B. der in Blut abgebildeten Fingerspur. Hier muss neben dem Einsatz von Spezialisten auch eine Prioritätenentscheidung getroffen werden, welche Spurenart bevorzugt auszuwerten ist.

### 12.6.2. Durchführung der Spurensicherung

Grundsätzlich erfolgt die Spurensicherung durch Fotografie, durch Vermessung, Beschreibung und Zeichnung, durch die Erhebung der Spur im Original oder durch spezielle Sicherungsmethoden.

Stets sollten zunächst **Übersichtsaufnahmen des unberührten Tatortes vor der Fotografie von Einzelspuren** gefertigt werden. Übersichtsaufnahmen sind nach der durchgehenden Kennzeichnung eines Tatortes zu wiederholen. Zur professionellen fotografischen Erfassung stehen zwischenzeitlich verschiedene Verfahren zur Verfügung.

Sofern eine genauere Erfassung der Tatortsituation erforderlich ist, sind zusätzlich **Skizzen und Zeichnungen** zu fertigen.

Im Anschluss ist eine **Beschreibung des Tatortes, der vorgefundenen Einzelspuren und der angewandten Spurensicherungsmethoden** vorzunehmen. Je nach Umfang können diese Ergebnisse in einen **Tatortbefundbericht** mit einfließen oder auch ein eigener **Spurensicherungsbericht** erforderlich sein. Eine besondere Bedeutung hat dabei grundsätzlich die genaue Beschreibung der Lage einer Spur, weil oft die Lage einer Spur darüber entscheidet, ob die Spur tatrelevant ist oder nicht.

Vorgefundene Spuren sind **eindeutig und zweifelsfrei zu kennzeichnen**. Dabei ist sicherzustellen, dass diese Kennzeichnung auch dauerhaft und lückenlos ist. Grundsätzlich sind einmal vorgenommene Kennzeichnungen für das weitere Verfahren beizubehalten.

Bei der **Asservierung von Spuren** ist dort zu beginnen, wo die höchste Gefährdung für den Bestand der Spuren besteht. Ggf. ist eine **Notsicherung** auch im Rahmen des Sicherungsangriffes vorzunehmen.

**Beispiel:** Gefährdete Spurenlage bei Feuer, Spuren im Schnee pp.

Keinesfalls dürfen am Spurenträger eigene **Identifizierungsversuche** vorgenommen werden. Bei entsprechenden Versuchen ist mit einer Wertlosigkeit für das weitere Beweisverfahren zu rechnen.

**Beispiel:** Probieren von Passstücken, Übereinstimmung von Werkzeugspuren pp.

Bei einer Vielzahl von Spuren ist Vergleichsmaterial zur Auswertung erforderlich. Dies betrifft insbesondere den Bereich der Materialspuren. Kann ein späteres Zurückgreifen auf das Vergleichsmaterial nicht sichergestellt werden, sind Vergleichsproben analog der Notsicherung sicherzustellen.

## 13. Besondere Spurenlehre

Der Sachbeweis gehört zu den tragenden Säulen der Beweisführung. Innerhalb des Sachbeweises nimmt die **Spur die überragendste Rolle** ein. Der Fortschritt in der wissenschaftlichen Entwicklung führt dazu, dass noch vor Jahren als unsinnig bezeichnete Ideen zwischenzeitlich nicht nur möglich sind, sondern teilweise zum Standardrepertoire professioneller Polizeiarbeit gehören. Nur beispielhaft für diese Entwicklung sei der Bereich der DNA-Analyse genannt. Insofern tun sich in diesem Komplex der Kriminalistik nicht nur immer neue Möglichkeiten auf, sie führen im Vergleich mit anderen Bereichen auch dazu, dass ältere Literatur nicht immer den aktuellsten kriminalistischen Stand darstellt.

Die Komplexität aller möglichen Spuren bei der Begehung von kriminellen Handlungen kann in einem allgemeinen kriminalistischen Lehrbuch nicht dargestellt werden. Es würde die Möglichkeiten eines solchen Werkes sprengen und bleibt der dafür vorhandenen Spezialliteratur vorbehalten.

Nachfolgend werden aufbauend auf den Ausführungen zur allgemeinen Spurenlehre einige wesentliche Spurenbereiche herausgegriffen und beispielgebend für die Chancen der Arbeit mit der kriminalistischen Spur dargestellt. Eine breitere Betrachtung erfährt der Bereich der Daktyloskopie, der Spuren von und an Schusswaffen, sowie der Blut- und Sekretspuren und damit auch der Möglichkeiten der DNA-Analyse. Die hier jeweils gemachten Ausführungen mögen einen Eindruck von der kriminalistischen Breite der jeweiligen Einzelspurenkomplexe geben.

Mit diesem Wissen soll es jedem Polizeibeamten möglich sein, die notwendige Sensibilität für den Umgang mit möglichen Spuren am Tatort im Rahmen des Ersten Angriffs zu entwickeln, aber auch mit übergebenen Beweismitteln umzugehen. Dem polizeilichen Vorgesetzten soll es einen ausreichenden Eindruck vermitteln, um seine Dienst- und Fachaufsicht sachgerecht wahrnehmen zu können. Deutlich werden soll aber auch, dass bei bestimmten Spurenbereichen Spezialisten notwendig sind.

Wer darüber hinaus mit der kriminalistischen Fallbearbeitung und der Bearbeitung von Spuren beschäftigt ist, wird um eine weitergehendere Beschäftigung nicht umhinkommen. Dies liegt zum einen an der leichten Zerstörbarkeit dieses sensiblen Beweismittels, aber auch an den zur Bearbeitung notwendigen Arbeitsmitteln. Vor eigenen Experimenten sei ausdrücklich gewarnt.

### 13.1. Daktyloskopische Spuren

Daktyloskopische Spuren gehören zu den **„Klassikern" der Kriminalistik**. Trotz allen Fortschritts in den Möglichkeiten des Sachbeweises hat die Bedeutung der daktyloskopischen Spur nicht abgenommen.

Die Ursache ist unter anderem, dass der Mensch die Masse seiner Handlungen mit den Händen begeht. Dies gilt zwangsläufig auch für die Vielzahl krimineller Handlungen durch Straftäter. Zwar versuchen Straftäter das Legen von daktyloskopischen Spuren zu vermeiden, aber es kommt trotz allen Spurenvermeidungsverhaltens immer wieder zu Fingerspuren. Zudem sind auch die Techniken der Sicherung und Auswertung von daktyloskopischen Spuren im Laufe der Zeit erheblich verfeinert und verbessert worden.

### 13.1.1. Begriff der Daktyloskopie

Der Begriff Daktyloskopie leitet sich aus dem griechischen „daktylon skopein“ ab und bedeutet Fingerschau.

Die Daktyloskopie ist das Wissen um die **Beschaffenheit und Auswertbarkeit der Papillarleistenbilder**.

Daktyloskopische Spuren sind Abdrücke und Eindrücke, die von den an Hand- und Fußflächen vorhandenen Haut- oder Papillarleisten verursacht werden; genauer gesagt vielfach von Substanzen, die sich auf den Papillarleisten befinden.

Eine entsprechende Auswertung ist auch bei Ohr- und Lippenabdrücken möglich. Tatsächlich spielt dieses in der polizeilichen Praxis jedoch nur im Ausnahmefall eine Rolle und erfordert zudem einen konkreten Tatverdächtigenabgleich.[196] Schon die Beweisführung über Fußabdrücke ist im hiesigen Bereich äußerst selten. Zudem liegt erkennungsdienstliches daktyloskopisches Material in der Bundesrepublik Deutschland nur von Hand- und Fingerabdrücken vor.

### 13.1.2. Aufgaben der Daktyloskopie

Zu den Aufgaben der Daktyloskopie gehört die **Personen- und Spurenidentifizierung**.

Bei der **Personenidentifizierung** geht es um die Identifizierung von
- unbekannten Spurenverursachern,
- unbekannten hilflosen Personen,
- unbekannten Toten,
- Personen, die falsche Personalien angeben,
- Personen von denen falsche Personalien aufgenommen wurden.

Die **Spurenidentifizierung** dient der
- Identifizierung von Spurenverursachern als
  - Tatverdächtige,
  - Tatortberechtigte,
- Feststellung von Tatzusammenhängen.

### 13.1.3. Grundlagen der Daktyloskopie

Die Grundlagen der Daktyloskopie sind die der Einmaligkeit, der Unveränderlichkeit und der Klassifizierbarkeit.

**Einmaligkeit** heißt, jeder Mensch hat andere, individuell einmalige und nicht vererbbare Hautleistenbilder. Dies gilt auch bei eineiigen Zwillingen.

**Unveränderlichkeit** bedeutet, die Hauptleistenbilder sind ca. ab dem vierten Embryonalmonat bis zur Auflösung nach dem Tode unveränderlich. Selbst durch Verletzungen entstandenes Narbengewebe beeinträchtigt dies nicht, hätte eher einen für die individuellen Merkmale ergänzenden Charakter.

**Klassifizierbarkeit** besagt, dass sich daktyloskopisches Material ohne Rücksicht auf die mit ihnen in Beziehung gesetzten Personalien eines Menschen nach bestimmten Regeln

[196] Weihmann: Spurenkunde II, in: Burghard / Hamacher (Hrsg.): Lehr- und Studienbriefe Kriminalistik Bd. 23, S. 13

klassifizieren lässt.

Klassifizierung bedeutet nach einheitlich definierten und tatsächlich vorhandenen daktyloskopischen Elementen erfassen, sortieren, vergleichen und in ein Ablagesystem einordnen.

### 13.1.4. Entstehung daktyloskopischer Spuren

Daktyloskopische Spuren entstehen als

- positive Abdruckspur,
- negative Abdruckspur,
- Eindruckspur.

**Positive Abdruckspuren** werden durch die Übertragung von Substanzen verursacht, die den Papillarleisten anhaften. Dadurch entsteht ein naturgetreues Abbild der Hautleisten auf dem Spurenträger.

Bedeutsamste Substanz ist der menschliche Schweiß, der für eine ständige unsichtbare „Stempelfarbe" sorgt, indem er über die Schweißdrüsen ständig über die Poren ausgeschieden wird. Der Schweiß ist in der Regel mit Fettsubstanzen vermengt, die aus den Talgdrüsen abgesondert werden. Als weitere Substanzen kommen in Frage Blut, Fett, Staub, Farbe, pp.

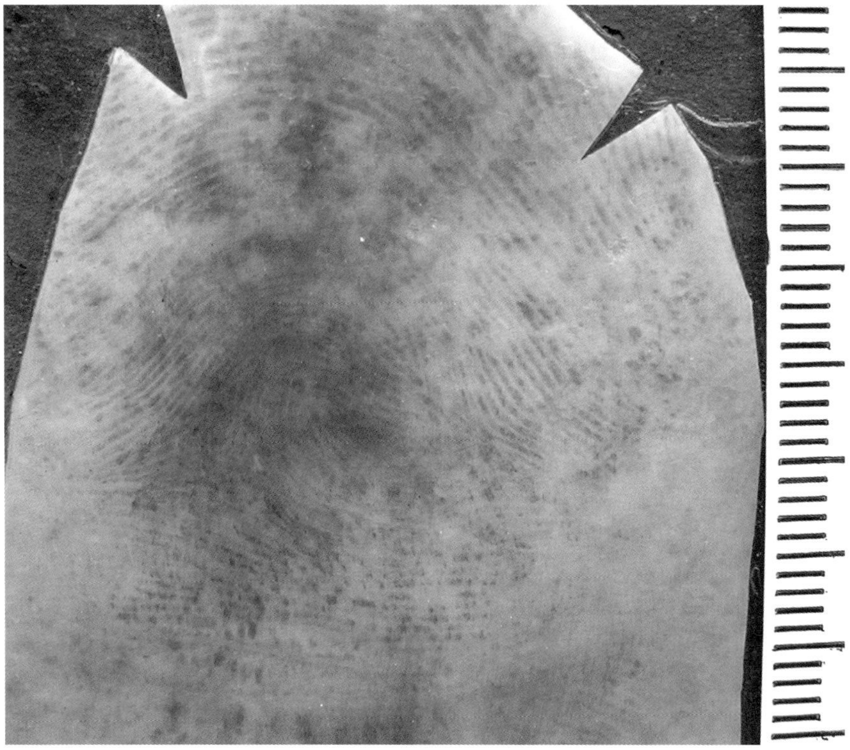

Abb. 28 Fingerabdruckspur einer Handschuhinnenseite (Einweghandschuhe)[197]

[197] Quelle: Bundespolizeiakademie, Lehrbereich Kriminalistik

Abb. 29: Fingerabdruck Handschuhinnenseite, Vergleichsspur [198]

Bei der **negativen Abdruckspur** fasst der Spurenleger in eine dünne Materialschicht und hebt Teile des Materials vom Spurenträger ab. In diesem Fall ist das Hautleistenbild dort sichtbar, wo keine Substanz mehr vorhanden ist.

**Eindruckspuren** entstehen, wenn der Spurenverursacher in weiches, formbares Material fasst und dabei plastische Veränderungen in der Oberflächenstruktur verursacht.

### 13.1.5. Suche und Sichtbarmachung daktyloskopischer Spuren

Zur **Entdeckung latenter Spuren** ist es wichtig, sich gedanklich in die Rolle des Täters zu versetzen.

Zur **Sichtbarmachung von Abdruckspuren** stehen verschiedene Mittel zur Verfügung. Unabhängig von der eingesetzten Methode geht es darum, dass latente Spuren sich nach ihrer Behandlung von der Umgebung abheben sollen, um entdeckt zu werden und einer Auswertung zugänglich zu sein.[199]

An **Hilfsmittel** stehen u.a. zur Verfügung:
- Schräglichtverfahren,
- Einstaubmittel (Magnetpulver, Russpulver, Eisenoxid, Graphitpulver, Jodpulver pp.),
- Jodierverfahren,
- Onprint-Spray,
- Nynhydrin-Verfahren,
- Silbernitrat,
- Laserverfahren,
- Bedampfungsverfahren.

[198] Quelle: Bundespolizeiakademie, Lehrbereich Kriminalistik
[199] Interessant in diesem Zusammenhang auch die Versuche zur Sicherung von Fingerspuren auf menschlicher Haut. Siehe hierzu: Lenertz / Schönborn: Fingerspuren auf menschlicher Haut, in: Kriminalistik 2002, 45
Siehe auch Witthuhn: Vorsicht, Falle!, in: Kriminalistik 2002, 543

### 13.1.6. Sicherung daktyloskopischer Spuren

Vor der eigentlichen Sicherung einer daktyloskopischen Spur muss die genaue **Lage festgehalten werden**. Dabei geht es um das Festhalten der Griffrichtung und die zusammenhängende Behandlung von Griffspuren. Im Einzelfall ist auch an die Möglichkeit der Anwendung von verschiedenen Sicherungsarten parallel zu denken (z.B. Fotografie, Klebefolien, pp.).

Als **Sicherungsmaßnahmen** stehen im Wesentlichen zur Verfügung die Fotografie, Klebefolien (Schwarzfolie / Weißfolie), die Sicherung durch Abformung bei Eindruckspuren (Gipsbrei, Silikonkautschuk).

Gesicherte Spuren dürfen keinem dauerhaften Sonnen- oder Tageslicht ausgesetzt werden. Spurenkarten mit daktyloskopischen Material dürfen keinesfalls geknickt werden. Je nach Sicherungsverfahren sind spezielle Versendungsformen zu beachten.

### 13.1.7. Identifizierung daktyloskopischer Spuren

Ein Identitätsnachweis ist dann erbracht, wenn im Vergleichsmaterial mindestens 12 anatomische Merkmale in ihrer Form und Lage zueinander übereinstimmen. Hiervon darf nur dann abgewichen werden, wenn mindestens 8 anatomische Merkmale übereinstimmen und zusätzlich das Grundmuster bestimmt werden kann. Jedes anatomische Merkmal darf dabei ohne Rücksicht auf seine Häufigkeit nur einmal bewertet werden.

Eine daktyloskopische Wahrscheinlichkeitsaussage ist in jedem Fall unzulässig, auch wenn die Häufigkeit von Grundmustern und Merkmalen unterschiedlich ausgeprägt ist. Sind also die Anforderungen für einen Identitätsnachweis nicht erfüllt, kann die Spur für einen solchen Nachweis nicht herangezogen werden.

Spuren, die den Anforderungen für einen Identitätsnachweis nicht gerecht werden, sind trotz allem nicht wertlos. So kann auch eine den Anforderungen nicht genügende Spur als **Ausschlusskriterium** benutzt werden. Kommt nur ein bestimmter Tatverdächtigenkreis in Betracht, kann man auf diese Art und Weise eventuell zu einer „indirekten Identifizierung“ gelangen.

**Daktyloskopische Grundmuster in ihrer Häufikkeitsverteilung**

| | |
|---|---|
| U-Muster (oder Bogenmuster U) | ca. 2 Prozent |
| T-Muster (oder Bogenmuster T) | ca. 3 Prozent |
| O-Muster (oder Wirbelmuster) | ca. 37 Prozent |
| E-Muster (oder Schleifenmuster rechts) | ca. 28 Prozent |
| I-Muster (oder Schleifenmuster links) | ca. 30 Prozent |

Abb 30: Häufigkeitsverteilung daktyloskopischer Grundmuster[200]

[200] Kriminalistik Lexikon, S. 67

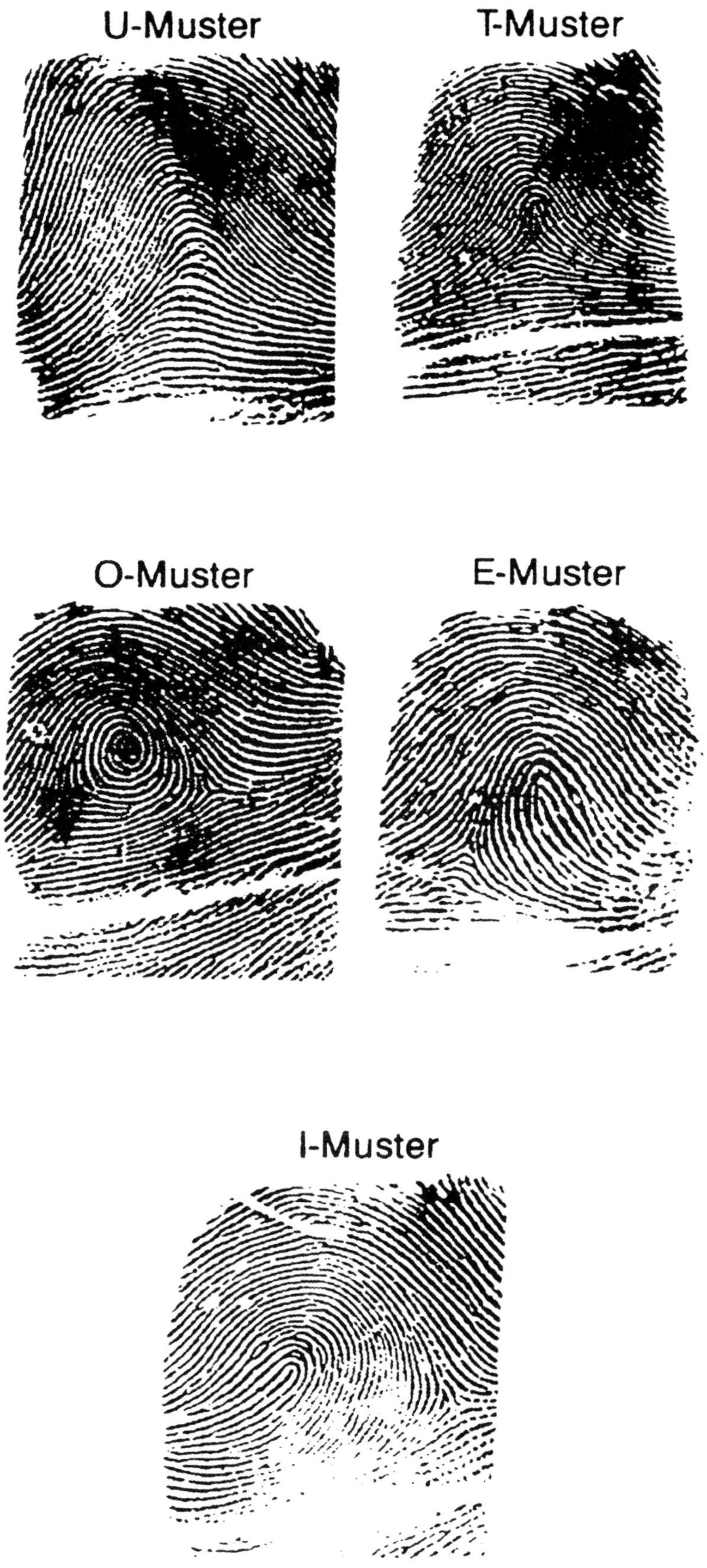


Abb. 31: Daktyloskopische Grundmuster[201]

[201] Kriminalistik Lexikon, S. 66

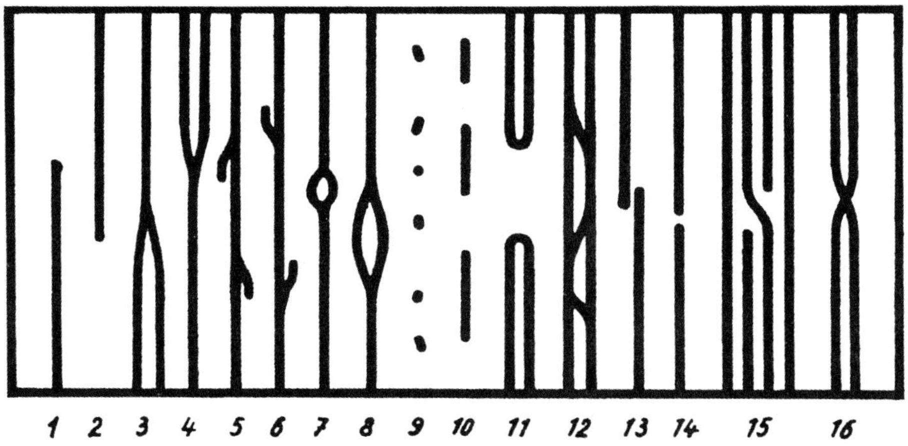


Bezeichnung der einzelnen Merkmale

1 = beginnende Linie
2 = endende Linie
3 = Gabel nach unten
4 = Gabel nach oben
5 = Haken nach unten
6 = Haken nach oben
7 = Auge
8 = Insel
9 = Punktfragmente
10 = eingelagerte Linie
11 = eingelagerte Schleife
12 = Linienverästelung
13 = ausweichende Endstücke
14 = Linienunterbrechung
15 = Linienübergänge
16 = Linienkreuzung

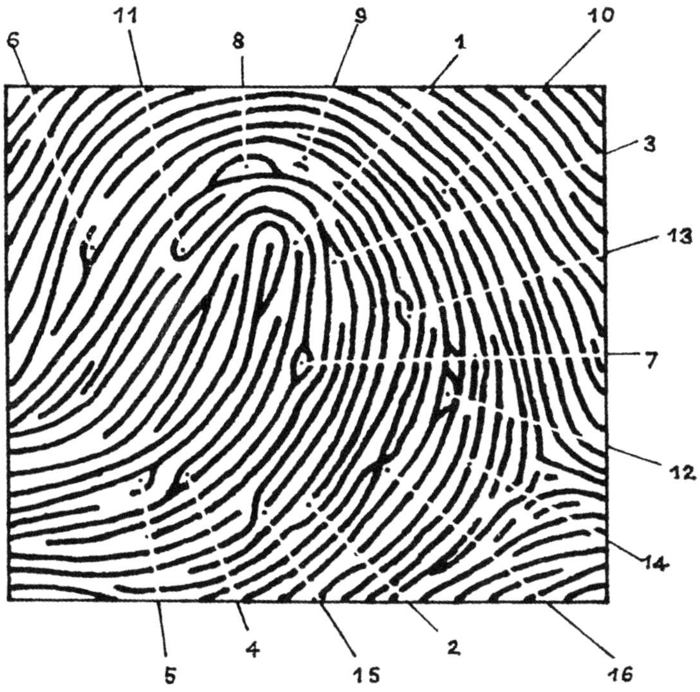


Abb. 32: Aussehen und Bezeichnung anatomischer Merkmale der Daktyloskopie[202]

## 13.1.8. Hilfsmittel der Identifizierung

In früheren Jahren musste die Klassifizierung von erkennungsdienstlich erlangten Finger- und Handabdrücken, sowie des am Tatort erlangten Spurenmaterials manuell durch einen daktyloskopischen Sachverständigen erfolgen. Seit einigen Jahren steht nunmehr das **Automatisierte Fingerabdruck-Identifizierungsystem (AFIS)** zur Verfügung. Hier werden die wesentlichen Klassifizierungsaufgaben rechnergestützt durchgeführt und in der Folge

[202] Ochott: Identifizierung durch Daktyloskopie, in: Kube / Störzer / Timm: Kriminalistik Bd. 1, S. 773

recherchiert. Der daktyloskopische Sachverständige überprüft in der Folge die ausgeworfenen möglichen Ergebnisse und erstellt dann die entsprechenden Gutachten.[203]

Als Hilfsmittel zur Identifizierung gilt auch **EURODAC**. Bei Eurodac handelt es sich um ein EU-weites Fingerabdruckvergleichssystem, das seit 2003 in allen EU-Staaten in Betrieb ist. Es dient zum Erkennen von Mehrfachantragstellern im Asyl-Bereich. Ziel dieses Systems ist die Bestimmung des Ersteinreisestaates und damit die Bestimmung der Zuständigkeit für die Bearbeitung des Asylverfahrens. Tatsächlich kommt es hierdurch jedoch auch zur Identifizierung von Personen, die sich mit unterschiedlichen Personalien ausgeben.

Ein aktuelles neues Projekt ist **„Fast-Identification“**. Hierbei handelt es sich um ein mobiles System, das es der Polizei ermöglichen soll, schnell und überall Identifizierungsmaßnahmen durchzuführen. Über eine mobile Recheneinheit werden lediglich zwei Finger optoelektronisch erfasst und mit dem zentralen AFIS beim Bundeskriminalamt verglichen. Bei einer evtl. flächendeckenden Einführung würde sich manche Mitnahme zur Polizeidienststelle in Zukunft erübrigen. Das Pilotprojekt wird derzeit vom BKA, Bayern, Hessen und Nordrhein-Westfalen durchgeführt.

## 13.2. Blut- und Sekretspuren[204]

Die Blut- und Sekretspuren stammen, wie die daktyloskopische Spur, vom menschlichen Körper ab. Damit gehört dieser Spurenbereich zu den wenigen Spuren, die direkt zu einer Person und damit zum Täter führen können. Sie spielen bei den unterschiedlichsten Fallgestaltungen eine Rolle, so zum **Beispiel** bei:

- Abstammungsfragen und Identifizierung bestimmter Personen (Todesermittlungen),
- Alkoholisierungsgrad des Täters / Opfers,
- Aussagemöglichkeiten zur Beteiligung und zum Ablauf der Tat (Kapitalverbrechen, Körperverletzungen pp.).

Gerade Blut- und Sekretspuren unterliegen sehr schnell Veränderungen durch:

- Witterungsprozesse,
- Zersetzungsprozesse und
- Hitzeeinwirkung.

Sie sind daher qualifiziert zu sichern und umgehend der zuständigen Untersuchungsstelle zuzuleiten.

Bei der Suche nach Blut- und Sekretspuren sind auch Spuren anderer Art zu berücksichtigen, die in diesem Zusammenhang auftreten können, wie z.B.

- daktyloskopische Spuren,
- toxikologische Spuren,
- technische Formspuren,
- Schusswaffen- und Schussspuren.

Für alle relevanten Spurenarten gilt, dass sie unter allen denkbaren Varianten des Tatgeschehens gesucht werden sollten.

---

[203] Siehe hierzu auch: Küster: Automatisiertes Fingerabdruck-Identifizierungssystem AFIS, in: Kriminalistik 1994, 154

[204] Statt des Begriffs Sekretspuren wird zunehmend der Begriff „körperzellenhaltige Spuren“ verwandt.

### 13.2.1. Blutspuren

Vorhandenes Blut lässt alle Menschen, speziell aber Polizeibeamte schnell stutzig werden, oder besser gesagt: **Verdacht schöpfen**. Schnell wird eine Straftat, möglicherweise sogar ein Kapitaldelikt angenommen. Auch für den Straftäter stellt das Blut eine Spur der Straftat war, welche es zu vermeiden oder zumindest zu beseitigen gilt. Insofern treten Blutspuren nicht nur offen, sondern oft latent auf.

Die Spurenanalyse ermöglicht neben einer Bestimmung, ob es sich um Menschblut handelt, auch die Bestimmung der Art der Herkunft des Blutes (Menstruationsblut, Neugeborenenblut pp.). Die **DNA-Analyse** ermöglicht zudem einen sicheren Ausschluss, teilweise auch eine **sichere Identifizierung** der verursachenden Person.

Entgegen früheren Darstellungen spielt die Blutgruppenbestimmung alter Art in der Praxis keine Rolle mehr. Lediglich zur Rekonstruktion von Tatabläufen kann die körperliche Blutherkunft noch eine Rolle spielen.

Auch die **Form der Einzelspur und das Gesamtspurenbild** können ausgewertet werden. Aus der Art und Lage zueinander lassen sich wichtige Rückschlüsse zum Tatgeschehen ziehen. Damit wird die **Rekonstruktion eines Tatherganges** ermöglicht.

Bei der **Form von Blutspuren** wird unterschieden nach:

- Tropfspuren,
- Spritzspuren,
- Schleuderspuren,
- Schleifspuren,
- Schmierspuren,
- Wischspuren,
- Abrinnspuren,
- Blutlache,
- Abdruck- und Eindruckspuren.

### 13.2.2. Sekretspuren

Sekrete sind Absonderungen von Körperdrüsen. Sie werden nach außen über die Haut oder Schleimhaut an die Körperoberfläche abgesondert, dabei können Sekretspuren sichtbar oder latent auftreten.

Zu den kriminalistisch relevanten Sekreten gehören Nasensekret, Speichel, Schweiß, Sperma und Vaginalsekret.

Bei Sekretspuren sind **verschiedene Beweisführungen** möglich:

- Nachweis einer bestimmten Person als Spurenverursacher bzw. deren Ausschluss,
- Unterscheidung der jeweiligen Sekretarten.

Aus der Art und Lage der jeweiligen Sekretspur ist im Einzelfall auch eine **Rekonstruktion des Tatherganges** möglich.

Für die Untersuchung von Sekretspuren gilt das bei den Blutspuren angeführte Verfahren. Alte Untersuchungsmethoden spielen in der Praxis keine Rolle mehr. Hier werden, wie bei der Blutspur, vermehrt die Möglichkeiten der DNA-Analyse genutzt.

### 13.2.3. DNA-Analyse

Die Entwicklung des DNA-Verfahrens gilt als **wichtigste kriminalistische Entwicklung der vergangenen Jahre** und bedeutete einen Meilenstein in der Kriminalitätsbekämpfung, sowohl im präventiven, wie im repressiven Bereich. Der wesentlichste Fortschritt kam insbesondere dadurch zustande, dass selbst aus kleinsten Teilen körperlichen Zellmaterials **sichere Identifizierungen** abgeleitet werden können. Dazu kommt, dass es dem Täter quasi unmöglich ist, das Hinterlassen von DNA geeigneten Spurenmaterials zu vermeiden.

DNA = Abkürzung für **D**esoxyribo**n**uclein**a**cid = DNS = Abkürzung für **D**esoxyribo**n**uclein**s**äure.

Es handelt sich um ein der Genomanalyse zuzurechnendes Verfahren, bei dem mittels Gensonden DNA-Fragmente eines Individuums in einem bildhaften Muster dargestellt werden.

Ein derartiges Muster wird (fälschlicherweise) als DNA-Fingerabdruck bezeichnet. Dieses Verfahren ermöglicht es aus Spuren, die menschliches Zellmaterial mit DNA enthalten, individuelle Muster sichtbar zu machen, die bei Vorliegen entsprechenden Vergleichsmaterials eine eindeutige Identifizierung bzw. einen Ausschluss Verdächtiger ermöglichen.

Der etwas unfachmännische aber populäre Begriff des genetischen Fingerabdrucks wird hauptsächlich von den Medien verwendet, weil der Wert des Ergebnisses hoch oder höher wie der Fingerabdruck sein kann.[205]

#### 13.2.3.1. Ausgangspunkt der DNA-Analyse

Ausgangspunkt der DNA-Analyse ist zum einen, dass sich alle Erbinformationen eines Lebewesens individuell verschieden darstellen. Es gibt also absolute Unterschiede im menschlichen Erbgut.

Zum anderen steht fest, dass die Erbinformationen in den Zellkernen der jeweiligen Zellen des Einzelnen gespeichert sind. Damit liegen die relevanten Informationen in allen Körperausscheidungen und in jeglichem Körpergewebe vor.

#### 13.2.3.2. Untersuchungszweck

Der Untersuchungszweck liegt im Vergleich

- Spurmaterial / Personenmaterial,
- Spurenmaterial / Spurenmaterial,
- Personenmaterial / Spurenmaterial.

Wurde zu Beginn der Entwicklung auf Grund der Untersuchungsmethode relativ viel und intaktes DNA-Material benötigt, ist es inzwischen möglich, auch aus geringsten Spurenmaterial aussagefähiges und beweiskräftiges Material zu erlangen (sogenannte STR-DNS-Analyse = Short Tandem Repeat). Solches Material findet sich in ca. 95 Prozent aller Fälle.

[205] Zu den Grundlagen siehe auch Harbrink-Müller / Mantel: Biologische Methoden in der Strafverfolgung, in: Die Polizei 2002, 157

Untersucht wird der sogenannte nicht kodierte DNS-Bereich. **Nicht möglich (zulässig) sind daher Aussagen über**

- Haarfarbe,
- Augenfarbe,
- Alter,
- Rassenzugehörigkeit,
- Bestehende (latente) Krankheitsbilder.

Möglich ist aber, eine **Geschlechtsbestimmung des Spurenlegers** durchzuführen. Dadurch ist auch bei Mischspuren (z.B. bei Sexualdelikten) möglich täterrelevantes Spurenmaterial herauszufiltern und damit eine beweiskräftige Identifizierung zu ermöglichen.

### 13.2.3.3. Untersuchungsarten

Die Darstellung der Untersuchungsart soll an dieser Stelle bewusst unterbleiben. Die jeweilig von Spezialisten anzuwendenden Einzelmethoden der Spurenuntersuchung müssen von Polizeibeamten nicht beherrscht werden, zumal sich am Spurenmaterial vor Ort sowieso nicht erkennen lässt, welches Spurenmaterial welcher Untersuchungsmethode zugänglich sein wird. Im übrigen haben die Untersuchungsarten auch keinen Einfluss auf die erste Spurenbehandlung.[206] Festzuhalten ist jedoch, dass je nach Spurenquantität, Spurenqualität und damit einhergehender Untersuchungsmöglichkeiten es zu einer Individualidentifizierung kommen kann.

### 13.2.3.4. DNA-Analysedatei

Die DNA-Analyse-Datei ist eine **Zentraldatei** und besteht seit dem 17. April 1998 beim Bundeskriminalamt. Die Datei ist ein wichtiges Hilfsmittel

- zur schnellen und sicheren Identifizierung von Wiederholungstätern,
- zum Erkennen von Tatzusammenhängen bei unbekannten Tätern,
- zur präventiven Kriminalitätsbekämpfung wegen der abschreckenden Wirkung einer schnellen und sicheren Identifizierungsmöglichkeit.

**Anzahl der Datensätze in der DNA-Analyse-Datei**

**Gesamtbestand Bund**[207]

| | | |
|---|---|---|
| | 323.637 Datensätze | (100 %) |
| davon | 274.426 Personendatensätze | (84,8 %) |
| und | 49.211 Spurendatensätze | (15,2 %) |

**Treffer in der DNA-Analyse-Datei (Bund)**[208]

| | | |
|---|---|---|
| | 17.076 Gesamt | (100 %) |
| davon | 12.147 Spur-Person/Person-Spur | (71,2 %) |
| und | 4.929 Spur-Spur | (28,8 %) |

[206] Die Untersuchungsmethoden werden gut und übersichtlich dargestellt bei: Meyer / Wolf, Kriminalistisches Lehrbuch der Polizei, S. 315; Weihmann: Spurenkunde II, in: Burghard / Hamacher (Hrsg.): Lehr- und Studienbriefe Kriminalistik Bd. 23, S. 16

[207] Stand 31.12.03, Bundeskriminalamt

[208] Stand 31.12.03, Bundeskriminalamt

**Bisher wurden auf Grund der DNA-Analyse-Datei geklärt**[209]

- 247 Tötungsdelikte,
- 641 Sexualstraftaten,
- 1.320 Raubdelikte / Erpressungen,
- 15.182 Diebstahlsdelikte.

Seit neuerem ist der Aufbau einer ersten internationalen DNA-Datenbank zu verzeichnen. Hierzu kam es zu einem ersten Kooperationsvertrag zwischen Interpol und dem Staat Österreich.[210]

## 13.3. Schusswaffenspuren

Dem Spurenbereich von und an Schusswaffen ist besondere Aufmerksamkeit zu widmen, da es sich bei den unter Verwendung von Schusswaffen einhergehenden Delikten in der Regel um schwerere Straftaten handelt. Hinzu kommt, dass bei der Verwendung von Schusswaffen eine **Vielzahl von klassischen Spuren** entsteht. Die Schusswaffenverwendung bietet damit eine Vielzahl kriminalistischer Ermittlungsansätze.

### 13.3.1. Spurenbereiche

Der Gebrauch von Schusswaffen, insbesondere die Schussabgabe hinterlässt Spuren:

- an der Waffe selbst,
- an der Hülse,
- am Geschoss,
- am Schützen,
- an der Einschlagstelle (Opfer, Gegenstände),
- als Situationsspur.

Durch den Besitz und die Handhabung der Waffe kann es zu verschiedenen kriminalistisch relevanten Spuren kommen. Bei den **Spuren an der Waffe** handelt es sich um:

- Daktyloskopische Spuren durch den Umgang mit der Waffe,
- Schmauchspuren von der Schussabgabe,
- Spuren vom Opfer, wie Blut, Haare, Haut- und Gewebeteile, Stofffasern,
- Anhaftungen aus der Aufbewahrung der Waffe, insbesondere Öle, Stoffe verschiedenster Art, Schmutz pp.),
- Patronen, Hülsen, Geschosse bzw. deren Material,
- Werkzeugspuren von der Bearbeitung,
- Waffe als Gegenstand (Waffensystem, Nummer, Beschusszeichen, Veränderungen, Beschädigungen, Ladezustand, Fundort, Eigentümer / Besitzer, waffentechnische / -rechtliche Einordnung),
- Veränderungen und Beschädigungen.

Die Hülse ist in mehrerer Form Spurenträger. Bei den **Spuren an der Hülse** handelt es sich um:

- Daktyloskopische Spuren durch Ladevorgang und andere Handhabung,
- Anhaftungen, insbesondere von der Lagerung, speziell der Waffe,
- Herstellerangaben (Hülsenboden),

[209] Stand 31.12.03, Bundeskriminalamt
[210] Schuller: Internationale Kooperation, in: Der Kriminalist 2005, 151

- Schlagbolzeneindruck von der Schussabgabe,
- Auszieherspuren,
- Auswerferspuren,
- Patronenlager(rand)spuren,
- Magazinspuren,
- Kaliber.

Das Geschoss steht gerade nach dem Schusswaffengebrauch im Zentrum der kriminalistischen Betrachtung, da über die **Spuren am Geschoss** ein Rückschluss auf die gebrauchte Waffe erhofft wird. Bei den Spuren am Geschoss handelt es sich um:

- Züge und Felder,
- Drallwinkel und –richtung,
- Bearbeitungsmerkmale der Waffe,
- Schäden an der Waffe,
- Substanzen aus der Waffe,
- Kaliber,
- Hersteller,
- Verwendungszweck,
- Geschossart.

Die **Spuren am Schützen** sollen in erster Linie die Schützeneigenschaft, eher sekundär den Nachweis des Transports der Waffe ermöglichen. Bei den Spuren am Schützen handelt es sich um:

- Schmauchspuren / Pulverrückstande / andere Mikrospuren (Öle, Fette, pp.),
- Verletzungen (Schusshand, Rückschlagspuren),
- Blut- und Gewebeteile,
- Tragespuren.

**Spuren an der Einschlagstelle** finden sich als:

- Ein- / Ausschuss,
- Schusskanal,
- Kontusionsring (Schürfungsring),
- Schmutz- und Schmauchring,
- Stanzmarke.

Die Waffe ist nicht nur Spurenträger und Verursacher, sondern kommt auch als **Situationsspur** in Frage durch:
- Ladezustand,
- Lage im Raum,
- Gewahrsamsfrage,
- Erhaltungs- und Pflegezustand,
- Funktionsfähigkeit.

### 13.3.2. Spurensicherung

Grundsätzlich sind Auffindesituation und Spurenbild durch Übersichtaufnahmen, Skizzen (vermessen !!!) und Nahaufnahmen (mit Maßstab) zu dokumentieren, wobei die jeweiligen einzelnen Spuren zu kennzeichnen sind.

**Beachte:**

- **Niemals** eine Waffe durch einen in den Lauf eingeführten Gegenstand (Bleistift o.ä.) aufnehmen !
- **Niemals** eine Waffe an glatten Teilen berühren !
- **Niemals** Pfropfen in die Laufmündung einführen !
- **Niemals** Funktionsfähigkeit prüfen !
- **Niemals** reinigen oder Anhaftungen entfernen !
- **Niemals** versuchsweise Munition einführen !
- **Niemals** Probeschüsse abgeben !

### 13.3.2.1. Spurensicherung bei Hülsen und Projektilen

Bei der Spurensicherung von Hülsen und Projektilen sind folgende Aspekte zu berücksichtigen:

- Lage von Hülsen, Geschossen, Ein- und Ausschüssen sind zu dokumentieren.
- Hülsen und Geschosse sind in weiches Material (Verbandszellstoff, keine Watte) und einzeln in Kuverts oder Glasröhrchen verpacken.
- Steckende Geschosse grundsätzlich mit Spurenträger sichern. Aus weichem Material sind Geschosse vorsichtig herauslösen.

### 13.3.2.2. Spurensicherung bei Waffen

Bei der Spurensicherung von Waffen ist unbedingt auf folgende Umstände zu achten:

- Bei Waffen die Auffindesituation als Situationsspur feststellen:
  - ➢ Lage der Schusswaffe,
  - ➢ Zustand der Schlageinrichtung,
  - ➢ Zustand der Sicherungseinrichtung,
  - ➢ Stellung des Verschlussstückes,
  - ➢ Vorhandensein und Füllzustand des Magazins,
  - ➢ Vorhandene Patronen im Patronenlager,
  - ➢ Zustand der Revolvertrommel,
  - ➢ Anordnung von Patronen / Hülsen in der Revolvertrommel in Bezug zum Rohr im Uhrzeigersinn beschreiben.
- Daktyloskopische Spuren sind zu beachten und zu sichern

**Eine geladene Waffe ist grundsätzlich nicht zu transportieren oder zu versenden**. Die Waffe ist nach dem Aufnehmen sofort in einen handhabungs- und transportsicheren Zustand zu versetzen. Sie ist unter Vermeidung von irgendwelchen Spurenvernichtungen oder Spurenneulegungen in ein festes Behältnis zu verpacken und mit Munition (soweit vorhanden) an die zuständige Untersuchungsstelle zu senden.

### 13.3.2.3. Sicherung von Schmauchspuren

Schmauchspuren bedürfen einer besonders sorgfältigen Behandlung:

- Tatverdächtige nicht Hände waschen lassen, sofortige Schmauchspurensicherung veranlassen,
- Beschmauchung –auch bei Verletzten- ggf. fotografisch sichern,
- Verletzungen fotografisch sichern und rechtsmedizinisch untersuchen lassen,
- Hände von Toten mit Papiertüten bedecken. Reinigung vor der Spurensicherung vermeiden,

- Schmauchspurenverdächtige Bekleidung (Ärmelbündchen der Schusshand) sicherstellen,
- Für Schussentfernungsbestimmung auch die durchschossenen Bekleidungsstücke sicherstellen. Dabei Tragereihenfolge festhalten,
- Transportfähige Objekte nur abdecken.

### 13.3.3. Auswertung und Beweiswert

Grundsätzlich werden durch die Kriminaltechnik die Schusswaffen, die Munition und die Munitionsteile untersucht.

Daneben existieren Untersuchungsmethoden zur
- Schussrichtungsbestimmung,
- Schussentfernungsbestimmung,
- Bestimmung von Ein- und Ausschuss,
- Feststellung der Geschossbahn, z.B. bei Abprallern,
- Feststellung der Schusswirkung,
- Feststellung der Ursache einer Materialbeschädigung oder Deformation,
- Feststellung von Übertragungen (z.B. Schmauchnachweis, Schmauchverteilungsbild, Geschossabrieb, Waffenöle),
- Rekonstruktion des Tatherganges.

Mit Hilfe des **Schusswaffenerkennungsdienstes** sollen Spuren und Tatzusammenhänge aufgezeigt werden. Der Schusswaffenerkennungsdienst wird zentral beim Bundeskriminalamt geführt.

**Ziel der Untersuchungen** ist grundsätzlich:
- die Schusswaffensystembestimmung,
- das Erkennen von Tatzusammenhängen,
- die Identifizierung von Tatwaffen.

## 13.4. Schuhspuren

Die Schuhspur ist eine klassische Spur der Kriminalgeschichte. Vom Prinzip her müssten an jedem Tatort Schuhspuren vorhanden sein. Dabei wird der an den Schuhsohlen haftende Straßenschmutz / -staub, aber auch andere Materialien, wie z.B. Blut von der Lauffläche auf den Boden (Spurenträger) übertragen (**Abdruck**). Durch Eindringen des Schuhs in weicheres Material (Sand / Erde / Schnee pp.) entsteht eine **Eindruckspur.** Schuhspuren können sichtbar oder latent auftreten.

Abb. 33: Schuheindruckspur[211]

### 13.4.1. Kriminalistische Möglichkeiten

Schuhspuren weisen je nach Bodenbeschaffenheit und Schuhsohlenart mehr oder weniger charakteristische, in Einzelfällen individuelle Merkmale auf. Feststellbar sind Eigenheiten der Schuhlauffläche z.B.

- **Herstellungsbedingte Eigenheiten**
  - Natur- oder Industriekrepp,
  - Gegossenes oder gewalztes Besohlungsmaterial,
  - Gegossene oder angegossene Schuhlaufflächen,
  - Defekte aus dem Fertigungsprozess.
- **Gebrauchserscheinungen**
  - Abnutzungserscheinungen,
  - Beschädigungsmerkmale,
  - Reparaturstellen.

Die **Schuhdrucklänge** lässt Rückschlüsse auf die mögliche Körpergröße des Spurenlegers zu (aber: fingierte Spuren beachten). Das **Druckverteilungsbild** lässt ggf. auf Gewicht und körperliche Besonderheiten des Spurenverursachers Rückschlüsse zu.

Mit der Schuhspur können auch **Mikrospuren** (Fasern) und Materialspuren (Fette, Öle, Lederfibrillen pp.) vom Schuh auf den Spurenträger (Kleidung des Opfers) übertragen werden. Umgekehrt können Mikropartikel des Opfers (Haare, Blut, Fasern) oder vom Tatort (Glasbruch, Boden, Pflanzenteile) auf die Schuhe des Täters gelangen.

211 Quelle: Bundespolizeiakademie, Lehrbereich Kriminalistik

### 13.4.2. Schuhspurenvergleichssammlungen

Bei den Landeskriminalämtern und beim Bundeskriminalamt gibt es Schuhspuren-Vergleichssammlungen. Sie dienen dem Vergleich:

- Tatortschuhspur – Tatortschuhspur zum Erkennen von Tatzusammenhängen
- Tatortschuhspur – Vergleichsmaterial
  - Zur Gruppenidentifizierung
  - Zur Individualidentifizierung bei zusätzlichen Übereinstimmungen der individualcharakteristischen Formerscheinungen

## 13.5. Fahrzeugspuren

Fahrzeugspuren zeigen sich in der kriminalistischen Arbeit im Wesentlichen als Abdruck- oder Eindruckspuren von Fahrzeugbereifungen. Zu den Fahrzeugspuren gehört jedoch auch der Bereich von Fahrzeug- und Zubehörteilen.

Die **wichtigsten Fahrzeugspuren** sind:

- Fahrspuren (verursacht durch rollende, nicht abgebremste Räder) In Fahrspuren lassen sich feststellen:
  - Radstand,
  - Spurweite,
  - Spurkreisdurchmesser (Hinweise auf Fahrzeugidentität),
  - Reifenbreite,
  - Reifenprofil (Feststellung des Fabrikats, Rückschluss auf Fahrzeugtyp ggf. möglich), Fahrspuren in denen sich die Reifenlaufflächen widerspiegeln, lassen bei entsprechender Ausprägung eine Identifizierung der Reifen zu.
- Bremsspuren (verursacht durch abgebremste, aber noch rollende Räder),
- Blockierspuren (verursacht durch abgebremste, nicht mehr rollende Räder),
- Walkspuren (verursacht durch Reifen mit zu geringen bzw. ohne Reifeninnendruck),
- Schleuderspuren.

Besonders zu beachten ist, dass Fahrzeugspuren auch am menschlichen lebenden oder toten Körper entstehen können. Die Spuren (z.B. Hämatome) sind nach außen nicht immer erkennbar!

## 13.6. Werkzeugspuren

Werkzeugspuren sind ein **spezieller Fall der Formspuren**. Sie finden sich regelmäßig dort, wo mit Werkzeugen oder entsprechenden Gegenständen auf ein festes Objekt eingewirkt wurde. Dabei kommt es in der Regel zu Eindruck-, Abdruck-, oder Schartenspuren (z.B. Gleitriefen).

Um Werkzeugspuren kriminalistisch verarbeiten zu können, bedarf es Vergleichsmaterials in Form des verwendeten Werkzeuges oder Gegenstandes. Dabei kann dieses Werkzeug selbst wieder Träger anderer Spuren, z.B. von Fingerspuren oder irgendwelchen Anhaftungen sein. Bei der Sicherstellung ist daher besonders auf diese möglicherweise vorhandene Spurenlage zu achten. Auch die Möglichkeit von Passspuren bei abgebrochenen Werkzeugen oder Gegenstände ist zu beachten.

Bei der Sicherung von Werkzeugspuren bzw. den sie verursachenden Gegenständen ist zur Erhaltung des Beweiswertes sicherzustellen, dass keine gegenseitigen Kontakte oder Übertragungen stattfinden.

Eine Werkzeugspur kann **Individualbeweiswert** haben, wenn durch Beschädigungen bzw. Abnutzungen individuelle Spurenbilder entstehen.

## 13.7. Handschriften

Die Handschrift ist ein wichtiges Fahndungs- und Beweismittel, da der Urheber identifiziert werden kann. In der Handschrift wird eine **Bewegungsspur** hinterlassen, die unter normalen Bedingungen weitestgehend konstant (Automation des Schreibvorganges) und damit **weitgehend unverwechselbar** ist. Grundsätzlich unterscheidet man bei den Schriftmerkmalen nach allgemeinen und besonderen Schriftmerkmalen.

Bei den **allgemeinen Schriftmerkmalen** handelt es sich um in allen Handschriften vorkommende Merkmale, wie z.B. Verbundenheitsgrade, Schriftlage, Schriftweite, Schriftgröße, Gestaltung der Oberzeichensetzung pp.

**Besondere Schriftmerkmale** kommen nicht in allen Handschriften vor. Dazu gehören z.B. die Verschmelzung von Buchstaben, deren Zerbrechung, Bewegungsvorschläge oder –rückschläge.

**Tatschriften** sind der zuständigen Untersuchungsstelle möglichst im Original zu übersenden. Voraussetzung für einen erfolgversprechenden Schriftenvergleich ist das Vorliegen unbefangener Vergleichsschriftproben. Dafür kommen u.a. in Frage:

- Lebenslauf,
- Notizen,
- Anträge auf Ausstellung von Ausweispapieren pp.

## 13.8. Textil- und Faserspuren

Textil- und Faserspuren gehören zu den **wertvollsten Spuren** in der Kriminaltechnik. Der Täter kann das Legen von Faserspuren nicht verhindern. Beim Kontakt mit dem Opfer ist eine Kontamination mit Opferfasern nicht zu vermeiden. Aber auch einer Übertragung von Fasern aus dem Opferumfeld kann der Täter nicht entgehen.

**Faserarten:**

- Wolle (Schurwolle, Baumwolle),
- Mischstoffe,
- Chemiefasern.

Textilfasern sind behandelt / eingefärbt. Kriminalistisch stellt sich auch immer die Frage nach der Herkunft (Produzent), Verteilung und Häufigkeit des Kleidungsgegenstandes.

**Beachte auch:**

- Passspur (bei Ausreißungen, Stoffdurchtrennungen),
- anhaftende Blut- und Sekretspuren oder Mikrospuren (Haare),
- Glas- und Lackspuren,
- Schussspuren (Schmauch),
- Textilfasern in Anschmelzspuren bei Verkehrsunfällen,
- Gesamtbekleidung mit ihren charakteristischen Besonderheiten als Identifizierungshilfe.

### 13.8.1. Spurensicherung bei Textil- und Faserspuren

Bei der Sicherung von Textil- und Faserspuren ist folgendes zu beachten:

- Sichtbare Einzelspuren mit Pinzette extra verpacken,
- Klebefolie und unbenutzte transparente Folienbeutel (Beachte auch: Abkleben von Fahrzeugsitzen, Sicherheitsgurten, Innenverkleidungen),
- Absaugen des Fahrzeuginnenbodens / -kofferraums mit Mikrospuren-Staubsauger,
- Sicherstellung der Kleidung von Geschädigten und Tatverdächtigen möglichst durch unterschiedliche Beamte in verschiedenen Räumen.

**Achtung:** Durch Verpackung von Bekleidungsgegenständen mit nachfolgender Spurensicherung treten Umverteilungen von Fasern auf. Eine Originalsicherung am Tatort ist daher vorzuziehen.

### 13.8.2. Auswertung und Beweiswert von Textil- und Faserspuren

Ziel der ersten Spurenanalyse: Die Ermittlung einer **Leitspur.**[212] Dies bedeutet: Welche Kleidung hat der Täter zum Zeitpunkt der Tat getragen ? Nach welchem (evtl. besonderen) Kleidungsstück muss gesucht werden ? Eine Zuordnung ist auch dann noch möglich, wenn der Tatverdächtige das inkriminierte Kleidungsstück vernichtet haben sollte (über Sekundärspuren in seiner Wohnung, Pkw pp).

Leitspuren sind jene materiellen Veränderungen an Gegenständen und Personen, die geeignet sind über ihre Substanz, ihre Verteilung, ihre Formgebung und ihren Informationswert zum Tatgeschehen bzw. zum Täter hinzuleiten. Leitspuren zeichnen sich durch ein bestimmtes Verteilungsmuster aus. Es geht um den Nachweis des Kontaktes zwischen Spurenverursacher und Spurenträger. Über die Auswertung von Faserverteilungsbildern (Häufigkeit und Verteilung von Fasern –topographisches Spurenbild-) kann ggf. die Art und Intensität des Kontakts bewiesen werden.

**Wichtig!**

Unterscheide:

- Primärspur (oft auch als Kreuzspur),
- Sekundärspuren.

**Primärspuren** ergeben sich aus der bei der unmittelbar bei der Tatausführung getragenen Kleidung. **Sekundärspuren** haften der bei der Tatausführung getragenen Kleidung an, so das Fasern von anderen Kleidungsstücken, von häuslichen Polstermöbeln, Teppichen pp. übertragen werden.

Durch **Kreuzspuren** kommt es zur wechselseitigen Übertragung von Primär- und Sekundärfasern. Dies erhöht je nach Anzahl und Ausprägung den Beweiswert auch bei industriellen Massenprodukten erheblich.[213]

### 13.9. Glasspuren

Glas ist eines der ältesten von Menschen produzierten Materialien und wird in der Regel aus den drei Grundbestandteilen Quarzsand, Soda und Kalkstein hergestellt. Es existieren sehr unterschiedliche Glasarten mit individuellen chemischen Zusammensetzungen (Zusatzstoffe), die nicht nur nach Hersteller, sondern im Einzelfall auch nach Charge differieren können.

[212] Zum Leitspurenkonzept siehe auch Neubert-Kirfel: Das Leitspurenkonzept, in: Kriminalistik 2000, 398
[213] Siehe auch Nehse / Wendt: Wie individuell sind Textilien?, in: Kriminalistik 2002, 391

Glas ist zunächst als **Materialspur** bedeutsam. Kriminalistisch sind außer der Materialzusammensetzung besonders als **Formspur** interessant: Sprünge, Bruchkanten, Aussplitterungen / Splitter und Scherben.

Im Zusammenhang mit Glasspuren ist daran zu denken, dass Glas auch selbst **Spurenträger** sein kann (daktyloskopische Spuren, Blut, Fasern, Haare).

Bei **Glasbruch** zeigt das Bruchzentrum einer eingeworfenen / eingeschlagenen Scheibe auf der Gegenseite (also in Kraftrichtung) Aussplitterungen. Vom Aufschlagzentrum gehen **Radialsprünge** aus; z.T. auch **konzentrische Sprünge**.

Bei **Materialanspannung** (Hitze-, Druck-, Sogwirkung) entstehen meist bizarre Bruchbilder ohne Aufschlagzentrum.

**Schuss- oder Steinbeschädigungen** ergeben ähnliche Spuren (Materialausbrüche) und ggf. Radialsprünge / konzentrische Sprünge.

Für Steinwurf spricht:

- Größeres Loch,
- Riffelung der Bruchkante, hakenförmige Ausschellerungen,
- Herausgeschlagene Glaskegel.

Für Geschosswirkung spricht:

- Sehr kleines Loch,
- Scharfkantige Öffnung und Trichter auf der Austrittseite,
- Riffelung fehlt,
- Weiß erscheinender Glasstaub an den muschelförmigen Ausbrechungen,
- Herausgeschlagener Glaskegel in winzige Glassplitter zertrümmert,
- Relativ kurze Radialsprünge,
- Konzentrische Sprünge nur im unmittelbaren Durchschussbereich oder gar nicht.

**Achtung**: Stets nach Projektilen, Steinen oder anderen Schleuderobjekten suchen.

Für die **Spurensicherung bei Glasspuren** gilt:

- Foto des Spurenbildes,
- Passstücke sichern,
- Außen und innen gefundene Glasscherben getrennt asservieren, Lage einzelner Glasstücke vor Herausnahme nummerieren, Außen- und Innenseite markieren und dokumentieren (Foto, Skizze),
- Bei Spezialgläsern auf Buchstaben und Ziffern achten (ggf. Rückschlüsse auf den Hersteller möglich).

Für die **Sicherung von Vergleichsmaterial** gilt:

- Vergleichsglas vom Tatort von der Ursprungsscheibe herausbrechen,
- Bekleidung, Handschuhe pp. von Tatverdächtigen sicherstellen und zur Glassplittersicherung an zuständige Fachdienststelle übersenden.

Als **Auswertungsmöglichkeit und Beweiswert** sind vorhanden:

- Glasart und –stärke,
- Chemische Zusammensetzung,
- Besondere physikalische Eigenschaften (Brechungsindex),
- Materialvergleich,
- Zusammengehörigkeit von Passstücken,
- Art der Einwirkung,
- Reihenfolge von Beschädigungen,
- Richtung der Kraftwirkung.

Der **Beweiswert** kann je nach Umständen des Einzelfalles zum Individualbeweiswert führen.

## 13.10. Farbspuren

In der kriminalistischen Fachliteratur wird statt des Begriffs Farbspuren oft der Begriff **Lackspuren** bzw. **Anstrichstoffspuren** verwendet.

Bei diesen Spuren handelt es sich um flüssige bis pastenförmige Beschichtungsstoffe aus Bindemitteln oder Bindemittellösungen und ggf. aus Pigmenten, Füllstoffen und verschiedenen Zusätzen. Nach entsprechender Austrocknung ergeben diese Mittel einen Anstrich.

In der Kriminalistik können Farbspuren auftreten insbesondere bei:

- Verkehrsunfällen,
- Einbruchdiebstählen,
- Tötungsdelikten und schweren Körperverletzungen,
- Bränden,
- Sachbeschädigungen (Graffiti).

**Ziel der kriminalistischen Untersuchung** ist die Herkunftsermittlung und Vergleichsuntersuchung.

Der **Beweiswert** ist abhängig vom Einzelfall. Da es sich in der Regel um industrielle Massenprodukte handelt, ist ein Individualbeweis selten zu führen. Anderes gilt jedoch bei individuellen Farbanmischungen und bei Nachlackierungen, wo der unterschiedliche, dann oft individuelle Farbschichtenaufbau hohen Beweiswert erlangen kann. Hinzu kommt die Möglichkeit des Vorhandenseins von Kreuzspuren, auch in **Zusammenhang mit anderen Spurenkomplexen** z.B.

- Faserspuren,
- Glasspuren,
- Abdruckspuren,
- Öl, Schmutz, Erdspuren,
- Reifen- und Fahrspuren.

Zur **Spurensicherung bei Farbspuren** gilt:

- Situation fotografisch festhalten,
- Zur Sicherung Pergamenttüten oder Briefumschlag benutzen,
- Mit Einmalskalpellen (Fremd-)Lackanhaftungen mit darunter befindlichen Eigenlack bis zum Blech abtragen. Mit Einmalskalpellen (Fremd-)Lackanhaftungen mit darunter befindlichen Eigenlack bis zum Blech abtragen,
- Im Nahbereich der Schadensstelle neutrale Probe (Eigenlack) sicherstellen
- Immer neues Skalpell und getrennte Verpackung.

Beim Bundeskriminalamt gibt es eine **zentrale Autolacksammlung** zur Identifizierung entsprechender Spuren.

## 13.11. Digitale Spuren

Eine zunehmende Bedeutung bekommen durch die technischen Entwicklungen der vergangenen Jahre die so genannten digitalen Spuren. Digitalelektronik hat nicht nur eine zunehmende Verbreitung gefunden, sondern ist aus vielen Lebensbereichen nicht mehr wegzudenken. Allerdings ist bisher kaum einem Bürger klar, in welch mannigfaltiger Weise digitale Daten im täglichen Leben anfallen und auch gespeichert werden. Ebenso ist es den meisten Polizeibeamten nicht deutlich, dass hier eine **neue Dimension der Beweisführung** nicht nur am Entstehen, sondern teilweise sogar schon vorhanden ist. Allerdings mangelt es noch an manchem Expertenwissen, sich die vorhandenen Möglichkeiten zu erschließen.

Bei digitalen Spuren denkt man zunächst an Computer- und Internetvorgänge. In der Tat sind diesbezüglich solche Spuren zu finden, die tatsächlichen Bereiche gehen jedoch zwischenzeitlich wesentlich weiter. Zu denken ist zum Beispiel auch an die Speicherung von Verbindungsdaten der Telekommunikation, aber auch an die vielfältigen Daten, die über elektronische Zahlsysteme zur Speicherung kommen. Die Speicherung von solchen Zahlvorgängen lässt ganz neue Möglichkeiten der Rekonstruktion von Verhaltensweisen tatverdächtiger Personen zu. Die Benutzung von Kundenkarten wiederum lässt in der Wirtschaft eine digitale Datenwelt entstehen, die in vielfacher Weise Ermittlungsansätze bieten. So ließe sich z.B. feststellen, ob ein bestimmter Tatverdächtiger in bestimmten Läden Tatmittel erworben hat, auch wenn die eigentlichen Tatmittel beseitigt wurden und sich das Verkaufspersonal aufgrund des Massengeschäfts an entsprechende Vorgänge nicht erinnert. Mittelbare Beweisführungen werden möglich, weil nicht die direkt erworbenen Tatmittel bei einer Durchsuchung gefunden werden, aber die bei demselben Kaufvorgang erworbenen weiteren Artikel. Über das Benutzen von elektronischen Zahlungsmitteln, Kundenkarten, Handys pp. lassen sich ggf. Bewegungsbilder von Tatverdächtigen erstellen, die für Alibiüberprüfungen oder zur Vernehmungsvorbereitung von hoher Relevanz sein können und dem Erkenntniswert von Observationen nicht nur nahe kommen, sondern diesen ggf. übertreffen.

Die mit digitalen Spuren einhergehenden Möglichkeiten lassen sich noch nicht abschließend darstellen, insbesondere weil die tatsächlichen Speicherungen bei einzelnen Vorgängen auch noch **weitgehend untransparent** sind. Gerade diese Nichttransparenz darf jedoch als kriminalistische Chance begriffen werden. Ähnlich dem Spurenaufkommen von DNA-Material ist das **Hinterlassen digitaler Spuren in zahlreichen Lebensbereichen nicht zu vermeiden**, so denn von bestimmten Möglichkeiten des täglichen Lebens für die Tatausführung oder deren Vorbereitung Gebrauch gemacht wird. Die Wahrscheinlichkeit relevante digitale Spuren bei betreffenden Fällen zu finden, ist deshalb relativ groß. Allerdings bedarf es zur Nutzbarmachung zum Zwecke der Verbrechensbekämpfung entsprechender Spezialisten. In der Diskussion steht wegen der Vielfältigkeit des notwendigen Wissens eine **zentrale Kompetenzstelle in der Kriminaltechnik** einzurichten.

Im **Ersten Angriff** sollte ein Bewusstsein für das möglich Vorhandensein solcher digitalen Spuren vorhanden sein. Kriminalistisch gilt es daher, **Steuerungs- und Speichereinheiten** solcher digitaler Spuren zu erkennen und für Zwecke der Auswertung sicherzustellen. Damit würde dem Grundgedanken des Ersten Angriffs, Schutzmaßnahmen zu vorhandenen Spuren für deren spätere Auswertung zu treffen, genüge getan.[214]

---

[214] Lesenswert zu dieser Thematik: Larl: Digitale Spuren, in: Kriminalistik 2003, 111; Glaser / Dörschuk: Digitale Spuren, in Kriminalistik 2003, 351

## 14. Fahndung

Die Fahndungsarbeit gehört zu den ureigensten Aufgaben der Polizei. Mit dem Auffinden gesuchter Personen und Sachen werden einerseits Beweismittel herbeigeschafft, andererseits aber auch rechtliche Eigentumsverhältnisse wiederhergestellt, weitere Schritte des Strafverfahrens und Strafvollstreckungsmaßnahmen werden ermöglicht. Auch wenn die Fahndung keine neue Arbeit der Polizei darstellt, so unterliegen die Fahndungsmaßnahmen doch einem Wandel, der einerseits von der technischen Entwicklung bedingt wird, andererseits aus Effizienz- und Effektivitätsgründen immer wieder eine Betrachtung erfährt.

### 14.1. Definition der Fahndung

Fahndungsmaßnahmen gestalten sich in der polizeilichen Praxis vielschichtig und je nach Fallgestaltung äußerst unterschiedlich. Die polizeiliche Suche nach Diebesgut aus Diebstählen gehört ebenso zur polizeilichen Fahndung, wie die landesweite oder internationale Suche nach Gewaltverbrechern nach deren Flucht aus Justizvollzugsanstalten. Will man eine derartige Bandbreite von Maßnahmen in eine einheitliche Definition fassen, so kann dabei nur eine abstrakte Formulierung herauskommen. Naturgemäß kommt es dabei zu Schwierigkeiten in der Abgrenzung von Fahndung zu anderen polizeilichen Einsatzmaßnahmen, insbesondere der Suchmaßnahmen. Der technischen Entwicklung folgend ist heute auch eine „virtuelle Fahndung“ üblich. So werden heutzutage Datenbestände, die über das Internet öffentlich zugänglich sind, polizeilich nach inkriminierten Inhalten überprüft. Diese Form der Fahndung wird gemeinhin auch als „Internetstreife“ bezeichnet. Auch wenn dieser Begriff die Maßnahmen der Polizei nur unzureichend beschreibt, wird deutlich, dass die Polizei im Internet virtuell nach Personen und Sachen fahndet.

Nach der allgemeinen Fahndungsdefinition der PDV 384.1 –Fahndung- umfasst die Fahndung **alle Maßnahmen und Einrichtungen zur planmäßigen Suche nach Personen und Sachen im Rahmen der Strafverfolgung und zum Schutz der öffentlichen Sicherheit und Ordnung.**

Art, Umfang und Intensität der Fahndungsmaßnahmen richten sich nach der Schwere und Wirkung der Tat auf die Bevölkerung, dem Stand der Ermittlungen, der Gefährdung der gesuchten Person, der Beeinträchtigung ihrer Persönlichkeitsrechte, der Gefährlichkeit der Person oder Sache oder nach der Kriminalitätslage.[215]

Neben den Maßnahmen im Sinne der angeführten Definition werden auch die Maßnahmen der **Polizeilichen Beobachtung** der Fahndung zugerechnet.

Bei der Polizeilichen Beobachtung – in der Bundespolizei und beim Zoll zusätzlich die **Grenzpolizeiliche Beobachtung** – handelt es sich um Maßnahmen und Einrichtungen zur Sammlung von Erkenntnissen mit dem Ziel der Beweisführung im Zuge eines Ermittlungsverfahrens und der Abwehr von Gefahren für die öffentliche Sicherheit und Ordnung.

Maßnahmen der Polizeilichen oder Grenzpolizeilichen Beobachtung erfolgen grundsätzlich verdeckt. Es handelt sich in der Regel um Datenerhebungen bei Personen und deren Umfeld, wovon die Zielpersonen zunächst keine Kenntnis haben.

---

[215] Kriminalistik Lexikon, S. 102

## 14.2. Ziele der Fahndung

Fahndungsobjekt können sowohl Personen als auch Sachen sein, die aus präventiven und / oder repressiven Gründen gesucht werden. Die Fahndung beginnt hierbei regelmäßig im örtlichen Bereich, das heißt die Ermittlungen und Suchmaßnahmen nehmen ihren Ausgang am Wohnort oder letzten bekannten Aufenthaltsort der gesuchten Person oder am Tat- oder Ereignisort. Mit zunehmenden Erkenntnisstand wird die Fahndung ggf. erweitert, so dass unter Umständen auch bundesweit oder international nach Personen oder Sachen gefahndet wird.

Der Vielgestaltigkeit der Fahndungsanlässe wird durch eine große Bandbreite der möglichen Zielsetzung der Fahndung entsprochen. Es lassen sich folgende **Zielgruppen** der Fahndung bilden:

- **Ermittlung / Festnahme / Ingewahrsamnahme** von Personen, die sich der Strafverfolgung oder –vollstreckung entziehen, von denen eine Polizeigefahr ausgeht oder die sich unerlaubt im Gebiet der Schengenstaaten aufhalten,
- **Ermittlung und Feststellung des Aufenthaltsortes** von Zeugen und Auskunftspersonen,
- **Feststellung des Aufenthaltsortes und Zustandes** von vermissten Personen,
- **Feststellung des Verbleibs** von Sachen, die im Zusammenhang mit Straftaten von Bedeutung sind,
- **Erkennen** der missbräuchlichen Nutzung amtlicher Ausweisdokumente,
- **Wiederbeschaffung** gestohlener oder sonst abhanden gekommener Sachen, sowie
- **Sicherstellung** von Gegenständen, von denen Gefahren ausgehen und Sachen, die unerlaubt ein- aus- oder durchgeführt werden.

## 14.3. Regelungen zur Fahndung

Zur Fahndung existieren gesetzliche Rahmen und innerdienstliche Regelungen in Form von Polizeidienstvorschriften. Von den Rechtsvorschriften seien hier nur beispielhaft erwähnt die Rasterfahndung nach § 98a StPO und die Polizeiliche Beobachtung nach § 163e StPO.

An Polizeidienstvorschriften sind zu erwähnen:

- PDV 384.1 Polizeiliche Fahndung
- PDV 384.2 Polizeiliche Beobachtung
- PDV 388.1 Bekämpfung und Verfolgung von Straftaten und Ordnungswidrigkeiten durch die Bundespolizei
- PDV 389 Vermisste, unbekannte Tote, unbekannte hilflose Personen.

Die aufgeführten Vorschriften enthalten grundlegende Beschreibungen und Regelungen zur Personen- und Sachfahndung, die durch bundes- (für Bundespolizei, Bundeskriminalamt und Zoll) und länderspezifische Regelungen ergänzt werden.

Für den Fahndungsbereich der Bundespolizei ist die PDV 388.1 besonders zu beachten. Sie enthält grundlegende Regelungen zur Fahndung, der polizeilichen Beobachtung sowie den Fahndungsausschreibungen durch die Bundespolizei.

## 14.4. Fahndungsstrategien

Im Rahmen der Strafverfolgung erfolgt regelmäßig die Feststellung des polizeilich unbekannten aktuellen Aufenthaltsortes durch Maßnahmen der Fahndung. In diesen Fällen **reagiert die Polizei** auf die Tatsache, dass der Tatverdächtige flüchtig ist. Die in diesem Zusammenhang eingeleiteten Ermittlungs- und Suchmaßnahmen dienen dem Auffinden einzelner Personen und Sachen, mit dem Ziel der Fortführung eines konkreten Ermittlungsverfahrens, welches regelmäßig bereits eingeleitet ist.

Neben den beschriebenen Maßnahmen verfolgt die Polizei aber auch **proaktive Strategien**. In diesen Fällen werden die Ermittlungen zur Aufklärung unbestimmter strafbarer Handlungen geführt und Fahndungen gegen unbekannte potentielle Täter eingeleitet. Zu diesem Zweck werden z.B. Zeitungsinserate mit dem Ziel ausgewertet, Diebesgut, welches verkauft werden soll, zu erkennen. Ferner werden ggf. Anzeigen geschaltet, um Straftäter dazu zu bewegen, sich gegenüber der verdeckt agierenden Polizei zu erkennen zu geben.

## 14.5. Fahndungsarten

Bezogen auf mögliche Zielobjekte der Fahndung lassen sich die **Personen- und Sachfahndung** voneinander abgrenzen. Ferner werden generell Maßnahmen der allgemeinen und der gezielten Fahndung voneinander unterschieden, wobei die **allgemeine Fahndung** ohne konkreten Anlass im Rahmen und mit Kräften des täglichen Dienstes erfolgt. Bei der **gezielten Fahndung** hingegen, erfolgt eine planmäßige Suche aufgrund aktueller Hinweise bzw. besonderer Anlässe. Vorgehensweise, Umfang und Kräfteeinsatz orientieren sich hierbei am jeweiligen Einzelfall und der gewählten Zielsetzung.

**Der gezielten Fahndung werden die nachfolgende Fahndungsarten zugeordnet:**[216]

Die **Tatortbereichfahndung** wird aus aktuellem Anlass in einem begrenzten Raum um den Tatort durchgeführt, wenn Anhaltspunkte dafür bestehen, dass der Täter noch im Tatortbereich ergriffen werden kann oder Fahndungshinweise gewonnen werden können.

Bei der **Schwerpunktfahndung** handelt es sich um eine vorbereitete, zeitlich befristete mit bestimmten Einsatzschwerpunkten durchgeführte Fahndung mit zusätzlichen Kräften, um beispielsweise Serienstraftäter oder Tatserien festzustellen. Sofern diese durch die Bundespolizei durchgeführt wird, hat eine Verbindungsaufnahme mit den betroffenen Bundesländern zu erfolgen. Schwerpunktfahndungen erfolgen im Bereich einer oder mehrerer Polizeidienststellen oder an der Grenze.

In der **Großfahndung** geht es um eine planmäßig vorbereitete Fahndungsmaßnahme unter Einsatz starker Kräfte bei schweren oder die Bevölkerung erheblich beunruhigenden Straftaten oder Gefahrenlagen. Sie findet unter Einsatz zusätzlicher Kräfte statt. Die Fahndung kann bundesweit oder beschränkt auf einige Regionen stattfinden.

Eine gezielte Fahndung nach Personen und / oder Sachen unter Einbindung der Öffentlichkeit im In- und Ausland ist die **Öffentlichkeitsfahndung**.

Die **Internetfahndung** ist eine besondere Form der Öffentlichkeitsfahndung bei der die Möglichkeit der Informationsübermittlung des Mediums Internet genutzt wird. Aufgrund prinzipiell unbeschränkten Zugangs zu den eingestellten Informationen, müssen die Voraussetzungen der internationalen Fahndung vorliegen. Teilweise wird hierfür auch der Begriff der Fahndung in Datennetzen und Datenbanken verwandt.

In der **Rasterfahndung** geht es um einen durch elektronische Datenverarbeitung unterstützten Datenabgleich. Ziel ist die Herausrasterung von Personen, die über gemeinsame Merkmale (Verdächtigenprofil) verfügen, die auch bei Straftätern festgestellt worden sind, um im Weiteren zu überprüfen, ob diese Personen für bestimmte Formen von Straftaten in Frage kommen. Die Rasterfahndung findet insbesondere im Bereich der Staatsschutzkriminalität Anwendung. Möglich ist eine positive Rasterfahndung (Personen, die den Merkmalen entsprechen), als auch die negative Rasterfahndung (Personen, die den Merkmalen nicht entsprechen).

Die **Vorrangfahndung** wird innerhalb der Bundespolizei den Fahndungsarten der gezielten

[216] Aufstellung in Anlehnung nach Clages: Der Rote Faden, S. 240 und PDV 388.1 (Bundespolizei)

Fahndung zugerechnet, ist jedoch genauer betrachtet eine besondere Form der Personenfahndung.[217]

Eine besondere Form der Fahndung ist die **verdachts- und ereignisunabhängige Kontrolle**, teilweise auch fälschlicherweise als **Schleierfahndung** bezeichnet. Es handelt sich um eine gefahrenabwehrende Fahndungsmaßnahme, die zwischenzeitlich in fast allen Polizeigesetzen der Länder verankert ist. Für die Bundespolizei findet sich die entsprechende Regelung in den §§ 22, 23 BPolG. Sie ermöglicht verdachtsunabhängige Maßnahmen gegen einzelne Personen innerhalb der Aufgabenwahrnehmung der Bundespolizei zur Verhinderung oder Unterbindung der unerlaubten Einreise, sowie zur Verhütung von Straftaten nach § 12 Abs. 1 Nr. 1-4 BPolG

Bei der **Alarmfahndung** geht es um eine kalendermäßig vorbereitete, aus akutem Anlass schlagartig durchgeführte, gezielte Fahndungsaktion nach Personen und Sachen. Alarmfahndungen wiederum werden nochmals unterschieden in Ringalarmfahndung, Grenzalarmfahndung, Landes- und Bundesalarmfahndungen, sowie die Verkehrswegesonderfahndung.

In der **Ringalarmfahndung** werden um den Tat- bzw. Feststellungsort herum ringförmig in einem zuvor festgelegten Radius Kontrollstellen eingerichtet. Im Innenraum des Fahndungsringes wird nach Straftätern und / oder Sachen gefahndet. Die Auslösung einer Ringalarmfahndung erfolgt durch die Leitstelle der Polizeibehörden der Länder.[218]

Die **Grenzalarmfahndung** ist eine Fahndung entlang der Grenzen Deutschlands, einschließlich der See- und Flughäfen. Sie wird nur bei schwerwiegenden, die Allgemeinheit beunruhigenden sowie die öffentliche Sicherheit besonders beeinträchtigenden Fällen ausgelöst und ist auf 48 Stunden befristet.

Bei **Landes- und Bundesalarmfahndungen** umfassen die Fahndungsmaßnahmen das Gebiet eines Bundeslandes oder des Bundes, wobei eine Beschränkung auf einzelne Fahndungsregionen möglich ist.

Die **Verkehrswegesofortfahndung** ist eine regional oder bundesweit kalendermäßig vorbereitete Sofortfahndungsmaßnahme auf dem Gebiet der Bahnanlagen der Eisenbahnen des Bundes.

## 14.6. Ausschreibungsanlässe

Die Bundespolizei kann Fahndungsausschreibungen zu Personen und Sachen international im SIS und national im INPOL sowie im geschützten Grenzfahndungsbestand (GGFB) einstellen.

Nach dem Grundsatz der Verhältnismäßigkeit ist hierbei abzuwägen und zu entscheiden nach:

- Art der Fahndung (international, national-offen, national-geschützt),
- dem Fahndungsanlass,
- dem Fahndungszweck,
- der Fahndungslaufzeit.

Die Ausschreibungen erfolgen auf Antrag der sachbearbeitenden Dienststelle und werden je nach Anlass bzw. Art der Fahndung durch das zuständige Bundespolizeiamt oder die Bundespolizeidirektion veranlasst.

---

[217] Ausführungen siehe Ziff. 14.6.3
[218] Siehe hierzu auch: Schmelz: Ringalarmfahndungen und Täterfluchtverhalten

Im Rahmen der Personenfahndung im **INPOL** sind als Ausschreibungsanlässe möglich:
- Festnahme oder Ingewahrsamnahme,
- Aufenthaltsermittlungen,
- Durchführung erkennungsdienstlicher Maßnahmen,
- Sicherstellung von Führerscheinen,
- Entnahme einer DNA-Probe,
- Identitätsfeststellung,
- Kontrolle „Gewalttäter Sport",
- Polizeiliche Beobachtung.

Darüber hinaus sind Ausschreibungen im **SIS** möglich zu folgenden Zwecken:
- Festnahme zum Zweck der Auslieferung,
- Einreiseverweigerung,
- Ingewahrsamnahme,
- Aufenthaltsermittlung,
- Polizeiliche Beobachtung.

Fahndungsausschreibungen im GGFB kommen immer dann in Frage, wenn der Zweck der Maßnahme durch die Regelkontrollen oder die Maßnahme der verdachts- und ereignisunabhängigen Kontrolle an der Grenze erreicht werden kann. Demgemäss können derartige Maßnahmen auch als Grenzfahndung bezeichnet werden. Ausschreibungen im **GGFB** sind möglich zur:
- Festnahme,
- Ingewahrsamnahme,
- Zurückweisung,
- Kontrolle,
- Ausreiseuntersagung,
- Grenzpolizeilichen Beobachtung

## 14.7. Fahndungshilfsmittel

Für die Durchführung von Fahndungsmaßnahmen stehen eine Vielzahl von Fahndungshilfsmitteln zur Verfügung.

Die wesentlichsten Hilfsmittel sind:
- INPOL als Informationssystem der Polizei,
- SIS als Schengener Informationssystem,
- Bundes- und Landeskriminalblätter
- Fahndungsbücher / -mappen
  Sachfahndungsdateien

Darüber hinaus werden fahndungsrelevante Informationen auch in anderen Informationssystemen bereitgehalten, so beispielsweise im Ausländerzentralregister, Einwohnermeldedateien pp.

## 14.8. Personenfahndung

Die Personenfahndung ist eine polizeiliche Standardmaßnahme im Rahmen der Strafverfolgung. Je nach Anlass und Schwere der der Fahndung zugrundeliegenden Straftat oder Gefahr werden verschiedene Grade der Personenfahndung angewandt.

Fahndungsmaßnahmen nach Personen sind in Abhängigkeit von dem Ausschreibungsanlass zu gestalten. In Standardfällen beschränken sich die Maßnahmen häufig auf die Ausschreibung der

Person in INPOL. Die Suche nach der Person ist hierbei nicht aktiv-gestaltend, sondern passiv ausgerichtet, so dass ein Fahndungstreffer nur dann zustande kommt, wenn die gesuchte Person durch die Polizei kontrolliert und hierbei die Fahndungsausschreibung beachtet wird. Der Aufgriff erfolgt in diesem Zusammenhang eher zufällig im Rahmen der allgemeinen Fahndung oder sonstiger polizeilicher Maßnahmen.

### 14.8.1. Intensivfahndung

Führen die zuvor beschriebenen Standardmaßnahmen der Personenfahndung nicht binnen drei Monaten zum Erfolg, sollten Maßnahmen der Intensivfahndung geprüft und eingeleitet werden. Zu diesem Zweck ist der jeweilige Vorgang der zuständigen **Bundespolizeiinspektion Kriminalitätsbekämpfung** des jeweiligen Bundespolizeiamtes vorzulegen. Bei Übernahme des Falles werden von hier aus, orientiert am Verhältnismäßigkeitsgrundsatz, weitere Maßnahmen durchgeführt.

Zu den durchzuführenden Maßnahmen gehört zunächst die **Informationsgewinnung**. Neben einer Überprüfung der bereits vorhandenen Informationen und Hinweise erfolgt eine weitere Erkenntnissammlung zum engeren und weiteren Kontaktfeld der gesuchten Person. Außerdem wird ein Persönlichkeitsprofil (Personagramm) der gesuchten Person erstellt. Kontaktpersonen werden festgestellt.

Im Rahmen der **Auswertung** werden die vorhandenen Erkenntnisse aufbereitet mit dem Ziel der Schaffung einer Informationsbasis, auf deren Grundlage ein erfolgversprechendes Fahndungskonzept erstellt werden kann.

Im Rahmen **operativer Fahndungsmaßnahmen** findet die aktiv-gestaltende Suche zur Feststellung des Aufenthaltsortes der Person mit dem Ziel der nachfolgenden Festnahme statt. In Betracht kommen dabei sowohl offene, wie auch verdeckte Maßnahmen. Zusätzlich kann eine Öffentlichkeitsfahndung veranlasst werden, um weitere Erkenntnisse zu gewinnen.

Nach der Feststellung des Aufenthaltsortes erfolgt die **Festnahme** der Person. Vor Durchführung der Festnahme soll eine Gefährdungsanalyse erstellt und benachbarte Dienststellen und Behörden unterrichtet werden. Erforderlichenfalls werden Spezialkräfte angefordert und eingesetzt.

Bleiben die Maßnahmen der Intensivfahndung erfolglos, können Zielfahndungsmaßnahmen veranlasst werden.

### 14.8.2. Zielfahndung

Die Zielfahndung ist eine besonders intensive, gezielte und operative Fahndung nach gefährlichen Straftätern, die meist auch in der Vorrangfahndung aufgenommen werden. Zum Zwecke der Zielfahndung werden beim Bundeskriminalamt und bei den Landeskriminalämtern Zielfahndungskommandos bereitgehalten.

Zielfahndungskommandos verfolgen ausschließlich die Spur ihrer Zielperson. Dazu werden alle Fakten aus dem Lebenslauf der betreffenden Person, ihre persönlichen Eigenschaften und Eigenarten, ihr persönliches Umfeld und Kontaktpersonen zu ermitteln versucht und in die Maßnahmen mit einbezogen.[219]

---

[219] Burghard: Täterermittlung /Fahndung, in: Burghard / Hamacher (Hrsg.): Lehr- und Studienbriefe Kriminalistik Bd. 9, S. 70
Siehe auch: Kammertöns: Zugriff irgendwann in Nizza, in: Die Zeit 15.11.96 S. 78

### 14.8.3. Vorrangfahndung

Die Vorrangfahndung ist eine besondere Form der Zielfahndung, die sich auf einen ausgewählten Kreis besonders gesuchter Straftäter bezieht. Der Kreis der Täter wird durch das Bundeskriminalamt in Abstimmung mit der zuständigen Staatsanwaltschaft und den Landeskriminalämtern festgelegt. Der ausgewählte Kreis der gesuchten Personen im Rahmen der Vorrangfahndung wird in der Regel auf zehn Personen begrenzt.

### 14.8.4. Maßnahmen bei Antreffen gesuchter Personen

Nach Antreffen gesuchter Personen gilt es zunächst die Aktualität und Gültigkeit der Fahndungsausschreibung zu überprüfen. Im Zweifelsfall ist hierzu mit der ausschreibenden Dienststelle unmittelbar Verbindung aufzunehmen. Die Identität der angetroffenen Person ist eindeutig festzustellen. Hierzu sind ggf. Lichtbilder und vorhandene ED-Unterlagen auszuwerten.

Nach **Feststellung der Aktualität der Ausschreibung und der Identität der Person** ist die ausschreibende Dienststelle über Ort, Zeitpunkt und Umstände der Festnahme, sowie dem Verbleib der Person zu unterrichten. Gleichzeitig sind die **Haftunterlagen**, die in der Regel bei der ausschreibenden Dienststelle hinterlegt sind, **anzufordern**.

Der Haftbefehl ist dem Beschuldigten gem. § 114a StPO bekannt zu machen. Der Verhaftete ist dann gem. §§ 115, 115a StPO unverzüglich dem zuständigen bzw. nächsten Richter vorzuführen und in eine Haftanstalt einzuliefern. Der Festgenommene hat gem. § 114b StPO das Recht auf Benachrichtigung eines Angehörigen oder einer Person seines Vertrauens über seinen Verbleib, soweit der Untersuchungszweck hierdurch nicht gefährdet wird.

Wird eine zur **Aufenthaltsermittlung** ausgeschriebene Person angetroffen, ist ein aktueller Aufenthaltsort bzw. eine aktuelle ladungsfähige Anschrift zu erfragen. Die gemachten Angaben sind der ausschreibenden Dienststelle mitzuteilen.

Bei Personen, die zur **erkennungsdienstlichen Behandlung** ausgeschrieben sind, hat die unverzügliche Durchführung der ED-Behandlung der angetroffenen Person stattzufinden. Die ausschreibende Dienststelle ist zu verständigen und die ED-Unterlagen sind dorthin zu übersenden.

Für alle Ausschreibungen gilt: Die ausschreibende Dienststelle ist für die Rechtmäßigkeit der Anordnung der jeweiligen Maßnahme, die antreffenden Polizeibeamten für die unverzügliche und korrekte Durchführung der jeweiligen Maßnahme verantwortlich.

## 14.9. Sachfahndung

Zur Sachfahndung zählen Maßnahmen der allgemeinen und gezielten Fahndung, die dem Auffinden und der Zuordnung von Gegenständen dienen. Im Bereich der Sachfahndung wird unterschieden nach numerischer oder alphanumerischer und nichtnumerischer Sachfahndung.

### 14.9.1. Alphanumerische Sachfahndung

Sind Gegenstände zur Identifizierung mit einer Buchstaben-Zahlenkombination, oder nur eines von beiden versehen, ist eine Ausschreibung in der Sachfahndungsdatei im INPOL-System möglich.

Da die ausgeschriebenen Gegenstände anhand der Kennzeichnung wiederzuerkennen sind, ist die Feststellung der Sachen regelmäßig unproblematisch. Bei Kontrollen ist aber darauf zu achten, das Täter wegen des Wissens um diese Identifizierungsmöglichkeit die Kennzeichnung der Gegenstände verändern. Deshalb ist bei der Kontrolle auf evtl. Fälschungsmerkmale zu achten. Ggf. sind Spezialisten zur Beurteilung einer möglichen Manipulation hinzuzuziehen.

### 14.9.2. Nichtnumerische Sachfahndung

Vielfach sind auch wertvolle Gegenstände nicht besonders gekennzeichnet, so dass die Schwierigkeit der Zuordnung und des Erkennens besteht. Eine Einstellung dieser Gegenstände ins INPOL-System ist nicht möglich. Um diese Fahndungslücke zu schließen, werden gesonderte Fahndungssysteme bereitgehalten. So existiert beim Bundeskriminalamt für Kunstgegenstände und Teppiche eine gesonderte Erfassungkartei mit Lichtbildern und Beschreibungen solcher Gegenstände.[220]

### 14.9.3. Fahndungshilfsmittel der Sachfahndung

Neben den bereits unter Ziff. 14.7 genannten Hilfsmitteln wird die Sachfahndung durch weitere Fahndungshilfsmittel unterstützt, die grundsätzlich jedem Polizeibeamten zur Verfügung stehen:

- Verzeichnis des Bundeskriminalamtes zu den Herstellerangaben zur numerischen Sachfahndung,
- Identifizierungskatalog des Bundeskriminalamtes für Kraftfahrzeuge,
- Fahrzeugidentifizierungsnummern- und Auswertesystem FINAS,
- Recherche ausländischer Kraftfahrzeugkennzeichen (RAKK),
- Loseblattsammlung ge- und verfälschter Urkunden.

Ein weiteres Fahndungshilfsmittel ist z.B. die DV-Anwendung „DAREX“. Diese enthält eine Auflistung aller bekannten Szenemusikgruppen, die rechtsextremistisches Gedankengut in Form von Musik auf CD vertreiben. Weiter enthält die Anwendung Abbildungen der Cover der jeweiligen Musik-CD, so dass ein inkriminierter Datenträger vom Kontrollbeamten auch erkannt werden kann.

Die Auflistung von Fahndungshilfsmitteln kann wegen der Fülle nur beispielhaft erfolgen. Fahndungshilfsmittel wurden von zahlreichen Bundespolizeidienststellen auch in das bundespolizeiliche Intranet eingestellt, so dass ein schneller und aktueller Zugriff möglich ist.

## 14.10. Polizeiliche und Grenzpolizeiliche Beobachtung

Polizeiliche und Grenzpolizeiliche Beobachtung stellen eine besondere **Form der verdeckten Datenerhebung** im Rahmen der Personenfahndung dar. Die Maßnahmen dienen dem Erkenntnisgewinn im Hinblick auf das Verhalten, Kontakte, Aufenthalte, Reisen, benutze Fahrzeuge, mitgeführte Gegenstände, Begleitpersonen pp. **Entscheidend für den Erfolg dieser Fahndungsmaßnahme ist, dass die Tatsache der Ausschreibung der davon betroffenen Person nicht bekannt wird**. Es ist daher ggf. auf die Erhebung bestimmter Details zu verzichten, wenn zu befürchten ist, dass der Umstand der Fahndung sonst bekannt würde. In

[220] Kind: Nichtnumerische Sachfahndung, in: Kriminalistik 1991, 725

diesem Zusammenhang ist besonders darauf zu achten, dass der Betroffene den Funkverkehr nicht mithört und keinen Einblick auf den anzeigenden Monitor erhält.

Kann die Kontrolle der Person wegen besonderer Umstände nicht stattfinden, so genügt es in diesem Fall den erkennbaren Reiseweg anzugeben und die Fahrzeuginsassen bzw. Begleitpersonen zu beschreiben.

Die häufigsten Ausschreibungen erfolgen mit dem Deliktshintergrund Rauschgift, Eigentumsdelikte, Terrorismus / Extremismus, Schmuggel und Führungsaufsicht.

Die im Rahmen der Kontrolle gewonnenen Erkenntnisse sind der ausschreibenden Dienststelle und dem für diese Dienststelle zuständigen Landeskriminalamt bzw. dem Bundeskriminalamt unverzüglich mitzuteilen. Die Meldung soll alle zweckdienlichen Angaben zur Person und den Umständen des Antreffens enthalten. Dazu gehören insbesondere **folgende Daten**:

- Anlass, Ort und Zeitpunkt der Kontrolle,
- Reiseweg und Reiseziel,
- Begleitpersonen,
- benutztes Fahrzeug, ggf. auch Begleitfahrzeuge,
- mitgeführte Gegenstände,
- verdachtserregende Umstände in Zusammenhang mit der Kontrolle,
- Verbleib der kontrollierten Person.

## 15. Vernehmung

Die Vernehmung stellt neben dem Sachbeweis eine der wesentlichen Säulen der Beweisführung im Strafverfahren dar. Bereits im Ersten Angriff ist die polizeiliche Vernehmung eine wesentliche Informationssäule für die Polizei. Dabei geht es nicht nur um die Einordnung und mögliche Rekonstruktion des Sachverhalts an sich, sondern auch um das Treffen erster strafprozessualer Maßnahmen. Diese stützen sich in weiten Teilen gerade auf erste Vernehmungsergebnisse.

Fehler bei der Durchführung der Vernehmung beeinträchtigen das weitere Strafverfahren möglicherweise auf Dauer. Dabei geht es nicht nur um zu Verwertungsverboten führende Verfahrensverstöße, sondern auch um die qualitative Beeinträchtigung von Zeugenaussagen durch das Setzen eigener suggestiver Elemente und anderer Fehlerfaktoren.

### 15.1. Bedeutung der Vernehmung

Die Entwicklung der kriminalistischen Untersuchungsmethoden hat in den vergangenen Jahren einen solchen Fortschritt gemacht, dass der Sachbeweis immer mehr ins Zentrum des Strafverfahrens gerückt ist. Ein Irrtum wäre es allerdings anzunehmen, dass der Personenbeweis deshalb keine oder nur eine geringe Bedeutung hat. Das Gegenteil ist der Fall.

In Bereichen der terroristischen Gewaltkriminalität und der Organisierten Kriminalität spielt der Sachbeweis tatsächlich eine den Personenbeweis überragende Rolle, da Personenbeweise überhaupt nicht, oder nur unter Schwierigkeiten zu erlangen sind. Dies liegt zum einen an der Struktur dieser Kriminalitätsbereiche, zum anderen daran, dass es sich in weiten Teilen um zeugenarme Tatbegehensweisen handelt.

Festzuhalten ist ferner, dass der Sachbeweis wegen seiner Objektivierbarkeit eine besondere Bedeutung hat. Er dient deshalb zur **Überprüfung und Objektivierung von Aussagen**. Festzustellen ist aber auch, dass mit den zunehmenden Möglichkeiten des Sachbeweises eine Abhängigkeit des erkennenden Gerichts vom Sachverständigen eintritt, da meist nur er in der Lage ist, die entscheidungserhebliche Tatsache herzuleiten.

Trotz dieser hohen Bedeutung des Sachbeweises sind bei **95 Prozent aller Strafprozesse und bei 70 Prozent aller Zivilprozesse die Zeugenaussagen für die Urteilsfindung entscheidend**. Dies unterstreicht die hohe Bedeutung des Personenbeweises. Zur **Erforschung des subjektiven Tatbestandes** ist der Personenbeweis weitgehend unentbehrlich.

Eine überragende Bedeutung hat der Personenbeweis bei **spurenarmen Delikten**. Über Sachbeweise sind diese Verfahren in der Regel nicht zu führen.

Andererseits steht fest, dass die **Hälfte aller Zeugen bewusst oder unbewusst falsch aussagt**. Damit besteht eine hohe Gefahr der Irreleitung / Fehlleitung von polizeilichen Ermittlungen. Wegen des Zustandekommens dieser Fehlerquote ist es auch wichtig, sich mit den Erkenntnissen der Vernehmungspsychologie und der Kommunikationslehre zu beschäftigen.

Herauszustellen ist die hohe Bedeutung der polizeilichen Vernehmung trotz der im Hauptverfahren noch stattfindenden Vernehmung durch den Richter. Durch Zeitablauf besteht die Gefahr von Erinnerungsverlusten, dem Verlust des ersten Geschehenseindrucks und schließlich die Gefahr der Veränderung von Aussageverhalten durch Beratung und Umdenken. Dazu kommt, dass die ersten Vernehmungsinformationen vielfach Grundlage weiterer Ermittlungsansätze sind. Die ersten Vernehmungsergebnisse bilden zudem oft wesentliche Grundlagen für den kriminalpolizeilichen Meldedienst (KPMD).

Grundsätzlich gilt: Je schwerer das Delikt, desto geringer die Aussagebereitschaft, desto aufwendiger die Bemühungen des Vernehmungsbeamten. Die kriminalistische Erfahrung zeigt jedoch, dass Aussagen für die davon Betroffenen auch Entlastungsfunktion haben. Die kriminalistische Erfahrung zeigt weiter, dass zwei von drei Beschuldigten aussagebereit sind.

## 15.2. Das Spannungsfeld der Vernehmung

Die Vernehmung findet in einem besonderen Spannungsfeld statt. Vielfach wird die Vernehmungssituation als eine einseitig zugunsten der Strafverfolgungsorgane ausgeprägte Situation empfunden. Auf der einen Seite sitzt der auskunftsbegehrende Vertreter der Strafverfolgungsorgane, auf der anderen Seite der von der Vernehmung Betroffene, der auf Fragten zu antworten hat.

Tatsächlich stellt sich die Situation oft ungünstiger dar. Dies gilt besonders bei Beschuldigtenvernehmungen und bei Zeugen, die über Zeugnisverweigerungsrechte oder Auskunftsverweigerungsrechte verfügen. So ist der Vernehmungsbeamte meist **Informationssuchender**. Er befindet sich in einer Situation, wo ihm wesentliche Informationen zur Bearbeitung des Falles fehlen. Auf der anderen Seite sitzt mit dem zu Vernehmenden der **Informationsbesitzer**, der zumindest als Beschuldigter nicht unbedingt das Interesse haben kann, seine Informationen über den Sachverhalt an die Strafverfolgungsorgane abzugeben, damit diese wiederum dieses Material zu seinen Lasten verwenden. Hinzu kommt, dass die Polizeibeamten mit den Belehrungsvorschriften der Strafprozessordnung dazu gezwungen sind, Handlungen zu tätigen, die der Aussagebereitschaft potentiell entgegenwirken.

Es stellt sich also die Frage: **Wie kann man den zu Vernehmenden trotz dieser Situation dazu veranlassen, möglichst umfassende, genaue und richtige Details seines Wissens mitzuteilen?** [221]

Die Aussagepsychologie sagt dazu, dass eine **Vernehmung als offene Kommunikationsbeziehung** zu gestalten ist. Andererseits besteht aber das Problem, das die Vernehmung meistens eine **Zwangskommunikation** darstellt, der zu Vernehmende die Gesprächssituation eigentlich gar nicht will.

In der Beschuldigtenvernehmung kann ein Hinweis auf die Bestimmungen des § 46 StGB hilfreich sein, die Aussagebereitschaft zu fördern. Danach spielt für die Strafzumessung auch das Verhalten des Täters nach der Tat, insbesondere sein Bemühen, den Schaden wieder gutzumachen oder mit dem Verletzten einen Ausgleich zu erhalten, eine Rolle

Um dieses Spannungsfeld zu überwinden, muss es den Vernehmungsbeamten gelingen, Kontakt zum zu Vernehmenden herzustellen. Es muss eine **positive Gesprächsatmosphäre** geschaffen werden oder wie manchmal gesagt wird: „Die Chemie muss stimmen."

Um zunächst möglichst unvoreingenommene Informationen zu erhalten, sollte man die zu vernehmende Person erst einmal selbst erzählen lassen. Dadurch erhält man einen freien, zumindest durch den Vernehmenden **unbeeinflussten Bericht**. Erst danach sollten sich Fragen zur weiteren Aufklärung des Sachverhaltes anschließen. Es ist darauf zu achten, dass die Richtigkeit der Aussage durch Gefahren wie Wahrnehmungsmängel, Erinnerungsmängel und Wiedergabemängeln beeinträchtigt sein kann.

[221] Zur Problematik Wahrnehmung, Erinnerung und Wiedergabe siehe auch Weihmann: Kriminalistik, S. 157

## 15.3. Begriffsklärungen und Abgrenzungen

**„Vernehmung ist die nach rechtlichen und kriminalistischen Gesichtpunkten geführte Befragung einer Person zu einem rechtlich relevanten Sachverhalt.“[222] Dabei muss die Amtlichkeit der Befragung erkennbar sein.**

Die kriminalistischen Gesichtspunkte einer Vernehmung ergeben sich aus den Bereichen der Vernehmungsmethodik und Vernehmungstaktik.

Die rechtlichen Rahmenbedingungen bestimmen die Möglichkeiten, Grenzen, aber auch Zielrichtung der Vernehmung. Hervorzuheben sind hier die Rechte der zu Vernehmenden (Belehrungsvorschriften, Verweigerungsrechte, Einwirkungsgrenzen pp.).

Die Vernehmung ist zur so genannten **informatorischen Befragung** abzugrenzen. Dazu darf der Polizeibeamte am Ereignisort die Anwesenden zunächst formlos befragen, um beurteilen zu können, gegen wen Ermittlungen als Beschuldigter / Tatverdächtiger zu führen sind.[223] Es geht um das Verschaffen eines ersten Überblicks, der erst die Handlungsfähigkeit verschafft. Besser wäre zur Vermeidung von Missverständnissen den Begriff der „informatorischen Befragung“ zu vermeiden und stattdessen vom **„Herumfragen am Tatort“** zu sprechen.[224]

**Merke:**
Auf die verwendeten Begriffe kommt es nicht an, ob es sich um eine Vernehmung handelt oder nicht. Maßgeblich sind nur auf die tatsächlichen Verhältnisse der Befragung.[225]

**Beispiele:**
Die informatorische Befragung von Tatverdächtigen ist Zeugenvernehmung.[226]
Die formlose informatorische Befragung zur Sache ist Vernehmung.
„Vorgespräche“ (Erzählen zur Sache) sind Bestandteil der Vernehmung.

In allen drei genannten Fällen muss sich der Polizeibeamte keinen Überblick mehr verschaffen, weil er diesen Überblick bereits hat. Es geht jeweils um zielgerichtete Befragungen zu einem rechtlich relevanten Sachverhalt. Deshalb ist für das „Herumfragen am Tatort / Ereignisort“ kein Raum mehr.

**Kontaktgespräche** betreffen nicht das Beweisthema und bereiten die Vernehmung vor. Sie sind deshalb nicht Teil der Vernehmung. Es soll lediglich Kooperationsbereitschaft und Vertrauen geschafft werden.[227]

**Spontanäußerungen** ergeben sich in der Regel ungefragt. Es handelt sich also lediglich um eine Informationsaufnahme, ohne dass eine Befragung vorausgegangen ist. Spontanäußerungen sind deshalb keine Vernehmung.

Das **zufällige Mithören** von relevanten Informationen stellt keine Vernehmung dar, da es schon am Umstand der amtlichen Befragung mangelt.[228] In diesem Zusammenhang wird auch von der so genannten Hörfalle gesprochen.

---

[222] Kriminalistik Lexikon, 3. Auflage, S. 343
[223] Meyer-Goßner: Strafprozessordnung, Einleitung RZ 78
[224] BGHSt 38, 214 ff. = NJW 1992, 1463, 1466
[225] Siehe hierzu auch Weihmann: Kriminalistik, S. 159 mit Verweis auf BGHSt 29,230
[226] Meyer-Goßner: Strafprozessordnung, Einleitung RZ 79
[227] Stüllenberg: Vernehmung / Gegenüberstellung, in: Burghard / Hamacher (Hrsg.): Lehr- und Studienbriefe Kriminalistik Bd. 4, S. 9
[228] Strafverteidiger 1996, 465 ff; NJW 1996, 465 ; BGHSt, NStZ 1996, 502, und BGHSt 39, 335 (Hörfalle), NJW 1994, 2904 (Sedlmayr-Urteil des BGH)

## 15.4. Zeugen- und Beschuldigteneigenschaft

In der Vernehmung gilt es Zeugen- und Beschuldigtenvernehmung zuverlässig voneinander zu unterscheiden und gegeneinander abzugrenzen.[229]

Die Zeugenvernehmung ist Personenbeweis. **Der Zeuge ist eine Beweisperson, die in einem nicht gegen sie selbst gerichteten Strafverfahren Auskunft über die Wahrnehmung von Tatsachen gibt.**[230]

Zu beachten ist der Unterschied zwischen einem sachverständigen Zeugen und dem Sachverständigen als Zeugen.[231]

**Ein Beschuldigter ist nur der Tatverdächtige, gegen den das Verfahren als Verantwortlicher betrieben wird.**[232]

Beschuldigter wird man nur durch einen Willensakt der zuständigen Strafverfolgungsbehörde.[233] Dies beurteilt die Verfolgungsbehörde nach pflichtgemäßen Ermessen.[234] Die Einordnung als Beschuldigter kann auch durch konkludentes Handeln (z.B. Durchführen bestimmter Strafverfolgungsmaßnahmen, die die Beschuldigteneigenschaft erfordern) geschehen.

Schwierigkeiten bestehen manchmal, die **Grenze zwischen einem Tatverdächtigen und einem Beschuldigten** zu bestimmen. Tatverdächtig ist eine Person, wenn die Möglichkeit einer Täterschaft besteht, das Verfahren jedoch noch nicht gegen diese Person geführt wird, weil die Verdachtslage noch zu schwach ist. Da es eine Ermessensentscheidung ist, die zwar pflichtgemäß sein muss, aber natürlich Abwägungen zulässt, besteht eine Grauzone. Hilfreich sind hierzu ggf. in der Vergangenheit gezogene Grenzen durch Lehre und insbesondere durch Rechtsprechung.

**Beispiele:**
Ist der Täter in einem bestimmten Personenkreis zu suchen, so müssen nicht von vornherein alle Angehörigen dieser Gruppe als Beschuldigte behandelt werden. Dies ist der typische Fall, wenn nach einem Diebstahl im Hauptbahnhof vom Geschädigten eine eher allgemeine Personenbeschreibung des Täters abgegeben wird, die auf eine Mehrzahl von Personen im Rahmen der Fahndung zutrifft. Diese Mehrzahl von Personen kann nicht in ihrer Gänze zu Beschuldigten erklärt werden. Es handelt sich aber um Tatverdächtige, da es tatsächliche zureichende Anhaltspunkte für ihre Täterschaft gibt, nämlich das Zutreffen der Personenbeschreibung und das Antreffen in Tatortnähe.

**Aber:** Sind mehrere Personen hinreichend tatverdächtig, müssen alle als Beschuldigte behandelt werden, auch wenn sich ihre Täterschaft gegenseitig ausschließt.[235] Dies kann zum Beispiel der Fall sein, wenn nach einem Verkehrsunfall am Bahnübergang außerhalb eines beteiligten Fahrzeuges zwei Personen angetroffen werden, die beide deutlich unter Alkoholeinfluss stehen und sich jeweils gegenseitig beschuldigen Fahrer des Unfallfahrzeuges gewesen zu sein. Hier kann zwar nur eine Person das Fahrzeug tatsächlich unter Alkoholeinfluss geführt haben. Es gelten aber zunächst beide Personen als Beschuldigte und es muss über weitere Ermittlungen geklärt werden, wer tatsächlich Fahrzeugführer gewesen ist.

---

[229] Siehe auch Bender / Wartemann: Vernehmung, in: Kube / Störzer / Timm (Hrsg.): Kriminalistik Bd. 1, S. 566, Weihmann: Kriminalistik, S. 159, 161 ff.
[230] Meyer-Goßner: Strafprozessordnung, vor § 48 RZ 1 mit weiteren Nachweisen
[231] Siehe Ziff. 8.5.2.1 im Abschnitt Beweislehre / Zeugen
[232] BGHST 10,8, 12; 34,138, 140
[233] Meyer-Goßner: Strafprozessordnung, Einleitung RZ 76 mit weiteren Nachweisen
[234] BGHST 10,8,12; 38,214, 227
[235] Meyer-Goßner: Strafprozessordnung, Einleitung RZ 78

**Und:** Die Beschuldigteneigenschaft kann auch erst während einer Vernehmung begründet werden. Geht man zu Beginn der Vernehmung zunächst davon aus, es nicht mit dem Beschuldigten zu tun zu haben, ergibt sich aber über die ersten Einlassungen des Vernommenen, das es sich hier um den Verantwortlichen für die begangene Straftat handelt, so wird die Vernehmung unterbrochen, dieser zum Beschuldigten erklärt, entsprechend belehrt und kann dann ggf. fortgesetzt werden.

**Merke:**
Es gibt keine Auskunftsperson, die nicht Beschuldigter oder Zeuge ist!

## 15.5. Vernehmung und Belehrungsvorschriften

Aufbauend auf die Entscheidung, dass es sich bei einer Befragung um eine Vernehmung handelt, der erfolgten Einordnung als Beschuldigten oder Zeugen, ist über die Art der Belehrung zu entscheiden. Unterschieden wird hierbei in die **Zeugen- und Beschuldigtenbelehrung**. Innerhalb der Zeugenvernehmung ist darauf zu achten, dass es **tatverdächtige Zeugen** geben kann.

### 15.5.1. Belehrung von Beschuldigten

Der Beschuldigte ist **vor Beginn seiner Vernehmung** gem. § 163a Absatz 4 in Verbindung mit § 136 Absatz 1, Satz 2 bis 4 StPO zu belehren. § 136 Absatz 2 und 3 und § 136a StPO sind anzuwenden.

Danach ist dem Beschuldigten zu eröffnen:
- welche Tat ihm zur Last gelegt wird,
- dass es ihm freisteht, sich zum Tatvorwurf zu äußern oder auch nicht zur Sache auszusagen,
- dass er jederzeit, auch schon vor der Vernehmung einen von ihm zu wählenden Verteidiger befragen kann,
- dass er zu seiner Entlastung einzelne Beweiserhebungen beantragen kann.

In geeigneten Fällen soll außerdem auf die Möglichkeit hingewiesen werden, dass sich der Beschuldigte auch selber schriftlich äußern kann.

Der Verstoß, auch gegen einzelne Elemente der Belehrungspflicht hat ein **Verwertungsverbot** der Beschuldigtenvernehmung zur Folge.

Eine **Heilung des Verfahrensverstoßes** ist möglich. Dazu ist die Vernehmung unter Beachtung der Belehrungsvorschriften zu wiederholen. Zusätzlich muss darauf hingewiesen werden, dass die bisherige Aussage nicht verwertet werden kann und auch nicht verwertet wird.

### 15.5.2. Belehrung von Zeugen und tatverdächtigen Zeugen

Zeugen sind **vor Beginn ihrer Vernehmung** gem. § 163a Absatz 5 in Verbindung mit § 52 Absatz 3, § 55 Absatz 2 StPO zu belehren. § 136a StPO ist entsprechend anzuwenden.

Zeugen sind also auf ihr Zeugnisverweigerungsrecht bei Angehörigen und auf das eigene Auskunftsverweigerungsrecht hinzuweisen.

Kein Hinweis braucht zu erfolgen auf die Zeugnisverweigerungsrechte der Berufsgeheimnisträger, Berufshelfer oder die Verschwiegenheitspflicht öffentlicher Bediensteter gem. §§ 53, 53a, 54 StPO. Da die jeweiligen Rechte / Pflichten zur Berufsausübung gehören, wird unterstellt, dass die davon Betroffenen um diese Rechte und

Pflichten wissen.

Werden Zeugen auf ihr Zeugnisverweigerungsrecht nicht hingewiesen, besteht ein **Verwertungsverbot** der erlangten Zeugenaussage, wenn es ein solches Zeugnisverweigerungsrecht im Verhältnis zum Beschuldigten tatsächlich gegeben hat. Ansonsten bleibt die Aussage verwertbar, da es kein schützenswertes Interesse gibt. Mittelbar abgeleitet werden kann dies auch aus § 52 Absatz 3 StPO. Danach sind die zur Verweigerung des Zeugnisses berechtigten Personen zu belehren, nicht andere. Ob ein solches Verhältnis vorliegt, muss allerdings von dem Vernehmungsbeamten ggf. ermittelt werden.

Wird ein Zeuge nicht auf sein Auskunftsverweigerungsrecht hingewiesen, entsteht ein **Verwertungsverbot**, wenn es tatsächlich zu entsprechenden Selbstbelastungen oder zur Belastung entsprechender Angehöriger kommt. Ansonsten bleibt die Aussage verwertbar, da schützenswerte Interessen nicht betroffen sind. Dies kann auch für Aussageteile gelten.

Liegen durch unterlassene Belehrungen unverwertbare Aussagen vor, kann der **Verfahrensmangel geheilt** werden. Dazu ist die Vernehmung unter Beachtung der Belehrungsvorschriften zu wiederholen. Zusätzlich muss darauf hingewiesen werden, dass die bisherige Aussage nicht verwertet werden kann und auch nicht verwertet wird.

### 15.5.3. Die Anwendung der Zeugnisverweigerungsrechte

Schwierigkeiten bestehen für viele Polizeibeamte in der Anwendung der Zeugnisverweigerungsrechte aus § 52 StPO. Ursächlich hierfür ist, dass es Unsicherheiten in der Umsetzung von täglichen Umgangsbegriffen zu Verwandtschaft und Schwägerschaft gegenüber der rechtstechnischen Abfassung gibt. So sind Begriffe wie Tante, Onkel, Neffe, Eltern, Enkel pp. zwar geläufig, können aber von manchem nur schwer unter den Bestimmungen des § 52 StPO subsumiert werden, zumal diese Begriffe auch nicht immer eindeutig sind. Die Anwendung dieser Materie ist aber grundlegendes Handwerkszeug und auch polizeiliches Führungspersonal sollte seinen Mitarbeitern in der Anwendung der Materie weiterhelfen können.

Zur Anwendung des § 52 StPO sind einige Grundlagen des BGB erforderlich.

Aus § 52 StPO ergibt sich ein Zeugnisverweigerungsrecht für **Ehegatten**. Die Ehe ist eine Institution nach dem 4. Buch, Abschnitt 1 des BGB. Eine Ehe die zum Zeugnisverweigerungsrecht berechtigen soll, muss nach deutschem Eherecht gültig bzw. anerkannt sein. Im Ausland geschlossene Ehen bedürfen daher der ausdrücklichen Anerkennung.[236]

Das **Verlöbnis** regelt sich nach § 1297 ff. BGB. Ein Verlöbnis liegt vor, wenn ein von beiden Seiten ernst gemeintes Eheversprechen vorliegt. Auf die öffentliche Wahrnehmung eines solches Versprechens kommt es nicht an. Fehlt dieser ernsthafte Wille auch nur bei einem Partner, liegt ein Verlöbnis nicht vor.[237]

**Lebenspartner** sind Personen gleichen Geschlechts, die eine nach § 1 Absatz 1 Lebenspartnerschaftsgesetz wirksame Lebenspartnerschaft begründet haben „Homo-Ehe“). Diese Lebenspartnerschaft begründet in Bezug auf die Verwandten des anderen Lebenspartners eine Schwägerschaft.[238] Keine Lebenspartnerschaft begründen Personen nur dadurch, dass sie einfach zusammenleben („wilde Ehe“).

---

[236] Meyer-Goßner: Strafprozessordnung, § 52 RZ 5
[237] Meyer-Goßner: Strafprozessordnung, § 52 RZ 4
[238] Meyer-Goßner: Strafprozessordnung, § 52 RZ 5a

Synopse zu Verwandtschaft und Schwägerschaft

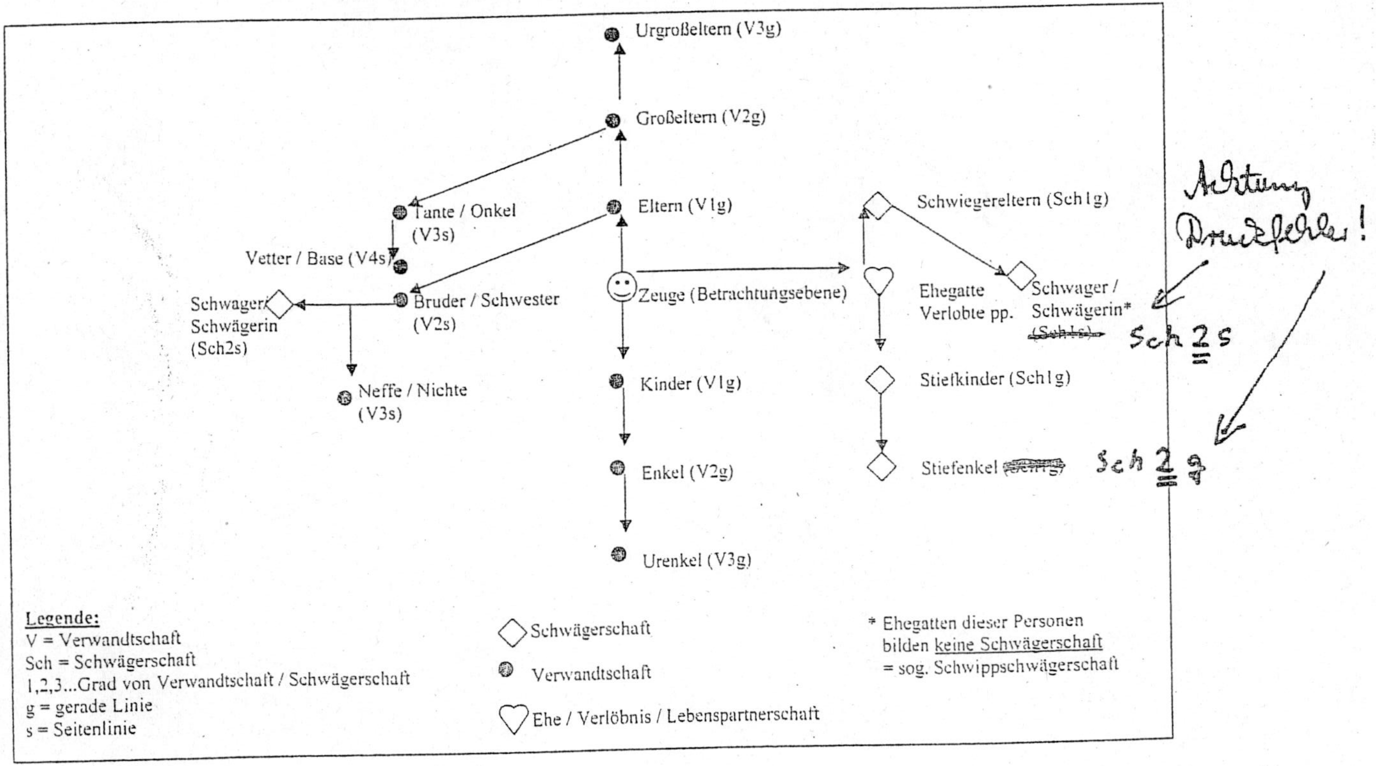


Abb. 34 Zeugnisverweigerungsrechte

Die Regelung zur **Verwandtschaft** ergibt sich aus § 1589 BGB:

“Personen, deren eine von der anderen abstammt, sind in gerader Linie verwandt. Personen, die nicht in gerade Linie verwandt sind, aber von denselben dritten Personen abstammen, sind in der Seitenlinie verwandt. Der Grad der Verwandtschaft bestimmt sich nach der Zahl der sie vermittelnden Geburten.“

Daraus folgt: Verwandtschaft bedeutet Blutsverwandtschaft. Der Sonderfall betrifft die Adoption. Nach § 1741 ff. BGB schafft Adoption gesetzliche Verwandtschaft ohne Blutsverwandtschaft.

**Beispiele:**
Verwandtschaft gerader Linie in mittelbarer oder unmittelbarer Abstammung:
Urgroßeltern ---- Großeltern ---- Eltern ---- Kinder ---- Enkel ---- Urenkel.

Verwandtschaft in der Seitenlinie:
Geschwister ---- Vettern und Basen ---- Onkel und Neffen ---- Tanten und Nichten

**Achtung:** Die vorgenannten Begriffe müssen nicht mit einer Verwandtschaft einhergehen, es kann sich auch um Schwägerschaften handeln. Dies liegt daran, dass die Begriffe im täglichen Umgang und Sprachgebrauch nicht eindeutig sind.

Die **Schwägerschaft** ergibt sich aus § 1590 BGB:

“Die Verwandten eines Ehegatten sind mit dem anderen Ehegatten verschwägert. Die Linie und der Grad der Schwägerschaft bestimmen sich nach der Linie und dem Grad der sie vermittelnden Verwandtschaft. Die Schwägerschaft dauert fort, auch wenn die Ehe, durch die sie begründet wurde, aufgelöst ist.“

**Synopse zu Verwandtschaft und Schwägerschaft**

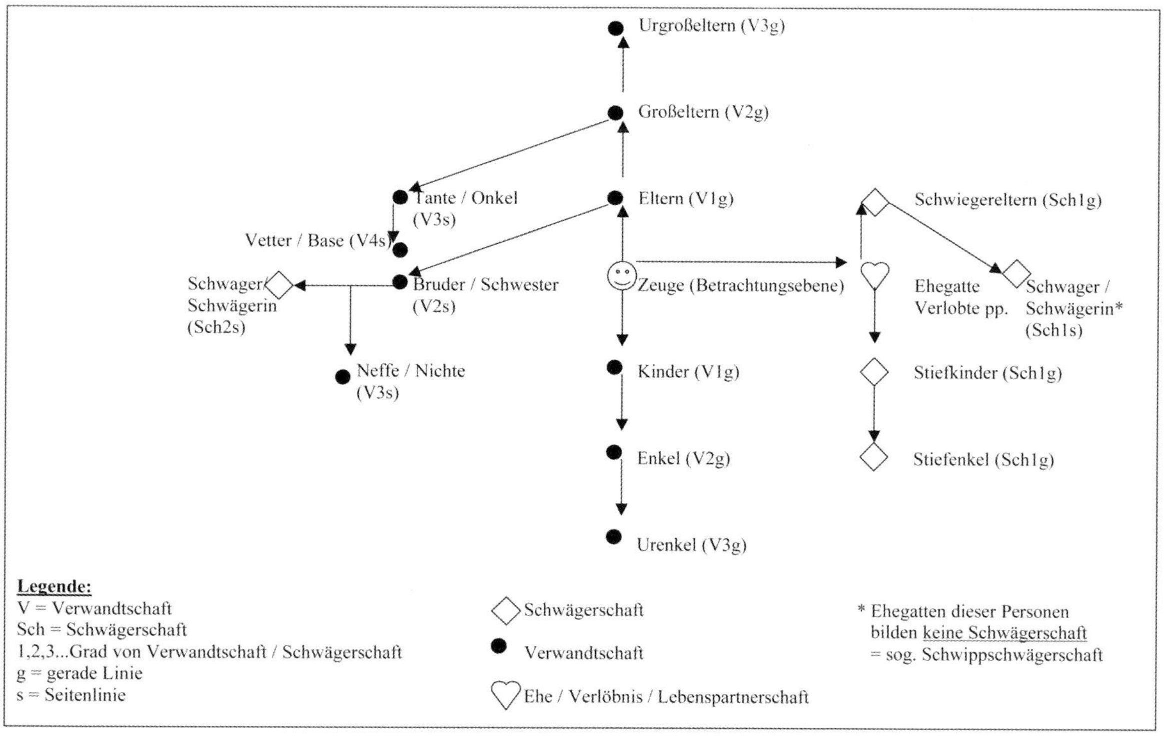


Abb. 34 Zeugnisverweigerungsrechte

## 15.6. Ziel der Vernehmung

Vernehmungsziel ist die **Erforschung der Wahrheit**. Die Vernehmung soll es ermöglichen einen bestimmten Sachverhalt zu rekonstruieren und daneben die innere Haltung der Beteiligten transparent machen.

- **Liegt eine Straftat vor und welche ?**
- **Wer ist Täter / Teilnehmer ?**
- **Wurde der subjektive Tatbestand vom Täter erfüllt ?**
- **Gab es Rechtsfertigungsgründe ?**
- **Gab es Entschuldigungs- / Schuldausschließungsgründe ?**
- **Welche Persönlichkeitsfaktoren des Täters / des Opfers stehen in Zusammenhang mit der Tatausführung ?**
- **Welche Tatbesonderheiten gab es ?**

Ausgangspunkt ist bei der Vernehmung ein bestimmter Verdacht. Handlungsleitend sollte aber stets der Zweifel sein. Dies betrifft sowohl eigene Festlegungen, als auch die von der vernommenen Person erlangten Informationen.[239]

## 15.7. Vorbereitung der Vernehmung

Zu einer erfolgreichen Vernehmung gehört **Personenkenntnis** über die zu vernehmende Person. Diese kann sich aus bestehenden Kriminalakten ergeben. Im Idealfall sollte ein umfassendes Bild der zu vernehmenden Person vorliegen. Optimal ist es, wenn sich der Sachbearbeiter auf die Mentalität des zu Vernehmenden einstellen kann.

Weiterhin ist eine gute **Sachverhaltskenntnis** und damit eine aktenmäßige Vorbereitung erforderlich. **Rechts- und Spezialkenntnisse** sind nicht nur Grundvoraussetzung, sondern müssen ggf. ausdrücklich beschafft werden. Auch eine gute **Ortskenntnis** der Tatörtlichkeiten ist unerlässlich. Ggf. sollte dazu eine Besichtigung der für die Vernehmung wichtigen Örtlichkeiten erfolgen.

Je nach Umfang des zu ermittelnden Sachverhaltes, ist ein **Vernehmungskonzept** vorweg zu erarbeiten. Dabei geht es u.a. um die Reihenfolge der zu vernehmenden Personen, um die Vorbereitung der wesentlichen Fragen und Vorhalte und ggf. auch eine Präparierung der Ermittlungsakte (Notizzettel, Haftzettel pp.), um gezielt und ohne langes Blättern die entsprechenden Inhalte finden zu können. Besonders wichtige Fragen sollten vorher formuliert werden.

Einer besonderen Aufmerksamkeit ist auch der **Örtlichkeit der Vernehmung** zu widmen. So ist festzulegen, ob die Vernehmung im Hausbereich der zu vernehmenden Person oder in der Dienststelle des vernehmenden Beamten erfolgen soll. Beides kann je nach Sachlage taktische Vorteile bieten. So ist zwar einerseits der sogenannte „Heimvorteil" vorhanden, andererseits sind auch die sonstigen Informationsmöglichkeiten bei einer „Vernehmung vor Ort" nicht zu unterschätzen.

Förderlich für die Vernehmung kann sein, wenn bei der **Vernehmungszeit** auf die Abkömmlichkeit des zu Vernehmenden Rücksicht genommen wird. Im übrigen gilt es organisatorische Vorkehrungen gegen Störungen jeglicher Art (Besucher, Telefon pp.) zu treffen.

---

[239] Siehe hierzu auch Hypothesen- und Verdachtbildung unter Ziff. 7.3

Zur **Platzierung** während der Vernehmung gilt: Die Sitzpositionen von Vernommenen und Vernehmenden sollten gegenüberliegend sein. Dabei sollte die Sitzposition so gewählt werden, dass die Lichtverhältnisse es ermöglichen jegliche Regungen im Gesicht des zu Vernehmenden zu erkennen. Schriftstücke, insbesondere die Ermittlungsakte ist so zu positionieren, dass der Zeuge oder Beschuldigte keinen Einblick nehmen kann.

**Beweismittel** die vorgelegt werden sollen, **Vordrucke, Dokumentationsmaterial** und ggf. **personelle Unterstützung** sind bereitzuhalten.

Soll eine **Gegenüberstellung** erfolgen, ist eine Trennung der einzelnen Zeugen untereinander, aber auch zum Beschuldigten sicherzustellen.

Bei der Wahl der Vernehmungsörtlichkeit ist auch die **Eigensicherung** zu berücksichtigen. Neben der Möglichkeit von Angriffen gegen den Vernehmungsbeamten oder andere Personen ist auch an Fluchtmöglichkeiten festgenommener Personen zu denken. Zu erinnern ist in diesem Zusammenhang an das tragische **Beispiel „Mucki Pinzner"**, dem es im Polizeipräsidium Hamburg 1986 gelang, während einer Vernehmung zwei Personen und im Anschluss sich selbst zu töten.

## 15.8. Durchführung der Vernehmung

Ob Zeugen oder Beschuldigte zuerst vernommen werden, ist gesetzlich nicht vorgeschrieben. Vom Grundsatz her bietet jedoch die vorherige Zeugenvernehmung Vorteile, da dadurch zusätzliches Material für Vorhalte bei der Beschuldigtenvernehmung gewonnen werden kann. Bei aussagewilligen Beschuldigten sollte jedoch nicht aus formalen Gründen heraus diese Aussagebereitschaft gebremst werden. In solchen Fällen kann ggf. auch eine Nachvernehmung des Beschuldigten stattfinden, wenn sich aufgrund der Zeugenaussagen neue Aspekte auftun.

Die Durchführung der Vernehmung beginnt mit dem **Kontaktgespräch**. Mit dem Kontaktgespräch soll eine positive Grundatmosphäre geschaffen werden. Es beinhaltet keine Fragen oder Einlassungen zur Sache.

Nach der Erhebung der Personalien ist die entsprechende **Belehrung** durchzuführen. In dem jetzt folgenden **Vorgespräch** kann es deshalb bereits um Angaben zum Vernehmungsgegenstand gehen.

In der **Vernehmung zur Sache** geht es um sachdienliche Angaben zur Person (persönliche Verhältnisse, Kenntnisse, Erfahrungen pp.) und um die Vernehmung zur Tat.

Am Ende findet die **Protokollierung** der Vernehmung statt.

### 15.8.1. Zeugentypen

Die rein **objektive Zeugenaussage** ist äußerst selten. Zeugenaussagen können **unbewusst oder bewusst falsch** sein. Bestehen Zweifel an der Richtigkeit einer Aussage ist besondere Vorsicht geboten. Dies gilt insbesondere für darauf aufbauende strafprozessuale Maßnahmen.[240]

Zeigen sich Zeugen zu **geschwätzig** ist Zeitdruck aufzubauen und damit die Vernehmung auf das Wesentliche zu reduzieren.

**Ängstliche Zeugen** zeigen sich oft besonders zurückhaltend. Die Ängste können sich aus Unkenntnis über das bevorstehende Verfahren, aber auch aus der Person des Beschuldigten

[240] Meyer / Wolf: Kriminalistisches Lehrbuch der Polizei, S. 372

ergeben. Hier muss das Selbstbewusstsein des Zeugen gestärkt und die Wichtigkeit der Zeugenaussage herausgestellt werden.

Neigt ein Zeuge zu **unbesonnen oder leichtfertigen Aussagen** (sogenannter gewissenloser Zeuge), ist auf die Gefahr eines Strafverfahrens wegen falscher Anschuldigung oder Meineides vor Gericht hinzuweisen.

Neigt ein Zeuge zur **Bagatellisierung** des Geschehens, ist zu prüfen, ob Beteiligung oder Begünstigung vorliegen könnte.

### 15.8.2. Beschuldigte

Die Beschuldigtenvernehmung stellt im Vergleich zur Zeugenvernehmung eine ungleich höhere Hürde da. Dies liegt zum einen darin begründet, dass der Beschuldigte ein hohes Interesse daran hat, seine Rolle möglichst günstig darstellen zu können, zum anderen darin, dass dem Beschuldigten grundsätzlich Verweigerungsrechte zustehen. Die Aussagegewinnung kann sich daher als besonders schwierig erweisen. Ggf. ist ein Hinweis auf § 46 StGB förderlich.

Die Vernehmung des Beschuldigten darf sich nicht nur auf das Kerntatgeschehen beschränken, sondern muss sich vielmehr intensiv auch mit der Planungs- und Vortatphase befassen und das Verhalten nach der Tat mit einbeziehen.

### 15.8.3. Vernehmungsmethodik / -taktik

Vernehmungsmethoden und Vernehmungstaktiken sind kein geschlossenes System. Bei der Vernehmungsmethode geht es um das Verfahren an sich. Bei der Vernehmungstaktik geht es um das planmäßige und zielgerichtete Vorgehen in der konkreten Situation.[241]

Die Vernehmung gliedert sich insbesondere bei Beschuldigten in die Vernehmung zur Person und die Vernehmung zur Sache. In der Vernehmung zur Person ist auf persönliche Umstände des Vernommenen einzugehen, zum Beispiel Berufstätigkeit, Hobbys, Beziehungen zu anderen an der tat beteiligten Personen pp. In der Vernehmung zur Sache geht es um das Tatgeschehen.

#### 15.8.3.1. Vernehmungsmethoden

Bei der Entscheidung für das Verfahren in der Vernehmung sind folgende Fragen zu beantworten:

- Welche Methode ist bei der anstehenden Vernehmung am ehesten geeignet den Vernehmungserfolg herbeizuführen ?
- Wann ist in einer Vernehmung die Vernehmungsmethode zu wechseln ?
- Besteht Anlass, bestimmte Vernehmungsmethoden miteinander zu koppeln, so dass sie sich im Vernehmungsablauf gleichsam ergänzen ?

Die nachfolgend aufgeführten Methoden gelten als die wesentlichen Vernehmungsmethoden.[242]

Bei der **Sondierungsmethode** handelt es sich um den Normalfall einer Vernehmung. Nach Aufnahme der Personalien und entsprechender Belehrung wird die zu vernehmende Person zunächst einmal aufgefordert, einen eigenen zusammenhängenden Bericht vom relevanten

---

[241] Lesenswert dazu: Weber / Berresheim: Polizeiliche Vernehmungen, in: Kriminalistik 2001, 785
Diehl: Gestaltung von Vernehmungsgesprächen, in: Der Kriminalist 2005, 6
[242] Bender / Wartemann: Vernehmung, in: Kube / Störzer / Timm (Hrsg.): Kriminalistik Bd. 1, S. 572

Sachverhalt zu geben. Dabei wird sondiert, inwieweit der zu Vernehmende bereit oder in der Lage ist, sein vorhandenes Wissen mitzuteilen. Erst danach schließen sich Fragen des Vernehmenden an. Beide Teile sind erkennbar und wörtlich zu protokollieren. Dadurch wird deutlich, welche Informationen gleich und welche Informationen erst auf Nachfrage zustande kamen.

In der **Festlegungsmethode** geht es darum, den zu Vernehmenden sich auf eine Version des Geschehens festlegen zu lassen, um ihn anschließend mit seiner eigenen Festlegung auf die Widersprüchlichkeit zu verweisen.

Die **Überzeugungsmethode** bietet sich insbesondere dann an, wenn die zu vernehmende Person rationalen Argumenten zugänglich ist.

Um das Ausnutzen einer bestimmten Situation geht es bei der **Überraschungsmethode.**[243] Häufig ist dies nach der unmittelbaren Festnahme auf frischer Tat der Fall oder beim plötzlichen unerwarteten Erscheinen der Polizei am Vernehmungsort (im Hause). Der Fall kann auch im Laufe einer bestehenden Vernehmung auftreten, wenn plötzlich die Vernehmungsrichtung verändert wird.

Die **Zick-Zack-Methode** wird auch **„Kreuzverhör“** genannt. Es wird ständig zwischen verschiedenen Aspekten ohne erkennbaren Zusammenhang hin und her gesprungen. Es handelt sich um eine gute Methode um einstudierte Aussagen zu enttarnen. Hier kommen idealerweise zwei Vernehmungsbeamte zum Einsatz.

Bei der **abtastenden Methode** wird versucht Ansatzpunkte zu finden, über die man zum Kerngeschehen der Vernehmung, zur Täterschaft kommen kann. Damit sollen mögliche Widerstände minimiert und abgebaut werden. Dabei kann es auch darum gehen festzustellen, ob die vernommene Person für noch weitere Straftaten in Betracht kommt.

Die **Zermürbungsstrategie** versucht den Widerstand insbesondere in der Beschuldigtenvernehmung durch ständige Wiederholung bereits abgehandelter Tatkomplexe zu brechen. Hier muss besonders darauf geachtet werden, dass die Grenzen des § 136a StPO nicht verletzt werden.

### 15.8.3.2. Fragetechniken

In der Vernehmungssituation stehen verschiedene Fragetechniken[244] zur Verfügung. Die geläufigsten Fragetypen werden nachfolgend aufgeführt.

Ideal sind immer **offene Fragen**. Dabei handelt sich um sogenannte „Leerfragen“, ohne eigenen Informationsgehalt.

**Beispiele:**
„Was haben Sie gesehen ?“
„Was spielte sich dort ab ?“

**Geschlossene Fragen** werden insbesondere dann verwendet, wenn man mit der offenen Fragestellung nicht mehr weiterkommt. Dies kann z.B. bei sehr wortkargen Personen der Fall sein.

**Beispiel:**
„Haben Sie die Tasche festgehalten, oder hing diese nur lose über Ihrer Schulter ?

[243] Die Überraschungsmethode wird in der Literatur auch vereinzelt als Überrumpelungsstrategie bezeichnet.
[244] Bender / Wartemann: Vernehmung, in Kube / Störzer / Timm (Hrsg.): Kriminalistik Bd. 1, S. 562

Mit **Suggestivfragen** wird eine Erwartungshaltung des Fragenden deutlich, die das Antwortverhalten beeinflusst. Der zu vernehmenden Person wird eine bestimmte Antwort nahegelegt. Wegen dieser Wirkung sind solche Fragen grundsätzlich zu vermeiden. Ausnahmsweise können solche Fragen verwendet werden, um die Glaubwürdigkeit einer Person festzustellen oder bestimmte Reaktionen zu provozieren.

**Beispiel:**
„Andere Zeugen haben auch gesagt dass... Haben Sie eine andere Beobachtung gemacht?"

**Auswahlfragen** beinhalten klare Antwortalternativen und schränken das Aussageverhalten ggf. ein. Dies kann unproblematisch sein, wenn es nur die zur Auswahl angebotenen Möglichkeiten gibt. Problematisch wird es, wenn durch die Auswahlfrage eine Einengung erfolgt.

**Beispiele:**
„Haben Sie einen Mann oder eine Frau erkannt ?"
"Haben Sie einen roten oder grünen Pkw erkannt?"

**Lenkungsfragen** werden verwendet, wenn zu Vernehmende in ihrem Aussageverhalten zu sehr abschweifen. Durch solche Fragen wird auf den Kernbereich der Vernehmung zurückgeführt.

**Beispiel:**
„Können Sie die Beschreibung des Täters noch einmal wiederholen ?

**Testfragen** dienen der Feststellung von Wahrheitswilligkeit, der Anfälligkeit für Suggestion und der Aussagetüchtigkeit. So kann über Testfragen das Schätzvermögen einer Person überprüft werden, das Vorhandensein von Einstellungen / Vorurteilen festgestellt werden.

**Beispiel:**
„Wie groß schätzen Sie die Entfernung zwischen den beiden dort stehenden Fahrzeugen?"
„Was halten Sie von arbeitslosen Jugendlichen?"

Mit **Anstoßfragen** soll erreicht werden, dass die Weiterführung der Aussage durch den zu Vernehmenden in eine bestimmte Richtung erfolgt.

**Beispiel:**
„Können Sie sich erinnern, wie sich der Täter zu diesem Zeitpunkt verhielt ? Was hat er getan?"

Über **Fangfragen** kann eine erwartete Falschaussage bewusst provoziert werden, um später durch Vorhalte die Unwahrheit aufzudecken. Es kann bei Fangfragen aber auch um die Erschließung scheinbar unbedeutender Kleinigkeiten gehen, die tatsächlich jedoch Rückschlüsse auf weitere Inhalte zulassen.

**Beispiele:**
„Wieviel verdienen Sie monatlich bei dieser Tätigkeit?" (Vordergründige Frage, um später die tatsächlichen Lebensverhältnisse gegenüber halten zu können.)
„Haben Sie sich jemals am Tatort aufgehalten ?" (Fragestellung, wenn man eindeutiges Spurenmaterial hat, welches die Anwesenheit am Tatort beweist.)

### 15.8.3.3. Irrtum und Lüge

Die Zeugenaussage ist nur bedingt zuverlässig. Wie bereits unter Ziff. 15.1 angeführt ist die Hälfte der Zeugenaussage von mehr oder weniger umfangreichen bewussten oder unbewussten falschen Inhalten gekennzeichnet. Aber auch bei Beschuldigtenaussagen spielen falsche Inhalte eine erhebliche Rolle. Dies gilt auch für den Fall des Geständnisses, wo der Beschuldigte also die vorgeworfene Tat einräumt. Bei fehlerhaften Aussagen ist zwischen Irrtum und Lüge zu unterscheiden.[245]

Der Irrtum beruht auf Wahrnehmungsfehlern, von denen der Aussagende selber keine Kenntnis hat. Er geht vielmehr selber von der Richtigkeit seiner Aussage aus. Der Irrtum ist in der polizeilichen Vernehmung schwieriger zu bearbeiten als die Lüge, da die Aussageperson selber von der Richtigkeit der Aussage überzeugt ist. Da die irrende Aussageperson an die falsch wiedergegebenen Inhalte glaubt, werden die Inhalte auch bei wiederholter Vernehmung so wiedergegeben, ohne dass dafür eine besondere Gedächtnisleistung des Aussagenden erforderlich ist.

Bei der Lüge handelt es sich um die bewusste falsche Darstellung eines Sachverhaltes. Der Aussagende hat tatsächliche eine andere Wahrnehmung und Erinnerung vom Sachverhalt, als die, welche geschildert wird. Der lügende Aussagende muss daher eine gutes Gedächtnis haben, um sich bei wiederholten Aussagen nicht in Widersprüche zu verstricken. Dies bietet kriminalistische Ansatzpunkte, um den Lügner zu überführen.
Die Lüge ist in der Regel vom Aussagenden gedanklich vorbereitet worden. Es wurde sich mit der Aussageversion beschäftigt. Man hat überlegt, was man bei der Polizei aussagen will. Hier bieten sich kriminalistische Ansatzpunkte zur Enttarnung. Die gedanklich Vorbereitung einer lügenden Person ist meist auf das Kerntatgeschehen beschränkt. Antworten auf Fragen zur Vor- oder Nachtatphase kommen daher oft überraschend und können nicht überzeugend beantwortet werden oder zeigen Widersprüche zum Kerntatgeschehen auf. Gleiches gilt oft hinsichtlich spezifischer Details zum Kerntatgeschehen, da die zurechtgelegte Version der Aussage nicht tatsächlich erlebt wurde.

Bei einem zusammenhängenden Bericht in der Vernehmung können erste Anhaltspunkte der Lüge dadurch zu gewinnen sein, dass ein Bruch in der Detailgenauigkeit vorhanden ist. So werden richtige Inhalte sehr detailliert beschrieben, erfundene Sachverhalte oder Sachverhaltsteile werden eher pauschal und ohne Details geschildert. Dem aufmerksamen und geübten Vernehmungsbeamten wird dieser „Bruch" im zusammenhängenden Bericht einer Aussageperson auffallen und damit Signale geben, wo Aussageinhalte möglicherweise falsch sind. Hier kann später mit gezielten Fragestellungen nachgehakt werden.

Personen die lügen, fürchten natürlicherweise bei der Lüge ertappt zu werden und haben zu ihrer Lüge auch eine innere Distanz. Als Lügensignale sind deshalb manchmal auch schnelles Sprechen an der entsprechenden Sachverhaltsstelle und ein bewusstes Lächeln festzustellen.[246]

Das Lügen erfordert beim Lügner meist eine hohe Aufmerksamkeit und Konzentration. Damit verbunden ist weiter eine gewisse Angespanntheit. Diese Angespanntheit führt auch bei geübten Lügnern oft zu körperlichen Reaktionen, wie Zittern der Hände, Erröten, Schluckreize, Herzklopfen, Trinkbedürfnis pp.[247]

---

[245] Umfangreiche Abhandlungen zur Thematik finden sich bei: Bender / Wartemann: Vernehmung, in: Kube / Störzer / Timm (Hrsg.): Kriminalistik Bd. 1, S. 606 ff.
Siehe hierzu auch: Nack: Glaubwürdigkeit und Glaubhaftigkeit, in: Kriminalistik 1995, Heft 4
[246] Meyer / Wolf: Kriminalistisches Lehrbuch der Polizei, S. 376
[247] Stüllenberg: Die Vernehmung, in: Burghard / Hamacher: Lehr- und Studienbriefe Kriminalistik, Bd. 4, S. 28

Hinweis: Die genannten Signale stellen für sich allein keinen Beweis der Lüge dar, sollen vielmehr als Alarmsignal verstanden werden. Glaubt der Vernehmungsbeamte mit einer Lüge konfrontiert zu sein, hilft manchmal eine Befragung in nicht chronologischer Reihenfolge, um die Lügenversion zum Einsturz zu bringen. Die Masse der Menschen ist beim Lügen nur zu einer chronologischen Schilderung fähig, kann die Lüge in umgekehrter Reihenfolge jedoch nicht aufrecht erhalten.

### 15.8.4. Protokollierung der Vernehmung

Zur Protokollierung der Aussage gehört neben der Sachverhaltsschilderung auch eine einwandfreie Feststellung der Person. Soweit Ausweispapiere vorliegen, sollten die darin enthaltenen Daten mit den angegebenen Daten verglichen werden.

Auch zur Protokollierung gehört die Dokumentation der erfolgten und verstandenen Belehrung. Neben der Unterzeichnung entsprechender vorhandener Vordrucke bietet es sich an, entsprechende Einleitungssätze in die Einlassung zum Sachverhalt mit aufzunehmen.

**Beispiel:** „Ich bin zu Beginn meiner Vernehmung über meine Rechte als Zeuge / Beschuldigter ausführlich belehrt worden. Ich habe diese Belehrung verstanden und möchte aussagen."

Bei der Protokollierung eines Vernehmungsergebnisses geht es um eine aussagegetreue Abfassung aller Angaben des Vernommenen. Dabei sollte der Vernehmungsablauf erkennbar sein:

- Alle wesentlichen Faktoren festhalten (Zeiten, Zeugen, Pausen, Telefonate, Verpflegung pp.),
- Nonverbale Verhaltensweisen beachten und in einem Vermerk festhalten,
- Fakten, keine Wertungen.

Die Aussage ist in direkter Rede aufzunehmen. Grundsätzlich sollte zunächst ein zusammenhängender Bericht des zu Vernehmenden erfolgen, bevor gezielte Fragen zum Sachverhalt gestellt werden. Eine Protokollierung im **Sprachgebrauch des zu Vernehmenden** ist grundsätzlich die beste Form der Niederschrift.

Bei der Vernehmungsniederschrift ist jede Seite unterschreiben zu lassen. Stellt der Vernommene die Richtigkeit einer Abfassung in Frage, ist er zu **handschriftlichen Änderungen** zu veranlassen. **Die handschriftliche Änderung geht vor perfekter Form und dokumentiert die Auseinandersetzung mit dem unterschriebenen Text.** Dadurch werden spätere Widerrufe in der Hauptverhandlung erschwert.

Die Vernehmungsniederschrift ist von dem vernehmenden Beamten und vom Vernommenen zu unterzeichnen. Wird eine **Unterschrift verweigert** ist dies mit einem entsprechendem Vermerk kenntlich zu machen.

## 15.9. Absicherung der Vernehmungsergebnisse

Die Absicherung oder Objektivierung von Vernehmungsergebnissen ist wesentliche kriminalistische Aufgabe zur **Absicherung des Wahrheitsgehaltes einer Aussage**. Vor dem Hintergrund des hohen Anteils bewusster und unbewusster falscher Aussagen hat dieser Bereich eine **hohe Priorität**.

Auf die Sicherung und Auswertung objektiver Befunde ist deshalb besonderer Wert zu legen. In diesen Bereich gehört auch die **Thematik der Alibiüberprüfung**.

Im Weiteren bieten sich an:

- Ermittlung / Vernehmung von Zeugen,
- Beschaffen von Sachbeweisen,
- Gegenüberstellungen,
- Rekonstruktionen,
- Tatortbegehung,
- Richterliche Vernehmung.

## 15.10. Vernehmung und Anwesenheitsrechte

Zu Unsicherheiten bei Vernehmungsbeamten führen immer wieder geforderte oder gewünschte Anwesenheitsrechte. Hierzu gilt folgendes:

Bei staatsanwaltschaftlichen und richterlichen Vernehmungen besteht Anwesenheitsrecht des Rechtsanwalts gem. §§ 168c I + II, 163a StPO. Bei polizeilichen Vernehmungen darf dies durch den Vernehmenden gestattet werden.

Die Erziehungsberechtigten haben gem. § 67 I GVG die gleichen Rechte wie Beschuldigte.

Der Vernehmungsbeamte entscheidet, ob ein Angehöriger als Beistand in der Vernehmung zugelassen wird (§ 149 StPO, Nr. 19a RiStBV). Eine Hinzuziehung gegen den Willen des zu Vernehmenden ist ausgeschlossen.

Verletzten / Opfern kann eine Vertrauensperson gem. § 406 f III StPO, Nr. 19a RiStBV als Beistand ermöglicht werden.

## 15.11. Verbotene Vernehmungsmethoden

Inhalte einer Vernehmung kommen dadurch zustande, das eine zu vernehmende Person an den Vernehmungsbeamten Informationen weitergibt. Liegen keine Zeugnis- oder Aussageverweigerungsrechte vor, besteht eine Aussagepflicht. Überall dort, wo zu vernehmende Personen Verweigerungsrechte haben, oder trotz bestehender Aussagepflicht dieser nicht nachkommen wollen, stellt sich die Frage wie diese zu einer Aussage zu bewegen sind. Dazu bedarf es einer **Einflussnahme auf die Willensentschließung** zur Aussage. Unbedenklich ist es, wenn diese Einflussnahme auf die Willensentschließung mit erlaubten Mitteln erfolgt. Unerlaubt ist jedoch die Anwendung unerlaubter Mittel zur Beeinflussung dieser Willensentschließung. Als Ausfluss der Anerkennung der Menschenwürde hat der Gesetzgeber mit der Bestimmung des **§ 136a StPO** die Freiheit der Willensentschließung und Willensbetätigung geschützt. Danach ist es verboten, mit den in § 136a StPO genannten Mitteln diese Willensentschließung und –betätigung zu beeinflussen. Es handelt sich um die so genannten **verbotenen Vernehmungsmethoden**.

Die Vorschrift ist entgegen dem Gesetzeswortlaut nicht nur auf Beschuldigtenvernehmungen anzuwenden, sondern auch bei Zeugenvernehmungen (§ 69 Abs.3 StPO). Ein Vernehmung unter Anwendung dieser verbotenen Vernehmungsmethoden führt zu einem **Verwertungsverbot** (§ 136a Abs. 3 StPO).

Die meisten Tatbestandsmerkmale des § 136a StPO sind eindeutig und brauchen an dieser Stelle nicht näher erläutert zu werden. Ist es auf der einen Seite zwar jedem klar, was körperliche Misshandlung bedeutet, so bestehen auf der anderen Seite doch stellenweise

Abgrenzungsschwierigkeiten. Zudem sind die in § 136a StPO aufgeführten verbotenen Mittel nicht abschließend.

Ein besonderes Problem stellt die **Abgrenzung zwischen der verbotenen Täuschung und der erlaubten kriminalistischen List**[248] dar. Als Faustregel kann gelten: Täuschung ist das aktive Herbeiführen einer irrigen Vorstellung, List ist das Ausnutzen einer irrigen Vorstellung, bei der keine Aufklärungspflicht besteht. Vereinzelt wird die Auffassung vertreten, dass auf die Anwendung der kriminalistischen List in Vernehmungen verzichtet werden sollte.[249] Dieser Auffassung kann nicht gefolgt werden. Die kriminalistische List ist eine erlaubte Vernehmungsmethode, die im Sinne der Wahrheitserforschung nicht ohne Not preisgegeben werden darf.

**Beispiele:**
Der wahrheitswidrige Vorhalt ein Mittäter habe gestanden, in der Absicht von dem Vernehmenden ein Aussage zu erlangen, ist verbotene Täuschung. Eine darauf beruhende Vernehmung darf nicht verwertet werden. Aber: Die irrige Vorstellung des zu Vernehmenden, dass der Mittäter sicherlich gestanden hätte, ist keine verbotene Täuschung. Es besteht für die Vernehmungsbeamten auch keine Aufklärungspflicht und eine darauf beruhende Vernehmung dürfte verwertet werden.

Oder: Der Beschuldigte glaubt entgegen den tatsächlichen Verhältnissen an eine erdrückende Beweislage und teilt dies dem Vernehmungsbeamten auch mit. Dieser klärt nicht über die gegenteilige Beweislage auf, daraufhin legt der Beschuldigte ein Geständnis ab. Da keine Aufklärungspflicht über die Beweislage besteht, handelt es sich lediglich um das erlaubte Ausnutzen einer irrigen Vorstellung und damit um kriminalistische List. Die Aussage ist verwertbar. Führt allerdings der Vernehmungsbeamte diesen Irrtum aktiv herbei, indem er wahrheitswidrig von belastenden Zeugenaussagen oder Sachbeweisen spricht, so ist eine darauf beruhende Aussage nicht verwertbar, da eine Täuschung aktiv herbeigeführt wurde.

Aber: Glaubt ein zu Vernehmender, dass er aussagepflichtig sei, obwohl dies nicht der Fall ist, besteht eine Aufklärungspflicht aus den Belehrungsvorschriften. Hier darf die irrige Vorstellung nicht ausgenutzt werden, auch wenn der Beamte sie nicht aktiv herbeigeführt hat.

Besondere Probleme tauchen auch auf bei der Vernehmung alkoholisierter oder ermüdeten Personen oder bei Betäubungsmittelabhängigen.

Grundsätzlich gilt bei **Alkoholeinfluss**: Die Vernehmung alkoholisierter Personen ist zulässig, solange die zu vernehmende Person in der Lage ist, ihre Willensentschließung und –betätigung eigenverantwortlich wahrzunehmen, also die Steuerungsfähigkeit noch vorhanden ist. Dies ist vom jeweiligen Einzelfall abhängig. Je höher der Grad der Trunkenheit, desto größer die Wahrscheinlichkeit einer nicht mehr vorliegenden Vernehmungsfähigkeit. Allerdings spielt die Alkoholgewöhnung eine entscheidende Rolle. So können bei Alkoholikern hohe Promillewerte unbedenklich sein, bei nur gelegentlichem Alkoholgenuss kann auch bei niedrigen Promillewerten Vernehmungsunfähigkeit vorliegen. Bei der Vernehmung ist daher der Grad der Trunkenheit zu dokumentieren. Es sind ausdrücklich Fragen zur Trinkmenge, zum Trunkenheitsgrad und der Alkoholgewöhnung zu stellen und die Antworten mit zu dokumentieren. Entscheidend ist weiter, ob die betroffene Person selber angibt der Vernehmung folgen zu können.

Entsprechendes gilt bei **Vernehmungen zur Nachtzeit**. Eine Vernehmung zur Nachtzeit ist grundsätzlich unbedenklich, solange die Person nicht übermüdet und damit die Freiheit der Willensentschließung und –betätigung nicht beeinträchtigt ist. Auch hier kommt es auf den Einzelfall an. Personen die üblicherweise zur Nachtzeit auf sind (Schichtarbeiter,

[248] Meyer-Goßner: Strafprozessordnung, § 136a, RZ 15
[249] Clages: Der rote Faden, S. 184

Diskothekenbesucher) sind anders zu bewerten, als Personen, die üblicherweise zu frühen Zeiten schlafen. Auch hier sind entsprechende Frage zu stellen, die Antworten zu dokumentieren.

Bei der **Vernehmung von Betäubungsmittelabhängigen** ist von nicht vorhandener Vernehmungsfähigkeit auszugehen, wenn diese unter deutlichen Entzugserscheinungen leiden. Werden wegen dieser Entzugserscheinungen durch einen Arzt Medikamente verabreicht und findet im Anschluss an diese Verabreichung eine Vernehmung statt, liegt keine verbotene Vernehmungsmethode vor, da die Verabreichung der Mittel aus medizinischen Gründen erfolgte. Anders wäre der Fall zu beurteilen, wenn dem Vernommenen nur für den Fall der Aussage ärztliche Hilfe bereit gestellt wird. Eine solche Zweck-Mittel-Verbindung wäre unzulässig, die Aussage in der Folge unverwertbar.

Erlaubt ist es auch, Beschuldigte auf die bestehende **tatsächliche Rechtslage** hinzuweisen. Wird durch eine Aussage beispielsweise die Verdunkelungsgefahr beseitigt und kommt damit eine Vorführung beim Haftrichter mangels Haftgründen nicht mehr in Betracht, darf auf diesen Umstand hingewiesen werden. Macht der Beschuldigte daraufhin eine Aussage, um diesen Haftgrund zu beseitigen, liegt keine verbotene Vernehmungsmethode vor. Die Aussage ist voll verwertbar.

## 15.12. Vernehmung besonderer Personengruppen

Es gibt eine Reihe von Personengruppen, für deren Vernehmung Besonderheiten zu beachten sind. Dazu gehören auch die Aussagen von Kindern, Jugendlichen und Ausländern.

### 15.12.1. Anhörung von Kindern

Kinder kommen sowohl als Zeugen, wie als Tatverdächtige für eine Aussage in Frage. Da Kinder sich jedoch nicht strafbar machen können, werden sie nicht vernommen, sondern lediglich zum Sachverhalt gehört. Diese Anhörung wird von den Kindern nicht unterschrieben.

Aufgabe des Vernehmungsbeamten ist es dabei das Kind im Hinblick auf seinen Entwicklungsstand einzuschätzen. Diese Beurteilung ist nicht gutachterlich, sondern nach der allgemeinen täglichen Lebenserfahrung abzugeben.

Auch wenn Kinder sich nicht strafbar machen können, müssen rechtswidrige Taten aufgeklärt werden, die Identität der Kinder und das tatsächliche Alter müssen festgestellt werden. Zu berücksichtigen ist auch, dass Kinder von strafmündigen Personen als „Werkzeug“ für die Tatausführung benutzt worden sein könnten.

Sind Kinder Zeugen, haben sie die gleichen Rechte und Pflichten wie Erwachsene. Bei der Ausübung dieser Rechte wirken jedoch die gesetzlichen Vertreter mit. Erklärt entweder das Kind oder der gesetzliche Vertreter, dass von einem Zeugnisverweigerungsrecht Gebrauch gemacht wird, entfällt die Aussage.

Soweit möglich (kein Rechtsanspruch!) sollte die Anhörung von Kindern nicht in Anwesenheit der Erziehungsberechtigten stattfinden.

Nach der Anhörung eines Kindes ist neben der Niederschrift über die Anhörung ein Eindruckvermerk zu fertigen, der dem Richter einen ersten Eindruck von der Person des Kindes, insbesondere hinsichtlich seiner Glaubwürdigkeit ermöglicht.[250]

---

[250] Weihmann, Kriminalistik, S. 179

### 15.12.2. Vernehmung von Jugendlichen

Jugendliche können sowohl als Zeugen, wie als Täter vernommen werden. Über etwaige Zeugnis- und Auskunftsverweigerungsrechte entscheiden sie zusammen mit dem gesetzlichen Vertreter.

Da bei Jugendlichen das Jugendgerichtsgesetz Anwendung findet, es auf die sittliche und geistige Entwicklungsreife ankommt, ist hierauf in der Vernehmung besonders Bezug zu nehmen. Die persönlichen Verhältnisse sind daher im Rahmen der Vernehmung ausführlich darzulegen.

### 15.12.3. Vernehmung von Ausländern

Ausländer unterliegen als Zeugen und Beschuldigte dem deutschen Strafprozessrecht. Hierzu ist die Gerichtssprache deutsch. Daraus ergibt sich, dass für die Vernehmung von Ausländern ein Dolmetscher zu verwenden ist, der die Aussage in die deutsche Sprache übersetzt (§ 185 GVG). Dieser Aspekt gilt auch für die polizeiliche Vernehmung, Lediglich bei Bagatelldelikten kann alternativ ein in der entsprechenden Fremdsprache verfasster Anhörbogen verwendet werden. In diesen Fällen kann die Übersetzung auch durch eine Person aus dem Bekanntenkreis des Ausländers durchgeführt werden.

Die andere Kultur eines Ausländers kann ggf. negativ auf die Vernehmungssituation durchschlagen.[251]

Bei Vernehmungen mit Dolmetschern muss mit den Dolmetschern ein Vorgespräch zur Vernehmung stattfinden. In diesem Gespräch muss eine genaue Einweisung zum Sachverhalt stattfinden. Des weiteren sind Verhaltensweisen vor, während und nach der Vernehmung abzustimmen

Bei der Vernehmung mit Dolmetschern ist ferner darauf zu achten, dass der Dolmetscher nicht die Rolle des Ermittlungsbeamten übernimmt, sondern sich auf seine Tätigkeit als Übersetzer beschränkt. Ggf. ist regelnd auf den Dolmetscher einzuwirken. Der Vernehmungsbeamte und nicht der Dolmetscher ist für die Vernehmungstaktik verantwortlich.

Im Gegensatz zu Vernehmungen ohne Dolmetscher, ist bei Vernehmungen mit Dolmetscher der Dolmetscher für die Gesprächsatmosphäre verantwortlich.

Am Ende der Niederschrift einer solchen Vernehmung hat der Dolmetscher für die Richtigkeit der Übersetzung zu unterschreiben.

### 15.13. Richterliche Vernehmung

Die relevanten Rechtsgrundlagen für die richterliche Vernehmung finden sich in den §§ 162, 252, 254 StPO.

Während bei der polizeilichen und staatsanwaltschaftlichen Vernehmung der anstehende Aussageinhalt weitgehend unklar ist, geht es bei der richterlichen Vernehmung vorwiegend um die Prüfung eines bereits bekannten Sachverhaltes.[252]

---

[251] Weihmann, Kriminalistik, S. 182
[252] Meyer / Wolf: Kriminalistisches Lehrbuch der Polizei, S. 359

Die richterliche Vernehmung ist wesentlicher Schritt zur Erlangung von Aussagen, die im späteren Hauptverfahren als Beweismittel eingebracht werden müssen. Das Vernehmungsprotokoll einer richterlichen Vernehmung darf in der Folge auch gegen den Willen des Betroffenen verlesen und als Beweismittel anerkannt werden.

Macht der Betroffene erst in der Hauptverhandlung von seinen Verweigerungsrechten Gebrauch, darf das Protokoll nicht verlesen werden, jedoch der betreffende Richter als Zeuge vom Hörensagen über die Vernehmung aussagen. Zur Gedächtnisstütze darf das Vernehmungsprotokoll vorgelesen werden.

Bei richterlichen Vernehmungen sind die Anwesenheitsrechte von Staatsanwaltschaft / Verteidigung gem. § 168 StPO zu beachten. Die Nichtbeachtung führt zum Beweisverwertungsverbot.

## 15.14. Pflichten zur Vernehmung bei Polizei, Staatsanwaltschaft und Gericht

Entgegen der allgemeinen Vorstellung sind die Pflichten zur Vernehmung gegenüber der Polizei, der Staatsanwaltschaft und vor Gericht unterschiedlich ausgeprägt. Auch wenn keine Aussage- oder Zeugnisverweigerungsrechte vorliegen, besteht vor der Polizei weder eine Erscheinenspflicht noch eine Aussagepflicht. Entsprechend unterschiedlich sind die entsprechenden Sanktionsmöglichkeiten.

| | | **Polizei** | **Staatsanwaltschaft** | **Richter** |
|---|---|---|---|---|
| **Vorladung** | **Beschuldigte** | § 163 a IV StPO | § 163 a III StPO | § 133 StPO |
| **Vorladung** | **Zeugen** | § 163 a V StPO | § 161 a I StPO | § 48 StPO |
| **Pflicht zum Erscheinen** | **Beschuldigte** | Nein | Ja, § 163 a III StPO | Ja, § 133 StPO |
| **Pflicht zum Erscheinen** | **Zeugen** | Nein | Ja, § 161 a I StPO | Ja, § 48 StPO |
| **Folgen bei Nichterscheinen** | **Beschuldigte** | Keine | Vorführungsbefehl | Vorführungsbefehl |
| **Folgen bei Nichterscheinen** | **Zeugen** | Keine | Vorführungsbefehl | Vorführungsbefehl |
| **Aussagepflicht** | **Beschuldigte** | Zur Person | Zur Person | Zur Person |
| **Aussagepflicht** | **Zeugen** | Zur Person | Zur Person / Sache | Zur Person / Sache |
| **Folgen bei Nichtaussage** | **Beschuldigte** | § 111 OWiG | § 111 OWiG | § 111 OWiG |
| **Folgen bei Nichtaussage** | **Zeugen** | § 111 OWiG | Kosten / Ordnungsgeld | Kosten / Ordnungsgeld / -haft, Beugehaft |

Abb. 35: Vernehmungspflichten und Folgen der Nichtbeachtung

## 15.15. Vernehmung und Gegenüberstellung

Die Gegenüberstellung ist der Teil einer Vernehmung, bei der ‚verdeckt oder offen, Beschuldigte innerhalb einer Personengruppe Opfern oder Zeugen zum Zwecke der Identifizierung gegenübergestellt werden (Wahlgegenüberstellung), oder Personen, die an einem Ermittlungsverfahren beteiligt sind, zur Klärung widersprüchlicher Aussagen unmittelbar konfrontiert werden (Einzelgegenüberstellung). Weiter gibt es die Einzelgegenüberstellung zum Zwecke der Identifizierung (insbesondere nach Sofortfahndung).

Bei der Identifizierungsgegenüberstellung geht es um die Wahrnehmung, die Erinnerung und die Wiedergabe des relevanten Sachverhalts. Dieser Prozess beinhaltet besondere Gefahren. Es geht deshalb insbesondere darum, mögliche Fehler zu vermeiden und den Beweiswert durch umfangreiche Dokumentation zu erhöhen.

Für die problematische Einzelgegenüberstellung gilt:

- An Erwartungssuggestion denken,
- Vernehmung der Zeugen vor und nach der Gegenüberstellung insbesondere zu Details, an denen eine Identifizierung festgemacht wird und später wurde,
- Bei mehreren Zeugen mit einem Zeugen Einzelgegenüberstellung, mit einem Zeugen Wahlgegenüberstellung,
- Bei mehreren Tätern: Mit einem Täter Einzelgegenüberstellung, mit weiteren Tätern Wahlgegenüberstellung,
- An Möglichkeit der auditiven Gegenüberstellung denken,
- Wie bei der Vernehmung an strafprozessuale Anschlussmaßnahmen zur Absicherung der Ergebnisse denken.

Die Ausführungen gelten entsprechend für Einzel- oder Wahllichtbildvorlagen.

Ein Sonderfall ist die auditive oder akustische Gegenüberstellung. Hier geht es nicht um das Wiedererkennen von Personen anhand des Aussehens, sondern um das Wiedererkennen einer Person anhand der Stimme. Voraussetzung dafür ist, das der Täter während der Tat gesprochen hat und der Zeuge (oft das Opfer) meint sich an die Stimme oder an Sprachbesonderheiten erkennen zu können. Die Methode der akustischen Gegenüberstellung spielt auch dann eine Rolle, wenn Zeugen den Täter nicht gesehen haben (fehlender Blickkontakt, schlechtes Sehen oder Blindheit), aber hören konnten.[253]

[253] Zur Thematik siehe auch: Nöldeke: Zum Wiedererkennen des Tatverdächtigen bei Gegenüberstellung und Bildvorlage, in: NStZ 1982, 193
Odenthal: Die Gegenüberstellung zum Zwecke des Wiedererkennens, in: NStZ 1985, 433

## 16. Todesermittlungen

Das Erkennen und die Untersuchung nicht natürlicher Todesfälle fällt ins Kerngeschäft polizeilicher Tätigkeit. Das mehr oder weniger professionelle Vorgehen der Ermittlungsorgane bei Todesermittlungen ist in besonderem Maße Gradmesser polizeilichen Erfolges. Gerade bei Todesermittlungsverfahren ist die Aufmerksamkeit der Öffentlichkeit gewiss. Es ist kaum ein Tötungsdelikt denkbar, das nicht zum Gegenstand von Medienberichterstattungen wird. Fehler in diesem Bereich werden besonders aufmerksam beobachtet und sind vielfach über Jahre Gegenstand kritischer interner und externer Betrachtung. Fehler bei Todesermittlungsverfahren werden schnell mit unprofessionellem Vorgehen auch in anderen Bereichen der Kriminalitätsbekämpfung gleichgesetzt. Die Qualität von Todesermittlungsverfahren ist mithin auch Aushängeschild für die Professionalität polizeilicher Arbeit.

In der Bundespolizei werden die Polizeibeamten in erster Linie im Bereich der Bahn mit Todesermittlungsverfahren konfrontiert. Hier stellt sich die Masse der Fälle zwar als Selbsttötung dar, doch können diese Fälle genauso als Unglücksfall oder ein als Freitod oder Unglücksfall getarntes Tötungsdelikt auftreten. Im Bereich der grenzpolizeilichen Aufgaben kann es hauptsächlich durch Schleusungshandlungen zu Todesfällen kommen. Auch im Flughafenbereich sind Todesfälle nicht auszuschließen. So kann es durch den Körperschmuggel von Rauschgift zu unerwarteten Komplikationen und damit zu Todesfällen kommen, aber auch Todesfälle durch Schleusungshandlungen sind hier nicht auszuschließen.

Den Maßnahmen des ersten Angriffs kommt daher eine besondere Bedeutung zu. Kleine Unaufmerksamkeiten oder Fehlhandlungen können eine sachgerechte Einschätzung des Falles und seine Bearbeitung auf Dauer unmöglich machen. Ein Grundwissen zum Todesermittlungsverfahren ist darum für alle Polizeivollzugsbeamten nicht nur unabdingbar, sondern sollte auch zum Kernwissen des mit solchen Ermittlungen betroffenen Führungspersonals gehören.

### 16.1. Gesetzliche Grundlagen

Das Todesermittlungsverfahren wird über den § 163 StPO hinaus über weitere rechtliche Grundlagen abgesichert. Da beim Auffinden eines Leichnams nicht sofort ein Anfangsverdacht i.S. des § 152 StPO für eine Straftat gem. § 163 StPO vorliegt, bedarf es einer Grundlage, die bereits vorher greift. Diese Grundlage findet sich in **§ 159 StPO**. Danach sind die Polizei und die Gemeindebehörden zur sofortigen Anzeige an die Staatsanwaltschaft oder das zuständige Amtsgericht verpflichtet, wenn Anhaltspunkte für einen nichtnatürlichen Tod vorhanden sind, oder der Leichnam eines Unbekannten gefunden wird.

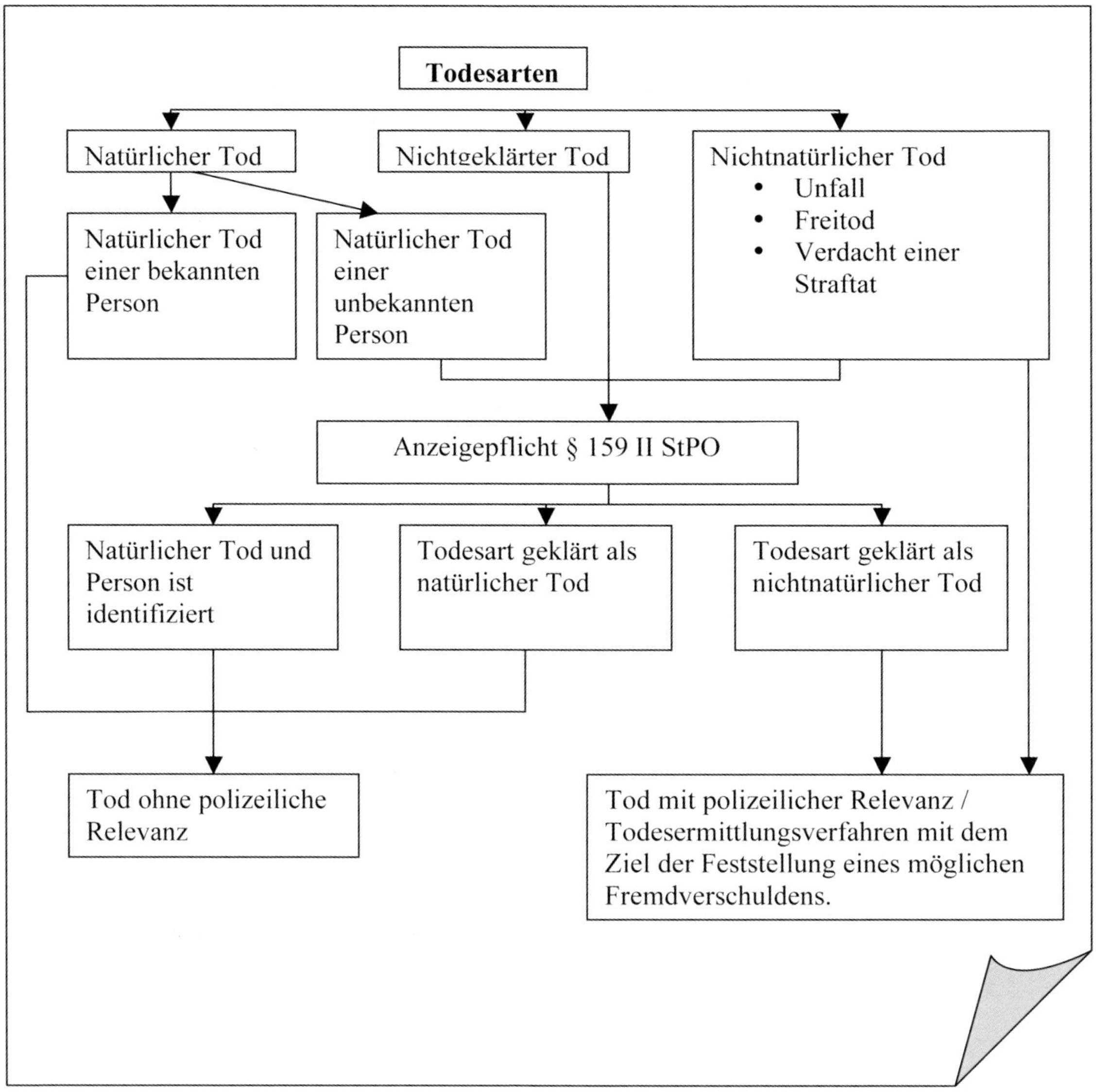


Abb. 36: Verfahren bei Todesarten[254]

**§ 87 Abs. 1 StPO** regelt die Vornahme der **Leichenschau**, die von der Staatsanwaltschaft unter Hinzuziehung eines Arztes vorgenommen wird. Sofern von der Staatsanwaltschaft gewünscht, hat auf Antrag der Staatsanwaltschaft ein Richter an der Leichenschau teilzunehmen.

Kommt es zu einer **Leichenöffnung** (Sektion) des Leichnams, ist die Staatsanwaltschaft gem. **§ 87 Abs. 2 StPO** hierbei auf Wunsch anwesend und auf Antrag der Staatsanwaltschaft muss ein Richter an der Sektion teilnehmen. Die Leichenöffnung muss von zwei Ärzten vorgenommen werden, von denen einer Rechtsmediziner sein muss.

Der **Umfang der Leichenöffnung** wird in **§ 89 StPO** geregelt. Die Leichenöffnung muss sich auf die Öffnung von Kopf-, Brust und Bauchhöhle erstrecken. Damit soll sichergestellt werden, dass die wahre Todesursache erkannt wird. In diesen Bereichen befinden sich alle für das Leben notwendigen Organe und Körperteile, deren Versagen zum Tod führen können. Es soll gewährleistet werden , dass keine falsche Todesursache untergeschoben wird.

[254] Siehe auch Guth: Nichtnatürliche Todesfälle, S. 34

**Beispiele:**
Dem ersten Anschein nach hat eine Person Freitod begangen, indem sie sich auf die Gleise legte und von einem Zug überrollen ließ. Die Sektion und Ermittlungen ergeben jedoch eine tödliche Vergiftung durch Dritte. Der bereits tote Körper wurde dann auf die Gleise gelegt um einen Freitod vorzutäuschen.
Oder: Eine Person ist dem ersten Anschein nach von fremder Hand durch einen Kopfschuss getötet worden. Die Sektion ergibt eine tödliche Schlafmittelvergiftung durch Freitod. Das Tötungsdelikt wurde von Angehörigen nur vorgetäuscht, um die Leistungen einer Lebensversicherung zu kassieren, die bei Freitod nicht gezahlt hätte.
In **§ 87 StPO** findet sich auch die Regelung einer nachträglichen Untersuchung eines Leichnams, der **Exhumierung**, wenn erst im Nachhinein Verdachtsmomente auftauchen sollten.

**§ 88 StPO** beinhaltet die **Identifizierung von Toten**. Hiernach ist ein Leichnam, soweit die Umstände es zulassen, vor der Leichenöffnung zu identifizieren. Hierzu sollen Personen, die den Toten gekannt haben befragt werden. Ist ein Beschuldigter vorhanden, ist diesem der Leichnam zur Anerkennung vorzuzeigen.[255]

Sonderregelungen finden sich in **§ 90 StPO** für den Fall des Befassens mit **Kinderleichen**. Bei Neugeborenen hat sich die Untersuchung insbesondere darauf zu erstrecken, ob dieses zum Zeitpunkt der Geburt gelebt hat oder die Fähigkeit dazu hatte, oder ob es sich um eine Totgeburt gehandelt hat. Zweck ist die richtige Einordnung von Tötungsdelikten ( §§ 211, 212, 218, 222 StGB).

Liegt der **Verdacht einer Vergiftung** vor, so ist die Untersuchung der in der Leiche oder sonst gefundenen verdächtigen Stoffe gem. **§ 91 StPO** durch einen Chemiker oder durch eine für solche Untersuchungen bestehende Fachbehörde vorzunehmen. Es kann ferner angeordnete werden, dass diese Untersuchung unter Mitwirkung oder Leitung eines Arztes stattzufinden hat.

Regelungen zur Ausstellung oder vorläufigen **Ausstellung von Todesbescheinigungen** durch die jeweiligen Ärzte finden sich in den jeweiligen Landesgesetzen zum Leichenschauwesen der Bundesländer, die in ihrer spezifischen Regelung unterschiedlich ausgeprägt sind. Derzeit finden sich überwiegend Regelungen, nach denen jeder Arzt, unabhängig von seiner spezifischen Qualifikation, Todesbescheinigungen ausstellen darf. Da an dieser Stelle oft die Weichen dafür gestellt werden, ob eine Einordnung als natürlicher oder unnatürlicher Tod vorgenommen wird, wird hier berechtigterweise das Einfallstor für ein größeres Dunkelfeld von Tötungsdelikten vermutet.[256]

## 16.2. Leichenerscheinungen

Zur Beurteilung, ab noch gefahrenabwehrende Maßnahmen zur Lebensrettung erfolgreich sein können, oder ob durch sichere Beurteilung der Todesursache ein Körper unter Tatortgesichtpunkten unverändert bleiben kann / muss, sind Kenntnisse über die unterschiedliche Qualität und Aussagekraft von Leichenerscheinungen erforderlich.

Grundsätzlich gilt: Gefahrenabwehr geht vor Strafverfolgung. Deshalb sind im Zweifelsfall stets Erste-Hilfe-Maßnahmen erforderlich. Andererseits gilt: Tote können nicht wieder zum Leben erweckt werden.

---

[255] Eine solche Verhaltensweise verstößt nicht gegen § 136a StPO, solange Zweck der Maßnahme die Anerkennung des Toten und nicht die Förderung der Aussagebereitschaft ist.
[256] Siehe hierzu auch: Sellin / Weber: Todesursache: NATÜRLICH,
Rückert: Bitte wegschauen, in: Die Zeit 1999, Nr. 2, Dossier

### 16.2.1. Unsichere Todeszeichen

Die **Blässe und Abkühlung der Haut** wird vielfach oberflächlich als Zeichen des Todes wahrgenommen. Der Ausspruch: „Der ist schon kalt," ist vielen sicherlich in diesem Zusammenhang bekannt. Tatsachlich handelt es sich bei beidem um unsichere Todeszeichen. Die Abkühlung ist abhängig von der Außentemperatur, der Luftströmung, der Bekleidung und Bedeckung des Körpers. Blässe und Abkühlung können zwar mit dem Tod einhergehen, müssen aber eben kein sicheres Zeichen für diesen Tod sein. Zu denken ist an herabgesetzte Lebensfunktionen, aber auch an sonstige Unterkühlungen. Jeder hat sicherlich schon einmal erlebt, wie man bei springlebendigen Personen auf total kalte Hände stieß.

Zu einer spürbaren Abkühlung kommt es in der Regel 1-2 Stunden nach Todeseintritt an unbedeckten Körperteilen und ca. 4-5 Stunden nach Todeseintritt an bedeckten Körperteilen. Zu diesem Zeitpunkt müssten dann aber genauso sichere Todeszeichen erkennbar sein, so dass man auf diese unsicheren Todeszeichen im ersten Angriff auch nicht angewiesen ist. Die Abkühlung ist zudem massiv abhängig von der den Leichnam umgebenden Luft- / Raumtemperatur.

Ähnliches gilt bei **Pulslosigkeit**. Nicht vorhandener Puls kann auch Anzeichen für ein vorübergehendes Aussetzen oder Herabsetzen der Lebensfunktion sein. Es kommt zum so genannten Scheintod. Ursächlich hierfür können sein: Vergiftungen, Erfrierungen, elektrische Unfälle pp.

Entsprechendes gilt bei **fehlender Atmung, allgemeine Reaktionslosigkeit, fehlende Augen- und Nervenreflexe**.

### 16.2.2. Sichere Todeszeichen

Für alle nachfolgend genannten Zeiten im Zusammenhang mit sicheren Todeszeiten gilt: Sie ermöglichen ggf. eine Berechnung des Zeitpunktes des Todeseintritts. Dieser ist aber nicht in jedem Fall gleichzusetzen mit der Tatzeit. Weiter gilt: Wärme beschleunigt, Kälte verzögert das Eintreten der entsprechenden Leichenerscheinungen. Eine sichere Beurteilung ist daher nur im Zusammenhang mit einer Dokumentation der Umgebungstemperatur möglich.

Zu den sicheren Todeszeichen gehören als erstes die **mit dem Leben unvereinbaren Verletzungen**, wie sie oft im Zusammenhang mit den so genannten Bahnleichen zu verzeichnen sind. Hierzu gehört beispielsweise der abgetrennte Kopf oder eine totale Zerstümmelung des Körpers durch mehrfaches Überfahrens des Rumpfes.

Zu den sicheren Todeszeichen gehören weiter **Leichen- oder Totenflecken**. Zu Totenflecken kommt es infolge des Kreislaufstillstandes. Das Blut sackt nach dem Kreislaufstillstand in die tiefer gelegenen Gefäßbereiche (Hypostase). In der Folge kommt es zum Erblassen höher gelegener Körperpartien und einer Blutfülle der tiefer befindlichen Körperpartien. Die Haut bleibt auch dort blass, wo sich eng anliegende Bekleidung, Halsketten, Körperfalten pp. befinden. Gleiches gilt für Auflagestellen.

Zum erstes Auftreten von Totenflecken kommt es ca. 20-30 Minuten nach Todeseintritt, eine vollständige Ausbildung ist nach ca. 1-2 Stunden festzustellen. Innerhalb der ersten 5 Stunden sind Leichenflecken vollständig umlagerbar. Das heißt: Wird in dieser Zeit eine Veränderung in der Lage der Leiche vorgenommen, verschwinden ursprüngliche Totenflecken vollständig und bilden sich schwerkraftabhängig neu. Findet eine Umlagerung der Leiche innerhalb von 5–12 Stunden nach Todeseintritt statt, verschwinden ursprüngliche Leichenflecken nur unvollständig. Es kommt zu so genannten „doppelten Leichenflecken", die ein nachträgliches Agieren am Leichnam belegen. Innerhalb der ersten 10 Stunden nach Todeseintritt lassen sich Leichenflecken mit einem kräftigen Daumendruck wegdrücken, danach gelingt dieses nicht mehr.

Totenflecken haben eine violette bis blauviolette Farbe. Hellrote (kirschrote) Leichenflecken entstehen durch Kohlenmonoxid- und Zyankalivergiftungen oder längeres Liegen in der Kälte. Sofern die hellroten Flecken mit Vergiftungen zusammenhängen könnten, ist besonders an Eigensicherung zu denken.

Zu fehlenden Totenflecken kann es kommen durch ein Ausbluten oder innere Verblutungen, durch das Blut auflösende Erkrankungen und Blutarmut (Anämie).

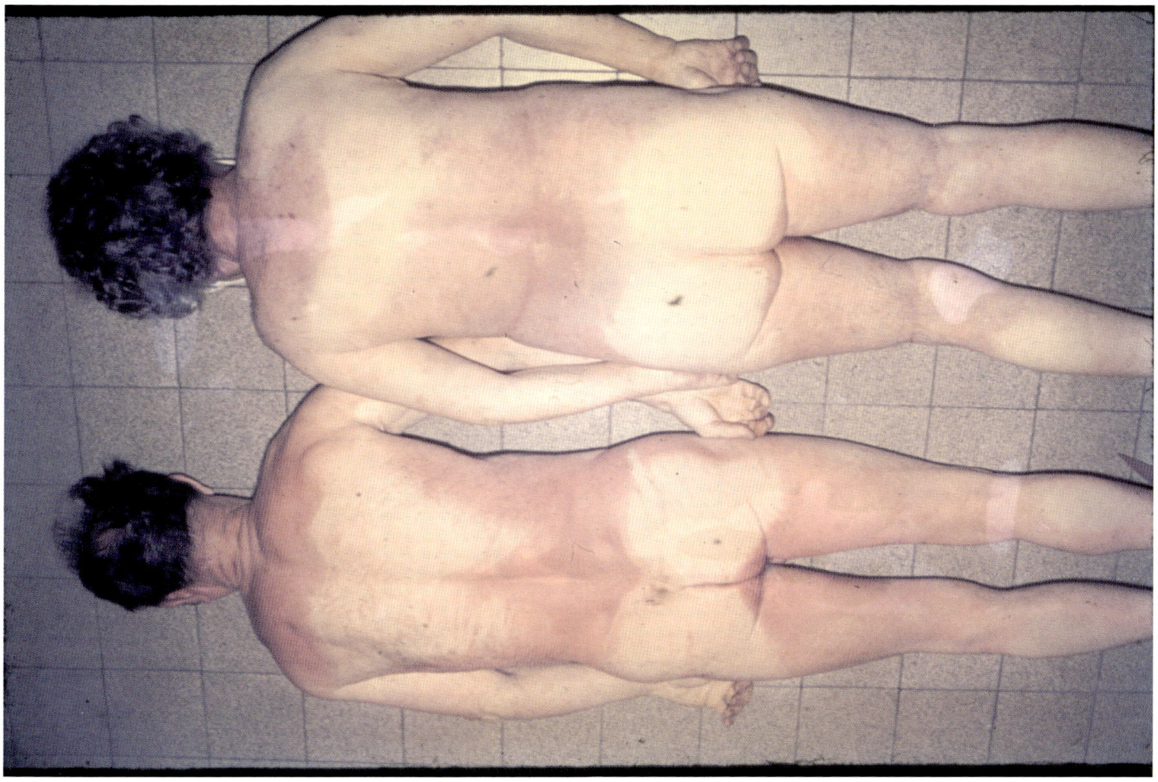

Abb. 37: Totenflecken mit Aussparungen im Aufliegebereich[257]

[257] Quelle der Lichtbilder Todesermittlungen: Institut für Rechtsmedizin der Universität Kiel

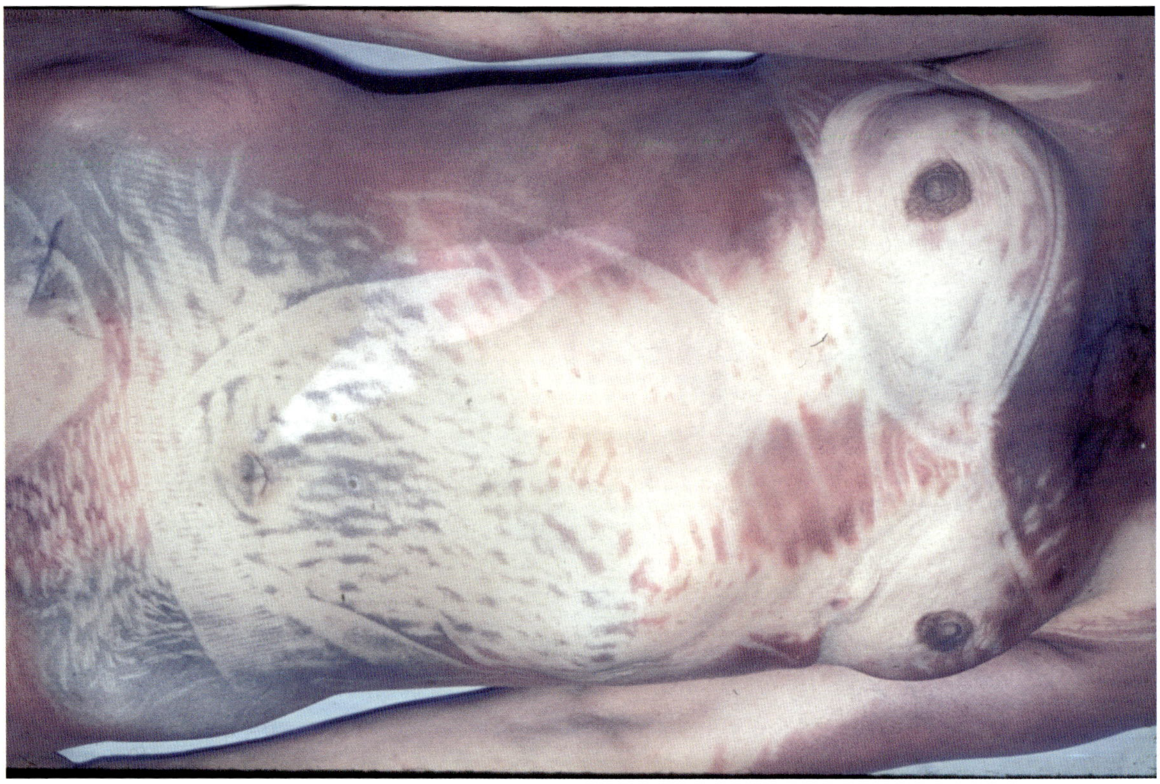

Abb. 38: Totenflecken bei Bauchlage

Als weiteres sicheres Todeszeichen gilt die **Leichen- oder Totenstarre**. Sie entsteht durch eine Erschlaffung der Muskulatur nach Todeseintritt. Es kommt im weiteren zu biochemischen Veränderungen in der Muskulatur mit einer zunehmenden Verhärtung und Verkürzung der Muskeln. Die Leichenstarre beginnt ca. 3-5 Stunden nach Todeseintritt (in Ausnahmefällen bereits nach 30 Minuten). Sie beginnt am Kiefergelenk und verläuft dann körperabwärts, unabhängig von der Lage der Leiche. Die volle Ausprägung ist nach 6-9 Stunden zu verzeichnen. Nach 36-48 Stunden löst sich die Leichenstarre wieder in gleicher Reihenfolge, so dass zwischen sich aufbauender und abbauender Leichenstarre unterschieden werden kann. Insofern ist aus der Ausprägung der Leichenstarre eine Berechnung des Todeszeitpunktes möglich.

Ebenfalls zu den sicheren ersten Todeszeichen gehören **Vertrocknungen**. Sie treten vor allen Dingen an den Schleimhäuten, beginnend an den Lippen auf und gehen im weiteren vielfach mit Fäulnisbildung einher. Auch die Eintrübung der Augenhornhaut gehört zu den Vertrocknungserscheinungen. Vertrocknungen treten einzelfallabhängig bereits nach wenigen Stunden auf.[258] Die weitere Vertrocknung des Leichnams lässt oft den Eindruck entstehen, als wenn Barthaare und Finger- bzw. Fußnägel nach dem Todeseintritt noch gewachsen seien. Tatsächlich handelt es sich um den Rückzug des Gewebes durch Vertrocknung, der Haare und Nägel dann hervortreten lässt.

[258] Guth: Nichtnatürliche Todesfälle, S. 47

### 16.2.3. Späte Leichenerscheinungen

Bei den späten Leichenerscheinungen ist zunächst die **Fäulnis und Auflösung (Autolyse)** zu nennen.

Unter **Autolyse** versteht man die Selbstzersetzung der Zellen und des Gewebes durch die in den Zellen vorhandenen Enzyme. Sie verläuft weitestgehend regellos und meist gleichzeitig mit der Fäulnis. Sie ist zur Bestimmung der Todeszeit daher ungeeignet. Alternativ wird hier auch oft der Begriff der Verwesung verwendet.

**Fäulnis** ist demgegenüber eine fortschreitende Zerstörung des Körpergewebes, vor allem ausgelöst durch aus dem Darm auswandernde Fäulnisbakterien, aber auch durch Pilze oder andere Mikroorganismen.

**Beispiele für Fäulniserscheinungen:**
Nach 1-2 Tagen unter freiem Himmel kommt es zur grünlichen Verfärbung der Bauchdecke und einem Weichwerden der Augäpfel.

Nach 3-5 Tagen zeigt sich eine dunkelgrüne Farbe des ganzen Unterleibes, einzelne grüne Flecken an anderen Körperteilen. Vor dem Mund und / oder der Nase ist eine dunkle, teilweise schaumige Flüssigkeit vorhanden.

Nach 8-12 Tagen ist der Körper dunkelgrün, Einzelstellen an Gesicht / Hals / Brust sind rötlichgrün. Der Leib ist durch Fäulnisgase aufgetrieben. Die Fingernägel haften noch fest.

Nach 14-20 Tagen ist die Körperoberfläche grün oder rotbraun. Der Körper ist aufgebläht, die Oberhaut abgelöst oder zu Blasen erhoben. Die Weichteile des Kopfes / Halses und das Unterhautgewebe vom Rumpf sind von Gas aufgetrieben. Der Körper zeigt eine Schimmelbildung, die Augen sind schmutzig-rotbraun. Die Fingernägel sind zu diesem Zeitpunkt abziehbar.

Eine weitere späte Leichenerscheinung ist der **Insektenbefall**, die verstärkt in der warmen Jahreszeit auftritt. Hier legen Insekten ihre Eier in den vorhandenen Körperöffnungen ab. Nach ca. 10-24 Stunden schlüpfen dann die entsprechenden Maden und zerstören die Weichteile. Je nach Insektenart lassen sich entsprechende Schlussfolgerungen zur Leichenliegezeit treffen. So siedeln bestimmte Insektenarten sofort, andere erst nach einer bestimmten Liegezeit auf einem Leichnam. Weiter kann die Insektenart eventuell weitere Aussagen, z.B. zum Tatort zulassen, da Insektenarten nicht allerorts gleichmäßig zu finden sind.[259]

**Aussagemöglichkeiten am Beispiel der gewöhnlichen Stubenfliege:**
- Die Länge der Maden in Millimeter entspricht dem Schlüpfalter in Tagen,
- Durch die jeden Tage neu gelegten Eider entstehen Madengenerationen, die durch ihre Größe zu unterscheiden sind,
- Sofern warme Witterung vorhanden ist, entspricht die Zahl der festgestellten Madengenerationen plus 1 der Liegezeit in Tagen,
- Die Verpuppung der Larven erfolgt nach 6-12 Tagen,
- Das Ausschlüpfen der Puppen ist nach weiteren 5 Tagen feststellbar.

Bei der **Fettwachsbildung** handelt sich um eine Art der Fäulnis, die nicht bis zur Auflösung fortgeschritten ist. Fettwachs ist eine halbweiche, meist schmierige oder fettige Masse von graulichgelber bis rötlicher oder grüngräulicher Farbe. Es hat einen ranzigen käsigen Geruch und ist an der Oberfläche körnig. Es tritt vornehmlich (aber nicht ausschließlich) bei Wasserleichen auf. Bei Fettwachsbildung ist von einer Liegezeit von 4-6 Wochen auszugehen. Bei höheren Temperaturen kann die Zeit auch kürzer sein.

---
[259] Willke / Steger: Der winzige Zeuge, in: Zeitmagazin Nr. 8 vom 14.02.97
Benecke: Insekten auf Leichen, in: Der Kriminalist 2004, 259

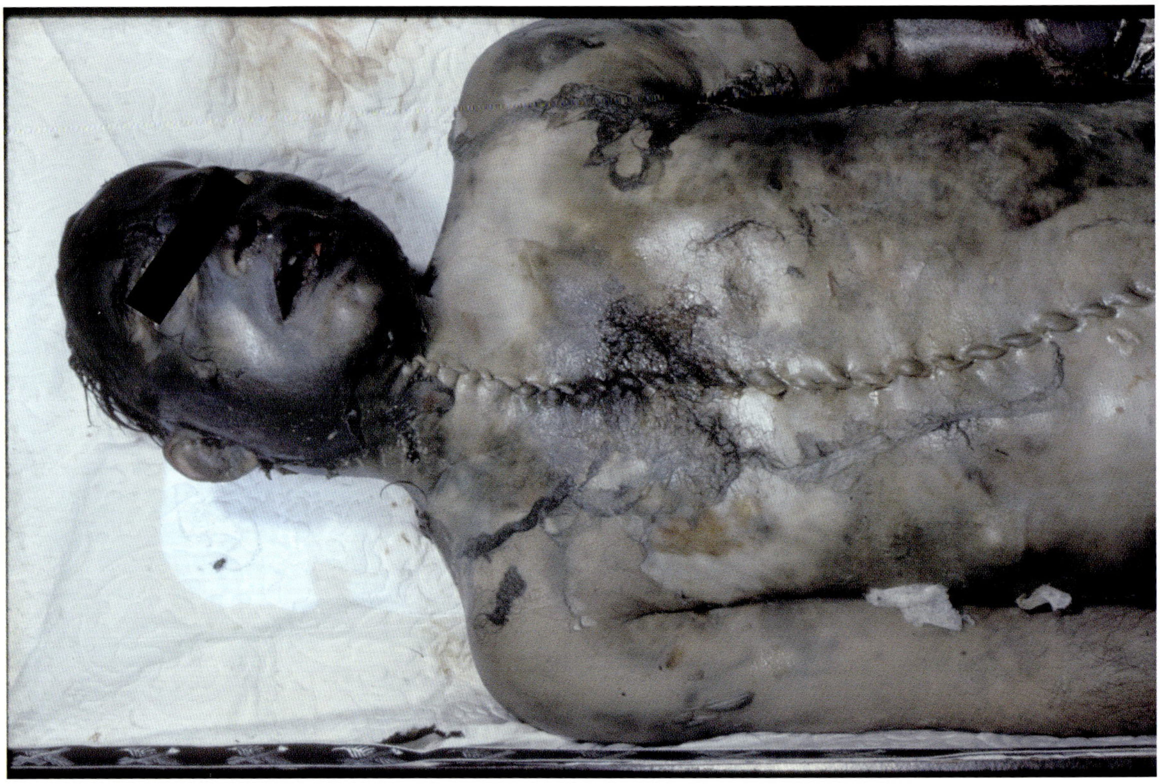

Abb. 39: Wasserleiche mit Fäulnisbildung (Zustand nach Sektion)

Die **Mumifizierung** ist ebenfalls eine späte Leichenerscheinung. Bei der Mumifizierung handelt es sich um eine Austrocknung, teilweise unter Fettwachsbildung. Das Gewebe schrumpft ein, die Haut bildet meist Runzeln und verfärbt sich lederartig braun bis braun-schwarz. Die Oberflächenform des Körpers bleibt erhalten. Mumifizierung tritt vor allem bei freiliegenden Leichen ein. Günstig wirken sich trockene, warme oder kühle bewegte Luft aus. Teilmumifizierung bereits nach einigen Wochen, überwiegend sind jedoch mehrere Monate notwendig.

Abschließend ist die **Skelettierung** zu nennen. Sie tritt an der Erdoberfläche nach 2-3 Jahren auf, im Erdgrab dauert es 5-7 Jahre, bei feuchten Böden auch 10-20 Jahre. Innerhalb der ersten 10 Jahre ist eine so genannte Fettdurchtränkung der Knochenschichten feststellbar. Bis zu einer Liegezeit von 50 Jahren kommt es dann zu keinen weiteren nennenswerten Veränderungen. Erst nach 100-200 Jahren ist ein Verschwinden der organischen Substanzen festzustellen. Aber: Bei im Freien liegenden Knochen kann auch nach 20 Jahren eine völlige Zerstörung vorliegen. Die vorgenannten Kenntnisse ermöglichen es zwischen neuren und historischen Knochenfunden zu unterscheiden und damit ggf. polizeiliche Relevanz zu begründen.

## 16.3. Identifizierungsmethoden

Tötungsdelikte sind meist von einer vorherigen Täter-Opfer-Beziehung geprägt. Die Identifizierung des oder der Toten ist deshalb Kernbereich der polizeilichen Ermittlungen. Ohne Klärung der Identität ist vielfach eine Aufklärung der Tatumstände und der Tat nicht möglich. Im Laufe der vergangenen Jahre wurden die Identifizierungsmethoden immer mehr verfeinert. Trotzdem bleibt eine nicht unerhebliche Zahl von aufgefundenen Toten unidentifiziert. Es lässt sich in nichtbiologische und biologische Identifizierungsmethoden unterscheiden.

### 16.3.1. Nichtbiologische Identifizierungsmethoden

Zu den nichtbiologischen Methoden gehört zunächst die **direkte Identifizierung**. Sie ist zum einen möglich durch den Konfrontationsvergleich (z.B. durch Ausweispapiere oder erkennungsdienstliche Unterlagen), zum anderen durch Vorzeigen der Leiche gegenüber einer oder mehreren Personen (in der Regel Angehörige). Ggf. ist vorweg die Leiche über Maßnahmen der Leichentoilette herzurichten.[260]

Eine Identifizierung ist weiter möglich durch eine **Materialüberprüfung**. In Betracht kommen Gegenstände die mit der Leiche verbunden sind (Implantate), oder Gegenstände die einer Leiche zweifelsfrei zugeordnet werden können (z.B. Kleidung, Schmuck, andere persönliche Gegenstände).

Letzte und unsicherste Methode ist die Identifizierung durch **Exklusion (Ausschluss)**. Es handelt sich um eine indirekte Identifizierungsmethode, die wegen der hohen Irrtumsanfälligkeit nur in Ausnahmefällen, z.B. bei größeren Unglücksfällen angewendet wird. In diesen Fällen liegen keine direkten Identifizierungshinweise vor, da aber nur noch eine Person als Möglichkeit in Betracht kommt, wird von dieser Identität ausgegangen.

### 16.3.2. Biologische Identifizierungsmethoden

Kommt im Rahmen der nichtbiologischen Methoden die direkte Identifizierung nicht in Betracht, wird vorrangig auf naturwissenschaftliche Identifizierungsverfahren zurückgegriffen. Dies ist insbesondere dann der Fall, wenn durch der Zustand der Leiche wegen massiver Gewalteinwirkung oder längerer Liegezeit solche direkten Identifizierungen unmöglich sind.

Sicherste und in erster Linie angewandte Methode ist die **DNA-Analyse**. Sie ermöglicht wegen ihrer hohen Sicherheit eine eindeutige Identifizierung. Voraussetzung ist in diesen Fällen jedoch, das entsprechendes Vergleichmaterial vorliegt oder beschafft werden kann. Dazu muss entweder bereits eine Vorstellung von der möglichen Identität des Leichnams vorliegen, oder ein entsprechendes DNA-Muster in den Dateien einliegen- Dies ist allerdings nicht immer der Fall, so das andere Identifizierungsmethoden angewandt werden müssen oder auch eine Identifizierung nicht möglich ist.

Als weiteres bietet sich das **Röntgenidentifikationsverfahren** an. Grundsätzlich kann davon ausgegangen werden, dass mehr Menschen geröntgt als erkennungsdienstlich behandelt (daktyloskopiert) sind. Sofern eine Vorstellung von der möglichen Identität des Leichnams vorhanden ist, kann über die in der Vergangenheit behandelnden Ärzte entsprechendes zu Lebzeiten gefertigtes Röntgenmaterial besorgt werden. Diese werden dann mit aktuellen Röntgenaufnahmen des Leichnams verglichen. Der Beweiswert dieser Identifizierungsmethode ist um so höher, je mehr individuelle Merkmale (morphologische Merkmale) an den Knochen festgestellt werden können.

### 16.3.3. Sonstige Identifizierungsmethoden

Als Möglichkeit der Identifizierung gibt es weiter das Superprojektionsverfahren und die Gesichtsweichteilrekonstruktion.

Beim **Superprojektionsverfahren** geht es darum den Schädel einer noch unbekannten Person mit den Konturen und Proportionen einer fotografischen Aufnahme einer bekannten Person zu vergleichen. Ziel ist die Feststellung, ob der Schädel zu dieser Person gehören kann und damit eine Identifizierung möglich ist. Die Methode beruht auf der Erkenntnis, dass der Schädel

---

[260] Endris u.a.: Leichentoilette: Ein Hilfsmittel der Identifizierung, in : Kriminalistik 1984, 517

bestimmte individuelle Merkmale bietet, die unter günstigen Voraussetzungen eine Identifizierung ermöglichen.[261]

Die **Gesichtsweichteilrekonstruktion** beschäftigt sich ebenfalls mit der Identifizierung menschlicher Schädel. Über vorhandene Weichteildickenmaßwerte wird über eine Modelation versucht eine Abbild über das Aussehen der zum Schädel gehörenden Person zu Lebzeiten zu erreichen. Die Methode ist wegen vieler Ungenauigkeiten umstritten, soll jedoch durchaus schon zu Erfolgen geführt haben.[262]

## 16.4. Vitale und postmortale Verletzungen

Kriminalistisch und gerichtsmedizinisch ist von Bedeutung, ob eine Verletzung, Strangulation, Verbrennung o.ä. zu Lebzeiten, während des Sterbevorganges oder nach dem Tode erfolgte.

Anatomische Befunde und chemische Reaktionen, die Beweis für eine zu Lebzeiten erfolgte Gewalteinwirkung sind, bezeichnet man als **vitale Reaktionen**. Diese Reaktionen setzen ein Funktionieren der großen Funktionssysteme des Körpers voraus (Atmung, Kreislauf, Zentralnervensystem).

**Agonale Erscheinungen** sind jene Reaktionen, welche in den letzten Phasen des Lebens gegeben sind. Es handelt sich um Verletzungen die durch den Todeskampf entstehen (z.B. agonale Bewegungen bei Erhängten mit entsprechenden Verletzungen).

**Postmortale Einwirkungen** sind Verletzungen, die erst nach dem Tode entstanden sind (Transport- und Bergungsschäden, Verletzungen zur Vortäuschung eines bestimmten Tatbestandes, Verstümmelung zur Erschwerung / Verhinderung der Identifizierung, Verletzungen durch Wiederbelebungsversuche, Verletzungen bei Verkehrsunfällen durch mehrmaliges Überfahren).[263]

Eine eindeutige Zuordnung ist in vielen Fällen selbst für Gerichtsmediziner schwierig bzw. unmöglich. Vielfach ist die Aussage erst durch die Kombination verschiedener Methoden / Verfahren möglich.

**Beispiele:**
Die Blutung im Gewebe und Blutung nach außen als Folge von Gewalteinwirkung ist ein unsicheres vitales Zeichen.

Die Lungenfettembolie findet man nach Gewebsquetschungen und Knochenbrüchen. Sie ist unter Berücksichtigung aller anderen anatomischen Befunde ein sicheres vitales Zeichen. Gleiches gilt für die Gewebsembolie.

Die Luftembolie ist sicheres vitales Zeichen. Es muss aber die mögliche Verwechslung mit Fäulnisgasen beachtet werden.

Ertrinkungsflüssigkeit ggf. auch im Blut bzw. den Organen gilt als sicheres vitales Zeichen. Auch hier muss aber die Besonderheiten von Flüssigkeiten in der Lunge allgemein beachtet werden.

---

[261] Mätzer: Todesermittlung, S. 65
[262] Häusler: Ein nur fast perfekter Mord, in: Kriminalistik 1988, 531
Mätzler: Todesermittlung, S. 66;
Aktuell wird dazu eine Forschungsprojekt bei der Polizei in Brandenburg durchgeführt, die diese Modelation rechnergestützt durchführen wollen.
[263] Siehe auch: Hell: Postmortale Gesichtsverletzung, in: Kriminalistik 2002, 129

Ruß in den Bronchien bzw. Lungenbläschen oder Magen sind ein sicheres vitales Zeichen.

Ein Kohlenoxidgehalt von 15-20 % im Blut von Brandleichen gilt als sicheres vitales Zeichen.

Vorhandene Entzündungszellen im Wundbereich sind ein sicheres vitales Zeichen.

Hautvertrocknungen (Strangmarken) oder Blutungen in Halsweichteilen, der Bruch des Zungenbeins und Kehlkopfskeletts mit oder ohne Blutungen im umliegenden Gewebe gelten alleine nicht als sicheres vitales Zeichen.

Blutpunkte (punktförmige Blutungen) in der Augenbindehaut, auch in der Haut der Augenlider, sowie Stirn- und Wangenhaut sind sicheres vitale Zeichen, aber wegen verschiedener Besonderheiten ist eine genaue Untersuchung erforderlich.

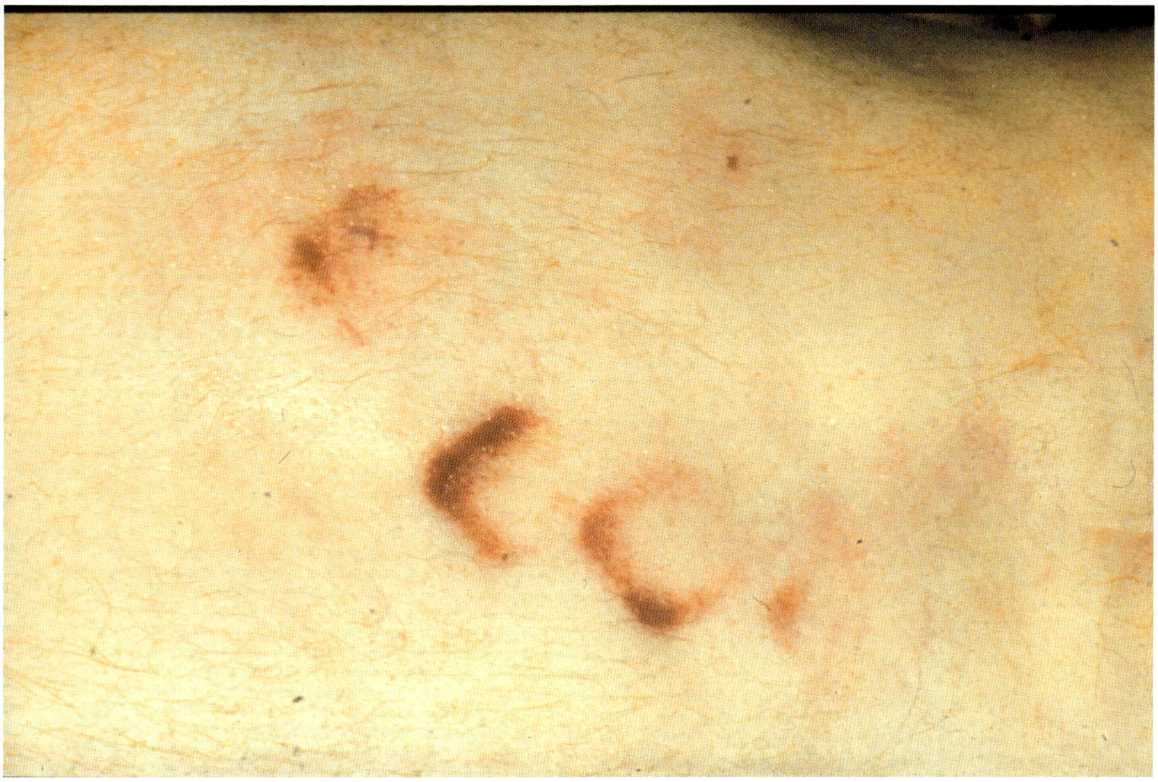

Abb. 40: Spuren durch Hammerschläge

## 16.5. Natürlicher und nichtnatürlicher Tod

Für ein Todesermittlungsverfahren ist zunächst zu unterscheiden zwischen natürlichem und nichtnatürlichem Tod. Ein natürlicher Tod liegt vor, wenn der Tod nicht durch einen Selbstmord, Unfall, eine rechtwidrige Tat oder ein sonstiges von außen einwirkendes Ereignis verursacht wurde.[264]

Der nichtnatürliche Tod löst die Anzeigepflicht nach § 159 StPO aus. Da zum nichtnatürlichen Tod auch Selbstmord und Unfälle gehören, ist nicht zwangsläufig ein strafrechtliches Todesermittlungsverfahren die Folge. Bei eindeutigem Freitod besteht überhaupt keine weitere Ermittlungsnotwendigkeit, bei Unfällen muss allerdings geprüft werden, ob ein Dritter für diesen Unfall verantwortlich ist und damit ein Fahrlässigkeitsdelikt in Frage kommt, oder aber, ob es ein Eigenunfall oder Unfall ohne Fremdverschulden vorliegt. Bei Fahrlässigkeitsdelikten sind weitere polizeiliche Ermittlungen notwendig.

---

[264] Meyer-Goßner: Strafprozessordnung, § 159 RZ 2

## 16.6. Tötungsdelikt, Freitod oder Unglücksfall

Gerichtsmediziner liefern lediglich die Fakten die zur Beurteilung des Falles durch Staatsanwaltschaft oder Polizei notwendig sind. Zwar kann ein Tötungsdelikt in vielen Fällen außer Zweifel festgestellt und damit der Freitod ausgeschlossen werden; eine Selbsttötung kann allein aufgrund des Leichenbefundes jedoch niemals festgestellt und damit ein Tötungsdelikt auch nicht ausgeschlossen werden.

Die Feststellungen des Rechtsmediziners alleine lassen oft ein eindeutiges Ergebnis nicht zu. Sie müssen vielmehr mit dem Ergebnis der Ermittlungen verglichen und dann bewertet werden. Erst danach ist eine Einordnung möglich. Dazu tragen die Ergebnisse des ersten Angriffs wesentlich bei. Fehler in diesem Bereich sind kaum reparabel.

Es gibt keine Todesart, die ausschließlich für den Freitod charakteristisch ist. Alle Arten des Todes, die in Fällen von Selbsttötung vorkommen, können auch in Fällen des Tötungsdeliktes vorkommen. Statistische Zuordnungen helfen bei der Zuordnung nicht weiter und sind kein Entscheidungskriterium für die eine oder andere Seite.[265]

**Beispiele:**
Der Einschuss in der rechten Schläfe eines Rechtshänders ist kein Beweis für einen Freitod.

Der Nahschuss in die rechte Schläfe des Rechtshänders ist kein Beweis für Freitod.

Eine große Anzahl oberflächlicher Stichverletzungen an Stellen die in die Erreichbarkeit des Verstorbenen fallen sind kein Beweis für einen Freitod.

Wiederholte Ansätze für Hals- oder Pulsaderschnitte sind kein Beweis für Freitod.

Stark ätzende oder riechende Gifte bei Vergiftungen können kein Beweis für Freitod sein.

Fehlende Abwehr- oder Kampfverletzungen gelten nicht Beweis für einen Freitod.

Schlag- oder Hiebverletzungen begründen den Verdacht auf Fremdverschulden, können aber auch bei Freitod vorkommen.

Eine Schnittverletzung die im ganzen Umkreis des Halses die Weichteile bis auf die Wirbelsäule durchtrennt ist auch von eigener Hand möglich.

Lokalisation und Richtung von Verletzungen, soweit sie nicht von eigener Hand geführt sein können, sind ein Hinweis auf Fremdverschulden.

Einschnitte an der Innenseite der Finger können Abwehrverletzungen sein (z.B. bei nachfolgendem Halsschnitt).

Finden sich zwei Verletzungen, von denen jede für sich sofort zur Handlungsunfähigkeit führt, so spricht dieser Befund für Fremdverschulden.

Abwehrverletzungen können auch einer Auseinandersetzung vor dem Freitod zuzuordnen sein.

Zerstückeln und Vergraben lassen eindeutige Schlüsse zur Fremdbehandlung des Leichnams zu, nicht aber Verbrennungen.

Selbstfesselungen können auch aus sexuellen Motiven erfolgt sein (autoerotische Unfälle).

---

[265] Umfangreiche Darstellung mit praktischen Fällen siehe Mätzler: Todesermittlung, S. 57 ff.

Wasserleichen können für sich sprechen, müssen aber nicht. Beschwerungen und Fesslungen können auch selbstbeigebracht sein.

Für die Bundespolizei gilt es sich gerade bei Bahnleichen nicht von statistischen Wahrscheinlichkeiten leiten zu lassen. Die bekannte Tatsache, dass Personen gerne als sichere Freitodmethode den Sturz vor den Zug wählen, ist im Zweifelsfall auch auf Täterseite bekannt.
Die Möglichkeiten eines Stosses einer Person vor den Zug aus einer Menschenmenge heraus, oder das Ablegen einer bereits getöteten Person auf Bahngleisen, um durch die anschließende Zerstückelung des Körpers das Entdecken eines Tötungsdeliktes zu erschweren, sollte grundsätzlich mit bedacht werden.

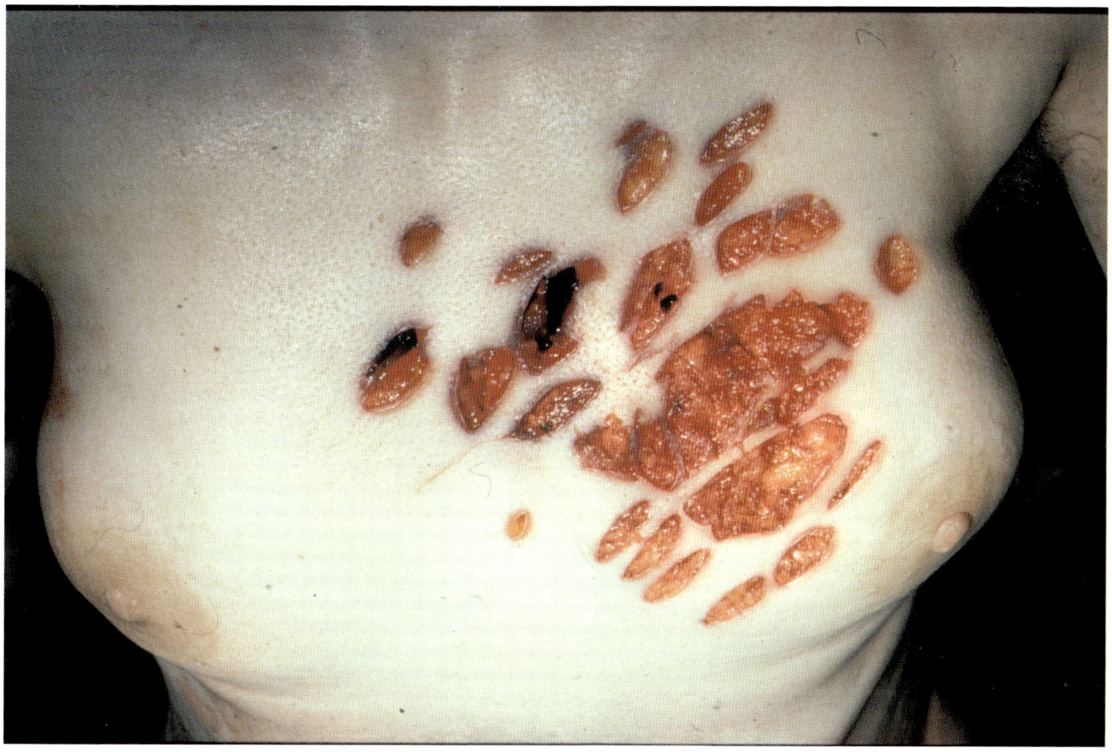

Abb. 41: Mehrfache Stichverletzungen im Brustbereich durch Fremdtäter

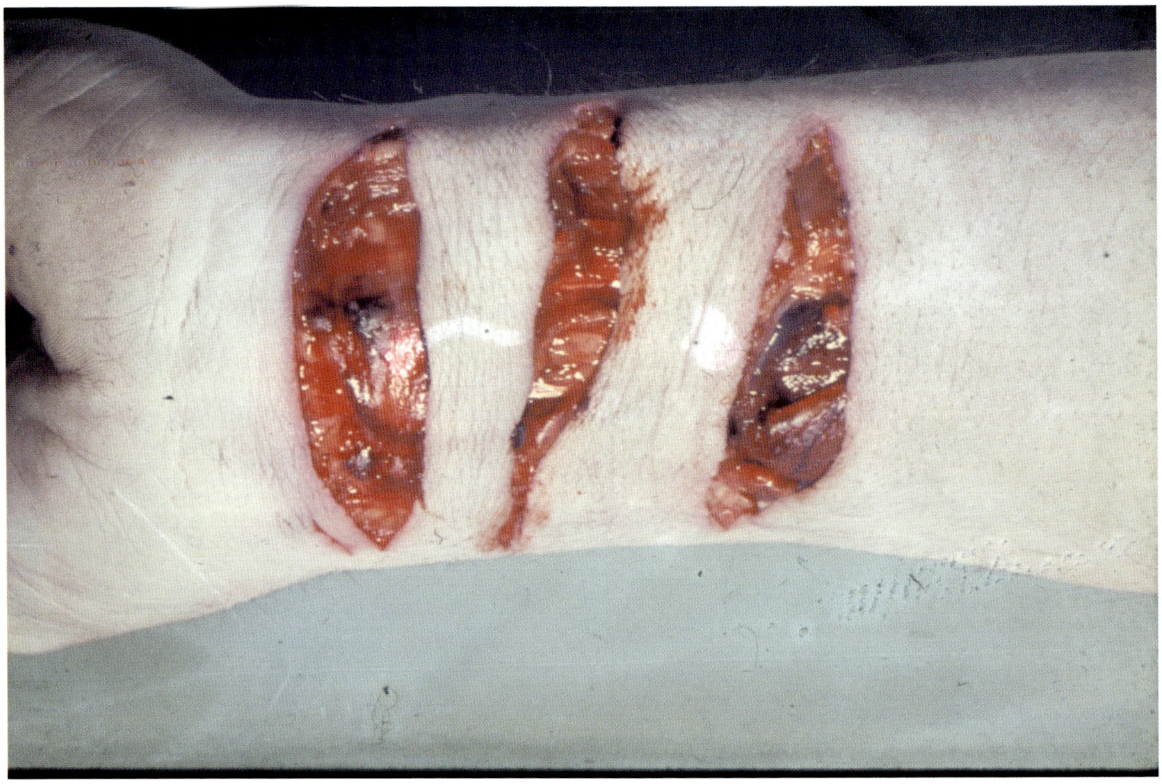

Abb. 42: Pulsaderschnittverletzungen

## 16.7. Todesermittlungen im Zusammenhang mit dem Bahnverkehr

Todesermittlungen im Zusammenhang mit dem Bahnverkehr sind oft problematisch, da mit derartigen Unfällen oft eine weitgehende Zerstörung des menschlichen Körpers einhergeht. Eine äußere Beurteilung des Leichnams unterliegt deshalb besonderen Schwierigkeiten. Dazu kommt, dass Körperteile teils über größere Strecken verteilt liegen.

Relativ unproblematisch sind Fälle, die sich während der Zeiten ereignen, zu denen Unbeteiligte als Zeugen vorhanden sind. Schwierig sind jedoch die Fälle, wo erst durch das Überfahren eines Körpers ein Mensch im Gleisbereich festgestellt wird, oder erst von Dritter Seite ein solches Überfahren gemeldet wird.

Zu den im Zusammenhang mit Bahnleichen typischen Befunden gehören Pufferverletzungen im Brust-, Bauch- und Beckenbereich. Typisch sind auch die weitgehende Zerstörung des Körpers durch den Zusammenprall zwischen menschlichem Körper und Zug.

Eine Freitodmethode stellt nicht nur das Springen vor einen Zug, sondern auch das Legen auf die Schienen dar, um sich dann von einem Zug überfahren zu lassen. Andererseits wäre auch es möglich, dass eine bereits getötete Person auf die Gleise gelegt wird, um durch die Leichenzerstörung das vorangegangene Tötungsdelikt zu verschleiern. Weiterhin ist denkbar, das eine Person in bewusstlosem oder wehrlosen Zustand auf die Gleise gelegt wurde, um so ein Tötungsdelikt zu begehen. Solche Sachverhalte sicher zuzuordnen ist schwierig. Im Rahmen des ersten Angriffs ist deshalb am Ereignisort besonders auf Spuren zu achten, die die Anwesenheit einer weiteren Person indizieren (z.B. Schuhspuren, Fahrzeugspuren). Ein besonderes Augenmerk ist auf die Schuhe der getöteten Person zu richten. Bei eigenem Beschreiten des Gleisbettes müssten im Schuhsohlenbereich entsprechende Anhaftungen des Umfeldes vorhanden sein (z.B. Eisenteilchen als Materialspur). Am Körper des Leichnams ist auf Verletzungen zu achten, die ggf. nicht mit dem Unfallhergang zusammenhängen (z.B. Abwehrverletzungen aus einer vorausgegangenen Auseinandersetzung, Griffspuren pp.).

Liegen Anhaltspunkte vor, die ein Fremdverschulden nicht ausschließen lassen, kann muss die Todesursache ggf. über eine Sektion geklärt werden. Dabei liegt die Untersuchungsrichtung insbesondere in dem Umstand, ob die Person zum Zeitpunkt des Überfahrens noch gelebt hat.[266]

## 16.8. Grundsätze für den Ersten Angriff bei Leichensachen

Todesermittlungssachen sind schwierig und zeitintensiv. Grundlegende Feststellungen für eine spätere sichere Beurteilung werden aber gerade im Ersten Angriff gemacht. Deshalb müssen Einsatzkräfte in der Beurteilung und in den ersten Maßnahmen eine besondere Sorgfalt und Professionalität an den Tag legen.

Im Rahmen des Ersten Angriffs müssen unbedingt die nachfolgende Grundsätze beachtet werden.[267]

Zunächst gilt es die notwendige Ruhe zu bewahren und sich einen Überblick zu verschaffen. Keinesfalls darf man sich von der oft vorhandenen Hektik am Leichenfundort anstecken lassen. Erst nachdem ein Überblick vorhanden ist, kann eine Beschreibung des Fundortes beginnen. Danach folgt die entsprechende Sicherung von Beweisen und dann die Untersuchung.

Bekleidungsstücke einer Leiche sind besonders kritisch und genau zu untersuchen. Es ist auf den normalen oder abweichenden Sitz der Bekleidung, auf Beschädigungen, Verschmutzungen und auf vorhandene Tascheninhalte zu achten.

Der Leichnam ist stets zu entkleiden um Verletzungen des Körpers feststellen zu können. Normalerweise muss dies bereits durch den die Todesbescheinung ausstellenden Arzt geschehen. Die Erfahrung zeigt, dass dies jedoch nicht immer der Fall ist, so dass entsprechende Verletzungen des Körpers ggf. übersehen werden.

Polizeibeamte dürfen niemals versuchen den Arzt zu einer Bestimmung einer natürlichen Todesursache zu bewegen. Das Ergebnis des Arztes soll frei und unbeeinflusst sein. Umgekehrt gilt, dass ärztliche Feststellungen am Leichenfundort nicht ungeprüft übernommen, sondern ggf. kritisch kriminalistisch überprüft werden müssen.

Die Ermittlungen dürfen niemals unter der Fragestellung: „Was spricht für einen natürlichen Tod?“, sondern müssen unter der Fragestellung: „Was spricht für ein Fremdverschulden?“ geführt werden.

Auch durch eine scheinbar harmlose Gesamtsituation sollte man sich keinesfalls täuschen lassen, sondern den Leichenfundort kritisch überprüfen.

Oberflächenzerstörte Körper sollten stets geröntgt werden. In Zweifelsfällen sollte stets eine Sektion des Leichnams angeregt werden.

Zu jedem Todesermittlungsverfahren gehört selbstverständlich die Aufnahme des objektiven und subjektiven Tatbefundes. Zu den Standardmaßnahmen gehört das Auffinden und die Vernehmung von Zeugen, die Vernehmung von Angehörigen des Verstorbenen, die Anhörung behandelnder Ärzte und die Befragung von Nachbarn oder sonstigen Auskunftspersonen.

---

[266] Siehe auch Wirth / Strauch: Rechtsmedizin, S. 357
[267] Mätzler: Todesermittlung, S. 25

## 16.9. Fehlerquellen des Todesermittlungsverfahrens

Fehler im Todesermittlungsverfahren beginnen naturgemäß beim Beginn eines solchen Verfahrens. Dies fängt mit der Feststellung des Todes an. Wie bereits ausgeführt, wird nach sicheren und unsicheren Todeszeichen unterschieden. Das Feststellen des Todes anhand unsicherer Todeszeichen gilt daher als erste Fehlerquelle.[268]

Im weiteren kann es zu einer fehlerhaften, nämlich unzutreffenden Feststellung der Todesursache „natürlicher Tod" kommen. In Deutschland gibt es bisher keine Regelung, nach der Todesbescheinigungen nur durch entsprechendes Fachpersonal, genauer einem Rechtsmediziner oder einer entsprechend ausgebildeten Person, ausgestellt werden dürfen.

Neben der erforderlichen Fachkenntnis, kommt es für eventuelle Feststellungen darauf an, dass ein Leichnam vollständig entkleidet wird, von allen Seiten bei gutem Licht begutachtet und alle natürlichen Körperhöhlen in die Begutachtung mit einbezogen werden. Eine entsprechende Verpflichtung ergibt sich für die durchführenden Ärzte aus den einschlägigen Leichenschaugesetzen der Länder. Allgemein wird davon ausgegangen, dass dieser Pflicht nicht immer ausreichend nachgekommen wird.[269]

Auch polizeilicherseits sind Fehlerquellen im Todesermittlungsverfahren festzustellen. Neben den Ärzten wird vielfach die Polizei an den Leichenfundort gerufen. In solchen Fällen hat der Polizeibeamte eigene Feststellungen vor Ort zu treffen. Dazu gehört eine Leichenbesichtigung um feststellen, ob äußerliche Auffälligkeiten am Leichnam vorhanden sind, die für einen nicht natürlichen Tod sprechen. Wird diese Leichenbesichtigung unterlassen oder oberflächlich durchgeführt, besteht die Gefahr der Nichtfeststellung unnatürlicher Todesfälle.

Nicht nur der Leichnam kann Anhaltspunkte für eine nichtnatürliche Todesursache bieten. Auch die Besichtigung des Ereignisortes / des Tatortes ermöglicht Feststellungen, die entsprechende Verdachtslagen begründen können. Zu denken ist dabei an herumliegende Gegenstände die mit dem Tod zusammenhängen könnten, Kampfspuren, Briefe, pp.

Auch aus Zeugeninformationen vor Ort können sich Verdachtslagen ergeben. Abschließend müssen alle Informationen die vor Ort erlangt wurden sachgerecht bewertet werden, um zu dem Schluss zu kommen, ob ein natürlicher oder unnatürlicher Tod vorliegt. Die Feststellungen des Arztes sind dabei nur eine Information.[270]

---

[268] Ein Versuch zeigte, dass eine Vielzahl von Ärzten nur unvollständige Kenntnisse von sicheren und unsicheren Todeszeichen hatte. Siehe hierzu Mätzler: Todesermittlungen, S. 4 ff.
[269] Mätzler: Todesermittlungen, S. 11
[270] Siehe hierzu auch Fälle bei Mätzler: Todesermittlung, S. 19 ff.

## 17. Polizeibeamte als Zeugen vor Gericht

Viele Polizeibeamte stehen der Gerichtsverhandlung und speziell der Rolle von Polizeibeamten in der Hauptverhandlung distanziert gegenüber. Einerseits ist man sich der eigenen Funktion als Belastungszeuge bewusst, andererseits entspricht das Ergebnis der Hauptverhandlung oft nicht den eigenen Erwartungen. Das Ergebnis der Hauptverhandlung wird umso kritischer betrachtet, je stärker es von den eigenen Erwartungen aufgrund des Ergebnisses der polizeilichen Ermittlungen abweicht. Nicht erwartete Freisprüche und als zu milde empfundene Urteile lassen bei Polizeibeamten oftmals Unverständnis und den Eindruck entstehen, dass sie in der Verbrechensbekämpfung auf verlorenem Posten stehen. Gerade die Rolle des Strafverteidigers wird kritisch betrachtet, ist es doch oft die Verteidigung, welche die polizeilichen Ermittlungen kritisiert und auf die als zu milde empfundenen Urteile hingewirkt hat. Hilfreich ist es deshalb nicht nur die Hauptverhandlung, sondern neben der Rolle der Prozessbeteiligten die eigene Rolle richtig einordnen zu können. Die fachliche Betreuung von Mitarbeitern bei bevorstehenden Gerichtsverhandlungen ist Führungsaufgabe.

### 17.1. Polizeibeamte im System der Hauptverhandlung

Der Ablauf einer Hauptverhandlung ist relativ starr geregelt. Unabhängig davon, ob eine leichte oder schwere Straftat verhandelt wird, ist der Hauptverhandlungsaufbau grundsätzlich gleich. Lediglich in der Intensität sind die einzelnen Abschnitte entsprechend des jeweilig verhandelten Delikts unterschiedlich ausgeprägt.

Die Hauptverhandlung wird mit dem **Aufruf zur Sache** eröffnet (§ 243 I StPO). Der vorsitzende Richter stellt dabei fest, ob Angeklagter und Verteidigung anwesend sind. Weiterhin wird das Vorhandensein der notwendigen Beweismittel, das Laden bzw. Erscheinen der Zeugen und Sachverständigen festgestellt. Im Anschluss verlassen die Zeugen den Verhandlungssaal.

Die Hauptverhandlung wird mit der **Vernehmung des Angeklagten zu seiner Person** fortgesetzt. Es werden die Personalien, die persönlichen Verhältnisse und die Verhandlungsfähigkeit des Angeklagten festgestellt(§ 243 II StPO).

Erst nach dieser Einvernahme des Angeklagten findet die **Verlesung der Anklageschrift** durch die Staatanwaltschaft statt (§ 243 III StPO).

Im Anschluss an die Verlesung des Anklagesatzes wird der **Angeklagte zur Sache vernommen**, soweit er sich nach der entsprechenden Belehrung erklären will (§ 243 IV StPO).

Ist die Vernehmung des Angeklagten abgeschlossen, tritt das Gericht in die **Beweisaufnahme** ein (§ 244 StPO). Im Rahmen der Beweisaufnahme findet eine Auseinandersetzung mit den verschiedenen Beweismitteln statt. Neben den Sachverständigen, spielt der richterliche Augenschein, die Auseinandersetzung mit Urkunden und Protokollen und vor allen Dingen die Vernehmung von Zeugen eine Rolle. Im Rahmen der Zeugenvernehmung findet auch der **Polizeibeamte als Zeuge** vor Gericht statt (§§ 48 ff. StPO). Zum Schluss wird die Beweisaufnahme ausdrücklich abgeschlossen.

Nach Abschluss der Beweisaufnahme werden die **Schlussvorträge** von Staatsanwaltschaft, Verteidigung und ggf. Nebenkläger gehalten (§ 258 StPO).

Im Anschluss an eine Beratungspause, in einfachen Fällen auch sofort, findet die **Urteilsverkündung** statt (§ 260 StPO). Das Urteil wird vom Gericht zunächst mündlich, später auch schriftlich, begründet. In dieser Begründung werden die im Rahmen der Beweisaufnahme angefallenen Beweismittel, und damit auch die Aussage der Polizeibeamten, vom Gericht gewürdigt. Die Würdigung dieser Beweismittel ist Grundlage der vom Gericht gebildeten freien Überzeugung und damit Grundlage des gesprochenen Urteils. Dies betrifft sowohl den verhandelten Lebenssachverhalt, als auch die im Raume stehende Täterschaft des Angeklagten.

## 17.2. Rolle von Polizeibeamten im Ermittlungsverfahren und vor Gericht

Beim Auftreten des Polizeibeamten als Zeuge vor Gericht ist zu unterscheiden hinsichtlich der Rolle als Tatzeuge und als Ermittlungsbeamter.

Tritt der **Polizeibeamte als Tatzeuge** vor Gericht auf, unterscheidet er sich grundsätzlich nicht von anderen auftretenden Zeugen. Der Polizeibeamte unterliegt in dieser Rolle denselben Fremdeinflüssen wie auch andere Zeugen (z.B. Wahrnehmungsprobleme, Stressfaktoren pp.) Die Vernehmung des Polizeibeamten bezieht sich auf seine Beobachtungen zu einer begangenen Straftat, auf die festgestellten tatrelevanten Verhaltensweisen. Eine Ausnahme besteht nur dann, wenn der Beamte diese Feststellungen im Rahmen eines gezielten Einsatzes gemacht hat, z.B. einer Observation, da dann die entsprechenden Wahrnehmungen nicht zufällig gemacht wurden. In solchen Fällen unterliegt man verzerrenden Einflussfaktoren weit weniger.

**Beispiel:**
Der Polizeibeamte hat im Rahmen der Streife einen Jugendlichen bei einer Körperverletzung beobachtet. Hier ist der Polizeibeamte Tatzeuge. Wird aber eine Jugendgruppe gezielt beobachtet, weil Erkenntnis bestehen, das diese Gruppe Graffiti-Straftaten begeht und kommt es im Rahmen dieser Beobachtung zu Beobachtung einer aktuellen Straftat, geht es um die Rolle des Polizeibeamten als Ermittlungsbeamter.

Wird der **Polizeibeamte in seiner Rolle als Ermittlungsbeamter** vernommen, stellt sich die Situation anders dar. In dieser Eigenschaft geht es in erster Linie nicht um die Wahrnehmung tatrelevanter Verhaltensweisen, sondern um den Polizeibeamten in seiner Sachbearbeiterfunktion. Diese Funktion ist weit auszulegen. Sachbearbeiterfunktion in diesem Sinne hat auch der Kontroll- und Streifenbeamte vor Ort. In der Vernehmung geht es um den Ablauf der Ermittlungen, über den Weg zum Tatnachweis, um die Aussagen und das Aussageverhalten von Angeklagten und Zeugen.

Bei der Vernehmung des Polizeibeamten in seiner Sachbearbeiterfunktion kommt es beim Polizeibeamten zu einem **Rollenwechsel**, der zu Schwierigkeiten in der Hauptverhandlung führen kann.

Im Ermittlungsverfahren ist der Polizeibeamte Ermittler. Im Rahmen der Ermittlungsführung hat der Ermittler zu werten und zu schlussfolgern. Beim Ermittler liegt die Initiative im Ermittlungsverfahren. Die Rolle ist gestaltend. Gerade diese Anforderungen sind in der Zeugenrolle in der Hauptverhandlung nicht gefragt. Der Polizeibeamte als Zeuge hat lediglich einen wertneutralen sachlichen Bericht abzugeben. Es wird Rechenschaft zum Ermittlungsverfahren verlangt. Die Initiative liegt in der Hauptverhandlung beim Richter, der Staatsanwaltschaft und der Verteidigung. Gleiches gilt für die Wertung von Fakten und das Anstellen von Schlussfolgerungen. Tritt der Polizeibeamte hier mit seinen Ermittlungsmaßstäben auf, kommt es naturgemäß zu Konflikten, die schwerpunktmäßig mit der Verteidigung geführt werden.

**Beispiel:**
Im Rahmen einer Durchsuchung wegen eines Schleusungsdelikts beim späteren Angeklagten wird in einem Schrank eine Substanz gefunden, die sich bei einer späteren kriminaltechnischen Untersuchung als Heroin in nicht geringer Menge herausstellt. Nach Aufforderung des Richters über den Sachverhalt zu berichten, berichtet der Polizeibeamte, dass er bei der Durchsuchung der Wohnung des Angeklagten Heroin in nicht geringer Menge gefunden habe.

Dieser Bericht beinhaltet in der dargelegten Form bewertete Daten und führt ggf. zu Angriffen durch die Verteidigung. Fragen könnte sein: „Woher wussten Sie bereits vor Ort, dass es sich um Heroin handelt?“ „Woher wussten Sie, dass es sich um eine nicht geringe Menge handelt?“ Hier bietet sich dem Strafverteidiger die Möglichkeit die neutrale Fachkompetenz des Polizeibeamten in Frage zu stellen und damit dessen Glaubwürdigkeit in Zweifel zu ziehen. Es wird versucht darzustellen, dass der Polizeibeamte wertende Betrachtungen anstellt und übermittelt, im Extremfall voreingenommen die Ermittlungen geführt hat.

Ein wertneutraler Bericht hätte gelautet: „Bei der Durchsuchung der Wohnung des Angeklagten fand ich eine pulverförmige, bräunliche Substanz, wie sich später bei der kriminaltechnischen Untersuchung herausstellte, Heroin in nicht geringer Menge.“

## 17.3. Pflichten des Polizeibeamten vor Gericht

Der Polizeibeamte erhält zunächst eine Ladung zum Gerichtstermin. Die Ladung zu einem Gerichtstermin beinhaltet die **Pflicht zum Erscheinen**. Vom Erscheinen vor Gericht darf nur dann abgewichen werden, wenn das Gericht nachträglich ausdrücklich darauf verzichtet hat. Dies gilt insbesondere dann, wenn der Polizeibeamte wegen anderer Termine, z.B. eigener Jahresurlaub, glaubt nicht erscheinen zu können. Das Gericht kann auch auf die Einhaltung des Gerichtstermins während des Urlaubs bestehen, ggf. sind die entstehenden Kosten zu erstatten. Kommt ein Polizeibeamter der Erscheinenspflicht nicht nach, können nicht nur Ordnungsmittel angeordnet werden, der Beamte kann auch für die durch sein Nichterscheinen entstandenen Kosten haftbar gemacht werden (§§ 48, 51 StPO).

Im Rahmen der Gerichtsverhandlung können Fragen zum objektiven und subjektiven Tatbestand, zum Verlauf der Ermittlungen und zu innerdienstlichen Angelegenheiten gestellt werden. Für alle Fragen gilt zunächst, dass Polizeibeamte der beamtenrechtlichen **Verschwiegenheitspflicht** unterliegt (§ 54 StPO, §§ 61, 62 BBG, § 39 BRRG). Dies gilt auch vor Gericht. Von dieser Verschwiegenheitspflicht kann der Beamte nur über eine Aussagegenehmigung seiner Dienststelle befreit werden. Diese Aussagegenehmigung kann umfassend oder mit Einschränkungen erteilt werden, sie kann auch in besonderen Gründen ganz versagt werden. Die erteilte Aussagegenehmigung führt zur **Aussagepflicht**. Eine nicht erteilte Aussagegenehmigung stellt ein Beweiserhebungsverbot dar. Aussagen, die ohne Aussagegenehmigung in der Verhandlung gemacht werden, unterliegen dem Beweisverwertungsverbot. Die nicht erteilte Aussagegenehmigung befreit jedoch nicht von der Erscheinungspflicht.

In der Regel erhalten Polizeibeamte eine eingeschränkte Aussagegenehmigung. Danach darf der Polizeibeamte grundsätzlich aussagen, soweit interne polizeiliche Belange nicht entgegenstehen. Die Aussagegenehmigung gilt dann nicht für interne Angelegenheiten.

**Nicht zu beantworten sind Fragen zu:**

- Einsatzgrundsätze und Einsatzmethoden,
- Fahndungsmethoden
- polizeitechnischer Ausstattung,
- vertraulich erlangten Informationen,
- Personaldaten und Anschriften von Beschäftigten der Polizei,
- Anzahl und Art der eingesetzten Kräfte,
- Aufbau und Stärke von Dienststellen,
- Zusammenarbeit mit anderen Polizeibehörden,
- Inhalte von Akten, die nicht zu den Unterlagen nach § 163 II StPO gehören.

Bestehen Zweifel, ob eine Frage zu beantworten ist, ist um eine Unterbrechung der Verhandlung zu bitten und Rücksprache mit der eigenen Dienststelle zu nehmen, um eine Entscheidung herbeizuführen.

17.4. **Rechte des Polizeibeamten vor Gericht**

Polizeibeamten stehen, wie auch anderen Zeugen, verschiedene Rechte aus dem Strafverfahrensrecht zu. So hat der Beamte ein **Zeugnis- und Auskunftsverweigerungsrecht**, wenn es um Angaben geht, die ihn selbst oder einen geschützten Angehörigen belasten würden (§§ 52, 55 StPO).

In der Vernehmung zur Sache darf vor dem Stellen gezielter Einzelfragen zunächst ein **zusammenhängender Bericht** abgegeben werden (§ 69 StPO).

Das Bloßstellen des Zeugen darf nur dann erfolgen, wenn dies unerlässlich ist (§ 68a StPO). Grundsätzlich haben alle Zeugen ein **Recht auf angemessene Behandlung**.[271]

Gem. § 68 II StPO kann der Polizeibeamte als **ladungsfähige Anschrift die seiner Dienststelle** angeben. Dies dient dem Schutz vor möglichen Repressalien durch den Angeklagten oder sein Umfeld. Gerade in kleineren Wohnorten könnte die Wohnung eines Polizeibeamten sonst schnelle ermittelt werden.

Glaubt der Polizeibeamte, dass Fragen der Verteidigung ungeeignet sind oder nicht zur Sache gehören, kann er den Vorsitzenden um eine Zurückweisung bitten und die **Fragen beanstanden** (§ 241 StPO).

Kann der Polizeibeamte sich an einen auszusagenden Inhalten nicht erinnern, kann um **Vorhalt aus der Akte** gebeten werden (§ 253 StPO).

Zeugen können gegen Beschlüsse die gegen sie getroffen werden und die sie für fehlerhaft halten **Beschwerde** einlegen (§§ 304, 305 StPO).

Der Zeuge hat für entstandene Auslagen (Fahrkosten, ggf. Übernachtung pp.) einen **Entschädigungsanspruch** (§ 71 StPO, §§ 5 ff. JVEG).

17.5. **Zielrichtungen von Staatsanwalt, Verteidiger und Richter in der Hauptverhandlung**

Tritt der Polizeibeamte als Zeuge vor Gericht in der Rolle als Ermittlungsbeamter auf, haben sowohl Richter, als auch Staatsanwalt und Verteidiger das Ziel, die Ermittlungstätigkeit von allen Seiten zu beleuchten. Die Zielrichtungen der Genannten sind jedoch ggf. sehr unterschiedlich.

Die **Staatsanwaltschaft** verfolgt die Darlegung der Ermittlungstätigkeit in der Regel um die von ihr geführte Anklage zu untermauern. Die Ermittlungstätigkeit, insbesondere die einzelnen strafverfahrensrechtlichen Maßnahmen sind die Stützpfeiler der Anklage.

Die **Verteidigung** sieht in der Betrachtung der Ermittlungstätigkeit ggf. die Möglichkeit die Rechtmäßigkeit und Unvoreingenommenheit der Ermittlungen in Zweifel zu ziehen, damit Beweismittel als unzuverlässig und / oder unzulässig feststellen zu lassen und damit belastende Beweise für das weitere Verfahren auszuschließen.

Das **Gericht** muss sein Urteil später sachgerecht begründen und benötigt für seine Überzeugungsbildung und dessen Begründung zulässige und zuverlässige Fakten, die ein solches Urteil und eine solche Begründung erlauben.

Insofern haben alle Seiten ein hohes Interesse an der polizeilichen Ermittlungstätigkeit. Intensives Nachfragen in diesem Bereich richten sich also nicht gegen die Person des

[271] Meyer-Goßner: Strafprozessordnung, § 68a, RZ 1 ff.

Polizeibeamten, sondern haben einen sachlichen, aber von unterschiedlichen Interessen geleiteten Hintergrund.

## 17.6. Verteidigerstrategien

Die Strategien der Verteidigung sind von der Zielrichtung bestimmt, die Zuverlässigkeit und Zulässigkeit der in der Hauptverhandlung eingebrachten Beweismittel zu überprüfen, ggf. in Frage zu stellen und damit ein eventuelles Beweisverwertungsverbot zu erreichen, oder aber einen Zeugen als unzuverlässig darzustellen. In der Folge geht es darum, einen Freispruch oder zumindest günstiges Urteil für den Angeklagten zu erreichen. Dafür stehen im Rahmen der Zeugenbefragung insbesondere Fragetaktiken zur Verfügung. Dies betrifft naturgemäß auch den Polizeibeamten in seiner Rolle als Zeuge vor Gericht.

Mit der **Detailtaktik** wird versucht festzustellen, ob sich der Polizeibeamte auf Details des Sachverhalts einlässt, die im weiteren Verfahren widerlegt werden können. Damit würde auch die Zuverlässigkeit anderer Angaben des Zeugen in Zweifel gezogen. Es kann aber auch passieren, dass diese „falschen" Details zu einer Entlastung des Angeklagten geeignet sind.

**Beispiel:**
Zu dem anfangs geschilderten Heroinfund werden Fragen zur genauen Verpackung des Heroins gestellte (Material, Aussehen pp.). Gibt der Beamte jetzt Details an, die durch Lichtbilder o.ä. widerlegt werden können, wird in Zweifel gezogen, dass das später untersuchte und als Heroin identifizierte Pulver aus der Wohnung des Angeklagten stammt. Da der professionelle und zuverlässige Polizeibeamte eine andere Verpackung beschrieben hat, muss es eine Verwechslung der zu untersuchenden Pakete bei der Polizei gegeben haben. Tatsächlich hätte der Angeklagte kein Heroin gehabt.

Details sollten deshalb nur dann wiedergegeben werden, wenn man sich auch wirklich daran erinnert, nicht nur weil man glaubt sich als guter Polizeibeamter daran erinnern zu müssen.

Mit **Suggestivfragen** wird versucht die Antwort in eine bestimmte Richtung zu lenken. Damit verbunden ist die Hoffnung, dass wegen des Konformitätsdrucks der Beamte einem Sachverhalt zustimmt, der nicht der eigenen Erinnerung entspricht. um ggf. später die Glaubwürdigkeit in Frage zu stellen.

Durch das Stellen von **Fangfragen** wird versucht den Beamten zu einem bestimmten, vorher vorbereiteten Aussageinhalt zu bringen, welcher der Verteidigungsstrategie im Sinne einer Entlastung des Angeklagten entspricht.

Über **Wiederholungs- und Mehrfachfragen** wird versucht den Polizeibeamten in Widersprüche zu verwickeln und damit ursprünglich belastende Inhalte in Zweifel zu ziehen.

Die **Schätztaktik** soll den Polizeibeamten zu konkreten Angaben verleiten, für die keine belegbaren Fakten vorliegen. Hier gilt: In der Regel gibt es einen vorbereiteten Hintergrund, um die Schätzgenauigkeit des Beamten zu überprüfen. Daher gilt: Niemals Schätzungen ohne konkrete Anhalte abgeben.

**Beispiel:**
Frage: „Wie lange schätzen Sie hat Ihre Fahrt an den Einsatzort gedauert?" Folgefrage: „Wie lange schätzen Sie, werden Sie hier befragt?"
Anhand der letzten Frage kann der Verteidiger belegen wie weit das Schätzvermögen des Polizeibeamten abweicht, wenn er sich zuvor die entsprechenden Zeiten notiert hat. Aus möglichen Abweichungen werden Rückschlüsse auf die Schätzung zur Fahrt an den Einsatzort gezogen.

Bei der **Überraschungstaktik** wird der Polizeibeamte mit bisher unbekannten Inhalten konfrontiert, um ihn ggf. zu unbedachten Äußerungen hinzureißen.

Mit der Frage nach **Bewertungen** wird versucht die Einstellung von Polizeibeamten zu hinterfragen, obwohl sonst nur der sachliche Bericht gefragt ist. Dies geschieht dann, wenn eine Bewertung bzw. mögliche Einstellungen im Sinne der Verteidigungsstrategie sind.

Über einen **Rollentausch** kann versucht werden das eigentlich verwerfliche Verhalten des Angeklagten zu relativieren.

**Beispiel:**
"Wie hätten Sie sich in der Situation des Angeklagten verhalten?" „Hätten Sie nicht genauso gehandelt?" Bejaht der Polizeibeamte bestimmte Verhaltensweisen, schafft dies Verständnis im Sinne des Angeklagten, da auch der rechtstreue Polizeibeamte einräumt, dass er ggf. ähnlich gehandelt hätte.

Eine andere Form des Rollentausches kann stattfinden, indem ein unprofessionelles Vorgehen der Polizei in den Raum gestellt wird. Dadurch kommt der betreffende Polizeibeamte in die Rolle eines „Angeklagten" und der eigentlich Angeklagte in die Rolle des Opfers.

**Beispiel:**
"Hätte der Polizeibeamte alles Notwendige getan, hätten wir den Sachverhalt richtig beurteilen können und der Angeklagte säße nicht hier!"

Die **Aggressionstaktik** dient dazu den Polizeibeamten emotional zu provozieren und aus der Reserve zu locken. Durch aggressives Angehen des Polizeibeamten wird zu erreichen versucht, dass dieser unsachlich und emotional reagiert. Ziel ist die Professionalität des Polizeibeamten in Zweifel zu ziehen

## 17.7. Verhaltensempfehlungen

Der Polizeibeamte sollte sich als Zeuge vor Gericht vergegenwärtigen, dass er dort nicht als Privatperson, sondern in seiner beruflichen Rolle auftritt. Das Agieren von Staatsanwaltschaft, Verteidigung und Gericht richtet sich deshalb nicht gegen seine Person, sondern ist eine Auseinandersetzung mit der beruflichen Rolle des Polizeibeamten.

Grundsätzlich sollte der Polizeibeamte vor Gericht **Ruhe bewahren und streng sachlich bleiben**. Bei der Schilderung des Sachverhalts und bei späteren Nachfragen sollte eine erklärende, aber **keine rechtfertigende Position** eingenommen werden. Zu vermeiden ist ein sich ggf entwickelndes **Wechselgespräch** mit der Verteidigung. Hier hilft es die Antworten an das Gericht zu richten. Bei Fragebatterien (Vielzahl von Fragen direkt hintereinander, ohne dazwischenliegende Antwortmöglichkeit) sollte versucht werden die **Fragen zu entwirren**. Dazu sind Einzelfragen einzufordern.

**Grundsätzliche Ratschläge**:
- Arbeiten Sie kriminalistisch korrekt!
- Vertreten Sie Ihre Beobachtungen, Ihre Feststellungen und das Ermittlungsergebnis sachlich und gelassen!
- Reagieren Sie nicht auf Provokationen!
- Vertreten Sie nur das, was Sie auch zu vertreten haben! Maßnahmen anderer müssen auch von anderen erklärt werden.
- Rechtfertigen Sie sich nicht, erklären Sie. Sie sind Zeuge!

Im Ergebnis sollte man sich stets vor Augen halten, dass eine kritische Rolle der Verteidigung der Normalfall ist und der Rollenverteilung der Hauptverhandlung entspricht.

## Literatur- und Quellenverzeichnis

*Ackermann, Rolf / Clages, Horst / Roll, Holger:* Handbuch der Kriminalistik, 2. Auflage 2003,
*Ackermann, Rolf:* Kriminalistische Handlungslehre, in: Burghardt / Neidhardt (Hrsg.): Lehr- und Studienbriefe Kriminalistik Bd. 28,
*Ackermann, Rolf:* Mobile oder rollende Tatorte, in: Kriminalistik 2001, 413,
*Ackermann, Rolf:* Zum Stellenwert der Kriminalistik, in: Kriminalistik 2000, 595, 6555, 731, 799,
*Ahlff, Ernst-Heinrich:* Polizeiliche Kriminalakten (KpS), in: Bundeskriminalamt (Hrsg.): BKA Forschungsreihe, Sonderband 1988,
*Artkämper, Heiko:* Außerdienstliches Wissen von Polizeibeamten und Legalitätsprinzip, in: Kriminalistik 2001, 430,
*Bender, Rolf / Wartemann:* Vernehmung, in: Kube / Störzer / Timm (Hrsg.): Kriminalistik Bd. 1,
*Benecke, Mark:* Insekten auf Leichen, in: Der Kriminalist 2004, 259,
*Brisach, Carl-Ernst / Ullmann:* Planung der Kriminalitätskontrolle,
*Brockhaus 2001,*
*Bundeskriminalamt:* Polizeiliche Kriminalstatistik 2003,
*Büring, Alexander:* Tatrekonstruktion,
*Burghard, Waldemar:* Täterermittlung / Fahndung, in: Lehr- und Studienbriefe Kriminalistik Bd. 9,
*Burghard, Waldemar / Hamacher, Hans-Werner:* Kriminalistik Lexikon, 3. Auflage 1996,
*Clages, Horst:* Der Rote Faden, 11. Auflage 2004,
*Denneburg, Carsten:* Die „Auswertung" ermittlungsrelevanter Informationen, in: Kriminalistik 1999, 45,
*Diehl, Jochen:* Gestaltung von Vernehmungsgesprächen, in: Der Kriminalist 2005, 6,
*Dörmann, Uwe:* Zahlen sprechen nicht für sich, in: Bundeskriminalamt (Hrsg.): Polizei und Forschung,
*Eisenberg, Ulrich:* Beweisrecht der StPO, Spezialkommentar 4. Auflage 2002,
*Endris, U. / Leithoff, H. / Pötsch-Schneider, L. / Herz, U.:* Leichentoilette: Ein Hilfsmittel der Identifizierung, in: Kriminalistik 1984, 514,
*Englisch, Andreas:* Ein (fast) perfekter Mord, in: Hamburger Abendblatt 8. Januar 2004, S. 3
*Feldmann, Jörg:* Qualität in der kriminalistischen Arbeit – eine Herausforderung auch für den Bundesgrenzschutz, in: Die Polizei 2003, 250
*Fezer, Gerhard:* Strafprozessrecht, in: Beuthien / Erichsen (Hrsg.): Juristischer Studienkurs,
*Fischer, Thomas:* Kommentar zum Strafgesetzbuch,
*Forker, Armin:* Einführung in die Kriminalistik, in: Belege (Hrsg.): Kriminalistische Kompetenz,
*Fuchs, Bernd:* Deutsch-Französisches Polizeizentrum, in: Beleke (Hrsg.): Kriminalistische Kompetenz,
*Getto, Winfried:* Kriminalistisches Denken und polizeiliche Tatsachenfeststellung, in: Kriminalistik 1998, 567, 647, 707,
*Guth, Reiner:* Nichtnatürliche Todesfälle,
*Haas, Henriette:* Kriminalistischer Erkenntnisgewinn durch „systematisches Beobachten", in: Kriminalistik 2003, 93
*Häusler, Karl:* Ein nur fast perfekter Mord, in: Kriminalistik 1988, 531,
*Harbrink-Müller, Ute / Mantel, Georg:* Biologische Methoden in der Strafverfolgung, in: Die Polizei 2002, 157,
*Heesen, Dietrich / Hönle, Jürgen / Peilert, Andreas:* Bundesgrenzschutzgesetz,
*Hell, Marie-Louise:* Postmortale Gesichtsverletzung, in: Kriminalistik 2002, 129,
*Hetzer, Wolfgang / von der Heide, Frank:* Erster periodischer Bericht der Bundesregierung, in: Kriminalistik 2001, 762,
*IKPO:* Internationale Kriminalpolizeiliche Organisation –Interpol-, 50 Jahre Interpol 1923 – 1973,
*Jaeger, Rolf Rainer: Der Tatort, in: Beleke (Hrsg.):* Kriminalistische Kompetenz,
*Jaeger, Rolf Rainer:* Privates Sicherheitsgewerbe als Partner in Sachen Kriminalitätsbekämpfung, in: Der Kriminalist 2002, 474,
*Kaiser:* Kriminologie,
*Kammertöns, Hanns-Bruno:* Zugriff irgendwann in Nizza, in: Die Zeit 15.11.96, S. 78,
*Kersten:* IKPO-Interpol, in: Die neue Polizei, 2002, 3,
*Kind, Karl-Heinz:* Nichtnumerische Sachfahndung, in: Kriminalistik 1991, 725,
*Klingst, Martin:* Ein bisschen Folter gibt es nicht, in: Die Zeit: 2004, Nr. 49,
*Kockel, Martin / Vossen-Kempgens, Stefanie:* Zur Sachbehandlung von unschlüssigen, haltlosen, beschimpfenden, sich inhaltlich wiederholenden querulatorischen Strafanzeigen, in: NStZ, 2004, 178,

*Kreuzer, Arthur:* Nur ein bisschen Folter, in: Die Zeit 2004, Nr. 21,
*Krüger, Horst:* Melde- und Auswertedienst, in: Burghard / Hamacher (Hrsg.): Lehr- und Studienbriefe Kriminalistik Bd. 6,
*Küster, Dieter:* Automatisiertes Fingerabdruck-Identifizierungssystem, in: Kriminalistik 1994, 154,
*Kury, Helmut:* Das Dunkelfeld der Kriminalität, in: Kriminalistik 2001, 74,
*Lange, Regina:* Fehlerquellen im Ermittlungsverfahren,
*Lenertz, Otmar / Schönborn, Silke:* Fingerspuren auf menschlicher Haut, in: Kriminalistik 2002, 45,
*Leonhardt, Rainer: / Roll, Holger / Schurich, Frank-Rainer:* Kriminalistische Tatortarbeit,
*Mätzler, Armin:* Todesermittlung, 3. Auflage 2003,
*Magulski, Rainer:* Fallbeurteilung, Fallbearbeitung und kriminalistisches Denken,
*Meyer, Hubert / Wolf, Klaus:* Kriminalistisches Lehrbuch der Polizei, 8. Auflage 2003,
*Meyer-Goßner, Lutz:* Strafprozessordnung, 48.Auflage 2005,
*Mörbel, Richard Karl:* Spurenlehre, in: Kube / Störzer / Timm (Hrsg.): Kriminalistik Bd. 1,
*Nack, Armin:* Beweislehre, in: Kube / Störzer / Timm (Hrsg.): Kriminalistik Bd. 2,
*Nack, Armin:* Glaubwürdigkeit und Glaubhaftigkeit, in: Kriminalistik 1995, Heft 4
*Naumann, Michael:* Gnade vor Recht, in: Die Zeit 2004, Nr. 49, S. 1,
*Nehse, Kornelia / Wendt, Claudia:* Wie individuelle sind Textilien? In: Kriminalistik 2002, 391,
*Neubert-Kirfel, Dagmar:* Das Leitspurenkonzept, in: Kriminalistik 2000, 398,
*Nöldeke, Werner:* Zum Wiedererkenne des Tatverdächtigen bei Gegenüberstellung und Bildvorlage, in: NStZ 1982, 193
*Möllers, Martin (Hrsg.):* Wörterbuch der Polizei,
*Ochott, Gerhard:* Identifizierung durch Daktyloskopie, in: Kube / Störzer / Timm (Hrsg.): Kriminalistik Bd. 1, S. 763,
*Odenthal, Hans-Jörg:* Die Gegenüberstellung zum Zwecke des Wiedererkennens, in: NStZ 1985, 433,
*Peilert, Andreas:* Police Private Partnership, in: DVBl 1999, 282,
*Quambusch, Erwin:* Kriminalitätsbekämpfung durch die Statistik, in: Der Kriminalist 2005, 209,
*Reichertz, Jo:* Expertensysteme in der Kriminalistik 2001, 53,
*Rückert, Sabine:* Bitte wegschauen, in: Die Zeit 1999, Nr. 2 Dossier,
*Rückert, Sabine:* Die Legende vom Helden Daschner, in: Die Zeit 2004, Nr. 49, S. 7,
*Schäfer, Herbert:* Das gesteuerte Dunkelfeld, in: Kriminalistik 1999, 805,
*Schmelz, Gerhard:* Ringalarmfahndung und Täterfluchtverhalten,
*Scholzen, Reinhard:* Möglichkeiten und Grenzen des Aussagewerts Polizeilicher Kriminalstatistiken, in: Die Polizei 2003, 16
*Schuller, Werner:* Internationale Kooperation, in: Der Kriminalist 2005, 151,
*Schuster, Leo:* Perseveranz – kriminaltechnische Methoden im Umbruch, in: Kriminalistik 1983, 484,
*Schwind, Hans-Dieter:* Kriminologie, 15. Auflage 2005,
*Sellin, Fred / Weber, Klaus:* Todesursache: NATÜRLICH,
*Spang, Thomas:* Kriminaltaktik, kriminalistisches Denken und kriminalistische Methode, in: Clages / Neidhardt / Weihmann: Lehr- und Studienbriefe Kriminalistik, Bd. 1 2005,
*Steffen, Wiebke:* Perseveranz und modus operandi, in: Kriminalistik 1983, 481,
*Steffen, Wiebke:* Mühseliges Geschäft, in: Kriminalistik 1986, 177,
*Störzer, Hans Udo:* Die Aufdeckung von Straftaten, in: Kube / Störzer / Timm (Hrsg.): Kriminalistik Bd. 1 und 2,
*Stüllenberg, Heinz:* Die Anzeige, in: Burghard / Hamacher (Hrsg.): Lehr- und Studienbriefe Kriminalistik, Bd. 1, 4. Auflage 1997,
*Stüllenberg, Heinz:* Vernehmung / Gegenüberstellung, in: Burghard / Hamacher (Hrsg.): Lehr- und Studienbriefe Kriminalistik Bd. 4,
*Wagner, Hans-C.:* In der Rheinfalle, in: Rheinischer Merkur Nr. 15 / 2005, S. 36,
*Walder, Hans:* Kriminalstisches Denken, 6. Auflage 2002,
*Weber, Annette / Berresheim, Alexander:* Polizeiliche Vernehmungen, in: Kriminalistik 2001, 785
*Weihmann, Robert:* Kriminalistik, 7. Auflage 2004,
*Weihmann, Robert:* Spurenkunde I, in: Burghard / Hamacher (Hrsg.): Lehr- und Studienbriefe Kriminalistik Bd. 22,
*Weihmann, Robert:* Spurenkunde II, in: Burghard / Hamacher (Hrsg.): Lehr- und Studienbriefe Kriminalistik Bd. 23,
*Willke, Thomas / Steger, Volker:* Der winzige Zeuge, in: Zeitmagazin 1997, Nr. 8,

*Wirth, Ingo / Strauch, Hansjürg:* Rechtsmedizin,
*Wiske, Michael / Nickel, Jürgen:* Aufgaben und Möglichkeiten der IKPO-Interpol, in: Deutsches Polizeiblatt 5 / 98, 21
*Witthuhn, Klaus:* Vorsicht Falle! In: Kriminalistik 2002, 543.

**Anlage**[1]

**Checkliste für die kriminalistische Beurteilung eines Sachverhaltes**

**1. Beurteilung des Auftrages**

**2. Beurteilung des Anlasses (Sofortlage/Ermittlungslage)**

**2.1. Allgemeine Beurteilung**

- Bedeutung des Delikts (kriminologisch, kriminalpolitisch)
- Öffentliches Interesse
- Einsatzintensität
- Allgemeine Benachrichtigungs- und Meldeerfordernisse

**2.2. Gefahrenlage**

- Hilfeleistungspflichten
- Gefahren für Personen
- Gefahren für Sachen
- Gefahren, die von Personen und Sachen ausgehen

**2.3. Verdachtslage im Hinblick auf eine Tat**

- mögliches Delikt (mehrere Delikte)
- verdachtserregende Umstände
- Wertung von Fakten, die gegen ein Delikt sprechen

**2.4. Verdachtslage gegen eine bestimmte Person**

- belastende Umstände
- entlastende Umstände
- Wertung der belastenden und entlastenden Umstände

**2.5. Tatsituation**

**2.5.1. Tatort**

- kriminalistische Bewertung der Lage
- Tatort = Fundort?
- Veränderungen (möglich oder wahrscheinlich)
- Beobachtungsmöglichkeiten durch Zeugen

**2.5.2. Tatzeit**

- kriminalistische Bedeutung der Tatzeit
- Tageslicht – Dunkelheit
- Tatzeit eingrenzbar?

**2.5.3. Modus operandi**

- Tathergang
- typische Begehungsmerkmale
- persönlichkeitsgebundene Merkmale
- Rückschlüsse auf Tätertyp
- besondere Kenntnisse und Fähigkeiten
- Wahrnehmbarkeit
- erkennbare Tatzusammenhänge

**2.5.4. Tatmittel**

- Tatwerkzeuge, Waffen
- Verwendbarkeit der Beute
- Ermittlungsmöglichkeiten

---

[1] Die Checkliste wurde von den AFZ der Bundespolizeipräsidien als mögliches Schema für die Beurteilung kriminalistischer Fälle erarbeitet und ist noch nicht abgestimmt. Ob sich dieses Schema in der weiteren Ausbildung und Praxis durchsetzt, bleibt abzuwarten.

**2.5.5. Beute**

- erlangtes Gut
- Verwendbarkeit der Beute
- Ermittlungsmöglichkeiten

**2.5.6. Motivlage**

- erkennbar
- Alternativen, Vortäuschung
- Tatziel erreicht?
- Eingrenzung des Täters möglich ?

**2.5.7. Opfer**

- identifiziert?
- Täter-Opfer-Beziehung
- Opferverhalten
- Opferpersönlichkeit
- Opferaussage
- Vortäuschungskriterien

**2.5.8. Täter**

- Eingrenzung des Täterkreises möglich?
- Identifizierungsmöglichkeiten
- besondere Kenntnisse und Fertigkeiten
- Personenbeschreibung
- Ermittlungsmöglichkeit

**2.6. Beweissituation**

**2.6.1. Personalbeweis**

- bekannte Zeugen
- mögliche Zeugen
- Geständnis des Beschuldigten
- Glaubhaftigkeit der Aussage

**2.6.2. Sachbeweis**

- vorhandene Spuren
- mögliche Spuren
- kriminalistische Möglichkeiten
- Was kann bewiesen werden?

**2.7. Fahndungslage**

- Vorsprung des Täters
- konkrete Fahndungsdaten vorhanden?
- Aufenthalt des Täters bekannt oder zu ermitteln?
- Sofortfahndung erforderlich?
- Sonderfahndung erforderlich?
- Sachfahndung möglich?

**2.8. Rechtslage**